Lewis R. Gordon
Angst vor Schwarzem Bewusstsein

LEWIS R. GORDON

ANGST VOR SCHWARZEM BEWUSSTSEIN

Aus dem Englischen von Dominique Haensell
und Anna Jäger

claassen

Wir verpflichten uns zu Nachhaltigkeit
- Klimaneutrales Produkt
- Papiere aus nachhaltiger Waldwirtschaft und anderen kontrollierten Quellen
- ullstein.de/nachhaltigkeit

Die Originalausgabe erschien 2022
unter dem Titel *Fear of Black Consciousness*
bei Farrar, Straus and Giroux, New York,
einem Imprint der Macmillan Publishing Group.

claassen ist ein Verlag
der Ullstein Buchverlage GmbH
www.ullstein.de

ISBN: 978-3-546-10058-8

© 2022 by Lewis R. Gordon,
im Verlag Farrar, Straus and Giroux, New York
© der deutschsprachigen Ausgabe
2022 by Ullstein Buchverlage GmbH, Berlin
Alle Rechte vorbehalten
Gesetzt aus der Adobe Garamond Pro
Satz: Pinkuin Satz und Datentechnik, Berlin
Druck und Bindearbeiten: GGP Media GmbH, Pößneck

*Für Hank Aaron, Colin Abel, Samir Amin, Hugh Becca,
Chadwick Boseman, Ray Bottass, Kamau Brathwaite,
Sarah (Waterloo) Broadie, James Cone, Elijah Cummings,
Anani Dzidzienyo, Ruth Bader Ginsburg, Sheila Grant,
Kwame Gyekye, Wilson Harris, F. Abiola Irele,
Colin Krikler, Shirley Levy, Alanna Lockwood,
María Lugones, Joseph Margolis, John Mascolo,
Jill Mehler, Denise Dawn Elaine Mitchell,
Minoweh Ikidowin (aka Donna Edmonds Mitchell),
Milton Mitchell, Aubrey Maitshwe Mokoape,
Richard Wayne Penniman (aka Little Richard),
Ghjuvan'Teramu Rocchi, Emile Michael Solomon,
Lorenzo (»Uncle Sonny«) Solomon, Walter South,
und Wamba dia Wamba,
die, während ich an diesem Buch arbeitete,
zu den Ahnen zurückgekehrt sind.*

Inhalt

Anmerkung der Übersetzerinnen
zur deutschen Ausgabe 9
Prolog 13
Einleitung: Um Atem ringen 23

TEIL I
GEFESSELT

1. Gefürchtet 45
2. Zu Schwarzen gemacht 66
3. Vom Ausgelöschtwerden oder
»Ich nehme keine Hautfarben wahr« 88

TEIL II
RASSIFIZIERUNG
UND RASSISMUS

4. Wie »Rassen« gemacht wurden 115
5. Rassismus intersektional 135
6. Privileg, Luxus, Lizenz 157
7. Trans, aber nicht Transzendiert 173

TEIL III
POLITISCHE REALITÄTEN

8. Fünf Arten der Unsichtbarkeit   193
9. Schwarzes Bewusstsein ist politisch   221
10. Schwarzes Bewusstsein in Wakanda   250

TEIL IV
SCHWARZ UND
(NIEDER-)GESCHLAGEN

11. Blue   291
12. Geschätzt werden   326

Danksagung   344
Anmerkungen   346

Anmerkung der Übersetzerinnen zur deutschen Ausgabe

Die Übersetzung der hier vorliegenden Überlegungen ist vom Wunsch und der Notwendigkeit geleitet, jenseits der sprachlichen Übersetzung auch eine Übersetzung von überwiegend nordamerikanischen politisch-wissenschaftlichen Diskursen in die jeweiligen deutschen zu leisten. In unserer Praxis sind wir maßgeblich davon geleitet, Gewaltausübung und Verletzungen in und durch Sprache nicht zu reproduzieren.

In Absprache mit dem Autor einigten wir uns auf die Verwendung von Rassifizierung/rassifiziert zur Übersetzung des so schwer greifbaren Konzepts *race*, also »Rasse« als soziale Praxis. Das vom lateinischen *facere* (machen) abgeleitete Suffix -fizierung betont die Künstlichkeit oder Gemachtheit des Konzepts, was im Widerspruch zu einer vermeintlich biologischen »Natürlichkeit« oder Essenz steht. Ähnliche Wortstrukturen legen auch eine gewisse äußere Unvermeidlichkeit, einen aufoktroyierten Zustand, oder eine Fremdbestimmung nahe. Rassifizierung lenkt also den Blick auf Konstruiertheit und Prozesshaftigkeit, aber auch auf die Machtverhältnisse, in denen Menschen gegen ihren Willen rassifiziert werden. Wo *race* Figurenrede markiert und die unreflektierte Vorstellung von vermeintlich biologischer Realität beschreibt, verwenden wir in der Übersetzung »Rasse« in Anführungszeichen.

In Analogie zur Identifizierung, die ebenso wechselseitig stattfindet, schwingt im Begriff »Rassifizierung« auch ein aktives Element mit. Diese Art der Identifizierung, als Schwarz, Indigen, oder of Color, kann einerseits im Sinne der kulturellen Zugehörigkeit verstanden werden, ist aber vor allem auch strategisch, machtanalytisch, aktiv und widerständig – kurz: politisch. Dem Nachvollziehen dieses Wandels von einem schwarzen hin zu einem Schwarzen Bewusstsein sind weite Teile dieses Buches gewidmet, daraus erklärt sich die wechselnde Schreibweise schwarz/Schwarz.

Indigen schreiben wir dem Original entsprechend mit großem I und folgen damit der Selbstbezeichnung, die auch auf die Vielfalt hinter diesem Sammelbegriff hinweisen soll. Zitate mit Selbstbezeichnungen wie beispielsweise das in bestimmten Teilen und Phasen des Indigenen Aktivismus angeeignete »*Indian*« wurden dementsprechend übersetzt. In einigen Passagen wird der in den USA gleichermaßen problematisierte wie politisch angeeignete Begriff »rot« verwendet. Wir setzen ihn vor dem Hintergrund der in Deutschland weitestgehend unbekannten Begriffsgeschichte in Anführungszeichen.

Die im Original ausgeschriebenen Versionen des N-Wortes, geben wir dem Autor folgend in der englischen Form ausgeschrieben und mit Anführungszeichen wieder. Von einer Übersetzung zum deutschen N-Wort sehen wir aufgrund der verschiedenen Begriffsgeschichten entschieden ab.

Abgesehen von wenigen Stellen, deren Kontext eine Spezifizierung erfordert, gendern wir mit Doppelpunkt zur

Sichtbarmachung und Inklusion von nicht-binären, diversgeschlechtlichen Personen.

Berlin, im August 2022
Dominique Haensell und Anna Jäger

Prolog

Nach innen schauen
Im Angesicht von Einschränkungen
Zuweilen am Sehen scheitern

Der Blick nach innen
Wächst – vertieft sich
Implodiert

Nach innen zu sinken,
Ist der schwerste Abstieg,
Sagt uns die Physik

Da kannst du jedes schwarze Loch fragen
– natürlich nur, aus der Ferne

— GEDICHT DES AUTORS

Ich wurde nicht mit einem schwarzen Bewusstsein geboren. Ich bezweifle, dass das auf irgendwen zutrifft. Das Gleiche gilt für jedes andere rassifizierte Bewusstsein. Wir könnten eine lange Liste an Identitäten aufzählen, ohne die wir geboren werden. Doch irgendwann erlernen wir sie, und manchmal werden wir auch in sie hineingezwungen.

1962 wurde ich, nur wenige Monate vor der amtlichen Unabhängigkeit von Großbritannien, in dem Inselstaat Jamaika geboren. Das bedeutete, dass ich das Privileg hatte, eine Kindheit mit Premierministern zu erleben, die alle schwarz oder zumindest of Color waren. Dabei hatten wir Kinder keinerlei Anlass, sie auf diese Weise wahrzunehmen. Sie waren einfach nur die oberste Führung unseres Landes. Die auf unserer Währung abgedruckten Personen sahen ebenso aus, und es war nicht ungewöhnlich, dass wir einen Zahnarzt, eine Anwältin oder einen Lehrer trafen, die wie die meisten von uns aussahen. Das Gleiche traf auf Journalisten und Künstlerinnen zu, ebenso wie auf Musikproduzenten. Und obwohl wir durchaus sehr hellhäutige Menschen an den Stränden oder an touristischen Sehenswürdigkeiten sahen, verkörperten sie keine inneren Grenzen für uns. Immerhin waren »wir« in allen gesellschaftlichen Bereichen vertreten. Von der Elite über die Arbeiter:innenklasse bis hin zu den Leuten aus den Bergen oder vom Land – sie alle waren »wir«. Wir waren Jamaika. Diese selbstverständliche Form der Zugehörigkeit ist eine, die viele schwarze Menschen, die in Ländern mit mehrheitlich weißer Bevölkerung leben, nicht erfahren. Wenn ich morgens aufwachte, verfolgte ich nicht das Ziel, das Land meiner Geburt zu verlassen. Aus meiner Sicht ging es im Leben darum, Teil einer Welt zu sein, die allen, die ich kannte, vorausging und noch lange nach uns existieren würde. Wir waren, mit anderen Worten, ganz gewöhnlich.

Alle Bilder, die ich in meiner Kindheit von Autorität, Schönheit und Liebe hatte, stammten von Menschen, die im nordamerikanischen und europäischen Kontext die Grenzen zwischen rassifizierten Gruppen überschritten. Das eindrücklichste Bild von Autorität in meiner Familie

PROLOG

war Uriah Ewan, mein Urgroßvater mütterlicherseits, den wir schlicht »Großvater« nannten. Großvater war ein über zwei Meter großer, panamaisch-liberianischer Mann in seinen Neunzigern mit dunklem Hautton. Da er den Kampf gegen das Glaukom verloren hatte, war er außerdem blind. Seine Worte waren voller Weisheit, und seine Berührungen – er musste uns mit den Fingern ertasten oder mit seinen großen Händen festhalten, um uns zu »sehen« – waren stets liebevoll und zärtlich. Andere Bilder von Autorität waren für mich meine Urgroßmutter mütterlicherseits, Beatrice Norton Ewan (»Granny Bea«), eine Jüdin irischer, schottischer und tamilischer Abstammung, meine Großmutter väterlicherseits, Gertrude Stoddart, Chinesin und Schottin, sowie meine vielen Tanten, alle ebenfalls mit unterschiedlichen Abstammungen. Das wichtigste Abbild von Schönheit war für mich meine Mutter – Yvonne Patricia Solomon, eine Frau mit dunkler Haut, die auf beiden Seiten von einer jüdischen Familie abstammte, da sich ihre mütterliche irisch-jüdische Verwandtschaft mit der palästinensisch-jüdischen väterlicherseits traf. Familie bedeutete für mich, farbenfroh zu sein. Das ist noch immer so.

Das soll nicht heißen, dass ich mir der jamaikanischen Hautfarben-Aristokratie nicht bewusst war. Da die Insel nur wenige Monate nach meiner Geburt unabhängig geworden war, blieben Spuren des britischen Kolonialismus zurück. Menschen mit einem helleren Hautton wurden als »schön«, »anständig« und »klug« bezeichnet. Dunkelhäutige Menschen wurden oft als »hässlich«, »unanständig«, »dumm« und sogar als *»renk«* (ein Patois-Ausdruck für stinkend) bezeichnet. Dies war mit vielen Widersprüchen verbunden, da meine dunkelhäutige Mutter überall, wo sie auftauchte, Komplimente für ihre Schönheit und ihre

Intelligenz erhielt. Auch Großvater genoss bei uns hohes Ansehen, und fast jede meiner tatsächlichen Begegnungen mit Schönheit, Liebenswürdigkeit und Weisheit betraf meine Verwandten und Freund:innen mit dunklem Teint. Dennoch war es klar, dass die jamaikanische Gesellschaft hellhäutige Menschen bevorzugte. Die überwältigende Mehrheit der nicht-weißen ausgebildeten Berufstätigen war höchstens von einem Braunton oder heller. Obwohl ein Großteil der jamaikanischen Gesellschaft auf der Seite der Menschen mit hellerem Teint stand, fiel mir immer wieder auf, dass blasse Menschen nie zufrieden waren. Es gab immer etwas, das sie störte.

Ein Vorfall, bei dem dunkle Hautfarbe eine Rolle spielte, stach für mich besonders hervor. In der Grundschule, die ich mit sechs Jahren besuchte, gab es einen Jungen mit dunklem Teint. Einige ältere Kinder hänselten ihn unentwegt und nannten ihn »Paul Bogle«. Das schöne Gesicht des echten Bogle ist auf dem jamaikanischen Zwei-Dollar-Schein zu sehen. Bogle ist einer der Nationalhelden des Landes. Er wurde gehängt, weil er gegen die Briten rebellierte. Stellen Sie sich vor, ein Kind in den Vereinigten Staaten würde gehänselt, weil es Nathan Hale ähnelt, der bekanntlich bedauerte, nur ein Leben für sein Land geben zu können. Der kleine Junge hätte stolz darauf sein sollen, wie Bogle auszusehen, und die anderen hätten seine Ähnlichkeit bewundern müssen. Doch sie hänselten ihn, weil das dominierende Merkmal von Bogle für sie, genauso wie das des Jungen, der dunkle Ton seiner Haut war. Trotz dieser Beschimpfungen vertrat niemand, auch nicht seine Peiniger:innen, den Standpunkt, dass der Junge kein Jamaikaner sei oder gar einer anderen »Rasse« angehöre.

1971 verließ ich Jamaika mit der Hilfe von zwei Tanten,

um wieder bei meiner Mutter zu sein, die meinen Stiefvater verlassen hatte und mit nur fünf US-Dollar nach New York City ausgewandert war. Ihre Biografie sowie die Erfahrungen ihrer drei Söhne sind mittlerweile allgemein bekannt, da die Geschichten von Migrant:innen ohne Aufenthaltserlaubnis und notleidenden Flüchtenden heute weltweit verbreitet sind. Meine Begeisterung für eine Stadt in dem Land, das oft in Filmen zu sehen ist, wurde schnell durch die Realität des Drecks, der Härte und der Gewalt in der Bronx, wo ich zwanzig Jahre lang leben sollte, gedämpft. Dort entwickelte ich ein rassifiziertes schwarzes Bewusstsein.

Meine erste Erfahrung mit schwarzem Bewusstsein machte ich in der Grundschule. Dort saß ich neben einem kleinen weißen Jungen namens Tommy. Ich ging sehr gerne in die Schule. Ich las alles und beantwortete eifrig die Fragen, die uns die Lehrerin stellte. In der zweiten Woche wandte sich Tommy an mich und fragte grinsend: »Na, wie geht's, ›nigger‹?«

So seltsam es auch klingen mag, ich wusste nicht, was das Wort »nigger« bedeutete. Was mich misstrauisch machte, war sein Grinsen. Es war klar, dass er meine Unwissenheit ausnutzte und sie genoss. Als ich ihn fragte, was das Wort bedeutete, lachte er und weigerte sich, es mir zu erklären. Also bat ich während einer Gruppenaufgabe andere Mitschüler und Mitschülerinnen um eine Erklärung. Sie waren aus Puerto Rico mit brauner und dunklerer Haut sowie, wie man heute sagt, Afroamerikaner:innen. Ihr Gesichtsausdruck machte deutlich, dass etwas nicht stimmte. Es fiel ihnen schwer, es zu erklären, bis einer schließlich sagte: »Das ist ein übles Schimpfwort für schwarze Menschen. Es bedeutet, schmutzig, dumm – schwarz – zu sein.«

Ich ging an meinen Platz zurück.

Tommy grinste. »Na, weißt du's jetzt, ›nigger‹?«

Ich packte ihn an der Kehle, schleuderte ihn zu Boden und trat ihm ins Gesicht. Die Lehrerin riss mich von ihm los.

Später sprach meine Lehrerin – eine große, blonde italienische Frau, die aussah, als stamme sie aus der Fernsehserie *Mod Squad* aus den späten 1960er-Jahren – im Büro des Direktors mit mir. Sie sagte: »Du scheinst so ein netter Junge zu sein. Das hätte ich nicht von dir erwartet.«

Ich sagte nichts.

Sie seufzte. »Bisher warst du immer so nett. Und klug. Das hätte ich wirklich nicht erwartet.«

»Warum sprechen Sie nicht mit Tommy darüber, was Sie von ihm erwarten?«, fragte ich sie.

Als wir uns nach Schulschluss alle auf den Heimweg machten, sah ich Tommy. Er war mit einer Gruppe weißer Jungen unterwegs. Er zeigte auf mich. Als sie mit geballten Fäusten auf mich zukamen, brach ich durch sie hindurch und stieß Tommy zu Boden. Als sich seine Freunde auf mich stürzten, stieß ich sie zur Seite. Tommy riss sich los und rannte davon, und ich rannte ihm hinterher. Seine Freunde standen wie erstarrt da, angesichts dessen, was für sie offenbar undenkbar war. Ich sollte bald lernen, dass der Anblick eines weißen Jungen, der vor einem schwarzen Jungen wegläuft, in diesem Teil der Bronx – und auch sonst überall in den Vereinigten Staaten – selten war. Unsere Schule lag mitten zwischen dem italienischen Viertel auf der einen und dem schwarzen und puerto-ricanischen Viertel auf der anderen Seite. Nach der Schule ging jede Gruppe getrennte Wege. Ich hatte noch nicht begriffen, dass die italienischen, irischen und europäisch-jüdischen Kinder weiß waren. Sie ähnelten einigen meiner Verwandten in Jamaika, von denen sich niemand als weiß bezeichnete.

Im Laufe der Jahre habe ich viele Erfahrungen damit gemacht, »nigger« genannt zu werden. Es nicht zu dulden – selbst wenn es bedeutete, weiter beschimpft zu werden –, machte mir klar, dass die Verherrlichung von Gewaltlosigkeit und Toleranz, die ich meine späteren Jugendjahre hindurch zu hören bekam, zutiefst falsch war. Sie ist ein Mittel, um in Schwarzen nichts Geringeres als einen Minderwertigkeitskomplex zu kultivieren. Sich gegen die Erniedrigung von Weißen zu wehren, selbst wenn wir verlieren, ist, offen gesagt, gesund. Tief im Inneren wissen das die meisten Weißen auch. Wäre die Situation andersherum, würden sie genauso handeln. Wenn wir uns gegen Demütigung und Respektlosigkeit wehren, können wir mit uns selbst leben. Ich verbrachte zwei Klassen mit Tommy in der Grundschule. Nach diesem Vorfall sprach weder er noch jemand anderes in der Klasse das Wort »nigger« aus. Hatten sie diese Beleidigung dennoch im Hinterkopf? Höchstwahrscheinlich. Aber ihr Zögern, es uns entgegenzuschleudern, war ein Zeichen für ihre abgeschwächte Macht.

Leider galt dieser Frieden nicht unter den schwarzen und puerto-ricanischen Schüler:innen. Zu viele Kämpfe zeugten von den unzähligen Erniedrigungen unter uns, und in meinem Fall – ich wurde manchmal für einen Puerto Ricaner gehalten – deckten meine Erlebnisse alles ab, darunter Anti-Schwarzsein, Anti-Puerto-Ricanischsein und Anti-fast-alles-andere. In meinem ersten Winter fand ich beispielsweise heraus, dass ich mich warm halten konnte, indem ich meine Tasche vor den Oberkörper hielt. Als ich so die Straße entlangging, rannte ein Junge auf mich zu und rief: »Schaut euch die Schwuchtel an, die ihre Bücher wie ein Mädchen trägt!«

Doch trotz all dieser Konflikte wurden viele Kinder –

weiße und Kinder of Color – in diesen Klassen zu Freund:innen, oder gingen zumindest freundlich miteinander um. Wie es bei Freundschaften üblich ist, besuchten schwarze Kinder die Wohnungen der anderen. Keine unserer Familien besaß ein Haus. Ein italienischer Junge namens Johnny und ich wurden Freunde, und oft gingen wir durch das italienische Viertel in der Nähe der Arthur Avenue, wo die berühmte Szene aus dem Film *Der Pate* spielt, in der Michael Corleone den korrupten irischen Polizisten und den türkischen Bandenrivalen erschießt. Wenn ich es mir recht überlege, ähnelte Johnny sogar Al Pacino, dem Schauspieler, der Michael Corleone spielte. Es war alles in Ordnung, bis wir merkten, dass es keine gute Idee war, zu ihm nach Hause zu gehen. Er war zwar ein wunderbarer Mensch, aber seine Familie war ganz anders. Das war das Ende unserer Freundschaft.

In den folgenden Jahren musste ich alles Mögliche erleben: Ich wurde bespuckt und von Weißen mit Baseballschlägern angegriffen, ich musste mit ansehen, wie Blut über die Bürgersteige floss, als Weiße in meiner Schule schwarze Schüler:innen angriffen, und natürlich die ganze Litanei von Maßnahmen, mit denen weiße Kinder gefördert und Kinder of Color ausgeschlossen wurden – und auch heute noch werden. Drei Jahrzehnte später wussten schwarze Menschen sehr wohl, was Präsident George W. Bushs *No Child Left Behind*-Politik bedeutete: Kein *weißes* Kind wird zurückgelassen.

Während ich diesen Prolog verfasste, wurden Menschen auf der ganzen Welt von einer tödlichen Pandemie heimgesucht, die durch die Inkompetenz und das Fehlverhalten der Regierungen in einigen Ländern noch verschlimmert wurde. Länder, die sich nach den Zeiten sehnen, in denen

Schwarze, die für sich selbst einstanden, von den nächstbesten Bäumen baumelten. Doch als zwei weiße Mitglieder einer selbst ernannten Nachbarschaftswehr in Atlanta den Strang durch eine Waffe ersetzten, um diese gegen einen joggenden Schwarzen zu richten, und als das Knie eines Polizeibeamten in Minneapolis neun Minuten und neunundzwanzig Sekunden lang als ebensolche diente, gingen die Menschen im Jahr 2020 auf die Straße, weil sie realisierten, was es bedeutet, »Ich kann nicht atmen!« zu rufen.

Aus der Erfahrung meiner Kindheit, als ich zum schwarzen Bewusstsein kam, weiß ich: Es ist ein böses Erwachen.

Einleitung
Um Atem ringen

Anfang 2020 fuhr ich zur Erledigung einer Angelegenheit nach New York City. Am Tag nach meiner Rückkehr verspürte ich Schmerzen im unteren Rückenbereich, die ich darauf zurückführte, dass ich zu alt für die Hin- und Rückfahrt vom nördlichen Connecticut aus geworden war. Kurz danach bekam ich Schüttelfrost, und einige Tage später stellte sich heraus, dass ich an COVID-19 erkrankt war. Die Krankheit dauerte durch ihre Langzeitfolgen bis zum darauffolgenden Jahr an.

Einige Monate später fragte mich ein Freund, wie es sich anfühlte. Ich erzählte ihm, dass ich mir vorkam, als wäre ich in eine Grube mit bissigen Komodowaranen geworfen worden, und nachdem ich es geschafft hatte, herauszuklettern, rollte ich mich nun auf Glasscherben ab und empfand das als Erleichterung. Auf dem Höhepunkt der Krankheit legte ich meine »Im Falle des Todes-Unterlagen« an. Das hohe Fieber führte zu Halluzinationen, zu denen auch Besuche von verstorbenen Angehörigen zählten. Ich empfand ihre Besuche als tröstlich, obwohl ich spürte, dass mein Unbewusstes am Werk war. Wir führten wunderbare, sogar humorvolle Gespräche über ihr Leben nach dem Tod. Ich erinnerte mich an frühere Träume mit verstorbenen

Verwandten, die bei der Erwähnung ihres Todes jedes Mal verschwanden. Diesmal aber gingen sie nicht. Ich begann mich zu fragen, ob ich bereits meinen letzten Atemzug getan hatte. Glücklicherweise hatte ich mich geirrt. Meine Zeit war noch nicht gekommen.

Ich weigerte mich, ins Krankenhaus zu gehen. Nachdem ich gesehen hatte, wie Schwarze in der Notaufnahme behandelt werden, kam ich zu dem Schluss: Schwarze Menschen gehen hinein, aber die meisten von uns kommen nicht wieder heraus – zumindest nicht lebend. Die schreckliche Statistik der Todesopfer dieser Krankheit bestätigte meinen Eindruck. Selbst wenn Schwarze den gleichen Zugang haben, bedeutet das nicht, dass es keinen Rassismus bei unserer medizinischen Versorgung gibt. Ich habe mit anderen schwarzen und südasiatischen Männern gesprochen, die Krankenhäuser mieden, als sie erkrankt waren. Sie behaupteten, sie seien noch am Leben, weil sie sich zu Hause selbst gepflegt hätten. Ich sehe jedoch ein, dass es nicht ratsam wäre, lebensrettende Impfstoffe und fürsorgliches medizinisches Fachpersonal zu meiden.

Ich habe Freund:innen, Studierende und Verwandte verloren, und ich stehe in Kontakt mit vielen, die während der Pandemie Angehörige verloren haben. Die Hinterbliebenen kämpfen damit, dass sie weder in den letzten Momenten noch bei der Beerdigung oder Einäscherung bei ihren Lieben sein konnten. Eine gute Freundin in Paris trauert immer noch darüber, dass ein geliebter Mensch allein gestorben ist, weil niemand ihn im Krankenhaus besuchen durfte. Sie und seine Verwandten durften nur draußen in einiger Entfernung vor dem Krematorium stehen. Als orthodoxe Jüdin, die die Schoah überlebt hat, durchlitt sie ein mehrfaches Trauma, als sie sah, wie der

Rauch in die Luft stieg und sein Leichnam zu Asche wurde.

Ich denke oft an das, was meine Großmutter mütterlicherseits seit ihren späten Achtzigern zu sagen pflegte, wenn ich mit ihr telefonierte. »Wie geht es dir, junge Dame?«, fragte ich sie.

Ihre Antwort: »Ich bin noch da.«

Nicht alle von uns verstehen, was es bedeutet, diese Worte sagen zu können. Einige, denen es allmählich besser ging, stürzten sich nach dem anfänglichen Sauerstoffrausch leichtsinnig wieder in die Welt, ohne zu verstehen, dass das Gefühl der Besserung nicht gleichbedeutend mit ihrer Heilung ist. Die Schädigung innerer Organe macht es gefährlich, sofort wieder in die Welt hinauszurennen. Viele von ihnen berichten, sich »wieder angesteckt« zu haben, dabei erlitten sie höchstwahrscheinlich einen Rückfall oder haben sich einfach selbst geschwächt, indem sie die Anstrengungen ihres Körpers zur inneren Heilung unterbrochen haben.

Ich bin immer noch da. Die Geschichte wartet nie auf einen. Es gibt noch so viel zu tun. Mit Demut – denn es gibt so Vieles, das größer ist als wir – machen einige von uns weiter. Weil wir am Leben sind, haben wir weiterhin die Möglichkeit und, wie es im Judentum heißt, die Mitzwa, zu leben.

Die COVID-19-Pandemie traf inmitten anderer gegenwärtiger Pandemien ein. Dazu gehören anti-schwarzer Rassismus, Raubtierkapitalismus, verkappter Kolonialismus, Neofaschismus und eine entmenschlichende Sozialpolitik der strukturierten Ungleichheit. Dieses Buch wurde während der Überlappung dieser Pandemien geschrieben – den laufenden anti-demokratischen Bemühungen, unter dem Deckmantel von »liberaler Demokratie« die globale Entmachtung aller außer einer kleinen Gruppe von Eliten zu bewirken. Ein Name dafür ist Neoliberalismus, dessen Mantra »Privatisierung« lautet. Unter dieser Überschrift werden abstrakte und moralistische Vorstellungen vom »Individuum« gepriesen, als wäre jeder Mensch ein individueller Gott und könnte die Bedingungen der eigenen Bedürfnisse selbst bestimmen. Da wir Menschen für unser Überleben aufeinander angewiesen sind, macht die aus der Privatisierung resultierende Isolation die meisten von uns verwundbar, da Zugang und institutionelle Unterstützung von der Mehrheit der Menschen in die Hände einiger weniger globaler Eliten übergehen. Ein solcher Rückgang an Sozialleistungen verstärkt die Verwundbarkeit weiter. Diese prekäre Situation führt unweigerlich zu einer Legitimationskrise, wie sie im Frühling 2020 in Nordamerika zu beobachten war. Die Versprechungen privatisierter Regelungen, die im Endeffekt »allen« zugutekommen, sind eindeutig falsch; was folgt, ist eine Suche nach den Ursachen der Misere, die von der Pandemie bis zum Anstieg der Arbeitslosigkeit reicht. Die neoliberale Antwort in Form von mehr Privatisierung, mehr Kapitalismus und mehr Deregulierung ist mindestens rätselhaft.

Eine andere Antwort bietet der Neokonservatismus. Die neokonservative Antwort auf die Krisen des Neoliberalismus ist der Blick zurück statt nach vorn. Das Vorwärtsdenken tendiert zu Konzepten vom »Sozialen«, wie beispielsweise im demokratischen Sozialismus oder in Sozialdemokratien. Demokratischer Sozialismus meint die demokratische Verwaltung einer sozialistischen Gesellschaft. Bei der Sozialdemokratie geht es um demokratische Mittel zur Verwirklichung des Sozialismus, was irgendwo zwischen Kapitalismus und Sozialismus angesiedelt ist. Indem sie alles ablehnen, was das Wort »sozial« enthält, konzentrieren sich Neokonservative auf das »Liberale« in der liberalen Demokratie. Würden wir das streichen, dann müssten wir untersuchen, was übrig bleiben soll. Wenn am Ende die »Demokratie« an sich bleibt, stellt sich die Frage: Was für eine?

Für die Neokonservativen hängt das, was zu tun ist, von der Ursachendiagnose der Krisen ab, und als solche gelten ihnen Unordnung und die *internationale* Reichweite des Globalen. Sie sehen die Lösung im Rückzug in eine geordnete und kontrollierte Gesellschaft. Das bedeutet, dass die Institutionen von Recht und Ordnung gestärkt werden müssen, wobei letztere die Quelle der Legitimität ist. Die Konzentration auf Ordnung erfordert die Beseitigung von Quellen der Unordnung, die die Neokonservativen als Dissens und Abweichung betrachten. Demzufolge müssen Gruppen und Ideen, die sie als ordnungsstörend erachten, eingedämmt und eliminiert werden. Zu diesen Gruppen zählen ausnahmslos Außenseiter:innen und diejenigen, die sie als unerwünschte Ausländer:innen betrachten. Die Entwicklung zur Fremdenfeindlichkeit geht einher mit Rassismus, Misogynie, Homophobie und dem Hass auf all jene, die als Außenseiter:innen betrachtet werden. Diese reaktionäre Wende verwirft die Idee, Länder wie Brasilien, Indien, das Vereinigte Königreich und die Vereinigten Staaten als kosmopolitisch zu betrachten, und ersetzt sie durch einen Nationalismus, der sich unter dem Deckmantel der »Tradition« auf sorgfältig ausgelesene Werte aus der Vergangenheit eines jeden Landes beruft. Da sie auf der Ablehnung von Unterschieden beruhen, verfolgen diese Bewegungen Vorstellungen von Reinheit. Die Suche nach der

»reinen« Nation, die zwangsläufig rassistisch ist, bedeutet auch, dass sich der Neokonservatismus im Gegensatz zum Neoliberalismus auf Gruppen konzentriert. Die Suche nach der reinen Nation in einem Land wie den Vereinigten Staaten bedeutet, »weiß« zu sein – genauer: weiß, angelsächsisch, protestantisch –, und verleiht, wie die Welt 2016 an Donald Trumps Präsidentschaftswahlkampf und seiner anschließenden Präsidentschaft gesehen hat, dieser weiß dominierten Vergangenheit das begehrte Adjektiv »groß«. Dafür waren einige bereit, im Januar 2021 das US-Kapitol zu stürmen, nachdem der Kongress Trumps Niederlage im November 2020 und den Sieg seines Nachfolgers Joseph Biden bestätigt hatte.

Trotz ihrer gemeinsamen Agenda einer radikalisierten Privatisierung von Macht sind die globalen Wirtschaftseliten zwischen den Neoliberalen und den Neokonservativen gespalten. Der sie verbindende Reichtum bedeutet jedoch, dass sie beide in die globale Verbreitung ihrer Ziele investieren können. Der neokonservative Flügel tut dies, indem er in Autoritarismus und die Aushöhlung staatlicher Leistungen investiert. Dies radikalisiert Ungleichheiten überall dort, wo sie auftreten. Die zunehmenden Krisen, die sie erzeugen, führen zu weiterer Verwirrung, und wie im neoliberalen Verlangen nach mehr Privatisierung und Kapitalismus fordert der neokonservative Flügel eine *weitreichendere Beseitigung von Unterschieden sowie von Leistungen, die diese wahren.* Konservatismus und Neokonservatismus führen in radikalisierter Form unweigerlich zum Faschismus; allerdings gibt diese Form des Extremismus das heute nicht mehr zu. Die derzeitigen Anhänger:innen bevorzugen Begriffe wie »Alt-Right« und »weißer Nationalismus« oder, wie in Indien, »Hindu-Nationalismus« oder »Brahmanismus«. An den Schauplätzen der Macht bedienen sie sich all der altbekannten Mechanismen des Faschismus: Fehlinformation und Desinformation, Militarisierung und Gewaltanwendung zur Aushöhlung des öffentlichen Raums, rassistische Sündenbocktaktiken, Aufwertung von Männlichkeit und die permanente Aufrechterhaltung von Ungewissheit, um die Notwendigkeit von Sicherheit durch Militarisierung und Polizeipräsenz zu legitimieren.

Der Rassismus des Neoliberalismus zeigt sich im mit ihm einhergehenden Neokonservatismus und Faschismus. Auf den ersten Blick erscheint der neoliberale Rassismus nicht rassistisch. Schließlich behaupten Neoliberale, die Freiheiten und Rechte von Bürgerinnen und Bürgern zu verteidigen, und es gibt durchaus neoliberale Politiker:innen of Color. Das Problem ist, dass sie diese Rechte nur *Individuen* zusprechen. Für Menschen, die Opfer von rassistischer Diskriminierung sind, ist das wenig hilfreich. Keine schwarze oder Indigene Person wird *als Individuum* diskriminiert. Anti-schwarzer Rassismus richtet sich gegen *Schwarze*. Anti-Indigener Rassismus richtet sich gegen *Indigene Gruppen*. Der Neoliberalismus nährt also den Rassismus, indem er die Bedingungen für seine Bekämpfung untergräbt. Er ist, kurz gesagt, skrupellos.

Neokonservatismus und Faschismus stellen das Individuum nicht über Gruppen. Vielmehr geht es ihnen gerade um Gruppen. Ihr Rassismus ist direkt. Sie halten andere Gruppen für »gefährlich« und nehmen sie ins Visier, um sie zu inhaftieren oder, schlimmer noch, zu eliminieren. Aus diesem Grund versammeln sich sogenannte Milizen, das Militär und die Polizei, um Black-Lives-Matter-Demonstrierende zu bekämpfen, die für die Rechte schwarzer und Indigener Menschen protestieren, stehen aber daneben und unterstützen zuweilen weiße, rassistische Gruppen, die mit sichtbaren Waffen aufmarschieren und, wie beim Angriff auf das US-Kapitol, Polizeikräfte verletzen und töten, obwohl sie einst »Blue Lives Matter« skandiert haben – also, dass die Leben von Polizeikräften zählen.[1]

Da Neoliberalismus, Neokonservatismus und Faschismus von Personen mit außerordentlichem Wirtschaftskapital gefördert werden, ist ihre Reichweite global, wie man in Ländern von Brasilien über Ungarn bis Indien sehen kann. Und ihre negativen Auswirkungen sind überall dieselben. Sie sind, mit einem Wort, Pandemien.

Die sozialen Dimensionen von Pandemien sind seit der Ankunft von Christoph Kolumbus auf den Bahamas im Jahr 1492 bekannt. Er schleppte mit seiner Besatzung nicht nur biologische Krankheiten aus Europa ein, sondern begründete auch den Kolonialismus der Euromoderne, zu dem auch die Erzeugung von Verwundbarkeiten gehört, durch die diese Seuchen leicht verbreitet werden konnten. Diese Entwicklung – euromoderner Kolonialismus – infizierte die ganze Welt und stellte somit eine soziale Pandemie dar. Sie schuf die Voraussetzungen für prekäre Bedingungen, durch die alle nachfolgenden Pandemien auf fruchtbaren Boden fielen. Ihre Grausamkeit wurde, soweit es die Metropolen oder kolonialen Zentren betraf, unter Quarantäne gestellt. Diejenigen, die unter den Symptomen dieser Pandemie litten – Versklavung, Völkermord, hohe Sterblichkeitsraten, anhaltende Armut, alltägliche Gewalt, seelische Erniedrigung –, erfuhren Unsichtbarkeit als Folge ihres unter Quarantäne stehenden Leidens. Damals wie heute wurden diese Menschen vor denen, die von ihrem Elend profitierten, größtenteils verborgen gehalten. Gelegentlich gab es Momente der Sichtbarkeit, etwa als der Sharpe-Aufstand in Jamaika (1831–1832) dazu führte, dass die Briten die Versklavung von und den atlantischen Handel mit entführten Menschen verboten. Da das britische Empire zu dieser Zeit weltweit bestand, wurde dies als Verbot der Versklavung auf hoher See interpretiert. Und doch gibt es Versklavung noch immer.[2] Das Gleiche gilt für die anderen sozialen Symptome, durch die die Indigenen Bevölkerungen Nord- und Südamerikas sowie Australiens fast vollständig vernichtet wurden. Als die Nachkommen dieser Gruppen mit der COVID-19-Pandemie konfrontiert wurden, stellten sie das Offensichtliche fest: deren Symptome der Ungerechtigkeit sind nichts Neues.

Schwarze Menschen bekommen zusätzliche Symptome zu spüren. Dort, wo die Versklavung verboten wurde, wurde zugleich in ihre Aufrechterhaltung investiert. Wie W.E.B. Du Bois und viele andere im US-amerikanischen Kontext gezeigt haben, hat der Fokus, den die Polizei auf Schwarze legte, Weiße de facto zu Hilfssheriffs gemacht.[3] Die Einschränkung der Bewegungsfreiheit von Schwarzen führte dazu, dass wir fast überall mit Verbrechen in Verbindung gebracht wurden, was wiederum zu dem bekannten, rassistisch geprägten System der Inhaftierung und dem damit einhergehenden Geschäft – dem industriellen Gefängniskomplex – führte. Diese Logik bestand, und besteht weiterhin, in der Quarantäne von Schwarzen. Zu deren Mechanismen gehörten neben der Inhaftierung auch Lynchjustiz, Existenznot, Segregation von Wohnraum und eine komplexe Propagandakampagne, in der die Degradierung der Schwarzen aufgrund von Fehlinformation und Desinformation in Geschichte und anderen Humanwissenschaften – von der Ökonomie über die Humanbiologie und Psychologie bis hin zur Soziologie und Medizin – mit der Aufwertung der Weißen einherging. Das bedeutete für alle US-Amerikaner:innen – schwarze wie weiße –, von der Wiege bis zum Grab lernen zu müssen, wie man all dem ausweicht, was die Widersprüche eines Systems aufdeckt, das Schwarze als Problem ansieht und nicht als Menschen, die mit den Problemen zu kämpfen haben, die uns von einer rassistischen, ungerechten Gesellschaft auferlegt wurden.

All das haben schwarze Menschen nicht kampflos hingenommen. Denn wie soll es unter solchen Umständen überhaupt noch möglich sein, Luft zu bekommen? Diese Problematik des Atmens ist eines der Kennzeichen von schwarzem Bewusstsein. Wie sollte es auch anders sein, wenn Lynchjustiz eine der Methoden war, schwarze Menschen zu unterwerfen? Frantz Fanon – der bedeutende Philosoph, Psychiater und Revolutionär von der Karibikinsel Martinique – schrieb so oft von »Atem« und »Atmen«, dass er auch darauf hinweisen musste, wie die kolonialen Bedingungen, die Schwarze in diese Situation gebracht haben, den kolonisierten Menschen in Südostasien dasselbe auferlegten: »Nicht weil die indochinesischen Bevölkerungen ihre eigene Kultur entdeckt haben, lehnten sie sich auf, sondern weil es ihnen in mehr als einer Hinsicht ›ganz einfach‹ unmöglich war, zu atmen.«[4]

Dieses Motiv der Auflehnung gegen die drohende Erstickung setzt sich auch im einundzwanzigsten Jahrhundert fort. Erinnern wir uns an die letzten Worte von Eric Garner, als er sich im Würgegriff des Polizisten Daniel Pantaleo aus Staten Island befand: »Ich kann nicht atmen!« Dies waren auch die letzten Worte von George Floyd in Minneapolis, als der Polizeibeamte Derek Chauvin dessen Hals mit seinem Knie fixierte.

Das kollektive Ringen um Luft, das alle schwarzen Rebellionen von der haitianischen Revolution über die antikolonialen Kämpfe in Afrika bis hin zu den Aufständen in Nord- und Südamerika kennzeichnet, war für weiße Menschen jenseits der konservativen Logik ihres eigenen Schutzes *vor* solchen Aufständen kaum von Belang. Die Pandemie bietet jedoch ein böses Erwachen hinsichtlich der Perspektive des schwarzen Bewusstseins, das ich im Folgenden einfach als die Sichtweise der Schwarzen bezeichnen möchte. Trotz aller Bemühungen weißer Herrschaft »erkennt« SARS-CoV-2 (das neuartige Coronavirus) weder nationale Grenzen noch rassifizierte oder anderweitige Eingrenzungen. Es reagiert nur auf Einfallstore oder, genauer gesagt, auf »bereits bestehende Vorbedingungen und -erkrankungen«. Die bereits bestehenden Pandemien des Neoliberalismus, Neokonservatismus, Faschismus und des damit einhergehenden Rassismus schufen soziale Schwachstellen, die das Virus in Ländern wie den Vereinigten Staaten, dem Vereinigten Königreich, Indien und Brasilien trotz der ihnen zur Verfügung stehenden technologischen und wirtschaftlichen Ressourcen stärker verbreiteten. Die verheerenden Auswirkungen des Virus zeigen sich am deutlichsten in den Bevölkerungsgruppen, denen diese Gesellschaften ihre Technologien der Entmachtung widmen – den Schwarzen in allen vier Ländern sowie den Indigenen Bevölkerungen in Brasilien, Indien und den Vereinigten Staaten. Es gibt viele weitere Länder mit ähnlichen Auswirkungen, aber der hegemoniale Status der Vereinigten Staaten und des Vereinigten Königreichs, insbesondere als imperiale Länder und Architekten von Neoliberalismus und Neokonservatismus, macht sie zu anschaulichen Beispielen. Brasilien und Indien folgen ihnen in der Übernahme dieser Politik durch ihre nationalen Führungen.

Im Zuge der Pandemie kommt der Quarantäne auch der Effekt der Mystifizierung zu. Neoliberalismus und Neokonservatismus sehen keinen Unterschied zwischen sozialer und physischer Distanz. Da der Neoliberalismus Individuen so weit isoliert, dass er ihre Verbindung zu anderen leugnet, markiert er die soziale Realität angesichts seiner Verachtung für Kollektive als seinen Feind. In diesem Sinne ist es nachvollziehbar, dass neoliberale Regierungen *soziale Distanz* verordnen. Da das Virus jedoch physisch übertragen wird, sollte vielmehr eine Empfehlung für *physische Distanz* ausgesprochen werden. Man kann körperlich nah, aber sozial weit entfernt sein und umgekehrt. Die soziale Nähe setzt sich in verschiedenen Formen fort, allerdings hauptsächlich durch Kommunikationstechnologien wie FaceTime, Skype, Google Meet, Microsoft Teams, Webex und Zoom. Diejenigen, bei denen COVID-19 voll ausgeprägt ist, sind jedoch sowohl sozial als auch physisch distanziert. Unter Quarantäne gestellt, sind sie außer Sichtweite. Wenn sie so stark betroffen sind, dass sie nicht mehr kommunizieren können oder bewusstlos sind, sind sie auch sozial distanziert. Viele können nicht sprechen, und wenn sie auf COVID-19-Stationen in Krankenhäusern behandelt werden, sind sie von sterilen Stoffen umgeben und sediert, während Beatmungsschläuche ihnen das Atmen ermöglichen. Was sind sie anderes als passive Objekte der medizinischen Versorgung? Ihre Menschlichkeit wird in einem riesigen Netz radikaler Quarantäne ausgelöscht. Derart abgeschottet, sind sie unsichtbar, während viele den Auswirkungen der Krankheit erliegen – und aufhören zu atmen.

Für diejenigen, die die Pandemie nicht für einen Schwindel halten, lässt die drohende Atemnot Personen, die weder infiziert sind noch Symptome haben, beinahe als

Überlebende oder vom Glück Gesegnete erscheinen. Dieser Auffassung nach gelten die Erkrankten als gebrandmarkt oder, schlimmer noch, als verdammt. Die alten moralischen Erklärungsmuster gegen Infizierte werden leichter reproduziert, wenn die Mehrheit von ihnen zu historisch ausgestoßenen und vernachlässigten Gruppen gehört. Die Unsichtbarkeit der Krankheit wird auch von denen geteilt, die von ihr betroffen sind. Die Tatsache, dass sie nicht sichtbar gemacht wurde, fördert den Zweifel an ihrer Existenz. Dies geschieht leicht bei ideologisch Rechten, die bereits von ihrer Unverletzlichkeit überzeugt sind – sei es, weil sie an eine göttliche Macht wie Jesus an ihrer Seite glauben, oder weil sie annehmen, dass das System ihnen ein »Recht« auf alles, was sie wollen, einräumt, auch auf ihr Überleben. Im Frühjahr 2020 nahm diese Denkweise in den Vereinigten Staaten absurde Formen an, als rechte Pandemieleugnende auf vorbeugende Maßnahmen gegen Infektionen verzichteten, um sich den Luxus einer neuen Frisur sowie andere nicht notwendige Unternehmungen zu gönnen, und während der Wahlsaison an großen Superspreader-Veranstaltungen wie den Trump-Kundgebungen teilnahmen. Da diejenigen unter ihnen, die sich infizierten und starben, zur Kategorie der Quarantänetoten gehörten, wurden sie nicht wahrgenommen und ihr Ableben wurde somit von den anderen Fanatiker:innen nicht als real angesehen. Wie die Geschichte bereits unter der Präsidentschaft von Jaïr Bolsonaro in Brasilien und anderen von reaktionärer und rassistischer Politik geprägten Ländern gezeigt hat, sind die Menschen in den Vereinigten Staaten nicht die einzigen, die unter den Folgen einer böswilligen und inkompetenten Führung leiden.[5]

Das Leitmotiv all dieser Pandemien – Demokratiefeindlichkeit, Kolonialismus, Rassismus und diese eine Krankheit – ist Unsichtbarkeit. Die beharrliche Ablehnung jeglicher Erscheinungsform ihrer Symptome, ob psychologisch oder ideologisch, nährt diese Pandemien der Unsichtbarkeit. Ich erinnere mich, wie wütend manche Leute reagierten, wenn ich auch nur erwähnte, dass ich an den Langzeitfolgen litt. Es scheint, als sei ein großer Teil der Menschheit zu der kindlichen Reaktion zurückgekehrt, den Kopf unter die Decke zu stecken, wenn sie ein Monster unter ihrem Bett wähnen. Was würde das Monster dann tun? Verschwinden, weil es von einer *Decke* besiegt wurde? Natürlich sind bei solchem Verhalten auch psychoanalytische Elemente im Spiel. Die Augen zu schließen oder das Gesicht zu verdecken, ist ein heimliches Eingeständnis von Projektion. In jeder Verleugnung steckt eine Form von Verantwortung. Die Geschichte der Vereinigten Staaten und vieler anderer Länder, die von der Vorstellung einer weißen Vorherrschaft geprägt sind, lässt sich damit beschreiben, wie Kolonialismus, Rassismus sowie die versuchten und erfolgten Völkermorde an Indigenen Gruppen im nationalen Gedächtnis unter einer Decke versteckt wurden und werden. Diese Art der Verleugnung gehört zu den Fundamenten dieser Länder. Je mehr Todesopfer zu beklagen waren und je mehr die Öffentlichkeit von geförderten Pseudowissenschaften fehlinformiert und desinformiert wurde – viele Menschen begrüßten diese Falschinformationen wie eine Decke, in die sie sich hüllen konnten –, desto mehr Energie wurde benötigt, um sich von der Wahrheit zu distanzieren, sie zu verdrängen und zu unterdrücken. Die Alternativen dazu waren Implosion oder Explosion.

Der Mord an George Floyd fand nicht unter Quarantäne statt. Die ganze Welt wurde Zeuge dieses Mordes, der die

Realität eines Erstickungstodes sichtbar machte. Hätten sich die Zeug:innen wie Vertreter:innen des Rechts verhalten, die auf eine illegale und unmoralische Handlung – einen Mordversuch – reagierten, und die Polizei überwältigt, wäre Floyd noch am Leben. Da in den Vereinigten Staaten de facto nur Weiße das Recht haben, Bürger:innen zu verhaften, konnte das nicht geschehen. Es ist allgemein bekannt, dass eingreifende Passant:innen wegen Angriffs auf Polizeikräfte verhaftet oder, schlimmer noch, von der Polizei getötet werden können. Dank der damals siebzehnjährigen Darnella Frazier, die den schrecklichen Vorfall trotz polizeilicher Drohungen filmte, wurden viele Menschen auf der ganzen Welt Zeug:innen eines Vorfalls, der durch strukturelle Komplizenschaft, politische Unzulänglichkeit, Ungerechtigkeit und soziale Missstände ermöglicht wurde.[6] Floyds Ermordung steht sinnbildlich für das Versagen im Umgang mit diesen konvergierenden Pandemien. Die Polizei, so haben viele erkannt, ist strukturell für soziale Erstickung verantwortlich. Die Menschheit existierte fast dreihunderttausend Jahre lang ohne Polizeikräfte, und in Wahrheit – jenseits der Fantasievorstellungen von Kino, Fernsehen und literarischer Fiktion – brauchen die meisten Menschen die Polizei nur selten für etwas anderes, als um den Verkehr zu regeln oder eine Anzeige nach einem Autounfall oder Einbruch zu erstatten.[7] Es kommt selten vor, dass Menschen tatsächlich von ihr *beschützt* werden, noch seltener ist es, dass diejenigen, die ein Verbrechen begangen haben, ermittelt und vor Gericht gebracht werden. Die Menschheit kann sicher einen besseren Weg des Zusammenlebens finden, als einen so großen Teil unserer Wirtschaft in Kräfte umzuleiten, die, um die Notwendigkeit solcher Investitionen zu rechtfertigen, Gewalt und darüber hinaus Verbrechen als deren faktische Verwalter produzieren. Die Gewalt der Polizei, die uns daran erinnert, was es heißt, keine Luft mehr zu bekommen, wird zum Sinnbild für diese konvergierenden Pandemien. Die Vermummten, die gegen sie auf die Straße gegangen sind, stellen die Bedeutung des Atems in den Vordergrund; ihre Proteste sind soziale Masken gegen eine Ansteckung.

Obwohl schwarzes Bewusstsein ein böses Erwachen ist, kann aus dieser Einsicht eine andere Art von Bewusstsein erwachsen: die Notwendigkeit, tätig zu werden und gegen Unterdrückung zu kämpfen. Diese Art von Bewusstsein, das Schwarze Bewusstsein, unterscheidet sich vom (klein geschriebenen) schwarzen Bewusstsein; es ist ein politisches Bewusstsein, das sich mit den erstickenden Widersprüchen anti-schwarzer Gesellschaften auseinandersetzt. Aus Angst, ihr negatives Ebenbild zu sehen, versuchen diese anti-schwarzen Gesellschaften häufig, ihre Spiegel zu zerbrechen. Die Unterdrückung dieses Bewusstseins erfordert nicht nur die Unterdrückung schwarzer Möglichkeiten, sondern auch des politischen Lebens. Anti-schwarze Gesellschaften sind daher grundsätzlich anti-politisch und anti-demokratisch – weil sie sich der Aufgabe verschrieben haben, Schwarzen den Zugang zur Staatsbürger:innenschaft zu verwehren – und kämpfen somit auch gegen ihre eigenen Mitglieder, die gegen die Entmachtung der Schwarzen kämpfen. Dieser Kampf offenbart eine gefürchtete Wahrheit der schwarzen Ermächtigung: Der Kampf gegen anti-schwarzen Rassismus ist letztlich ein Kampf *für* die Demokratie.

Die Menschheit muss weiterhin gegen anti-demokratische Kräfte kämpfen, denn – von Angriffen auf die Umwelt bis hin zu Angriffen auf Einrichtungen, durch die Menschen in einer menschlichen Welt leben können – alle müssen atmen. Der Kampf gegen diese Kräfte erfordert einen unermüdlichen Einsatz für die Demokratie. Wenn dieser Kampf in die Öffentlichkeit getragen wird, ist er ein verzweifeltes Ringen um Luft, um das, was Fanon so treffend als den »Sauerstoff, der eine neue Menschheit erfindet«, bezeichnet hat.[8] Das ist wahr. Vorausgesetzt natürlich, es bleibt eine Menschheit übrig, die erfunden werden kann.

Dieses Buch ist eine Erkundung sowohl des schwarzen Bewusstseins als auch des *Schwarzen* Bewusstseins. Kurz gesagt, ist schwarzes Bewusstsein meist von Betroffenheit geprägt und manchmal unbeweglich; Schwarzes Bewusstsein ist effektiv und immer aktiv. Beide werden in anti-schwarzen Gesellschaften gefürchtet, wenn auch das zweite mehr als das erste. Diese Angst führt letztlich zur Verachtung von Wahrheit und zu einer Abneigung gegen die ethischen und politischen Implikationen, die sich aus dem Eingeständnis dieser Wahrheit ergeben, also aus der Erkenntnis dessen, was die Behauptungen von weißer Vorherrschaft und schwarzer Unterlegenheit tatsächlich offenbaren, wenn man sie mit den Augen von Schwarzen betrachtet. Diese Enthüllung ist das Lügengebäude, auf dem die bekannte Legitimität anti-schwarzer Gesellschaften aufgebaut ist. Die Tatsache, dass alle anti-schwarzen Gesellschaften heute behaupten, Demokratien zu sein, macht diese Heuchelei deutlich. Zu den Lügen gehört, dass diese Gesellschaften Freiheit vermeintlich hochhalten, aber gleichzeitig einen Krieg gegen sie führen, indem sie die wirkliche Demokratie blockieren.

Ich werde zeigen, dass es eine Bewegung von einem leidgeplagten schwarzen Bewusstsein zu einem befreienden Schwarzen Bewusstsein gibt, in dem die Enthüllung der schmutzigen Wäsche und der trügerischen Vorstellungen von weißer Vorherrschaft und schwarzer Unterlegenheit eine gefürchtete Realität darstellen. In einer Welt, in der moralische Überlegenheit als Voraussetzung für politische Legitimität gilt, macht das viele Weiße, die in den letzten Hunderten von Jahren einen großen Teil des Planeten regiert haben, moralisch und letztlich politisch bankrott. Viele, denen dieses Versagen vorgeworfen wird, suchen den Rückzug in eine individualisierte moralische Erlösung. Ich behaupte, dass die Angst vor Schwarzem Bewusstsein auch eine Flucht vor der Realität und vor politischer Verantwortung ist.

Der Weg, den ich beschreibe, führt zunächst durch den Nebel des weißen Narzissmus und die verschiedenen Bewusstseinsformen, die er hervorbringt. Danach werde ich zur Untersuchung von insbesondere rassifiziertem Bewusstsein und Rassismus sowie Formen der Unsichtbarkeit, die sie hervorbringen, übergehen. Im Anschluss an diese Analyse erörtere ich die vielfältigen Möglichkeiten, durch die anti-schwarze rassistische Gesellschaften versuchen, sich der politischen Verantwortung für anti-schwarzen Rassismus zu entziehen. Abschließend werde ich über politische und kreative Antworten eines Schwarzen Bewusstseins nachdenken, welches sich nicht für den Wert schwarzen und Schwarzen Lebens rechtfertigt.

Man kann sich fragen, was intellektuelle Überlegungen und politische Verantwortung zum Kampf gegen anti-schwarzen Rassismus beitragen können, dem die Aufgabe zukommt, eine menschliche Welt der Würde, der Freiheit und des Respekts aufzubauen.

Vor vielen Jahren geriet ich in einen Disput mit einer Community-Aktivistin, die erfuhr, dass ich ein Doktorand der Philosophie war. Meine aktivistische Freundin behauptete: »Ich habe keine Zeit für Abstraktionen. Ich arbeite mit dem Konkreten.«

»Du weißt aber schon, dass ›das Konkrete‹ eine Abstraktion ist, oder?«, erwiderte ich. Ich wollte meiner Freundin damit sagen, dass Kommunikation, Reflexion und Denken wichtige Rollen bei Kämpfen spielen und dass sie angemessene Formen der Verallgemeinerung erfordern. Auch wenn die Gefahr besteht, dass man vom Verallgemeinern zum *groben Pauschalisieren* übergeht, muss man dennoch verallgemeinern, damit nicht nur man selber, sondern auch andere verstehen können. Wenn die daraus folgenden Ideen nützlich sind, müssen sie notwendigerweise über *mich* hinausgehen und das allgemeine *Du* erreichen.

Verallgemeinerungen werden immer an ihre Grenzen stoßen. Um diese Grenzen zu überschreiten, führe ich viele Beispiele aus den Nachrichten, der Geschichte und auch der Populärkultur (wie Filme und Musik) an.

Ein weiterer Hinweis: Trotz meiner Bemühungen werden sich einige Leser:innen in diesem Buch vielleicht nicht wiedererkennen und, schlimmer noch, sogar über das, was ich sage und zeige, verärgert sein. Was wir in anderen zu sehen bekommen, kann uns als Spiegel dienen, der uns hilft, uns selbst mit einer gewissen Klarheit zu sehen, und wenn wir es uns eingestehen, mit der befreienden Kraft von Wahrheit und frischer Luft.

Setzen wir also gemeinsam diese Reise fort, die über dunkle, gefährliche Gewässer führt und für viele auch unter und durch sie hindurch.

TEIL I

GEFESSELT

*Tja, Kinder, wo so viel Radau ist,
muss etwas aus dem Lot geraten sein.*

— SOJOURNER TRUTH[9]

1
GEFÜRCHTET

Befassen wir uns mit der folgenden Geschichte aus der Kolonialzeit in der britischen Karibik. Ein anglikanischer Bildungsminister wurde zur Inspektion einer Schule in den Kolonien entsandt. Um zu sehen, wie sie geführt wurden, beschloss er, unangemeldet eine der Sekundarschulen zu besuchen. Als er sich dem Tor näherte, eilte ein schwarzer Junge von vielleicht elf Jahren herbei. Der Minister hielt den Jungen an in der Hoffnung, sich ein Bild von den Vorzügen einer guten kolonialen Erziehung machen zu können. Er legte dem Jungen die Hand auf die Schulter.

»Junger Mann.«

»Ja, Sir«, antwortete der Junge, nervös, da er von einem weißen Herrn angesprochen worden war.

»Könntest du mir bitte sagen, wer die Mauern von Jericho niedergerissen hat?«

Der Junge schaute den ziemlich imposanten weißen englischen Vertreter des Empires an. Er wusste sofort, was er zu sagen hatte. »Ich nicht.«

Der Minister war fassungslos. Er packte den Jungen am Arm.

»Komm mit.« Er betrat die Schule und verlangte, den Schulleiter zu sehen. Er wurde zu einem afro-karibischen Mann gebracht. Nennen wir diesen Beamten Mr. Smith.

»Sind Sie der Schulleiter?«

»Ja, Sir. Ich bin Mr. Smith.«

»Gut. Ich bin der Bildungsminister. Ich bin hier, um Ihre Schule zu inspizieren. Ich habe gerade diesen jungen Mann gefragt, wer die Mauern von Jericho niedergerissen hat, und wissen Sie, was er mir gesagt hat?«

»Was hat er Ihnen gesagt, Sir?«

»Er hat gesagt, er hat es nicht getan!«

Mr. Smith sah vom verängstigten Jungen zum aufgebrachten Minister. Er nahm seine Brille ab. Der arme Mr. Smith hatte sich durch das erniedrigende koloniale Bildungssystem hochgearbeitet. Er hatte es geschafft, eine Ausbildung zum Schullehrer zu absolvieren, und sich anschließend mit großem Einsatz den Titel eines Schulleiters verdient. Er stellte erstklassiges Personal ein und war stolz auf die vielen Absolvent:innen, die es zu etwas Besserem gebracht hatten als das, was ihnen die Dörfer, aus denen sie stammten, bieten konnten. Nach einem Seufzer antwortete er: »Sir, ich kenne diesen Jungen schon sehr lange. Wenn er sagt, dass er es nicht getan hat, dann versichere ich Ihnen, dass er es nicht getan hat.«

Empört rief der Minister schließlich das Büro des Generalgouverneurs an.

»Was gibt es?«, fragte ein Beamter.

»Ich bin in der anglikanischen Schule. Ich habe gerade einen Schüler und den Schulleiter gefragt, wer die Mauern von Jericho niedergerissen hat, und wissen Sie, was sie mir beide gesagt haben?«

»Was haben sie Ihnen denn gesagt, Sir?«

»Sie haben mir beide gesagt, dass der Junge es nicht getan hat!«

Nach einer Pause antwortete der Beamte: »Ich glaube,

Sie haben die falsche Abteilung. Warten Sie einen Moment, ich verbinde Sie mit dem Bau- und Wasseramt.«

■ ■ ■

Über schwarzes und Schwarzes Bewusstsein zu sprechen, erfordert, Fehlkommunikation, Missverständnisse und verpasste Gelegenheiten ebenso zu untersuchen wie die Arten von Fehlschlägen und Versäumnissen, die sie verursachen: Unruhe, Verzweiflung, Schrecken und Furcht. Daher endet das Reden über sie oft darin, dass man um sie herum redet oder, schlimmer noch, dass man über alles Mögliche spricht, nur nicht über sie.

Ironischerweise kann das Vermeiden eines Themas dazu führen, dass es noch präsenter wird. Im Englischen gibt es dafür die Redewendung eines »Elefanten im Zimmer«, der für alle sichtbar ist und dennoch totgeschwiegen wird. Um zu vermeiden, was deutlich sichtbar ist, muss man es gleichzeitig erkennen und ihm geschickt ausweichen. Der Antrieb hierfür ist das Unbehagen, vielleicht sogar die Angst, die das verleugnete oder umgangene Thema auslöst. In einigen Fällen fürchtet man das, was man über sich selbst erfahren könnte, das Bild, das von einem selbst entstehen könnte.

Kürzlich sprach ich mit einer Freundin, die ein Buch von weißen weiblichen Intellektuellen darüber las, wie Frauen sich selbst sehen. Ich fragte sie, ob die Perspektiven dieser Autorinnen auf Frauen und Männer nicht vielmehr spezifisch weiß seien. Ich erläuterte ihr, dass ich gerade Texte afrikanischer und Indigener amerikanischer Frauen las, die darlegten, dass ein Großteil der einflussreichen Literatur über das Leben von Frauen und Männern – über das Leben von Menschen – von Weißen handelte, wobei weiße Sichtweisen und Erfahrungen angeblich für die »menschliche Natur« oder »alle« stünden. Vieles von dem, was als Verhalten von Frauen und Männern angesehen wird, beschreibt das Verhalten von weißen Frauen und Männern. Meine Freundin, die wie ich afrikanischer Abstammung ist, zweifelte zunächst an meiner Behauptung, bis ich sie bat, die Beschreibung der Mayo Clinic zur narzisstischen Persönlichkeitsstörung (auch bekannt als bösartiger Narzissmus) zu lesen. Der Mayo Clinic zufolge haben bösartige Narzist:innen »einen übertriebenen Hang zur Selbstüberschätzung«, ein »Anspruchsdenken«, das »ständige, übermäßige Bewunderung« verlangt, die Erwartung, »als überlegen anerkannt zu werden, auch ohne entsprechende Verdienste, die dies rechtfertigen«, eine übertriebene Wahrnehmung ihrer Leistungen, eine überzogene Beschäftigung mit »Fantasien über Erfolg, Macht, Brillanz, Schönheit und den perfekten Partner oder die perfekte Partnerin«, die Überzeugung, dass sie »nur mit ebenso besonderen Menschen verkehren können«, und eine Vorliebe dafür, Gespräche zu monopolisieren und Menschen, die sie für unterlegen halten, herabzuwürdigen. Die Klinik führt weiter aus, dass Menschen mit einer narzisstischen Störung »besondere Gefälligkeiten und die bedingungslose Erfüllung ihrer Erwartungen« verlangen; häufig nutzen sie andere aus, um ihre Ziele zu erreichen; sie ignorieren die Bedürfnisse und Gefühle anderer oder sind nicht bereit, diese anzuerkennen; sie beneiden andere und sind davon überzeugt, dass andere sie beneiden; sie sind arrogant, angeberisch, eingebildet und überheblich; und sie bestehen darauf, von allem das Beste zu haben, wie beispielsweise »das beste Auto oder Büro«. Trotz ihrer selbstgefälligen Haltung können solche Menschen nicht damit umgehen, wenn sie kritisiert werden. Sie werden »ungeduldig oder wütend, wenn sie keine Sonderbehandlung erhalten«. Sie sind überempfindlich, reagieren mit Wut und Verachtung und versuchen, andere herabzuwürdigen, »um sich selbst überlegen erscheinen zu lassen.« Sie leiden unter emotionalen Störungen und Stress aufgrund eines ständigen Gefühls der eigenen Unvollkommenheit – obwohl sie stets betonen, besser zu sein als andere –, was auf »verborgene Gefühle von Unsicherheit, Scham, Verletzlichkeit und Demütigung«[10] hindeutet.

Sie können sich denken, worauf ich hinauswollte. Ich bat meine Freundin, weiße Menschen zu beschreiben – nicht, was jeden einzelnen weißen Menschen beschreibt, sondern das, woran viele Menschen, insbesondere Menschen of Color, denken, wenn wir uns vorstellen, was es bedeutet, weiß zu sein.

Sie lachte. Die Liste der Pathologien war dieselbe.

Weißsein, hier verstanden als ein der Welt auferlegtes Bewusstsein, dem zufolge normal zu sein bedeutet, weiß zu sein, ist im Grunde eine Gruppe, die in eine Geburtstagsparty hereinplatzt und deren Mitglieder allen erzählen, dass sie nicht nur großartig sind und allen einen Gefallen tun, indem sie diese Party stürmen, sondern auch, dass die Feier zu ihren Ehren stattfinden sollte.

Solche Menschen haben eine sorgfältig inszenierte Strategie von »Überlegenheit«. Sie erniedrigen alle anderen, konsumieren am meisten und werden wütend, wenn sie keine Sonderbehandlung für das erhalten, was sie sich wünschen. Gleichzeitig reagieren sie sehr empfindlich auf Kritik und verbergen oft, worauf ein solches Verhalten hindeutet – eine tiefe Unsicherheit. Solche Menschen sind immer die Opfer, selbst wenn sie die Bedingungen diktieren, die alle anderen betreffen. Und wenn sie nicht behaupten, Opfer zu sein, begründen sie ihr Verhalten mit der »menschlichen Natur«. Angeblich sind alle so wie sie. Ihre Antwort und Erklärung besteht einfach darin, paradoxerweise zu leugnen, dass dies speziell für weiße Menschen gilt. Ironischerweise bestätigt das nur ihr Weißsein, weil es von allen erkannt wird.

Warum gedeiht ein solches Verhalten, selbst wenn es geleugnet wird? Zum Teil besteht es fort, weil es verführerisch ist. Viele Menschen, selbst Beherrschte, wollen, dass weiße Überlegenheit das ist, was sie vorgibt zu sein. Wenn weiße Vorherrschaft als gerecht angesehen wird, würde ihr Leiden einen gewissen Sinn erhalten. Mit anderen Worten, sie können sich nicht mit der Wahrheit abfinden, die in Wirklichkeit eine Lüge ist. Es handelt sich um ein Geflecht von Überzeugungen und Institutionen, das über Generationen hinweg weitergegeben wurde und von Unaufrichtigkeit durchdrungen ist.

Der weiße Narzissmus zwingt anderen ein negatives und falsches Bild von sich selbst auf. Darüber hinaus bringt er auch besondere Arten von Bewusstsein hervor:

1. Es gibt das Bewusstsein, einer rassifizierten Gruppe anzugehören, welches die weiße Welt hervorgebracht hat und an das viele Menschen aus allen rassifizierten und ethnischen Gruppen in den vergangenen Hunderten von Jahren zu glauben gelernt haben.
2. Es gibt eine Reihe von schwarzen Perspektiven auf dieses Bewusstsein, die oft als »schwarze Erfahrung« und Verständnis bezeichnet werden. Das ist etwas, das schwarze Menschen hervorgebracht haben.
3. Es gibt das alltägliche Leben von schwarzen Menschen, wenn keine Weißen in der Nähe sind oder wenn schwarze Menschen zumindest nicht an sie denken. Auch das

haben schwarze Menschen hervorgebracht – und tun es weiterhin.
4. Und es gibt die aktive politische Umwandlung der ersten, zweiten und dritten Perspektive in eine Bewegung von »schwarzem« zu »Schwarzem« Bewusstsein.

Betrachten wir die Welt, welche die erste Art von schwarzem Bewusstsein hervorgebracht hat. Eine Welt, die beherrscht wird von »weißem Bewusstsein«, weißer Normativität oder, einfach gesagt, von der Vorstellung »white is right« (weiß hat recht). Auch wenn dies nicht die Welt sein mag, wie sie jeder spezifische individuelle weiße Mensch sieht, so ist sie doch für die meisten Menschen in Gesellschaften, die der Vorstellung von weißer Überlegenheit anhängen, von der Wiege bis zum Grab erkennbar.[11] Keine Erklärung der Entstehung dieser ersten Art von schwarzem Bewusstsein würde Sinn machen, ohne die Umstände zu betrachten, die zur Entwicklung des weißen Bewusstseins geführt haben, das historisch gesehen vielen Schwarzen ein negatives Selbstbild aufgezwungen hat. Schwarze Menschen leben jedoch jenseits der negativen Projektionen von weißem Bewusstsein. Es ist nicht so, dass Schwarze, wenn sie beim Zähneputzen in den Spiegel schauen, von einer klagenden Bluesgitarre begleitet jammern: »Immer noch schwarz ...«, und sich dann damit abmühen, »schwarze Dinge« zu tun, die jeweils von einer Konstellation negativer Stereotypen des Selbsthasses oder, schlimmer noch, von einem tiefen Maß an Ignoranz geprägt sind, deren Ergebnis wahnhafte Zufriedenheit ist.

Wenn Schwarze einfach nur das wären, was auferlegte Negativbilder von Schwarzen behaupten, wenn wir solche Dinge wären, deren Verkauf auf dem Fleischmarkt angeblich keine eigenen Sichtweisen böte, wären viele, vielleicht die meisten Weißen erleichtert.

Aber schwarze Menschen haben durchaus Ansichten.

Die meisten Schwarzen jedoch – seien sie Nachkommen von Versklavten oder von Indigenen Kolonisierten – versuchen, ihr Leben zu leben, komme, was wolle. Viele haben das nicht überlebt. Eine bemerkenswerte Anzahl hat es geschafft, durchzuhalten. Schwarzes Leben, ob das der stinknormalen Durchschnittsmenschen oder der heldenhaften Freiheitskämpfenden, ebenso wie das von Verräter:innen, Onkel Toms, Sambos* und Gauner:innen, ist eine komplizierte Geschichte voller Schönheit und Abscheulichkeit, Freude und Leid, Hoffnung und Verzweiflung, Widerstandsfähigkeit und Erschöpfung.

Viele schwarze Menschen verhalten sich Weißen gegenüber außerordentlich großzügig. Aus der Perspektive des vom Narzissmus durchdrungenen weißen Bewusstseins läuft die Welt auf Perfektion versus Unvollkommenheit hinaus, wobei letztere angeblich beseitigt werden muss. Aus diesem Grund nehmen viele Weiße, die an egologischer Zerbrechlichkeit leiden, den Vorwurf, rassistisch zu sein, derart persönlich. Die meisten schwarzen Menschen hingegen nehmen eine Welt voller Unvollkommenheiten wahr, die wir auch uns selbst zuschreiben. Trifft eine schwarze Person auf eine weiße Person, besteht die, oft bestätigte, Vermutung, dass die weiße Person einen tief verwurzelten Glauben an ihre Überlegenheit gegenüber Menschen of

---

* [Anm. d. Üb.] Onkel Tom und Sambo sind Figuren in Harriet Beecher Stowes Roman *Onkel Toms Hütte* und heute abfällige Bezeichnungen für schwarze Menschen, die als unterwürfig gegenüber Weißen wahrgenommen werden.

Color, insbesondere Schwarzen, hat. Lässt sich bei einigen von ihnen Demut feststellen, sorgt dies für eine angenehme Überraschung. Für die meisten Schwarzen laufen die Beziehungen zu Weißen also auf die Bereitschaft hinaus, mit Weißen zusammenzuarbeiten, mit ihnen zu leben und manchmal auch einfach nur Begegnungen mit ihnen zu überleben. Weiße Menschen haben meist alle Trümpfe in der Hand. Die unhöflichen weißen Gäste auf der Geburtstagsparty, das sollten wir nicht vergessen, stehen auch unter dem Schutz der Polizei, der Regierung und eines großen, wenn nicht sogar des größten Teils der Gesellschaft.

Wenn Schwarze keine Ansichten hätten, bräuchten wir nicht weiterzusuchen oder nachzudenken. Das Bemühen um Wahrheit, Gerechtigkeit und ihre Kultivierung in dem Bestreben, eine bessere Welt zu schaffen, verlangt nach etwas anderem.

Anfang der 1990er-Jahre hatte ich bei einem Empfang für ein Universitätskolloquium, bei dem ich Gastredner war, ein merkwürdiges Gespräch. Gegen Ende unseres Smal Talks fragte mich eine weiße Professorin, die etwa zwei Jahrzehnte älter war als ich, ob ich jemals in Therapie gewesen sei. Ich fand die Frage merkwürdig. »Warum fragen Sie?«

Sie antwortete: »Sie scheinen ... nun ja ... *gesund* zu sein. Das ist nicht normal.«

Ihr Kommentar blieb mir jahrelang im Gedächtnis (was vielleicht ungesund ist). In gewisser Weise liegt den Interaktionen zwischen den meisten Weißen und Schwarzen oft eine ähnliche, unausgesprochene Annahme zugrunde. In einer Gesellschaft, die auf der Annahme weißer Vorherrschaft beruht, verlangen diejenigen, die diese Vorherrschaft innehaben, eine Normalisierung von pathologischem Schwarzsein. Diese Kollegin wollte damit sagen, dass ich geisteskrank sein musste, um ihrer Welt anzugehören – womit gemeint ist, sich in sie einzufügen, soweit das eben möglich ist. Wie wir später sehen werden, hatte sie bis zu einem gewissen Grad recht.

Diese Kollegin äußerte zudem ein weißes Bedürfnis. Schwarze sind angeblich abnormal; damit man »normal« sein kann, *muss* also etwas Pathologisches vorliegen. Sie hatte das Bedürfnis, es zu sehen.

Frantz Fanon bemerkte bereits in den 1950er-Jahren, dass die Vernunft die Flucht ergreift, wenn schwarze Menschen weiße Räume betreten.[12] Seitdem hat es einige Fortschritte gegeben. Jetzt verlässt die Vernunft den Raum langsam.

Fanon behauptete, dass ein normaler schwarzer Mensch, der in einer normalen schwarzen Familie aufgewachsen ist, beim geringsten Kontakt mit der weißen Welt eine Neurose entwickelt.[13] Hier liegt bereits das Dilemma. Schließlich ist die weiße Welt nahezu überall. Genauer gesagt, meinte Fanon die Art von direkter Interaktion, wie ich sie in den 1990er-Jahren mit der weißen Professorin hatte. Es ist eine Erfahrung mit der sich davonschleichenden Vernunft.

Im Laufe der Jahre haben Erklärungsversuche, warum die Vernunft unter solchen Umständen so unvernünftig zu sein scheint, eine Fülle von Literatur und Kolumnen hervorgebracht.[14] In jüngster Zeit konzentrieren sie sich auf die Körperlichkeit schwarzer Menschen. Anstatt von schwarzen Personen oder schwarzen Menschen zu sprechen, neigen vor allem schwarze Studierende und Akademiker:innen dazu, sich auf *schwarze Körper* zu beziehen.

Der Ausdruck »schwarze Körper« taucht überall dort auf, wo anti-schwarzer Rassismus sein hässliches und manchmal auch höfliches Haupt erhebt. Er taucht in Blogs, in Nachrichteninterviews, in Leitartikeln großer Zeitungen, in ausgestrahlten Vorträgen und in preisgekrönten Büchern auf, von Ta-Nehisi Coates' *Zwischen mir und der Welt* bis zu Ibram X. Kendis *Antirassistisch handeln*.[15]

Das leuchtet durchaus ein, da der Rassismus eine Form des zweidimensionalen Denkens mit sich bringt, bei dem es schwarzen Menschen angeblich an Innenleben fehlt. Fanon bezeichnete dies als »epidermisches Schema«. Es bezieht sich darauf, dass schwarze Menschen als bloße Oberflächen, als oberflächliche körperliche Wesen ohne Bewusstsein und somit ohne eigene Sichtweise – kurz gesagt, nur als Körper – behandelt werden. Doch angesichts all der Aufmerksamkeit für schwarze Körper fragen sich viele Schwarze, was mit den *schwarzen Menschen* geschehen ist. Wie konnte es dazu kommen, dass Schwarze es für akzeptabel halten oder sogar *bevorzugen*, dass wir uns als »Körper« und nicht als »Personen« oder »menschliche Wesen« bezeichnen?

Es scheint, als hätten sich viele schwarze Menschen der Ansicht unterworfen, dass wir so sind, wie wir von denen gesehen werden, die sich weigern, uns als menschliche Wesen zu betrachten. Es ist eine Sache, wenn Nicht-Schwarze Schwarze von außen betrachten, als wären Schwarze nur eine Oberfläche – mit einem Wort: *Dinge* –, aber wenn Schwarze dies tun, ist es eine außerordentliche Niederlage. Es ist gleichbedeutend mit dem Eingeständnis, dass wir keine eigenen Ansichten haben. Eine Perspektive zu haben, bedeutet, bewusst zu sein, andere und darüber hinaus die Welt zu betrachten. Das ist es, was Menschen tun: Menschen sind verkörperte Bewusstseinsformen, »leibhaftiges Bewusstsein«, der »gelebte Körper«, zumindest solange wir in Verbindung mit der Realität bleiben.[16] Und mehr noch, mit dem Zusatz des Denkens ist das Bewusstsein in diesem Sinne verkörperter Geist.

Was geschah also mit schwarzen *Menschen* unter dem Gewicht von schwarzen Körpern?

Bei der Konzentration auf den Körper wird die Bedeutung des verkörperten Geists ignoriert und damit was es bedeutet, gelebtes und leibhaftiges Bewusstsein zu sein. Weshalb sollte man sich nicht mit schwarzem verkörpertem Bewusstsein und Geist beschäftigen? Es zu ignorieren, ist, wie wir noch sehen werden, verlockend, weil schwarzes verkörpertes Bewusstsein und schwarzer verkörperter Geist in anti-schwarzen Gesellschaften Wahrheit hervorbringen können. Aus diesem Blickwinkel sind die Schrecken und die Ungerechtigkeit solcher Gesellschaften mit einem Wort nackt. Es ist kein Zufall, dass in Gesellschaften, die auf der Annahme weißer Vorherrschaft beruhen, der Fluch von Ham als eine der Erklärungen für die Minderwertigkeit von Schwarzen dient. Wie die biblische Erzählung berichtet, sah jener seinen betrunkenen, nackten Vater Noah. Das Thema narzisstischer Wut setzt sich fort.

Anti-schwarze Gesellschaften stützen sich auf angenehme Unwahrheiten für Weiße, wie beispielsweise weiße Überlegenheit. Ihr Vorhaben besteht kurz gesagt darin, ihre anti-schwarzen Gesellschaften auszudehnen und *die ganze Welt* anti-schwarz zu machen, sodass keine Perspektive mehr übrig bleibt, von der aus weiße Widersprüche gesehen werden können, nackt sind. Ein solches Ziel, das so weit über sich selbst hinausgeht, erfordert, dass eine ganze Reihe von Menschen mit hineingezogen wird. Um das schwarze Sein in Schach zu halten, führen Reinigungspraktiken schließlich zu einem anderen Extrem: Kann irgendetwas weiß genug sein, wenn das Ziel darin besteht, alles Schwarze – oder zumindest alles Dunkle – auf Distanz zu halten?

Genau wie die Natur verhandelt die Wahrheit jedoch

nicht. Sie muss uns nicht geben, was wir wollen. Weiße Vorherrschaft erfordert eine ständige Überhöhung des Weißseins trotz unangenehmer Wahrheiten. Wir haben bereits festgestellt, dass Narzissmus ein grundlegendes Merkmal weißer Vorherrschaft ist, und zwar am Beispiel der Eindringlinge auf der Geburtstagsparty, die ihre Überlegenheit gegenüber den anderen Gästen behaupten. Der Komiker Lewis Black bemerkte einmal, dass, wenn die Behauptungen solcher Gäste wahr wären, die anderen Partygäste sie schließlich aufessen müssten, um etwas von ihrer »Macht« abzubekommen.[17] Wir kennen ja bereits die weißen Fantasievorstellungen von afrikanischen »Eingeborenen«, die um große Kessel tanzen, in denen weiße Opfer köcheln. Die deutlichsten Anzeichen für die Illegitimität weißer Vorherrschaft sind nicht nur diese Erzählungen von Narzissmus, die gleichzeitig von Begehren und Furcht geprägt sind, sondern auch ihre Gewaltgeschichte.[18] Eroberung, Versklavung und Völkermord demonstrieren Macht, wo es sich nicht lediglich um günstige Gelegenheiten handelte. Ihnen fehlt jedoch die Befriedigung, im Recht zu sein. Die fehlende Anerkennung der Illegitimität von weißer Vorherrschaft führt zu anderen Arten von Ausweichmanövern, die nicht nur auf Kosten der Menschen, sondern auch vieler anderer Lebensformen gehen.

Viele schwarze Menschen blicken dem tödlichen Bewusstsein weißer Vorherrschaftsansprüche mit der Frage in die Augen: Wie weit wird es gehen, um sich aufrechtzuerhalten? Eine Antwort darauf bietet die blutige Geschichte von Lynchmorden, Völkermord, Versklavung und Kolonialismus. Der Regisseur und Drehbuchautor Jordan Peele hat dieses Bestreben in seinem 2017 erschienenen Film *Get Out* versinnbildlicht. Weiße Vorherrschaft will nicht weniger als alles, selbst wenn dies die Auslöschung aller Widerstände, einschließlich des eigenen Gewissens, erfordert. Peeles Film nutzt die Genres Science-Fiction und Horror, um zu erkunden, was es bedeutet, sich der Wirklichkeit bewusst zu sein und »woke«* zu bleiben, wie es der Hip-Hop-Künstler Childish Gambino in seinem Song »Redbone« formuliert, der während des Vorspanns gespielt wird. Obwohl antischwarze Gesellschaften das, was als schwarzer Körper bekannt geworden ist, fürchten und sogar verabscheuen, sehnen sie sich auch danach, diesen zu besitzen – solange er von bewussten weißen Köpfen belebt und kontrolliert wird. Die Angst besteht also vor schwarzen Körpern, die von bewussten schwarzen Köpfen bewohnt werden. Denken wir nur an das in der Vergangenheit gefeierte und heute verpönte Phänomen des »Blackface«, das auf bewusste weiße, lebende Köpfe unter schwarzer Haut anspielt. Hier wird besessenes schwarzes Bewusstsein als Unterhaltung angeboten. In diesem Fall ist schwarzes Bewusstsein insofern begehrenswert, als es Weißen erlaubt, seine Möglichkeiten zu kontrollieren und zu begrenzen.

Für wen ist es also wünschenswert, weißes Bewusstsein in schwarzen Körpern leben zu sehen, und für wen ist es eine Quelle der Angst, manchmal sogar des Terrors, schwarzen Körpern zu begegnen, die von schwarzem Bewusstsein durchdrungen sind?

Der Vorspann zu *Get Out* kündigt mit dem Lied »Sikiliza Kwa Wahenga« von Michael Abels eine provokante These

---

* [Anm. d. Üb.] »Woke« ist ein afroamerikanischer Ausdruck, der seit den 1930er-Jahren ein »erwachtes« Bewusstsein für soziale Ungerechtigkeiten und Rassismus sowie ein entschlossenes Reagieren auf systembedingte Benachteiligung beschreibt.

an. Die Übersetzung des Kisuahelitextes lautet »Höre auf deine Vorfahren«. Es wird eindringlich in tiefer Stimmlage gesungen und von einem Chor geflüstert, während Bilder von vorbeiziehenden Bäumen daran erinnern, was die versklavten Menschen früher sahen, als sie vor der Versklavung flohen. Das Tageslicht ist hell, doch die Stimmung ist kalt. Die Szene wechselt von den Bäumen, die eine Autobahn säumen, zu urbanen Gegenden. Der Song »Redbone« wird nun zum Leitmotiv, während die Kamera Schwarz-Weiß-Fotos zeigt, auf denen zunächst ein schwarzer Mann mit dunklem Hautton und schwarzer Kleidung zu sehen ist, der weiße Luftballons hält. Sein Gesicht ist so unscharf, dass er nahezu gesichtslos wirkt. Es folgt das Bild einer schwarzen Frau mit dunklem Teint und entblößtem schwangeren Bauch. Sie trägt ein weißes Bustier. Auch ihr Gesicht ist nicht zu sehen. Im Hintergrund befindet sich, unscharf, ein schwarzer Mann in einem weißen T-Shirt und mit von der Kamera abgewendetem Gesicht sowie ein schwarzer Geländewagen in einer urbanen Umgebung. Der Himmel ist weiß. Das nächste Bild, auch in Schwarz-Weiß, zeigt einen weißen Pitbull, der vorwärts springt, während ein gesichtsloser schwarzer Junge, ebenfalls mit dunklem Hautton, versucht, ihn durch Ziehen an der Leine zurückzuhalten. Im Hintergrund sind drei Fenster eines Gebäudes mit weißen Jalousien zu sehen – beim ersten Fenster ist die Jalousie zu drei Vierteln heruntergelassen und im restlichen Fenster halb geschlossen, beim zweiten Fenster ist sie jeweils halb geschlossen, nur das dritte ist das einzige Fenster, das ganz zugezogen ist. Der Boden ist karg: Schmutz, Steine, Glasscherben und Abfälle.

Die sich anschließende Szene wechselt zu gewöhnlichen Farbaufnahmen. Wir sehen das Wohnzimmer des Protagonisten, in dem sich zwei große Schwarz-Weiß-Fotografien befinden. Auf der linken Seite ist ein beleuchteter Laternenpfahl in der Dämmerung zu sehen. Auf der rechten eine Taube, die mit ausgebreiteten Flügeln in die Luft fliegt, von unten so fotografiert, dass links und rechts die dunklen Seiten der Wolkenkratzer und darüber der weiße Himmel zu sehen sind. Ein blonder Hund sitzt auf einer schwarzen Ledercouch. Eine weitere Einstellung in der Wohnung ist die von der Küche, in der ein Schwarz-Weiß-Foto eines Jungen mit einer westafrikanischen Maske vor dem Gesicht zu sehen ist. Die Hände des Jungen aber sind weiß. Die Aufnahme schwenkt in ein offenes Badezimmer, in dem sich ein schwarzer Mann, der dunkler ist als alle Schwarztöne in den Schwarz-Weiß-Fotografien, vor dem Spiegel wäscht. Es ist das einzige deutlich schwarze Gesicht in der Vorspannsequenz.

Die Kamera wechselt zu einer Nahaufnahme von Donuts und Croissants in leuchtenden, lebendigen Farben. Die Kamera schwenkt auf eine weiße Frau, die die Backwaren in der Auslage genüsslich betrachtet.

Die Kamera kehrt zu dem schwarzen Mann im Badezimmer zurück. Er verteilt weißen Rasierschaum auf Kinn und Wangen.

Zurück zu der weißen Frau, die noch immer dabei ist, Donuts auszuwählen, während Childish Gambino vom Wollen, Haben und Brauchen singt. Sie lächelt.

Zurück zu dem schwarzen Mann, der sich nun rasiert. Er schneidet sich, und die Kamera kehrt sofort zu der weißen Frau zurück, die sich jetzt in einem Aufzug befindet. Die Türen öffnen sich, während Gambino rät, *woke* zu bleiben.

Die weiße Frau betritt den Flur und wendet sich nach links; der schwarze Mann ist nun vollständig bekleidet. Er sieht sich Schwarz-Weiß-Aufnahmen auf seiner Digitalkamera an. Auf der Wohnungstür steht die Nummer 208. Im Flur, nicht weit von der Tür entfernt, hängt ein roter Feuerlöscher in einem weißen Gehäuse an der Wand. Da sich die Kamera auf die Zahlen und den Feuerlöscher konzentriert, halte ich sie für symbolisch. Rot, insbesondere bei einem Gerät, das zum Löschen von Feuer benötigt wird, erinnert gleichzeitig an Gefahr und Sicherheit. Kurz bevor der schwarze Mann die Tür öffnet und lächelt, warnt Gambino davor, die Augen zu schließen.

So weit. Es gibt bereits in dieser Anfangssequenz viel zu analysieren, und zahlreiche Interpretationen sind möglich.

Wir erfahren, dass der Name der weißen Frau Rose ist. Rote Rosen sind oft Geschenke unter Liebenden. Sie sind aber auch bei Beerdigungen angebracht. Außerdem haben sie Dornen. Wir sollten uns an den roten Feuerlöscher erinnern. Als Gerät zum Löschen von Bränden ist er eine Vorahnung auf eine bevorstehende Verwicklung, und tatsächlich weisen die meisten Verwendungen der Farbe Rot im Film auf dasselbe hin. Erinnern Sie sich bitte an das blutende Kinn des Protagonisten beim Rasieren, kurz bevor Rose aus dem Aufzug steigt. Rose, so erfahren wir, ist auf der Suche nach Chris, dessen Name, auch das sollten wir nicht vergessen, »Messias« bedeutet, was wiederum »gesalbt sein« bedeutet. Ein Messias ist auch ein Erlöser. Chris ist ihr jüngster Versuch, einen schwarzen Körper zu erwerben, durch den ihr Vater einen weißen bewussten Geist aus einem schwachen und verfallenden weißen Körper retten will.

Im Laufe des Films erfahren wir auch von einer außerkörperlichen hypnotischen Erfahrung, die dadurch ausgelöst wird, dass die Psychiaterin Missy Armitage, Roses Mutter, einen Silberlöffel gleichmäßig in einer Porzellantasse kreisen lässt. Das hypnotische Geräusch versetzt Chris in den »versunkenen Bereich«. Er ist Teil eines Prozesses, der das verkörperte Subjekt darauf vorbereitet, von einem weißen Geist übernommen zu werden.[19] Chris, der die Schwarzen repräsentiert, wird so zum Zuschauer seiner – und im Falle einer anderen Figur ihrer – verkörperten Versklavung.

Das ist zwar sozusagen die Enthüllung dessen, worum es geht, aber es gibt noch andere Elemente, die es wert sind, auf dem Weg dorthin berücksichtigt zu werden. Eines ist von besonderem Interesse für mein Argument über das Begehren. Ebenso wie Rose auf die Donuts schaut, werden die weißen Charaktere in *Get Out* vom Verlangen überwältigt, wenn sie die Körper potenzieller schwarzer Wirte für ihr parasitäres Bewusstsein betrachten.

Ein älteres Mitglied der Sekte bemerkt, dass Schwarz in Mode ist. Befreit von der Konfrontation mit dem schwarzen Bewusstsein kann er, auf rein ästhetischer Ebene, zugeben, was seine Sektenmitglieder und er wirklich über schwarze Körper denken. Anstelle von Negrophobie gibt es *Negrosomatophilie*. Sie bedeutet ein Verlangen nach schwarzen Körpern. Wir könnten auch »Afro« verwenden und daraus *Afrosomatophilie* machen, um damit ein Verlangen nach Körpern afrikanischer Abstammung zu bezeichnen. Für die Negrophoben oder Afrophoben – Personen, die sich vor Schwarzen oder Menschen afrikanischer Abstammung fürchten – ist es nicht der *Körper*, der sie einschüchtert. Es ist die Angst vor einer besonderen Art von Bewusstsein, das ihnen entgegenblickt: schwarzes Bewusstsein.

Was aber ist ein schwarzes Bewusstsein ohne einen Körper?

Ich werde später noch auf diese Frage zurückkommen, aber zunächst wollen wir es dabei belassen, dass es in einer Gesellschaft, die Bewusstsein und Geist vom Körper trennt, möglich ist, schwarze Menschen zu hassen, aber schwarze Körper zu begehren. Peeles Film geht davon aus, dass ein weißes Bewusstsein, das auf die weißen Antagonisten zurückblickt, kein Problem darstellt, auch nicht von schwarzen Körpern aus. Dies ist ein Phänomen, das vielen Schwarzen bekannt ist, die versuchen, eine solche Rolle für die Weißen zu spielen, obwohl es so viel Wachsamkeit erfordert, dass viele Schwarze, die dieses Spiel spielen, am Ende zum Zuschauer oder zur Zuschauerin ihres eigenen Lebens werden. Die Figur, die sie konstruieren, lebt unter den Weißen, vor allem den bekennend liberalen – obwohl es an konservativen Typen nicht mangelt – scheinbar ohne Spannung. »Sieh schwarz aus«, lautet die Botschaft, aber »*sei* nicht schwarz«.

Dean Armitage, Roses Vater, verrät, dass er für Präsident Barack Obama gestimmt hat, und fügt kurz darauf hinzu, dass er ihn vermutlich ein drittes Mal gewählt hätte, wenn dies erlaubt wäre.

In Anbetracht von Obamas Nachfolger braucht diese Bemerkung nicht die sprichwörtliche Warnung, dass diese Aussage mit Vorsicht zu genießen sei.

Rassismus ist auf psychologischer Ebene eine Angelegenheit des Narzissmus. Das gruselige Obama-Mantra wirft die Frage auf, ob Dean Armitage in Obama einen schwarzen Körper sah, in dem ein weißes Bewusstsein und ein weißer Geist lebten, ein weißes Spiegelbild seiner selbst. Wenn ja, dann sah er in Obama einen idealen »Koagulant«. Oder schlimmer noch, vielleicht ist Obama, so könnte der Film suggerieren, bereits ein solcher.

»Koagula« ist der Begriff, den die Sekte für die Verschmelzung von weißem bewussten Verstand in schwarzen bewussten Körpern mit unterdrücktem Bewusstsein verwendet. Der Kult nennt sich »Orden der Koagula«. Sie sind auch Mitglieder der Red Alchemist Society, was wiederum eine Anspielung auf die Tempelritter ist, einen Mittelalterorden, dessen Mitglieder sich zu etwa 90 Prozent mit der Innovation und Entwicklung von Finanzen beschäftigten, anstatt sich am militärischen Kampf zu beteiligen. Das Rot, auf das ich bei der Erörterung von Roses Namen anspielte, hat mit diesen Rittern zu tun, die ein rotes Kreuz trugen, und natürlich haben die Red Alchemist Society und der Name der Sekte etwas mit der Gerinnung von Blut zu tun. Wir erinnern uns, dass Chris sich beim Rasieren blutig geschnitten hat, während Rose auf dem Weg zu seiner Wohnung war.

Dean Armitage sieht also *etwas*, wenn er Obama ansieht oder auch nur an ihn denkt. In Anbetracht der weißen Hysterie bei Obamas Wahl zum Präsidenten der Vereinigten Staaten 2008 herrschte eindeutig die Befürchtung, dass er ein schwarzes Bewusstsein besitzen könnte. Und angesichts der Tatsache, dass die Republikaner fest entschlossen waren, ihn zu einem Präsidenten mit nur einer Amtszeit zu machen, und dann in seiner zweiten Amtszeit so weit gingen, seinem Kandidaten für den Obersten Gerichtshof sogar die Anhörung im Senat zu verweigern, wurde klar, dass sein eventuell vorhandenes schwarzes Bewusstsein in ein untergeordnetes schwarzes Bewusstsein gezwungen wurde. In der Welt von *Get Out* könnte das Szenario so beschrieben werden, dass der Orden Obamas eventuell vorhandenes schwarzes Bewusstsein abgefangen hat und im versunkenen Bereich eines seiner Mitglieder gefangen hält. Wenn das, was Armitage sieht, nur schwarz aussieht, aber nicht schwarz ist, was bedeutet es dann, schwarz *zu sein*?

Etwas zu bedeuten und etwas zu sein, ist nicht dasselbe. Die Bedeutung selbst hat schließlich viele Bedeutungen. Es gibt eine soziale Bedeutung. Es gibt eine beabsichtigte Bedeutung. Es gibt eine gewünschte Bedeutung. Es gibt eine Bedeutung hinter der Bedeutung. Was auch immer schwarze Menschen sind, was schwarze Menschen für diejenigen »bedeuten«, die Angst vor Schwarzen haben oder Schwarze exotisieren, ist nicht damit identisch, wie schwarze Menschen leben. Darüber hinaus versuchen einige schwarze Menschen, ohne eigene Ansicht zu leben, wodurch sie die Frage, was sie sind, in die Hände anderer legen.

Was es bedeutet, schwarz zu sein, ist also nicht so einfach, wie auf der Straße auf jemanden zu zeigen oder, wie Anfang der 1950er-Jahre ein kleiner weißer Junge in einem Zug, der auf Fanon zeigte, auszurufen: »Da, ein Schwarzer!«[20]

Man könnte sich irren.

Und selbst, wenn du dich so verhältst und dich nicht irrst, ist es eine besondere Erfahrung und Fragestellung, wenn dich jemand hört, innehält und dir in die Augen schaut.

2

ZU SCHWARZEN GEMACHT

*Stummes Weißsein nicht mehr sehen zu müssen
Den Tod nicht mehr sehen zu müssen.*

— FRANTZ FANON

Wie kann ein Bewusstsein schwarz sein?

Ich habe bereits damit begonnen, diese Frage zu beantworten, indem ich geschildert habe, was es für ein Bewusstsein bedeutet, weiß zu sein. Es gibt bis zu einem gewissen Grad ein Wissen davon, als »weiß« bezeichnet zu werden, sowie ein Verständnis für die – historischen, politischen und psychologischen – Konnotationen eines solchen Beiwortes.

Vor einigen Jahren las ich eine wunderbare Abschlussarbeit, in der die Frage gestellt wurde: »Was wollen Weiße?«

Die meisten Weißen denken nicht darüber nach, aber tief in ihrem Inneren wissen sie, was auch die meisten Menschen of Color wissen: Weiße wollen *alles*.

Diese Sehnsucht nach allem hat die Erschaffung weißer Menschen und weißer Vorherrschaft vorangetrieben. Weiße Menschen gab es nicht schon immer. Die hellhäutigen Vorfahren der Menschen, die weiß wurden, hatten ein anderes Bewusstsein. Sie betrachteten sich nicht als weiß; sie hatten keinen Grund dazu. Wenn die heutigen Weißen eine Zeitmaschine besäßen und durch die Jahrhunderte zurückkreisen würden, um ihre Vorfahren über ihr Weißsein zu informieren, würde die Unsinnigkeit eines solchen Unterfangens deutlich werden. Würden sie noch weiter zurückkreisen, würden sie zu ihrem Leidwesen feststellen, dass alle den Menschen ähneln, die sie heute als schwarz bezeichnen.

Die meisten weißen Menschen von heute vergessen, dass sie weiß sind, und werden nur durch den jeweiligen Kontext daran erinnert. In diesen seltenen Momenten der Identifikation verorten sie ihr Weißsein nicht nur im Verhältnis zu Nicht-Weißen, sondern auch durch das, was auf dem Spiel steht, wenn sie es verlieren. Eine brasilianische Freundin italienischer Abstammung erzählte mir einmal, dass sie beim Ausfüllen von Formularen manchmal vor dem Dilemma steht, welches Kästchen sie unter *race* ankreuzen soll, da sie sich hauptsächlich als Brasilianerin identifiziere. Wenn sie in Länder wie Kanada oder Großbritannien reise, *könne* sie sich selbst als »Sonstige« einstufen, gab sie zu, aber was ihr in diesen Situationen am stärksten vor Augen geführt wurde, war alles, was sie verlieren würde, wenn sie nicht »weiß« ankreuzte.

Die Pleonexie – das Verlangen nach allem – setzt die Abwesenheit von Grenzen voraus. Die weiße Pleonexie verwandelt Land, Lebewesen, einschließlich anderer Menschen, und sogar Gedanken in Eigentum; diese habsüchtige Mentalität wird auch auf den Himmel, den Weltraum und sogar auf die Zeit angewandt. Jean-Paul Sartre verstand dies fälschlicherweise als ein allgemein menschliches Bestreben, bei dem es sich um das Verlangen handelt, G'tt zu werden.[21] Dieses Verlangen weitet sich auf die Erwartung, wenn nicht gar Vermessenheit, von Unverletzlichkeit und absolutem

Anspruch aus. Narzissmus gepaart mit radikalem Zugang ist ein Indikator für ein weißes Bewusstsein.

Während einer Konferenz zum Thema »Rassismus und Multikulturalismus« an der Rhodes-Universität in Südafrika in den späten 1990er-Jahren organisierten die Gastgebenden für uns Vortragende einen Ausflug in ein Naturschutzgebiet. Ich hasse schon den bloßen Gedanken an eine Safari, ging aber mit, um ein guter Gast zu sein. Als der Wildhüter und der ansässige Tierarzt die Sicherheitsmaßnahmen in der Einrichtung erläuterten, sah ich einen der Gäste, einen weißen Franzosen in den Dreißigern, der sich von der Gruppe entfernte. Ich war neugierig, was er vorhatte, und beobachtete, wie er über einen Zaun kletterte, hinter dem eine Löwin lag. Als er sich ihr näherte, stellte sich die Löwin auf alle viere. Der Franzose sah sie etwa eine Minute lang an und streckte dann langsam seine Hand aus, um sie zu streicheln. Die Löwin leckte sich die Lefzen.

»Halt!«, rief der Wildhüter.

Der Franzose hielt inne, seine Hand in der Nähe des Zauns. »Warum denn?«

»Weil sie dich fressen wird!«

Es gibt etwas, das viele Menschen of Color, vor allem diejenigen aus dem globalen Süden, über die Weißen *als Gruppe* wissen, aber selten mit ihnen diskutieren. Obwohl viele Weiße nicht-weiße Menschen, insbesondere schwarze, verachten, lieben sie Tiere.[22] Diese Liebe geht so weit, dass viele, wenn nicht die meisten, Weiße nicht mehr in der Lage zu sein scheinen, sich Tiere als *wild* vorzustellen.

Im Sommer 2004 reiste ich mit meiner Familie nach Darwin in Australien. Im Taxi vom Flughafen fragte ich unseren Fahrer nach den großen, wilden Salzwasserkrokodilen in dieser Gegend.

»Gab es Angriffe?«, wollte ich wissen.

»Ja, erst letzte Woche. Eine Frau wurde gefressen.«

»Das ist ja furchtbar! Wie ist das passiert?«

»Sie war eine Touristin. Sie ging gegen Mitternacht in einem Billabong schwimmen.«

Ein Billabong ist ein stehender See oder Teich, sie kommen überall in Australien vor. Nachts ist es dort stockdunkel, und es ist so gut wie sicher, dass sich dort Krokodile, Pythons und andere Tiere tummeln.

»Lassen Sie mich raten: Sie war aus Nordeuropa?«, fragte ich.

»Woher wissen Sie das?«

Weißsein fördert eine perverse Wahrnehmung von Tieren. In den Vereinigten Staaten leben mehr Tiger in Privathaushalten als in Asien in freier Wildbahn, und man kann sicher sein, dass die meisten Besitzerinnen und Besitzer von in Gefangenschaft gehaltenen Tigern weiß sind.[23] Diese Tatsache wird in *Tiger King* (2020), der bizarren und surrealen Netflix-Dokumentarserie über das Leben einiger der extravagantesten Zoophilen, deutlich herausgearbeitet. Ich fand es schon immer seltsam, dass dieselben Weißen, die die Polizei rufen, wenn ein schwarzer Mann oder eine schwarze Frau auf einer Parkbank schläft, Vögel beobachtet oder ihre Straße entlanggeht, nicht zögern, eine Löwin zu streicheln, mit einem Tiger zu balgen oder mit einem Krokodil zu schwimmen. Es ist, als ob die Tiere in ihrer Vorstellung einem ungeschriebenen Gesetz gehorchen: »Tu weißen Menschen nichts.« Das ist der Stoff, aus dem Tarzan-Filme und andere Fantasien über Weiße gemacht sind, die in der Wildnis fröhlich inmitten von Tieren herumtollen.

Es überrascht daher wenig, dass es an Berichten über verhängnisvolle Begegnungen zwischen Weißen und wilden

Tieren nicht mangelt. Das soll nicht heißen, dass es unter Menschen of Color keine Tierliebhaber:innen gibt. Der Zoo im Haus des verstorbenen Michael Jackson ist ein Beispiel, und die Assoziierung von Pitbulls mit schwarzen Großstädter:innen ist ein weiteres.[24] Es herrscht jedoch häufig eine grundlegend andere Einstellung zu ihnen. Wenn man sich mit einem schwarzen Publikum »The Gal Who Got Rattled« ansieht, eine der Vignetten aus Joel und Ethan Coens eindrücklicher Filmanthologie *The Ballad of Buster Scruggs* von 2018, wird dies deutlich. In der Geschichte geht es um einen nervigen kleinen Hund, der nicht aufhört zu bellen, während die Siedler:innen mit dem Planwagenzug durch die Prärie ziehen. Schließlich schlägt einer der Zugführer vor den Hund umzubringen, weil er zu viel Aufmerksamkeit von wilden Tieren und den Indigenen Gruppen auf sich zieht, in deren Land sie eindringen. Das Versäumnis, dies zu tun, führt schließlich zu der tragischen Situation, dass sich die Protagonistin bei dem Versuch, den Hund zu retten, lieber in den Kopf schießt, als von »wilden« Indigenen gefangen zu werden. Der Standpunkt der schwarzen Menschen, die mit mir im Publikum saßen, war von Anfang an klar: Werdet den Hund los. Ein weißes Publikum wäre eher auf der Seite seiner Besitzerin, der unglücklichen weißen Protagonistin, die den Hund hegte und beschützte.

Die Annahme, Anspruch auf alles zu haben, schafft ein Bewusstsein mit einem vermeintlich unbegrenzten Zugang und Recht auf alles, was es will. Ein solches Bewusstsein betrachtet eine Einschränkung als ein immanentes Übel. Man denke nur an die Empörung, an die Schreie der »umgekehrten Diskriminierung«, wenn Schwarze an Universitäten eingestellt werden, an denen der Anteil der Weißen oft über 90 Prozent liegt – manchmal sogar bei 95 Prozent. Für schwarze Lehrkräfte und Schwarze in anderen Berufen, die sich oft als einzige Person of Color im Raum wiederfinden, ist dies verblüffend.

In einer Welt, die seit einem halben Jahrtausend von einem gierigen Bewusstsein beherrscht wird, erleben andere Bewusstseinsformen eine andere Geschichte. Während die einen Reichtum und ungezügelte Freiheiten wollen, hoffen die anderen auf eine bessere Welt mit der Möglichkeit einer gewissen Gerechtigkeit.

Vor einigen Jahren reiste ich nach East London in Südafrika, um an der Universität von Fort Hare, einer historisch schwarzen Einrichtung, einen Vortrag zu halten. Meine Gastgebenden waren sehr großzügig; wegen meiner Epilepsie stellten sie Fahrer ein, die mich die hundert Meilen nach Grahamstown, dem heutigen Makhanda, und zurück brachten. Auf der Rückfahrt nahm mein Fahrer ohne Eile die Route entlang der Küste. Als wir an Reihen von großen, schönen Häusern am Meer vorbeikamen, fragte ich ihn, wer in diesen Häusern wohnte. Ohne Zögern, Ironie oder Humor antwortete der Fahrer, der schwarz war, »Die Weißen«.

In Ländern auf der ganzen Welt haben die meisten Menschen noch nicht den Unterschied zwischen der Lebensqualität erkannt, die selbst Weiße aus der Arbeiter:innenklasse genießen, und derjenigen, die den meisten schwarzen und Indigenen Menschen geboten wird. Nehmen Sie die Stadt Boston in Massachusetts, eine Stadt, in der es nicht an weißer Feindseligkeit mangelt und in der 2017 das durchschnittliche Nettovermögen weißer Haushalte bei 247 500 US-Dollar lag. Für die historisch schwarze Bevölkerung der Stadt lag das durchschnittliche Haushaltsnettovermögen – und das ist kein Tippfehler – bei acht US-Dollar.[25]

In *The Black Tax* (Die Schwarze Steuer) untersucht der Finanzwissenschaftler Shawn D. Rochester die Ungleichheit zwischen dem Nettovermögen von Weißen und Schwarzen in den Vereinigten Staaten.[26] Kolonialismus, Versklavung und Rassismus führten zur Auferlegung der titelgebenden Steuer, die die Früchte der Arbeit von schwarzen Menschen abschöpft. Versklavung, so Rochester, ist eine 100-prozentige Steuer auf die eigene Arbeit. Die Struktur eines Rechtssystems, das mit zweierlei Maß misst, und einer Zivilgesellschaft, die auf die Produktion von weißem Reichtum und schwarzer Armut ausgerichtet ist, führt zu einer langen Kette von Kosten, deren grundlegende Folge darin besteht, dass Schwarze wenig und Weiße viel haben.

In den hispano- und lusophonen Ländern der Karibik, Zentral- und Südamerikas – wie Argentinien, Brasilien, Chile, Kolumbien, Kuba, die Dominikanische Republik, Ecuador, Mexiko, Uruguay und Venezuela – gab es eine Politik des *blanqueamiento* (etwa: »genetische« Aufhellung). Diese Maßnahmen bestanden nicht nur in Beschränkungen für schwarze Fortpflanzung, sondern auch in wirtschaftlichen Anreizen wie der Vergabe von Land an weiße Zugewanderte und finanzieller Unterstützung durch die Regierung, damit diese Land bewirtschaften und weißen Wohlstand schaffen konnten. Schwarzen Bevölkerungsgruppen, von denen man erwartete, dass sie durch die Förderung der Eugenik irgendwann aus dem nationalen Genpool gelöscht werden würden, wurde dies nicht zugestanden. Das Ergebnis war klar: Weiß zu werden wurde nicht nur zu einem rassischen Ideal, sondern auch zu einer wirtschaftlichen Bereicherung.[27]

Und doch wollen viele, wenn nicht sogar die meisten Weißen, mehr – jeder Zugewinn für Schwarze ist in ihren

Augen ihr eigener Verlust. Was auch immer übrig bleibt, sollte herausgeholt werden. Das gierige Bewusstsein will natürlich auch Gerechtigkeit oder behauptet zumindest, sie zu wollen. Das Problem dabei ist, dass »Gerechtigkeit« und »alles haben« das Gleiche bedeuten sollen.

Beim schwarzen Bewusstsein geht es, jedenfalls im Hinblick auf die schwarze Identität, nicht darum, alles zu haben. Worum geht es dann? Was wollen die Schwarzen?

In den vergangenen Jahrhunderten wurde viel über Schwarze gesagt, aber wenig ist fundiert und vieles falsch und schädlich. Um etwas von konstruktivem Wert zu sagen, braucht man Zeit, Überlegung und Einblick; dies erreicht man, indem man den Gegenstand der Überlegungen respektiert und wertschätzt.

Genau hier liegt das Problem.

Von Geburt an lernen viele, wenn nicht sogar die meisten weißen und andere nicht-schwarzen Menschen, es zu vermeiden, über die Herausforderungen nachzudenken, mit denen schwarze Menschen konfrontiert sind, wie Ausbeutung, Völkermord und Rassismus. Während Weißsein bedeutet, dass man ein Recht auf alles hat, bedeutet Schwarzsein aus dieser Sicht, kein Recht auf irgendetwas zu haben.

Kein Recht auf irgendetwas stellt auch eine Form des Nichts dar. Dies wirft ein metaphysisches Problem auf. Eine Besonderheit des Koagula-Kults in *Get Out*, der schwarzes Bewusstsein einfängt, ist eine geheime Dunkelheit, die die bewusste Existenz des Lichts verfolgt. Wenn Menschen eine solche Undurchsichtigkeit eingestehen, stellt das ein zusätzliches Problem dar: Es wird – zumindest abstrakt – das Gefühl kultiviert, dass überall Schwarze lauern. Selbst dort, wo andere Menschen of Color nicht damit rechnen, jemals auf Schwarze zu treffen, verlangt das heutige Leben wenigstens einen Moment des Nachdenkens darüber, was sie tun könnten, wenn sich eine solche Gelegenheit oder Bedrohung ergibt.

Anfang der 1990er-Jahre unterrichtete ich an einer Universität im Mittleren Westen der USA, wo viele Weiße aus dem ländlichen Raum studierten. Nicht wenige Studierende, vor allem unter den Studienanfänger:innen, legten ein immer vertrauter klingendes Geständnis ab: Durch meinen Kurs hätten sie zum ersten Mal selber einen schwarzen Menschen gesehen oder mit ihm kommuniziert. Als sie mir ihre Beunruhigung darüber gestanden, nahm ich ihre Worte als Beweis für eine paradoxe, kontextabhängige Bequemlichkeit mit ihrem eigenen Unbehagen. Ihre Vorstellungen über Schwarze stammten von ihren Verwandten, Freund:innen und der Populärkultur – Quellen, die sie vor gefährlichen, unmenschlichen Kreaturen warnten, die ihre Fantasie heimsuchten. In der Erwartung eines Monsters waren sie oft schockiert, einen Menschen zu sehen.

Natürlich war dies nicht unbedingt bei allen unerfahrenen Studierenden der Fall. Einige konnten nicht ertragen, was sie sahen – einen Menschen mit dunkler Hautfarbe –, und verließen den Kurs. Andere sagten nichts. Und wieder andere waren von einer seltsamen Entdeckung überrascht: Sie hatten sich vorgestellt, wie sie reagieren würden, wenn sie einmal in der Gegenwart eines Schwarzen wären, was für sie gleichbedeutend mit allen Schwarzen war. Diejenigen, die sich vorgestellt hatten, gleichgültig zu reagieren, wunderten sich darüber, wie sehr die Situation sie berührte; andere waren von der Angst des Unbehagens ergriffen, die auch eine Faszination weckte. Die Bandbreite der Reaktionen war groß.

In den 1980er-Jahren, als ich kurzzeitig als Vertretungslehrer an einer öffentlichen Schule arbeitete, wurde ich gelegentlich an Sekundarschulen mit überwiegend weißen Schülerinnen und Schülern aus der Arbeiter:innenschicht eingesetzt. Für diese Situationen entwickelte ich eine aufschlussreiche Übung: Ich bat die Jugendlichen, mir zu sagen, was sie über Schwarze wussten. Anfangs zögerten sie, aber schließlich sagte ein Schüler etwas, das als Allgemeinwissen vorausgesetzt wurde.

»Schwarze sind Kriminelle«.

»Okay«, sagte ich und schrieb das Wort »Kriminelle« mit weißer Kreide an die Tafel.

Daraufhin gingen alle Hände hoch, und eine lange Liste an krankhaften Verhaltensbildern kam ihnen über die Lippen: Schwarze waren endemisch arm, krank, schmutzig, sexuell ungezügelt und gewalttätig.

Dann fragte ich sie, ob in ihrem Leben als Weiße, die angeblich das Gegenteil von Schwarzen sind, diese Merkmale auf der Liste fehlen würden. Wenn die Schwarzen arm waren und die Weißen das waren, was die Schwarzen nicht waren, waren sie dann selbst reich?

Sie sahen sich gegenseitig an. Nein.

Ich zählte die vielen ruchlosen Aktivitäten auf der Tafel auf: Diebstahl, einschließlich Ladendiebstahl, Konsum illegaler Drogen, Sachbeschädigung, Körperverletzung, mangelnde Hygiene. Hatte denn niemand unter ihnen eines dieser Vergehen begangen? Ihre Augen verrieten, was sie voneinander wussten.

Hatte niemand illegale Substanzen ausprobiert oder legale Substanzen auf illegale Weise konsumiert, beispielsweise durch Alkoholkonsum als Minderjährige? Hatten sie keine sexuelle Erfahrung? Waren sie nie in Schlägereien verwickelt?

Unter ihnen gab es Teenager mit aalglatt zurückgelegten Haaren, von denen sich viele als »Guidos« und »Guidettes« zu erkennen gaben, ein Slangausdruck für partyfreudige Italiener:innen aus der Arbeiter:innenklasse; andere waren »Metalheads« mit kurzen schwarzen Lederjacken, weißen T-Shirts, langen, schwarz gefärbten Haaren und zerrissenen Jeans. Waren sie drogenfrei und sexuell unerfahren? *Auf gar keinen Fall!*

Meine Pointe saß immer: »Ihr müsst die schwärzesten Weißen sein, die ich je getroffen habe.«

Natürlich führte dies zu einer Diskussion darüber, was weiße Menschen sind. Es ist nicht so, dass diese Schüler:innen nicht weiß waren; es war klar, dass sie sich eine weiße Identität vorstellten, die nicht ihrer gelebten Realität entsprach. Der bekannte Komiker Richard Pryor erzählt einmal eine Geschichte, die vielen Weißen zu denken geben sollte. Kurz nach seiner Ankunft in Afrika (er sagte damals nicht, in welchem Land) fragte er einen der Einheimischen: »Wenn du mich anschaust, welchem ›Stamm‹ sehe ich ähnlich?«

Der Mann musterte ihn und antwortete: »Den Italienern.«

Die Selbstwahrnehmung der weißen Studierenden wurde durch eine Welt der vermeintlichen Gegensätze getrübt, für die es ein Wort gibt: »Manichäismus«. Der Begriff stammt von der religiösen Bewegung, die nach dem persischen Propheten Mani (216–274 v. Chr.) benannt ist. Der Hauptgrundsatz des Manichäismus, der erklärten »Religion des Lichts«, war die Reinheit einzelner Bereiche durch deren Trennung.[28] Demnach muss das Licht von jeder Verbindung zur Dunkelheit bereinigt werden. Das Licht, so behaupteten die Manichäer:innen, gehört zum Guten, das geistig ist; die Dunkelheit zum Bösen, das materiell ist.

Kann eine solche Unterteilung für den Menschen überhaupt funktionieren? Wir sind weder rein geistige noch ausschließlich körperliche Geschöpfe. Wäre die Beseitigung der Verbindung zwischen beiden nicht unser Todesurteil?

Mani hatte eine klare Antwort auf die Frage, ob Bewusstsein schwarz sein kann: nein, zumindest nicht in seiner reinen Form. Für das Bewusstsein, verstanden als Geist, den Mani als Licht interpretierte, war das Schwarze etwas rein Materielles, etwas, das man vermeiden oder eliminieren musste. Es zog das Bewusstsein nach unten und drohte, es zu verschlingen. Das Ziel des Manichäismus war die Befreiung des Bewusstseins vom materiellen Körper, der vergänglich und böse war und das Schwarze beherbergte. Ein schwarzes Bewusstsein ist aus dieser Sicht ein Oxymoron.

Obwohl sein Name auf Persisch »Ewigkeit« oder »der ewig Lebende« bedeutet, starb Mani im Jahr 274 unter der Herrschaft des persischen Kaisers Bahrām im Gefängnis. Seine Anhänger:innen behaupten, er sei gekreuzigt worden. Immerhin entsprach seine materielle Gestalt seinem Glauben.

Wenn wir uns fragen: »Was bin ich?«, haben wir oft mit der Tatsache zu kämpfen, dass wir als materielle Dinge in der Welt erscheinen und gleichzeitig spüren, dass wir über diesen Zustand hinausgehen. Wenn wir uns dem einen mehr als dem anderen verschreiben, erkennen wir irgendwann nicht mehr, dass wir eine Verbindung aus beidem sind. Und wie Mani schreiben zu viele von uns dem, was wir für materiell und »dunkel« halten, einen negativen Wert zu, anstatt über die Mängel des Immateriellen und »Lichts« nachzudenken oder zu verstehen, wie das eine das andere enthält – das verborgene Licht der Dunkelheit, die geheime Dunkelheit des Lichts. Dieses Grundproblem betrifft nicht nur unsere alltäglichen Aushandlungen der Beziehungen zwischen Dunkelheit und Licht, sondern auch unsere sozialwissenschaftlichen Studien darüber, wie beide gelebt werden.

So stieß ich beispielsweise Anfang der 1990er-Jahre auf ein Problem, als ich an meinem ersten Buch, *Bad Faith and Antiblack Racism*, schrieb. Nachdem ich beschlossen hatte, die Dynamiken brutaler polizeilicher Übergriffe zu analysieren, las ich sozialwissenschaftliche Zeitschriftenartikel zu diesem Thema, deren Daten darauf hindeuteten, dass es sich dabei um ein seltenes Phänomen handelte. Ich wusste, dass das falsch war. Ich bin in einem schwarzen Viertel in der Bronx in New York City aufgewachsen, wo Übergriffe der Polizei beinahe zur Tagesordnung gehörten. Ich allein wurde Zeuge von mehr Fällen unrechtmäßiger Gewaltanwendung durch die Polizei, als in der sozialwissenschaftlichen Literatur, die ich konsultierte, berichtet wurden. Meine Familie erlebte die Grausamkeit der Polizei; meine Freund:innen; alle, die ich kannte. Verwandte, die in städtischen Krankenhäusern arbeiteten, beklagten sich regelmäßig über die brutal behandelten Verdächtigen, die mit Handschellen eingeliefert wurden. Es gab Polizisten und Polizistinnen, die so brutal waren, dass sie in einigen Fällen sogar das medizinische Personal angriffen, wenn dieses über den Zustand der Beschuldigten, die in die Notaufnahme gebracht wurden, alarmiert war. Wie sollte ich über die Wahrheit sprechen, wenn die maßgeblichen wissenschaftlichen Quellen etwas anderes behaupteten?

Mein ältester Sohn, Mathieu, war zu dieser Zeit drei Jahre alt. Eines Tages, als wir in New Haven nach Hause gingen, kamen wir an einem Polizisten auf einem Pferd vorbei. In diesem Alter bewunderte Mathieu jede und jeden in Uniform und mit der Befugnis, Gewalt anzuwenden. Mit dem Pferd sah der Polizist für ihn sicher wie ein Superheld aus.

»Hallo, Herr Polizist!« Er winkte und lächelte breit.

Der Beamte sah zu ihm hinunter und lächelte zurück. Es war eine angenehme Begegnung.

Verdammt, dachte ich, als wir weggingen. Die Zukunft meines Sohnes sollte ein schreckliches Erwachen bereithalten: Während er heranwuchs, würde er lernen, wie gefährlich der Kontakt zwischen der Polizei und schwarzen Menschen ist.

Dann hatte ich meinen Aha-Moment. Ich kehrte in die Bibliothek zurück und fand das Buch *Black Child Care (Fürsorge für schwarze Kinder)* von James P. Comer und Alvin F. Poussaint.[29] Ich blätterte direkt zum Inhaltsverzeichnis vor und fand, was ich suchte: »Polizeibrutalität«. Das Buch bestand aus Briefen von Eltern, die die beiden Psychiater um Rat für die Erziehung ihrer Kinder baten. Das auffälligste Element waren jedoch die zusätzlichen Sorgen der Eltern, die sich unter anderem mit Alkoholismus und weiteren Formen der Drogenabhängigkeit, Vergewaltigung und anderen Verbrechen sowie mit Umgebungen und Beziehungen, in denen Schwarze und Weiße zusammenleben, befassten.

Damals kam mir der Gedanke, dass die Macht der Police Benevolent Association (PBA) ein Faktor war, der die Daten über Polizeibrutalität in der sozialwissenschaftlichen Literatur in den Vereinigten Staaten einschränkte. Polizeibrutalität war nur dann offiziell, wenn die beschuldigten Polizeibeamt:innen für eine Straftat verurteilt wurden. In Anbetracht der Tatsache, dass die Wahrscheinlichkeit einer Verurteilung aufgrund von Polizeibrutalität sehr gering war und ist, insbesondere wenn die Opfer nicht weiß sind, führte der Maßstab der Verurteilung zur Auslöschung der Realität. Diesen Effekt könnte man auch als epistemische Brutalität der Polizei bezeichnen – die Polizei unterdrückt Wissen und Wahrheit über ihr eigenes Verhalten. Die Aussagen von Eltern in *Black Child Care* und die im Buch betonte besondere Vorsicht, die bei der Erziehung schwarzer Kinder geboten ist, ermöglichten einen klareren Blick auf das Thema.

Obwohl ich ursprünglich Daten über Polizeibrutalität gesucht hatte, boten die in *Black Child Care* angesprochenen Themen wichtige sozialwissenschaftliche Überlegungen. Zum Vergleich habe ich einige sogenannte allgemeine Erziehungsratgeber angeschaut. (Wörter wie »allgemein«, »dominant«, »generell« und »Mainstream« bedeuten oft »weiß«.) In diesen Büchern wurden die Themen, die ich in dem Buch über schwarze Kindererziehung fand, nicht behandelt. Stattdessen konzentrierten sie sich auf die Entwicklung und Behauptung des Selbst, die Auswahl der besten Schulen, Sauberkeitserziehung und ungehinderte Erkundung – perfekt also für die Entwicklung zu zukünftigen Königen und Königinnen, Kolonisatoren oder Siedlerinnen, denen die Welt zur Verfügung steht. Wozu dienten diese Bücher sonst, wenn nicht, um diesen Kindern beizubringen, wie man weiß ist?

Aber ist das denn die Realität, die alle weißen Kinder erleben? Oder auch nur die meisten? Ich habe diese Frage vor weißem Publikum auf der ganzen Welt gestellt, und die meisten geben zu, dass dies nicht der Fall ist. Wie die vielen weißen Autobiografien über traumatische Kindheiten belegen, ist fast jedes Problem, das in dem Buch über schwarze Kindererziehung angesprochen wird – von Alkoholismus bis hin zu Vergewaltigung – eine Realität der Kindererziehung über die Grenzen von Klasse, Herkunft, Gender, Rassifizierung und sexueller Orientierung hinweg.

Denken Sie an häusliche Gewalt, Geisteskrankheiten und Inzest: Die meisten vermeintlich perfekten Gemeinschaften bergen auch diese Schattenseiten. Diese geteilte Dunkelheit ist zweifellos eine der Ursachen für die starke Identifikation weißer Jugendlicher mit schwarzer Musik, die vom Blues über Rock'n'Roll bis zum Hip-Hop reicht. Anstelle von Guidos und Metalheads gibt es heute in den weiterführenden Schulen Cliquen weißer Kinder, die sich in Variationen von angesagter Blackness kleiden – die sie wiederum von weißen popkulturellen Darstellungen schwarzer Kulturen beziehen.

Natürlich unterscheidet die Besonderheit der polizeilichen Schikanen und Brutalität die Realität der Erziehung schwarzer Kinder – und ich muss hinzufügen, auch der Kinder von Indigenen oder First-Nation-Familien – von anderen Gruppen. Abgesehen von dieser Ausnahme stellt sich die Frage, welche Ratgeber die Realität der Kindererziehung richtig abbilden – die »universellen« (für weiße Eltern) oder die »besonderen« (für schwarze und Indigene Eltern)?

Black Child Care, dessen Cover einen düsteren schwarzen Jungen zeigte, wurde schließlich überarbeitet und in *Raising Black Children: Two Leading Psychiatrists Confront the Educational, Social and Emotional Problems Facing Black Children* (Schwarze Kinder erziehen: Zwei führende Psychiater setzen sich mit den erzieherischen, sozialen und emotionalen Problemen schwarzer Kinder auseinander) umbenannt. Das Titelbild zeigte nun ein schwarzes Mädchen und einen schwarzen Jungen in einem Moment der

Freude und des Lachens.[30] Danach dauerte es Jahrzehnte, bis Bücher zur Kindererziehung erschienen, die die Besonderheit dessen anerkannten, was bis dahin als »allgemeiner« Rat zur Kindererziehung galt. Eines davon ist Alison Gopniks *The Gardener and the Carpenter: What the New Science of Child Development Tells Us About the Relationship Between Parents and Children* (Der Gärtner und der Schreiner: Was uns die neue Wissenschaft der kindlichen Entwicklung über die Beziehung zwischen Eltern und Kindern verrät).[31] Das Kind auf dem Cover ist weiß und blond, aber das Buch behandelt Themen wie Abtreibung, AIDS, Essentialismus und Rassifizierung. Polizeibrutalität ist jedoch auch dort nach wie vor kein Thema.

Diese Erkenntnis ist nicht auf Bücher über Kindererziehung beschränkt. Sie ist kennzeichnend für die Art und Weise, wie Wissen zu vielen Themen angeboten wird, die sich entweder auf die vermeintlich Besonderen oder die vermeintlich Universellen beziehen. Es dauerte fast drei Jahrzehnte nach meinen anfänglichen Forschungsbemühungen, bis Veröffentlichungen publiziert wurden, die eine Zusammenführung von Beweisen und Sozialkritik bezüglich der anhaltenden Polizeibrutalität und Selbstjustiz der Weißen in den Vereinigten Staaten beinhalteten.[32] Die Kunst des Nicht-Sehens ist dort am Werk, wo viele Menschen glauben sollen, dass alles *so sein muss,* wie es ist.

Selbst der Begriff »Polizeibrutalität« ist problematisch – wo Gewalt als legitim angesehen wird, wird nur ihr Übermaß verurteilt. Der korrekte Begriff wäre »Polizeigewalt«, denn er bezeichnet Situationen, in denen keinerlei Gewaltanwendung legitim ist. Die vermeintliche Rechtmäßigkeit der Polizei und die Unrechtmäßigkeit derjenigen, denen sie Schaden zufügt, sind das Ergebnis einer nachgiebigen Haltung gegenüber Kriminalität innerhalb der Strafverfolgung. Sie halten die Dunkelheit vom Licht fern.

Es sind nicht nur Weiße, die sich in manichäischen, Dunkel-gegen-Licht-Situationen mit Schwarzen wiederfinden. Und es sind nicht nur Nicht-Schwarze, die auf Widersprüche des vermeintlichen Wissens über Schwarze und Weiße stoßen. Auch schwarze Menschen – etwa aus Städten, in denen sie die einzigen Schwarzen sind – erfahren eine Verunsicherung, wenn sie auf schwarze Menschen treffen, die anders sind als sie selbst; sie fühlen sich einer wesentlichen Erfahrung schwarzer Repräsentation beraubt: Sie sind nicht mehr diejenigen, die sie kennen, sondern erleben eine Infragestellung ihrer Authentizität. W.E.B. Du Bois hat über dieses Phänomen nachgedacht: Als schwarzer Mensch geboren zu werden, bedeutet nicht, dass man in sozialwissenschaftlicher Hinsicht weiß, was es bedeutet, schwarz zu sein.[33] Es bedeutet keineswegs, dass man im Voraus weiß, was erst akribische Forschung herausgefunden hat. Man kann ohne viel Wissen leben, vor allem über sich selbst und die Geschichte der eigenen Leute, und insbesondere, wenn Traumata einen davon abhalten, das Erlebte zuzugeben.

Die eigene, persönliche schwarze Geschichte ist zwar *eine* schwarze Geschichte, aber nicht alle schwarzen Geschichten sind *die* schwarze Geschichte. Es gibt persönliche, historische, wissenschaftliche, philosophische, poetische, mythische und religiöse beziehungsweise heilige Geschichten, die alle ihre eigenen Anteile an der Wahrheit haben. In den Vereinigten Staaten gehen schwarze Christ:innen oft davon aus, dass »echte« Schwarze dem christlichen Glauben angehören; schwarze Muslim:innen haben andere Erzählungen, und selbst unter ihnen gibt es Unterschiede, je nachdem, welcher Glaubensrichtung des Islam sie angehören, von der sunnitischen bis zur schiitischen. Schwarze Jüdinnen und Juden gibt es viele, von aschkenasisch über sephardisch und mizrachisch bis hin zu den Schwarzen Hebräer:innen, Abayudaya, Lemba sowie den Säkularen. Unter all diesen Gruppen gibt es afrikanische, asiatische, australische, karibische, europäische, nord- und südamerikanische Jüdinnen und Juden. Und auf all diesen Kontinenten und in ihren Regionen gibt es jene, die dorthin migriert sind. Unter ihnen gibt es wiederum Unterschiede zwischen den Generationen. Hinzu kommt die Klassenzugehörigkeit, wodurch es Geschichten von armen Schwarzen gibt, die denen der schwarzen Mittelschicht und der Reichen gegenüberstehen. Schwarze vom Land haben ihre eigenen Geschichten, Schwarze Städter:innen auch. Unter den gebildeten Schwarzen gibt es Unterschiede zwischen den Institutionen, an denen wir unsere Ausbildung erhalten haben, von historischen schwarzen Colleges und Universitäten über öffentliche Forschungsuniversitäten und Community Colleges bis hin zu katholischen und anderen religiösen Einrichtungen sowie zur Ivy League und anderen privaten Eliteuniversitäten und Liberal Arts Colleges. Im Vereinigten Königreich, in Deutschland, Frankreich und anderen europäischen Ländern gibt es weitere Unterschiede in all diesen Aspekten. Dasselbe gilt für Südafrika und alle Länder, in denen schwarze Menschen leben. Und zu alldem könnten wir noch politische Ansichten von rechts bis konservativ, liberal, linksliberal und radikal links hinzufügen. Entscheidend ist die generative historische Erzählung. Selbst innerhalb von Familien, in denen die Bestrebungen einiger Mitglieder die Werte anderer herausfordern, treten Unterschiede auf, wie Lorraine Hansberry in *A Raisin in the Sun* (1959) zeigt.

Es gab nicht immer schon schwarze Menschen in dem Sinne, wie rassistische Gesellschaften uns sehen; und es gab nicht immer schon weiße Menschen. Schwarz und Weiß in dem von rassistischen Gesellschaften verwendeten Sinne sind voneinander abhängig. Schwarze Menschen sind aus den Kräften und Ängsten entstanden, die weiße Menschen hervorgebracht haben.

Es gab eine Zeit, in der sich die Menschen der Welt in erster Linie über die Sprachen, die sie sprachen, ihre heiligen Stätten oder ihr Herkunftsland identifizierten. »Guaraní« und »Igbo« zum Beispiel beziehen sich sowohl auf Sprachen als auch auf die Menschen, die diese Sprachen sprechen. In vielen Sprachen bedeutet das Wort, das für ihre Sprecher:innen verwendet wird, in etwa »Mensch« oder »Person«. »Bantu« zum Beispiel ist, trotz seiner negativen Konnotation während des Kolonialismus im südlichen Afrika, in der Konstellation der dort gesprochenen Sprachen schlicht der Plural von -ntu, was »Person« oder »Mensch« bedeutet. In der alten afrikanischen Sprache Mdw Ntr, die von den Bewohner:innen des antiken afrikanischen Landes Kmt gesprochen wurde, ist das Wort für »Person« *anx*. Das Wort km bedeutet »schwarz«. »Kmt« bedeutet »schwarzes Land« oder »Menschen des schwarzen Landes« als Sammelbegriff. Merkwürdigerweise bedeutet das Wort *anx* auch »Sandalenriemen«, »Leben« und »Spiegel«. In Hieroglyphen geschrieben, ist die Verwandtschaft mit dem Wort *ankh* (Leben) offensichtlich. Ägypten ist der Name, den die griechischsprachigen Kolonisatoren dem riesigen Land Kmt aufzwangen. Es war die griechische Umwandlung eines der Namen des antiken Memphis.

Sein Tempel *Ha(t)-ka-ptah* (Tempel der Seele [oder Lebensquelle] des Ptah) wurde zum griechischen *Aígyptos*, das schließlich zu »Ägypten« wurde. Was in der alten Sprache des Mdw Ntr bisweilen mit »ägyptisch« übersetzt wird, ist *rmT*, was »Menschheit« bedeutet.

Einige antike Gruppen benannten sich nach großen Herrschern, ihrem heiligen Totem oder ihrem Herkunftsort, aber nie nach einer Farbe. Da sie sich selbst als Norm ansahen, hatten sie keinen Grund dazu. Sie grenzten sich stattdessen von Tieren, Pflanzen, den natürlichen Elementen, Orten und Göttern ab. Ein Beispiel für einen Ort ist, dass die *rmT* die Menschen der unteren Kmt als *mHw* bezeichneten. Das Wort bedeutet »Nieder« und bezieht sich auf einen bestimmten geografischen Ort, der heute Nordägypten ist. Ober-Kmt lag im Süden, Nieder-Kmt im Norden, ausgerichtet am Nil, der nach Norden in das Mittelmeer fließt.

Es ist bedauerlich, dass die Menschen unmittelbar südlich von Kmt, die Nubier:innen, oft als schwarz dargestellt werden, wenn sie mit den häufig zimtfarbenen Menschen des Nordens verglichen werden. Die Menschen in Kmt nannten Nubien *Sty* und die Nubier:innen *Styw*. Man beachte das Fehlen des Wortes *km* (schwarz). Ein Adjektiv für Dinge, die von Styw geschaffen wurden, ist *nHsy*. Interessanterweise ist dieses Wort mit einer Reihe von anderen verwandt, die sich auf eine Vielzahl von Konzepten beziehen, die vom Entrinnen des Todes bis zur »Ewigkeit« reichen.

Machen wir einen großen Sprung in die Zeit vom sechzehnten bis zum neunzehnten Jahrhundert, als Millionen afrikanischer Menschen, die als Aja, Akan, Edo, Fanti, Igbo, Tallensi, Wolof oder Yorùbá geboren waren, entführt wurden und die Gräuel eines Prozesses durchleiden mussten, in dem sie und ihre Nachkommen zu »Schwarzen« wurden.[34]

Die verbreitete Forschung zum transatlantischen Versklavtenhandel sowie zum Versklavtenhandel im Ostindischen Ozean beruht auf einer falschen Beschreibung dieser historischen Vorgänge.[35] »Handel« findet statt, wenn ein Angebot abgelehnt werden kann. Jemand bietet an, was ein anderer will, und jener bietet etwas im Gegenzug. Kommt keine Einigung zustande, findet kein über die Begegnung hinausgehender Handel statt. Wo Menschen gejagt und geraubt werden, findet Handel nur zwischen denen statt, die sie eingesperrt haben und dann miteinander verhandeln. Zudem ist nur die Bezeichnung als Arabischer Versklavtenhandel korrekt, da sie sich auf Araber bezieht, die mit der Versklavung von Menschen handeln. Die anderen sollten korrekterweise als europäischer, ostindischer oder asiatischer Versklavtenhandel bezeichnet werden. Denn Ozeane handeln nicht mit Menschen.

Es gibt jedoch etwas, das diejenigen, die diese Geschichte studiert haben, wissen. Schwarze und viele andere Gruppen, die einen ähnlichen Prozess durchlaufen haben, wurden – im rassistischen Sinne – *gemacht*.

Diese Geschichte von der Erschaffung der Schwarzen bringt uns zur Entwicklung eines mächtigen, traumatisierenden Konzepts: »Rasse«. Ich verwende das Wort »Trauma«, weil die häufigste Reaktion auf diese Problematik Vermeidung ist – eine Reaktion, die wir uns allerdings nicht leisten können.

3

VOM AUSGELÖSCHTWERDEN ODER »ICH NEHME KEINE HAUTFARBEN WAHR«

Wenn das Bewusstsein mit dem Geist oder dem Licht in Verbindung gebracht wird, dann sind die Aussichten für Schwarzsein bestenfalls gering.

Es gab eine Zeit, in der niemand schwarz, weiß oder eine der heute gebräuchlichen rassifizierten Zuschreibungen war. Man könnte sagen, dass Menschen in bloßer visueller Wahrnehmung gesehen wurden – braun, beige, rosa, gelb, weiß (Albino), dunkel. Menschen mit Methämoglobinämie sehen blau aus. Selbst Farbenblinde sehen ein bestimmtes Spektrum.

Früher »sahen« die Menschen nicht, was viele Menschen heute »sehen«, wenn sie Menschen nach Farben kategorisieren. Wir sehen durch ein angehäuftes Bündel von historischem, rassifiziertem Material. Selbst wenn die Menschen in der Vergangenheit hell und dunkel »sahen«, »sahen« sie keine »Rasse«.

Manche Menschen würden heute dasselbe von sich behaupten: »Ich sehe keine ›Rassen‹.«

»Hautfarben sehe ich gar nicht«, sagen andere.

Übersetzt bedeutet das: »Ich bin nicht rassistisch.«

Eine andere Übersetzung lautet: »Ich kann nicht rassistisch sein, denn dazu müsste ich zuerst ›Rasse‹ sehen.«

Und noch eine andere: »Weil ich keine Hautfarben sehe, kann ich keine ›Rasse‹ sehen und daher ist es gar *nicht möglich, dass ich rassistisch bin.*«

Es gibt noch mehr: »Ich kann über das hinaus sehen, was andere sehen. Ich sehe, dass *sie* Hautfarben und ›Rassen‹ sehen; ich bin besser als sie, weil ich sehe, dass das, was sie sehen, falsch ist. Und da Rassismus auf dem Glauben an das Falsche beruht, bedeutet meine Wahrnehmung der tatsächlichen Gestalt meiner Mitmenschen – ohne Hautfarbe, ohne ›Rasse‹ –, dass ich den Rassismus überwunden habe. Ich bin gut.«

Es gab eine Zeit, in der sich Rassist:innen nicht darum sorgten, als »rassistisch« bezeichnet zu werden. Das lag daran, dass Rassismus »normal« war. In rassistischen Gesellschaften rassistisch zu sein, war *vernünftig*, wie Frantz Fanon in den 1950er-Jahren argumentierte.[36] Frühere schwarze Kritiker, wie die amerikanischen Revolutionäre aus dem achtzehnten Jahrhundert, Lemuel Haynes und Benjamin Banneker, beklagten zwar die Handlungen und die Politik der weißen Gründerväter der Vereinigten Staaten, nannten sie aber nicht »Rassisten«.[37] Zeitgenössischen Leser:innen muss das seltsam vorkommen, denn viele dieser Gründerväter sowie ihre Erben bemühten sich darum, die offensichtliche Misshandlung und die daraus resultierende Ungleichbehandlung von Indigenen Menschen sowie entführten, versklavten Afrikaner:innen in den Kolonien im Norden und Süden »Amerikas« zu rechtfertigen. Im Fall von George Washington bestand die Brutalität auch darin, dass er einigen der Versklavten die Zähne ausschlug, um sich ein Gebiss anzufertigen, Jefferson wiederum zeugte zahlreiche Kinder durch sein weibliches »Eigentum«.

Vielleicht fragen Sie sich, warum ich »Amerika« ebenfalls

in Anführungszeichen gesetzt habe. Das liegt daran, dass das Wort auf einen der erklärten »Eroberer« dieses Teils der Welt zurückgeht, den Kartografen Amerigo Vespucci. Die bereits dort lebenden Menschen kannten verschiedene Namen für die Region und ihre Länderkonstellation, darunter auch Abya Yala. Die dekoloniale Intellektuelle Catherine Walsh stellt die folgenden Überlegungen zu dieser wichtigen Rückforderung an:

> Abya Yala ist der Name, den die *Kuna-Tule* (aus dem Gebiet, das heute als Panama und Kolumbien bekannt ist) vor der kolonialen Invasion für »Amerika« verwendeten. Er bedeutet »Land in voller Reife« oder »Land des lebensnotwendigen Blutes«. Seine heutige Verwendung nahm 1992 seinen Anfang, als Indigene Menschen aus dem ganzen Kontinent zusammenkamen, um den Feierlichkeiten zur »Entdeckung« entgegenzuwirken, »um über 500 Jahre europäischer Invasion nachzudenken und Alternativen für ein besseres Leben im Einklang mit der Natur und der Menschenwürde zu entwickeln«.[38]

Auch den Begriff »Eroberer« habe ich in Anführungszeichen gesetzt. So sahen sich die Menschen, die von den westlichen Ufern des iberischen Christentums über den Atlantischen Ozean segelten. Die Nachfahren der Menschen, die sie begrüßten, schlagen eine zutreffendere Bezeichnung vor, erinnert uns Walsh, da diese Menschen immer noch um ihr Überleben und ihre Freiheit kämpfen. Sie bezeichnen die selbst ernannten Eroberer als »Invasoren«.[39]

1492, als Christoph Kolumbus auf den Bahamas landete, begann ein globaler Transformationsprozess derjenigen, die als Person gelten. Das Selbstverständnis einer solchen

Person, das im Deutschen durch das Wort »Ich« gekennzeichnet ist, haben viele von uns als Geschichte von Kolumbus' angeblicher Suche einer kurzen Handelsroute nach Asien geerbt. Was oft übersehen wird, ist, dass dieses Selbst schnell zu jenem »Ich« wurde, das Völkermorde an Indigenen Bevölkerungen verübte und den globalen Menschenhandel einleitete.[40] Diesem »Ich« war es möglich, in einer Welt des Rassismus zu leben, ohne sich selbst eine rassistische Identität zuzuschreiben. Es sah sich also, zumindest in den ersten Jahren seiner Entwicklung, nicht mit einem solchen Vorwurf konfrontiert.

Die Begriffe »Rassismus« (*racism*) und »Rassist« (*racist*) tauchen erst in den 1930er-Jahren in französischen Beschreibungen der NS-Ideologie auf. Frühere Ausdrücke wie *racialism* und *racialists* gehen auf das späte neunzehnte Jahrhundert in der britischen Kolonie Südafrika zurück. Davor schrieben rassistisch gesinnte Politiker, Gelehrte und Wissenschaftler von »Angelsachsen«, »Ariern« und stellten sich »Teutonen« als ihre Vorfahren vor. Sie sprachen und schrieben abfällig über den »Wilden« und den »Neger«, der aus dem portugiesischen Wort für die Farbe Schwarz abgeleitet wurde. Obwohl der französische Ausdruck für die Farbe Schwarz *la couleur noire* ist, wandelten die Franzosen das nun rassifizierte portugiesische Wort in *le nègre* um, welches die rassifizierte Form der Farbe kennzeichnete. Ab dem achtzehnten Jahrhundert war »neger« die schottische und nordenglische Aussprache der französischen Version, die sich durchsetzte und schließlich in »nigger« abgewandelt wurde. Das Wort »nigger« war zunächst sehr weit gefasst. Es galt nicht nur für dunkelhäutige Afrikaner:innen, sondern auch für dunkelhäutige Menschen in Australien, Indien, den Inselstaaten Polynesiens sowie Abya Yala.

Obwohl der Begriff »nigger« überlebt hat, wird er in der Öffentlichkeit leider auch noch von Schwarzen in den USA verwendet, die eine angebliche »Rückforderung« und »Wiederaneignung« durch die Ausdrücke »nigguh« und »nigga« behaupten. Unter Weißen wird der Begriff hauptsächlich hinter verschlossenen Türen oder außer Hörweite von Schwarzen verwendet, es sei denn, sie werden angegriffen oder gelyncht. Es besteht kein Zweifel daran, dass es in der Zukunft noch weitere Variationen dieses Schimpfworts geben wird.

Die Kolonisten des achtzehnten Jahrhunderts entwickelten Gesetze, in denen sie fast alle Arten von rassifizierten Bezeichnungen festlegten. Heute spricht man nicht mehr von »Quadroons« oder »Octoroons«,[*] obwohl ihr Vermächtnis an einigen Orten mehr als an anderen aufrechterhalten wird. Die brasilianische Volkszählung von 1976 weist beispielsweise 136 verschiedene rassifizierte Bezeichnungen mit Bezug auf Hautfarben auf, von denen viele immer noch aktiv sind. Wenn Menschen sagen, dass sie keine Hautfarben sehen, meinen sie oft, dass sie kein *Schwarz* sehen. Viele dieser 136 brasilianischen rassifizierten Zuschreibungen bilden Möglichkeiten, sich nicht als schwarz identifizieren zu müssen, was vor allem im Zusammenhang mit den anhaltenden Praktiken des *branqueamento* (*blanqueamiento*) betrachtet werden muss.[41] Diese Art des Nicht-Sehens durch Über-Sehen erfordert Kreativität und die Fähigkeit zur Selbsttäuschung.

Was ist falsch daran, sich selbst oder eine andere Person

---

[*] [Anm. d. Üb.] Historische Bezeichnungen in kolonialen Gesellschaften für Personen, die zu einem Viertel beziehungsweise Achtel als schwarz oder Indigen galten.

als schwarz zu sehen? Oder wenn nicht nur schwarz – was ist falsch daran, »Farbe zu sehen«?

Stellen wir uns eine Frau und einen Mann bei einer Verabredung vor. Das Gespräch verläuft gut. Vertraute Anzeichen von gegenseitiger Anziehung machen sich bemerkbar. Sie wickelt ihr Haar um den Finger, er neigt den Kopf, während er einen weiteren Schluck Wein trinkt. Nach einigen Stunden des Gesprächs mit anschließendem Spaziergang im Mondlicht, bei dem sie sich über zahlreiche Aspekte des Lebens des jeweils anderen austauschen, kommen sie schließlich an der Haustür der Frau an. Der Mann teilt der Frau mit, dass er eine schöne Zeit hatte. Sie sagt das Gleiche. Dann fügt er etwas besorgt hinzu: »Mir geht da nur eine Sache durch den Kopf.«

»Was denn?«, fragt die Frau.

»Nun«, sagt er. »Der Abend war wunderbar. Ich habe mich sehr gern mit dir unterhalten. Wenn da nicht diese eine Sache wäre… Du bist eine Frau. Wenn es mir nur gelänge, dich nicht als Frau zu sehen, dann könnte ich dich mit echtem Respekt betrachten. Das wäre die perfekte Kombination: Dann könnte ich die Person respektieren, zu der ich mich hingezogen fühle.«

Wir haben eine Bezeichnung für einen Mann, der eine Frau nur dann respektieren kann, wenn er sie *nicht als Frau sieht*. Misogynie nimmt in diesem Fall die Form von Genderblindheit, oder genauer gesagt, von Frauenblindheit an.

Ist es also fortschrittlich, zu behaupten, keine »Hautfarbe« zu sehen, so wie die »Farbenblinden«? Wenn eine Person der Meinung ist, dass es respektlos ist, jemanden als schwarz zu sehen, folgt daraus dann nicht, dass die Person Schwarze nicht für des Respekts würdig hält? Ausgehend vom Beispiel des Mannes, der zugibt, dass er Frauen nicht respektiert, könnte man weiter argumentieren, dass es eine feministische Denkrichtung gibt, die ebenfalls gender- und frauenfeindlich ist, oder zumindest dagegen, Frauen oder ihre Erscheinung zu *sehen*. Befürwortende dieses feministischen Denkens würden darauf hinweisen, wie es einige auch getan haben, dass eine Frau nicht respektiert werden kann, nicht einmal von Frauen.[42] Viele dieser Feminist:innen würden jedoch zustimmen, dass es frauenfeindlich wäre, eine Frau nicht als Frau respektieren zu können. Auf Rassismus angewandt, ist die Schlussfolgerung also, dass es anti-schwarz ist, eine Person, die schwarz erscheint, nicht respektieren zu können.

Bedeutet »Ich sehe keine Hautfarbe« nicht eigentlich »Ich will keine Hautfarbe sehen«?

Wenn man sieht, empfindet man auch eine Vielfalt an Reaktionen, von Zuneigung bis Abscheu, von Trost bis Angst. Hier betreten wir den Bereich der Ironie und der Selbstverleugnung, wo man fühlt, was man angeblich nicht fühlt, wo man negiert, was man sieht, wo man behauptet etwas zu glauben, woran man nicht glaubt. Es gibt einen Begriff für solche Haltungen oder Handlungen des selbstverleugnenden Bewusstseins. Man nennt sie »Unaufrichtigkeit«.[43]

Der Ausdruck »Unaufrichtigkeit« (oder Arglist) hat eine juristische und eine philosophische Bedeutung. Die rechtliche Bedeutung beschreibt die Haltung einer Person, die mit falschen Absichten aussagt oder einen Vertrag abschließt. »Er hat den Vertrag bösgläubig unterschrieben«, könnte ein Prozessbeteiligter vor Gericht sagen. Die philosophische Bedeutung beruht auf der eigenartigen Tatsache, dass Menschen in der Lage sind, sich selbst zu belügen. Zu seiner Verteidigung könnte der Unterzeichner der Vereinbarung behaupten, er habe den Vertrag nicht arglistig, sondern in guter Absicht unterschrieben. Aus philosophischer Sicht kann etwas ernsthaft und gleichzeitig unaufrichtig sein. Viele Rassist:innen meinen es ernst.

Um zu verstehen, wie etwas ernsthaft und gleichzeitig unaufrichtig sein kann, ist es notwendig zu untersuchen, was Unaufrichtigkeit bedeutet. Das Konzept der Unaufrichtigkeit beinhaltet die Fähigkeit, sich selbst zu belügen. Lügen ist etwas, das man tut, das heißt, es gehört zur handelnden Person, die lügt. Die Person, die lügt, ist dieselbe Person, die betrogen wird. Als Handlung ist sie ein Ausdruck des Bewusstseins, aber wie die meisten von uns wissen, gibt es bewusste und unbewusste Handlungen. Man könnte unbewusste Handlungen als Verhalten und nicht als intentional verstandene Handlungen betrachten. Aber das wäre eine zu einfache Sichtweise auf das Bewusstsein, denn oft merken wir erst dann, dass wir etwas getan haben – wie zum Beispiel mit dem Bein zu zappeln oder Sätze wie »Ich weiß, ich weiß« zu sagen –, wenn uns jemand anderes darauf hinweist. Es wäre fragwürdig, zu behaupten, dass wir keine Kontrolle über unsere Handlungen oder Aussagen hatten, und zugleich richtig, dass wir uns ihrer nicht bewusst waren. Das Bewusstsein, zu dem auch das Gewahrsein gehört, muss demnach komplizierter sein.

Bewusstsein bezieht sich immer *auf* etwas, unabhängig davon, ob man es erlebt oder es sich vorstellt. Es betrifft immer etwas, dessen man sich bewusst ist. Ohne dieses Etwas gibt es kein Bewusstsein. Es besteht mit anderen Worten kein Bewusstsein als »Ding« an sich. Vielmehr ist es eine Beziehung zur Realität. Diese Beziehungsaktivität wird *Intentionalität* genannt. Das, worauf das Bewusstsein gerichtet ist, ist das, was erscheint. Dinge, derer wir uns nicht bewusst sind, kommen ins Bewusstsein. Solche Dinge fallen auf. An diesem Punkt stellen wir fest, dass sie existieren. Das ist die eigentliche Bedeutung des Wortes »Existenz«, welches sich aus dem lateinischen Ausdruck *ex* (heraus) *sistere* (stehen) ableitet. Herausstehen bedeutet, dass etwas hervortritt oder erscheint. Im Französischen wie auch im Deutschen bedeutet »existieren« zugleich »leben«.

Bewusstsein hat mit Dingen zu tun, die sich zeigen, also vom Nicht-Erscheinen zum Erscheinen übergehen. Ein anderer Ausdruck für Dinge, die erscheinen, ist »Phänomene«. Dieser Begriff hat einen wunderbaren mythischen Ursprung. Er stammt aus dem alten persischen Mythos über den Gott Phanes (der Erscheinende, Leuchtende).[44] Phanes war der Nachkomme der Gottheit Chronos (Zeit). Phänomene werden also aus der Zeit geboren.

Das Bewusstsein erfordert eine Beziehung zu den Phänomenen, zu den Dingen, die erscheinen. Unaufrichtigkeit beinhaltet aber den Versuch, das Bewusstsein aus den Beziehungen herauszunehmen, durch die Dinge hervortreten, augenscheinlich oder verständlich werden. Es ist die Auferlegung von Nicht-Relationalität auf Beziehungen.

Damit das Bewusstsein *von* etwas existieren kann, muss die Sache *da* sein, durch welche die Beziehung des Bewusstseins zu ihr *hier* ist. Diese Hier-dort-Beziehung bedeutet, dass das Bewusstsein *verkörpert* sein muss. Es muss sich in einem Raum und einer Zeit befinden. Das Bewusstsein muss irgendwo sein.

Die Menschen träumen davon, außerhalb ihres Körpers zu existieren. Das war auch eine der großen Hoffnungen des Manichäismus, der seinen Ursprung im Persien des dritten Jahrhunderts vor Christus hatte: das Licht des Bewusstseins von der Dunkelheit der Materie zu befreien. Was das zur

Folge haben könnte, ist schwer zu sagen. Ohne irgendwo zu sein, wäre das Bewusstsein entweder nirgendwo oder überall, ohne ein *Dort* oder *Hier*, also überhaupt irgendwo zu sein. Wir könnten also nur dann entkörpert sein, wenn wir die Perspektive oder den verkörperten Standpunkt verleugnen, von dem aus wir uns die Entkörperung vorstellen. Das wäre eine Form von Selbsttäuschung.

Die französische Sprache gibt aufschlussreiche Einblicke in die Dimensionen der oben angesprochenen »Unaufrichtigkeit« (*bad faith* im Englischen, *mauvaise foi* im Französischen).[45] Das Adjektiv *mauvais(e)* bedeutet »falsch«, »wertlos« oder »schlecht«. *La foi*, allgemein mit »Glaube« übersetzt, bedeutet auch »Überzeugung«, »Zuversicht«, »Gelöbnis« oder »Vertrauen«. *La mauvaise foi* wird zwar oft mit »Unaufrichtigkeit« übersetzt, bezieht sich aber auf eine ganze Reihe von Einstellungen, die im hier verwendeten englischen Ausdruck *bad faith* nicht sofort erkennbar sind.

»Unaufrichtigkeit« (*bad faith*) bezieht sich auf eine Vielzahl von unterschiedlichen, aber miteinander verbundenen bewussten Handlungen. Glaube zum Beispiel könnte eine Manifestation von Unaufrichtigkeit sein. Zu glauben, anstatt zu wissen, erfordert ein Element des Zweifels. Dennoch gibt es Menschen, die den Begriff des wahren, gerechtfertigten Glaubens oder des *vollkommenen Glaubens* vertreten. Wäre der Glaube jedoch vollkommen, gäbe es keinen Grund für Zweifel, und er wäre somit kein »Glaube«. Eine solche Vorstellung von Glauben ist ein Beispiel für »schlechten Glauben« oder Unaufrichtigkeit.

Stellen Sie sich vor, eine Gruppe von Überlebenden befindet sich seit einem Jahrzehnt in einem unterirdischen Bunker. Ihre Uhren funktionieren nicht mehr. Sie sind sich nicht sicher, ob es draußen Tag oder Nacht ist. Eine glaubt, es sei sonnig. Ein Mitbewohner glaubt etwas anderes. Und warum? Es könnte bewölkt sein oder vielleicht Nacht. Erstere bleibt bei ihrer Meinung. Ihr Mitbewohner antwortet: »Ich bezweifle nicht, dass du es glaubst. Dein Glaube spielt aber einfach keine Rolle. Wenn wir nach draußen gehen, werden wir es sehen. Wir werden es wissen.«

Eine Glocke, die Sicherheit verkündet, läutet. Die Sicherheitsverriegelungen des Bunkers öffnen sich. Sie gehen nach draußen. Es ist ein dunkler, bewölkter Tag. Unsere erste Bewohnerin antwortet: »Es ist nicht sonnig.«

»Mir ist aufgefallen, dass du nicht gesagt hast, dass du ›glaubst‹, dass es nicht sonnig ist«, kommentiert ihr Mitbewohner. »Beim Wetter geht es nicht um Glauben. Es geht um Wahrheit und Fakten. Gedanken sind mit Wahrheit und Fakten verbunden. Ja, du hast geglaubt, es sei sonnig. Aber du hast dich geirrt.«

Manche Menschen ziehen sich in die Fantasie zurück. »Wenn ich mir vorstelle, dass es nicht sonnig ist, wäre das dann nicht ein Glaube? Oder mehr noch, würde ich dann nicht die Wahrheit sagen? Wie können wir in diesem Moment erkennen, dass es wirklich Tag, aber nicht sonnig ist und dass uns nicht nur unsere Vorstellungskraft täuscht?«

Jean-Paul Sartre hat eine berühmte Antwort auf die Behauptung gegeben, es gäbe keinen Unterschied zwischen Einbildung und Wahrnehmung, zwischen der Idee und der Erfahrung von Dingen.[46] Er bat diese »Phänomenalist:innen«, Leute, die behaupten, es gäbe nur die Erscheinung von Dingen und keinen Unterschied zwischen ihrer Einbildung und Realität, darum, die Säulen eines eingebildeten Parthenon zu zählen und dies mit der Erfahrung zu vergleichen, vor dem tatsächlichen griechischen Tempel zu stehen und dessen Säulen zu zählen. Die Säulenanzahl der imaginierten Version wäre ungewiss; die Säulenanzahl des realen Parthenon ist spezifisch, und andere könnten sie gemeinsam mit uns zählen. Wir erschaffen ein Bild des imaginären Parthenon; der reale Parthenon widersetzt sich unserem Wunschbild.

Simone de Beauvoir und Jean-Paul Sartre haben ein berühmtes Beispiel für Unaufrichtigkeit im Sinne der Selbsttäuschung geliefert. Eine Frau sitzt bei einem Abendessen, bei dem es sich – ihrer Meinung nach – nicht um eine romantische Verabredung handelt. Mitten in der Unterhaltung nimmt der Verehrer ihre Hand. In einem Akt der Unaufrichtigkeit spricht die Frau weiter, als ob sie es nicht bemerkt hätte. Dies ist ein Beispiel für die menschliche Fähigkeit zur *Entkörperung*. Obwohl der Verehrer versucht, sein amouröses Begehren durch das Halten ihrer Hand zu vermitteln, erkennt er, dass er sie nur wie ein Ding hält. Die Frau hat sich von ihrer eigenen Hand gelöst.

Das Bewusstsein, das sich irgendwo aufhalten muss, muss im Körper sein. Es wird richtig *gelebt*. Die Frau hat etwas Außergewöhnliches und gleichzeitig Alltägliches getan: Sie hat es ihrem Verehrer gestattet, ihre Hand zu berühren, aber *nicht sie selbst* – oder zumindest glaubt sie das. Ihre Hand schien leblos zu sein.

Es wäre ein Fehler, das Beispiel der berührten Frau, wie ich sie bezeichnen werde (wohingegen andere sie »die Kokette« nennen), als *moralisches* Beispiel zu verstehen. Es gibt Umstände – Folter, Vergewaltigung, Erniedrigung –, die ein starker Auslöser dafür sind, Entkörperung anzustreben. Der Gedanke »Das wird nicht *mir* angetan« ist eine Überlebenstaktik. Die Möglichkeiten der meisten Frauen in einer sexistischen Gesellschaft, selbst derjenigen, die sich für Ausnahmen halten, sind begrenzt. Ein ähnliches Problem gilt für Männer of Color in Sklavenhalterstaaten und rassistischen Gesellschaften, wo Techniken der sexuellen Gewalt eingesetzt werden, um versklavte Frauen und Männer of Color zu kontrollieren.[47] Das Beispiel der berührten Frau deutet auf das hin, was Beauvoir »Mehrdeutigkeit« nennt.[48] In menschlichen oder sozialen Beziehungen und Situationen wird immer nur ein Teil einer Geschichte offenbar – und das hängt von den Bedeutungsvarianten ab, die mit dem Erlebten, Getanen oder Erzählten verbunden sind.

Wir sollten auch die Erfahrung des Verehrers, der die Hand hält, berücksichtigen. Die Entkörperlichung eines anderen lässt sich erfahren; der Verehrer könnte *bemerken*, dass sich die Frau von ihrer Hand gelöst hat. Es gibt eine gewisse Form von Undurchsichtigkeit, obwohl beide es sehen und in der gegebenen Situation aus Höflichkeit verleugnen könnten. Das betrifft die Sozialität der Situation. Um kohärent zu sein, hängt soziale Bedeutung von der Verbundenheit ab, aber im Fall dieses Paares handelt es sich um eine körperliche Berührung, die die Kommunikation beeinflusst.

Menschen können sich in manchen Fällen einreden, sie seien Dinge, in anderen Fällen körperlose Phantome. Das Problem ist, dass »Dinge« – zumindest unbelebte – nicht wirklich sozial sind; sie haben keine Standpunkte. Um sozial zu sein, muss es kommunizierte, verkörperte Standpunkte geben.

Das soll nicht heißen, dass das, was heutzutage in der Physik über die Lage von Photonen und Standpunkten entdeckt wird, falsch sein muss. Die Frage, ob die materielle Realität einen Standpunkt hat, ist seit der Antike Diskussionsgegenstand. Zeitgenössische Forschungen darüber, dass auch die materielle Realität perspektivisch ist – also eine Realität mit einem Standpunkt –, laufen schlicht auf die Aussage hinaus, dass »Dingsein« eine zugeschriebene Eigenschaft ist. Es kann also auch eine Möglichkeit des »Hier« sein. Das ändert nichts an der Hauptaussage des Arguments. Dinge – *als bloße Dinge oder Wesen an sich* – sind nicht sozial.

Begriffe wie »Ehrlichkeit« und »Authentizität« werden gemeinhin mit Aufrichtigkeit gleichgesetzt. Ehrlich, authentisch oder aufrichtig zu sein, bedeutet also vermeintlich, nicht unaufrichtig zu sein. Diese Vorstellungen laufen darauf hinaus, dass man ist, wer oder was man wirklich ist oder zumindest wer oder was man zu sein behauptet. Man kann sich selbst allerdings etwas vormachen, das falsch ist, auch über sich selbst. Wenn man auf diese falschen Überzeugungen setzt, wendet man sich meist von der Realität ab oder, was noch schlimmer ist, man versucht, die Realität in eine Übereinstimmung mit diesen Unwahrheiten zu zwingen. Gibt es eine bessere Rechtfertigung, als sich auf die eigene Ehrlichkeit, Authentizität und Aufrichtigkeit zu berufen? Um sich mit der Wahrheit auseinanderzusetzen, muss man sich an die Realität anpassen und sich der Urteilsfreiheit anderer stellen. Das Gegenteil von Unaufrichtigkeit geht also über die eigene Ehrlichkeit und sogar die Aufrichtigkeit hinaus. Es ist ein kritisches Verhältnis zur *Faktenlage* und zur Ernsthaftigkeit. Alle Fakten verkörpern eine Frage und beruhen auf der Kunst des Fragens und Hinterfragens, durch die sich die Wahrheit, einschließlich der Verantwortung für die Wahrheit, entfaltet. Es gibt also eine Beziehung zwischen Fragen und Freiheit, denn beide gehen mit Verantwortung einher. »Fragen zu stellen«, so erinnert uns Dena Neusner, die Autorin von *Simply Seder*,

»ist ein Zeichen von Freiheit.«[49] Ein kritisches Bewusstsein nimmt seine Freiheit wahr.

Unaufrichtigkeit funktioniert, indem man sich selbst belügt, was voraussetzt, dass man seine Beziehung zu Fakten aufgibt, die Lügen eindeutig als solche entlarven. Um sich selbst zu schützen, muss Unaufrichtigkeit die Faktizität von Fakten – das heißt deren Fähigkeit, in Erscheinung zu treten – entwaffnen. Wenn Fakten entkräftet sind, können sie die Fähigkeit einer Person oder einer Gruppe, etwas in böser Absicht zu glauben, nicht mehr beeinträchtigen. Viele Menschen würden beispielsweise gerne glauben, dass die Anatomie von Frauen ausreicht, um Frauen als Frauen zu definieren, anstatt auch die Bedeutung miteinzubeziehen, die der physischen Erscheinung einer jeder Frau durch die soziale Welt, in der Frauen leben, verliehen wird. Beauvoir wandte sich gegen die Vorstellung, dass Anatomie gleichbedeutend mit Vorbestimmung ist – dass der Körper einer Frau überdeterminiert, was sie ist –, indem sie argumentierte, dass man »zur Frau wird«.[50] Zwingt ihre Anatomie sie dazu, sich in der Welt gemäß der Erwartungen zu bewegen, die in jeder Gesellschaft an »Frauen« gestellt werden? Seit Beauvoir haben andere, allen voran Judith Butler, diese Frage weiterentwickelt, indem sie hinterfragte, ob man überhaupt ein Subjekt, wie »Frau« oder etwas anderes, sein muss.[51] Butler fordert uns auf, die Möglichkeit von Handlungsfähigkeit und Freiheit ohne die Subjekte, die wir »Handelnde« nennen, zu untersuchen. Ihre Überlegungen sind ein Beispiel für eine kritische feministische Antwort auf die Frage, ob das Konstrukt »Frau« der geeignete Schauplatz für politische Praxis und Respekt ist.

Vor Butler und Beauvoir hat Friedrich Nietzsche die Frage nach Subjekten – die wir heute gemeinhin als »Identitäten« bezeichnen – untersucht, indem er die Werte hinterfragte, durch die diese gebildet werden. Die Übernahme von Verantwortung für diese Werte befreit sie von ihrem »Geist der Ernsthaftigkeit«, also von der Einstellung oder dem Glauben an Ideen oder von der Natur gegebenen Bedeutungen statt von Beziehungen, die durch menschliche Handlungen entstehen und für die wir verantwortlich sind. Der Geist der Ernsthaftigkeit schränkt die Freiheit ein und ist selbst eine Form der Unaufrichtigkeit. In einem Plädoyer gegen die Unaufrichtigkeit rief Nietzsche zu einer »Umwertung aller Werte« auf, also dazu, aus freien Stücken die Verantwortung dafür zu übernehmen, unseren Werten einen Wert zu geben.[52]

Der Geist der Ernsthaftigkeit, der sich auf das eigene Ich richtet, führt dazu, dass man *sich selbst zu ernst nimmt*, was eine Form des Egoismus ist. Damit verschließt man sich den Beziehungen zu anderen und letztlich der sozialen Wirklichkeit und Liebe. Um das zu vermeiden, empfiehlt es sich, das Ego zu »entschaffen«. »Entschaffung«, schreibt Simone Weil, bedeutet, »etwas Erschaffenes in das Unerschaffene hinüberzuführen … Wir haben teil an der Erschaffung der Welt, indem wir uns selbst entschaffen.«[53] Im östlichen Denken gibt es einen ähnlichen Gedanken, erklärt Keiji Nishitani, wonach der Egoismus eine Quelle des Bösen ist.[54] Das Ego loszulassen, erzeugt radikale Verantwortung: Es gibt keine Rettungsleine mehr aus dem Abgrund.

Zum Widerstand gegen die Ernsthaftigkeit gehört für Nietzsche das *Spiel* oder das Erkennen von konstruierten Regeln, nach denen die Spiele oder Werte des Lebens gespielt werden. Bei Sport und Spiel treten häufig Streitigkeiten darüber auf, ob sich die Teilnehmenden an die Regeln halten. Ein Spiel kann auf verschiedene Weisen gespielt werden, daher sollten die Regeln vor Beginn des Spiels festgelegt werden. Im Damespiel sind »ernsthaft« Spielende zum Beispiel davon überzeugt, dass die Regeln des Spiels genauso feststehen wie die der Chemie, auch wenn man es zulassen könnte, rückwärts über Steine zu springen. Man könnte auch über Steine springen, die freie Felder zwischen sich haben. Man muss dabei nicht stehen bleiben. Viele denken sogar über ein dreidimensionales Damespiel nach. Dabei könnte man nach oben oder unten, vorwärts oder rückwärts und seitwärts springen. Darüber hinaus könnte es konzeptionelle Steine geben, die den Spielenden jeweils mitgeteilt werden. Es könnte kodierte Spielsteine geben. Zu behaupten, dass es sich dabei nicht um ein »echtes« Damespiel handelt, weil es nicht mit roten und schwarzen runden Steinen oder Münzen auf einem zwanzig mal zwanzig Zentimeter großen flachen Brett mit beigen und schwarzen Quadraten gespielt wird, strotzt vor Ernsthaftigkeit. Die Erklärung, dass dieses fünftausend Jahre alte Spiel im Laufe dieser Jahrtausende auf viele Arten gespielt wurde, würde den von Ernsthaftigkeit durchdrungenen Spieler:innen nicht viel sagen. Dabei vergessen sie ihren Status als Spielende, weil sie nicht mehr *spielen*. Das Damespiel ist in diesem Fall wie das Zusammentreffen von zwei Wasserstoffatomen und einem Sauerstoffatom. Wenn einer Chemikalie die Kombination dieser Atome fehlt, ist es falsch, sie »Wasser« zu nennen. Und nach einer dieser möglichen Regeln zu spielen, wäre für diese Personen kein Damespiel.

Die Regeln der Chemie und die Regeln von Brettspielen unterscheiden sich in einem wichtigen Punkt, den ernsthafte Spielende nicht beachten. Die Elemente werden von der Natur bestimmt; Brettspiele sind von Menschen geschaffene Aktivitäten, auf deren Regeln sich die Spielenden einigen. Sich selbst nicht zu ernst zu nehmen, bedeutet, sich die Regeln zu vergegenwärtigen, die Werte produzieren, und die Verantwortung für sie zu übernehmen.[55] Wir schaffen nicht nur Werte, sondern wir schaffen dadurch auch uns selbst. Wir werden mit anderen Worten zu dem, was wir tun. Rassismus zum Beispiel ist eine Form von ernsthafter Aktivität, die rassistische Menschen hervorbringt.

Spiele erinnern uns nicht nur daran, dass wir für die Regeln verantwortlich sind, nach denen wir leben, sondern bringen uns auch Freude. Die Fähigkeit, über sich selbst zu lachen, ist eine Befreiung von den Fesseln der Ernsthaftigkeit.[56] Wie ein rundlicher Komödiant einmal feststellte: »Ich schlafe nicht am Strand. Die Leute versuchen ständig, mich zurück ins Meer zu schieben.« Komik bringt das Absurde in das Gewöhnliche, indem sie auf eine verschobene Menschlichkeit hinweist – in diesem Fall, indem man sich selbst als gestrandeten Wal theriomorphisiert. Denjenigen, die die Verschiebung nicht sehen oder verstehen können, entgeht der Witz. Dies kann auch bei visuellem und musikalischem Humor vorkommen. Eine humorvolle Filmtechnik besteht zum Beispiel darin, ein Tier in Bewegung mit einem Soundtrack zu filmen. Stellen Sie sich einen Alligator vor, der sich zu Curtis Mayfields gefühlvollem »Between You Baby and Me« (1979) bewegt. Versuchen Sie es mit B. B. Kings 1969 entstandener Interpretation von Roy Hawkins und Rick Darnells »The Thrill Is Gone« (1951) oder Fela Kutis »Sorrow, Tears, and Blood« (1977). Oder vielleicht Johann Strauss' »Donauwalzer« (1866) oder Richard Wagners »Walkürenritt« (1856). Die kulturelle Quelle ändert nichts an der komischen Wirkung. Wie wäre es mit einem aufgenommenen Gesang des Hare-Krishna-Mantras? Wie wäre es mit einem Flamingo, der zu diesem Mantra läuft? Einer Ameise?

Lachen ist eine soziale *Geste*. Das liegt daran, dass es eine Form der Kommunikation ist, wenn man etwas als lustig anerkennt. Erkennen und Verstehen stecken in jedem Moment des Lachens. Aber trotz dieser wichtigen sozialen Rolle der Anerkennung ergreift uns das Lachen auch. Jedes Lachen ist bis zu einem gewissen Grad ein Kontrollverlust. Wir hätten sehr wohl auch eine Spezies ohne Lachen werden können, würde uns die Fähigkeit, die Kontrolle zu verlieren, fehlen. In dem Fall wären wir »starr« geworden. Und wenn wir zu starr und angespannt sind, können wir zerbrechen. Da wir nicht von vornherein in jede Situation passen können, brauchen wir Anpassungsfähigkeit und Elastizität beziehungsweise Flexibilität. Wenn wir uns durch das Lachen aus der Starre befreien, erscheint unser Körper, wie es der große französische Philosoph Henri Bergson formulierte, als »eine Verunstaltung, die ein wohl gestalteter Mensch treffend nachahmen könnte«.[57] Schauen Sie sich Familienfotos an oder Aufnahmen von Menschen in einem Publikum, die in Lachen ausbrechen. Wäre dies unsere alltägliche Art, durch die Welt zu gehen, würden wir verunstaltet erscheinen.[58] Die Starrheit, aus der wir befreit sind, kommt im Moment des Lachens zum Tragen, mit einer für unsere Analyse wichtigen Schlussfolgerung: »Haltung, Gesten und Bewegungen des menschlichen Körpers sind genau in dem Maße lächerlich, wie uns dieser Körper an eine bloße Maschine erinnert.«[59] Lachen befreit uns von der mechanischen Ernsthaftigkeit. Freiheit drückt sich in der Art und Weise aus, wie wir unsere Verkörperung leben oder tragen. Das erfordert Anmut. Ein menschliches Wesen, das als Mensch lebt, ist anmutig.

Manche Menschen betrachten ihren Körper als etwas, das sie *tragen*.⁶⁰ Die Frage lautet dann, ob ihnen ihr Körper »passt«. Kann man Rassifizierung oder Gender tragen? Wenn ja, sollten sich viele von uns fragen, ob wir jeweils das Richtige tragen. Wenn wir entscheiden, dass unsere Zuschreibungen nicht passen, werden wir mit gesellschaftlichen Erwartungen konfrontiert, die dazu führen können, dass wir schlecht behandelt werden, von Ressentiment bis hin zu Gespött. Denken wir über die Reaktion des Lachens nach. Lachen, das auf verschobene Zuschreibungen von Rassifizierung oder Gender abzielt, ist eine Reaktion darauf, etwas zu sehen oder zu verstehen, und somit vielleicht eine Form der Weigerung, zu sehen und zu verstehen. Es könnte sich um eine Form des unaufrichtigen Lachens handeln, eine Möglichkeit, die den Sinn des Lachens mit einem mechanischen Effekt belastet. Im Gegensatz zum gewöhnlichen Lachen, das eine Rückkehr zur Anmut durch eine spontane Befreiung aus der Starre darstellt, verlangt unaufrichtiges Lachen eine Starre des Selbst und der anderen. Das Lachen entsteht dann nicht durch das Feststellen von Starrheit bei anderen, sondern durch die Bekundung von Anmut dort, wo sie angeblich nicht hingehört. Ein sich fortbewegender Mensch wird dann wie ein Wesen mit einem unpassenden Soundtrack behandelt und zurück an dessen vermeintlich unbehaglichen Platz gezwungen.

Durch Rassifizierung zwingt der Rassismus dem menschlichen Leben einen Mechanismus und eine Starrheit auf. Einige von uns steckt er in eine Rüstung, andere in Fesseln. Eine Person, die behauptet, in keine der rassifizierten Kategorien zu passen, oder eine Person, die angibt, einer anderen Gender-Zuschreibung zu entsprechen, als sie bei ihrer Geburt erhalten hat, stellt eine Herausforderung für die Idee eines Lebens in Reinheit dar. Einige verfechten auch den Sieg der Reinheit, indem sie die auf *Rassifizierungen* bezogene Reinheit ablehnen. Eine Berufung auf Reinheit setzt voraus, dass alle äußeren Beziehungen, zu denen auch *Rassifizierung* gehört, als »Verunreinigungen« eliminiert werden, und sie könnten darauf mit einem Rückzug in sterile Unverbundenheit oder Beziehungslosigkeit reagieren: Was ihnen bleibt, ist ein vermeintlich reines Selbst.

Man könnte Folgendes einwenden: Wie wäre es, nur reine Beziehungen zu reinen Dingen zu haben? Man könnte versuchen, das zu erreichen, aber dann würde sich die Frage stellen: Wie werden solche Dinge überhaupt rein? Was würde eine *Beziehung* rein machen? Um diese Fragen zu beantworten, muss man klären, was Unreinheit ist. Sie entsteht, wenn etwas, das nicht mit etwas anderem in Berührung kommen sollte, Grenzen verletzt. Wenn eine Sache die Eigenschaft hat, keine andere Sache zu sein, wie kann dann die Reinheit der einen Sache bei der Betrachtung der anderen Sache berücksichtigt werden? Was wäre die Grundlage für die erforderliche Trennung?

Abstrakt betrachtet übersteigt das ganze Unterfangen unsere Vorstellungskraft. Im alltäglichen Leben gibt es Dinge, die uns schaden könnten und die wir nicht mögen. Wir versuchen, keine Beziehung zu diesen Dingen einzugehen. Wir wenden uns Dingen zu, die anders sind. Sauber zu sein bedeutet also nicht, dafür zu sorgen, dass wir mit nichts in Berührung kommen. Dennoch ist die fehlende Kontrolle über etwas, wie ein Brettspiel, für manche Menschen eine Verunreinigung. Sie möchten berühren, ohne berührt zu werden, sehen, ohne gesehen zu werden, hören, ohne gehört zu werden, riechen, ohne gerochen zu werden, Kontakt aufnehmen, ohne kontaktiert zu werden. Einige dieser

Ziele könnte man mit viel Fantasie erreichen, aber Kontakt aufnehmen, ohne kontaktiert zu werden, ist unwahrscheinlich. Dazu müsste man in keiner Beziehung zu irgendetwas oder irgendjemandem stehen – möglicherweise auch nicht zu sich selbst.

Was aber, wenn Beziehungen auch zu einer Form der Unreinheit werden? Das, was unrein ist, wird schließlich entdeckt, und manchmal ist es dann schon zu spät. Der Schaden ist bereits angerichtet. Es dauert nicht lange, bis man merkt, dass die Unreinheit daher kommt, dass man heraussticht.

»Ich sehe keine ›Rassen‹; ich sehe keine Hautfarben.« Diese Erklärung wendet sich gegen die Vorstellung, dass Rassifizierung und Hautfarben hervorstechen.

»Ich sehe keine Hautfarben« ist eine angenehme Unwahrheit, die einer unangenehmen Wahrheit gegenübergestellt wird. Rassifizierung zu sehen, Hautfarbe zu sehen, bringt die Verantwortung für das, was man sieht, mit sich. Es bedeutet auch, sich bewusst zu machen, dass man in einer Gesellschaft lebt, die Menschen als rassifiziert sieht. Mit einem Schlag erhebt die Verleugnung die Verleugnenden, indem sie die Verantwortung für die Herausforderungen einer Welt ablehnt, in der Rassifizierung eine Rolle spielt. Es ist einfacher, in einem Mechanismus des Nichtsehens gefangen zu sein. Diese Illusion wurde für viele erschüttert, als sie die Videoaufzeichnung einer Gruppe von Polizeibeamten sahen – von denen einer schwarz, einer asiatisch-amerikanisch und einer weiß war –, die nichts taten, während ihr Kollege neun Minuten und neunundzwanzig Sekunden lang sein Knie auf den Hals eines schwarzen Mannes in Handschellen presste, was zu dessen Tod führte.

Es stellt sich außerdem die Frage, ob es hier überhaupt

um die Wahrnehmung von Rassifizierung geht oder nicht. Es ist eine verführerische Illusion, sich die eigene Perspektive als entscheidend vorzustellen und sich dann von dieser Verantwortung freizusprechen. Was geschieht mit Rassifizierung und Rassismus, wenn man der Blindheit Geltung verschafft?

Wir erhalten die Erlaubnis, uns von diesen Fragen fernzuhalten. Rassifizierung und Rassismus werden zu Störfaktoren, deren Unrechtmäßigkeit lieber weiterhin ignoriert wird. In der kritischen Forschung zu Rassifizierung ist es Mode geworden, diese verbreitete Verleugnung und Blindheit als »epistemische Ignoranz« zu bezeichnen – was ein Widerspruch in sich ist, da sich »epistemisch« auf Wissen bezieht. Ein wissendes Nichtwissen ist kaum eine gute Verteidigung gegen Verantwortung.

Damit soll nicht gesagt werden, dass alles wiedergutgemacht ist, wenn ein Sehen von Rassifizierung eingeräumt wird. Während der gesamten Zeit der formalen Versklavung und der anschließenden Segregation in den Vereinigten Staaten gab es viele Weiße, die behaupteten, »Rassen« zu sehen, aber bestritten, rassistisch zu sein. Dies war auch im Südafrika der Apartheid der Fall. In beiden Ländern hatten Weiße schwarze Sklav:innen oder »Bedienstete« (der von ihnen meist bevorzugte Begriff), die in ihren Häusern lebten und die sie angeblich »liebten«. Es waren Formen der Einbindung in ein System, das den Herren das gab, was sie am liebsten sahen. Eine Untersuchung dieser Fälle würde eine Einstellung zu den Haussklav:innen und Bediensteten offenbaren, die dem Status von Haustieren und anderen domestizierten Tieren ähnelt. Ihr »Sehen« von Rassifizierung ist eine Form des Nicht-Sehens. Die Menschlichkeit von Schwarzen hat ihr Haus nie betreten.

Im Gegensatz dazu öffnet das »Nichtsehen« von Rassifizierung angeblich die Tür zur menschlichen Erscheinung. Aber würde dies den Schwarzen nicht den Zutritt verwehren? Sollte man, statt Schwarze nicht zu sehen, nicht besser einen Weg finden, sie zu sehen – aber ohne allzu große Ernsthaftigkeit?

Es gibt viel zu lachen auf Kosten derer, die vorgeben, nichts zu wissen. Einmal lief ein aufgeregtes weißes Mädchen im Teenageralter in der Aula ihrer High School auf meinen jüngsten Sohn Elijah zu. »Ich habe gerade *Black Panther* gesehen!«, rief sie aus. »So toll!«

Elijah, ein vielseitiger Künstler, zu dessen Repertoire auch Stand-up-Comedy gehört, erkannte in ihrer Verkündigung eine Form von Selbstgefälligkeit, die an ihn, den schwarzen jüdischen Mitschüler, gerichtet war. Er entschied sich zu einem Scherz auf ihre Kosten.

»Das ist rassistisch«, bemerkte er. »Du solltest ›African American Panther‹ sagen.«

Erschrocken entschuldigte sie sich hastig.

TEIL II

RASSIFIZIERUNG UND RASSISMUS

*Unerfüllte Erwartungen erzeugen Leid,
und davon hatten wir schon genug.*

VINE DELORIA, JR.

4

WIE »RASSEN« GEMACHT WURDEN

Im Bezirk Coyoacán in Mexiko-Stadt, nicht weit vom heutigen Museum und ehemaligen Wohnhaus der berühmten Künstlerin Frida Kahlo, gibt es einen Markt, auf dem ein Topf Suppe seit angeblich über tausend Jahren vor sich hin köchelt. Nach einer kurzen Unterbrechung durch die spanischen Konquistadoren wurde der Markt eines Tages wieder angesetzt und mit ihm auch der Topf mit der köchelnden Suppe. Wurde der Kochlöffel – wie bei einem Staffellauf – irgendwann an andere weitergegeben, die in einer ununterbrochenen Kette dasselbe taten, bis er diejenigen erreichte, die die Suppe heute umrühren? Wurde die ursprüngliche Brühe – mit verschiedenen neuen Zutaten, die im Laufe der Zeit hinzugefügt wurden, darunter Wasser, neue Gewürze, Fleisch und Gemüse aus fernen, eroberten Ländern, Fisch und Krustentiere aus fernen Ozeanen – in die nachfolgenden Töpfe gegossen? Vielleicht in Töpfe aus Ton oder Metall, im ständigen Bemühen, das Alte mit dem Neuen in Einklang zu bringen und sich auf das vorzubereiten, was noch kommen sollte – und für uns jetzt ist?

Könnte es nicht auf einem Markt in Afrika, wo die Menschheit ihren Anfang nahm, einen Topf mit Suppe geben, die ihre Reise in einem steinernen oder irdenen Gefäß begann, dann in einem aus Eisen und irgendwann aus Edelstahl?

Das genetische Netzwerk in unserem Körper ähnelt den Zutaten dieser Suppe. Dennoch haben viele versucht, die Suppe durch Eliminierungsprozesse zu klären, ohne zu verstehen, dass dabei nur kochendes Wasser zurückbleibt – oder schlimmer noch, ein leerer Topf.

In einer analogen Klärungsabsicht würden manche Menschen Rassifizierungen gern aus der Welt schaffen; leider führt dies häufig zur Eliminierung von Farben. Dazu gehört auch die Beseitigung von schwarzem Bewusstsein. Oft folgt darauf die Beseitigung schwarzer Menschen.

Das Thema Rassifizierung ist auf den ersten Blick täuschend einfach. Ein Teenager hält an, um etwas Süßes zu kaufen, während er mit seiner Freundin am Handy telefoniert. Ein erwachsener Mann spricht ihn an. Der Jugendliche versucht, dem Mann zu entkommen, der sich ihm nähert und sich auf ihn stürzt, als wolle er einen Täter fangen; der Jugendliche kämpft, um sich zu schützen; der Mann schießt auf ihn; der Junge stirbt. Schließlich wird der Mann vor Gericht gestellt und freigesprochen; die Geschworenen stellen fest, dass er in Notwehr gehandelt hat. Der freigesprochene Mann, George Zimmerman, ist weiß oder wird zumindest im Vergleich zu dem jungen Mann, den er ermordet hat, als weiß gelesen; der verstorbene Teenager, Trayvon Martin, ist schwarz.

Nun vertauschen wir die Rassifizierung der Personen. Die meisten Lesenden würden sicher ein anderes Ergebnis erwarten. Statt eines Freispruchs käme es wahrscheinlich zu einer Verurteilung wegen Mordes ersten Grades. In der nicht allzu fernen Vergangenheit wäre es für den schwarzen Verdächtigen unwahrscheinlicher, vor Gericht zu landen, als in den Händen eines weißen Mobs – mit einer Schlinge um den Hals und am Fuße eines hohen, stabilen Baumes.

Kritische Stimmen mögen einwenden, dass man nie wirklich *wissen* kann, was in so einer kontrafaktischen Situation passieren würde. Dem ist zu entgegnen, dass es empirische Belege dafür gibt, wie sich die Dinge in den meisten Fällen entwickeln, wenn ein schwarzer Mensch des Mordes an einem weißen beschuldigt oder verurteilt wird – ein Blick in die Jahresberichte des U.S. Death Penalty Information Center würde hier genügen.[1] Die Unschuldsvermutung hat die unangenehme Angewohnheit, nicht mehr zu gelten, wenn der oder die Beschuldigte Indigen, of Color oder, insbesondere, schwarz ist.

Die Tatsache, dass Rassifizierung so ausschlaggebend ist, wirft die Frage nach ihrem Einfluss auf Lebensrealitäten auf. Rassismus ist dabei ein Zusatzfaktor, durch den eine ganze Reihe von Erwägungen daran gekoppelt werden, welche Möglichkeiten Weiße gegenüber anderen Gruppen besitzen. Das betrifft insbesondere Schwarze, die als Gegenpol oder Gegensatz zu Weißen behandelt werden.

Wie wir gesehen haben, ist das Reden über Rassifizierung und Rassismus extrem belastet, weil die meisten Menschen – und das meine ich weltweit – von Geburt an darauf trainiert sind, es zu vermeiden. Wenn über Rassifizierung geredet wird, wird neurotischerweise oft gleichzeitig versucht, dies zu leugnen. In solchen Fällen liegt die Bedingung für das Vorhandensein von Rassifizierung in ihrer Abwesenheit. Dieses Problem wirkt sich auch auf das Verhalten derjenigen aus, die sich wissenschaftlich mit Rassifizierung befassen. Um ihre Arbeit zu legitimieren, müssen diese Forschenden in gewisser Weise die Legitimität ihres Forschungsprojekts verleugnen und das ist einer der vielen Gründe, warum sowohl der Rassismus als auch die Auseinandersetzung damit oft von Unaufrichtigkeit geprägt sind.

Rassismus drückt sich in der Unaufrichtigkeit von Individuen und den von ihnen geschaffenen Institutionen aus. Dadurch werden wir dazu gedrängt, das, was wir sehen, zurückzuweisen – vor allem dort, wo unser Verhältnis zur Realität auf dem Spiel steht. Die Leute verwechseln Rassist:innen, also Einzelpersonen, mit Rassismus, also dem System, das sie unterstützt. Die Gründerväter der USA lebten in einer rassistischen Welt, in der Rassist:innen größtenteils als normal oder vernünftig angesehen wurden – obwohl auch sie mit Kritikern wie Benjamin Banneker, Lemuel Haynes und Thomas Paine konfrontiert waren. Heute jedoch wird von uns erwartet, dass wir Rassist:innen ohne Rassismus hinnehmen. Entmachtet durch die Machtmechanismen, die eine rassistische Gesellschaft stützen, wären Menschen, die Rassismus als die richtige Haltung ansehen, also schlimmstenfalls Scharlatane, anomale Überbleibsel einer bedauerlichen Vergangenheit.

Zumindest würden das viele gerne glauben. Die bedauerlichen Entwicklungen seit 2016, die durch ein weltweites Wiedererstarken, wenn nicht gar eine Offenlegung von Faschismus, Versklavung und Rassismus gekennzeichnet sind, werfen das Problem der institutionellen Machtapparate auf, die faschistischen und rassistischen Regierungspraktiken zur Verfügung stehen. Das Ergebnis war die erhöhte Prekarität und Verwundbarkeit, durch die beispielsweise COVID-19 im Jahr 2020 schnell zu einer Pandemie wurde, von der schwarze und Indigene Menschen besonders betroffen waren.[2]

Rassismus ist das institutionelle Zuschreiben eines nichtmenschlichen Status an bestimmte Gruppen von Menschen. In der Folge wird eine rassifizierte Gruppe oder eine Reihe von Gruppen als minderwertig oder überlegen behandelt. Eine als minderwertig eingestufte rassifizierte Gruppe hat nur begrenzte soziale Möglichkeiten. Anders ausgedrückt: Rassismus verlangt von einer Gesellschaft, bestimmten Menschen ihre Menschlichkeit abzusprechen, indem sie sie in Kategorien einteilt: angefangen mit denen, die von Natur aus höhergestellt, bis zu denen, die endemisch verdammt sind. Mithilfe von Machtsystemen ordnet die rassistische Gesellschaft Menschen unter rassifizierten Kategorien ein, um ihre sozialen Möglichkeiten einzuschränken, und versagt ihnen daraufhin die Zuschreibung, wirklich menschlich zu sein. Daraus ergibt sich ein performativer Widerspruch, in dem eine Gesellschaft die Mitglieder der erniedrigten rassifizierten Gruppe zunächst als Menschen identifizieren muss, um ihnen dann ihr Menschsein abzusprechen.

Rassismus ist auch ein Versuch, Reziprozität und Gleichheit in menschlichen Beziehungen zu umgehen oder zu zerstören. Sein Ziel ist es, Angehörige rassifizierter Personengruppen aus der Sphäre der sozialen Realität zu drängen und in eine Form der Ohnmacht zu stoßen, die dem »versunkenen Bereich« aus dem Film *Get Out* ähnelt – einer dunklen, ätherischen Zone, in welcher der Protagonist Chris gefangen ist. Chris entkörpert sich dort nicht selbst; er handelt nicht unaufrichtig. Währenddessen wissen die weißen Sektenmitglieder um ihre tief versunkenen, eingelagerten Opfer, was bedeutet, dass es eine Art asymmetrischen Zustand gibt, mit Handlungsfähigkeit auf der einen Seite, aber Wahrnehmung auf beiden Seiten. Ironischerweise ist der Film trotz historischer Behauptungen über schwarze

Abhängigkeit eine Allegorie weißer Abhängigkeit von dem, was Schwarze – oder in diesem Fall zumindest ihre Körper – zu bieten haben.

Ein besonders eindringlicher Moment in *Get Out* ist, als Missy Armitage Chris mittels Hypnose in den versunkenen Bereich versetzt. Chris blickt zu einer kleinen Öffnung hinauf, durch die Missy zu ihm zurückblickt, um sicherzugehen, dass er in diesem »Dort« gefangen ist, das scheinbar »nirgendwo« ist. Sie muss durch Chris' glasige Augen schauen, um eine bewegungsunfähige Version von ihm zu finden. Anstatt dass sich ihre Opfer selbst entkörperlichen, sind es die Mitglieder des Koagula-Kults, die sie tief in den von ihnen gestohlenen Körpern eingelagert halten. Um diesen Zustand aufrechtzuerhalten, müssen sie das tief in ihrem Inneren eingeschlossene schwarze Sein verdrängen oder sich von ihm distanzieren. Eine Reflexion der Wahrnehmung darf nicht stattfinden.

Fanon konstatierte, dass das, was er »das Schwarze« nennt und das in einer rassistischen Gesellschaft so verstanden wird, eine weiße Konstruktion ist. Wir könnten diese Beobachtung auf Rassifizierungen und Rassismus im Allgemeinen ausweiten. Wie wir im zweiten Kapitel gesehen haben, gab es für die Menschen in Afrika keinen Grund, sich selbst als »schwarz« zu betrachten, wenn nicht die historischen Umstände ihnen und ihren Nachkommen diese Identität auferlegt hätten. Das Gleiche gilt für die Indigenen Menschen aus Abya Yala und des Südpazifiks, die sich nicht als »Indigen« bezeichnen würden, ohne die Invasionen derer, die sich auf ihrem Land niederließen und ihnen eine »einheimische« Identität auferlegten.[3]

Das mangelnde Verständnis darüber, wie sich Invasion, Kolonisierung, Versklavung und Ausbeutung auf die Menschen auswirkten, die darunter zu leiden hatten, führte auch zu einer falschen Vorstellung von den Menschen, die diese Schreckensherrschaft in den letzten fünfhundert Jahren ausübten. Die vielen ethnischen Gruppen Afrikas, Abya Yalas und Ozeaniens wurden in »Rassetypen« verwandelt, während viele Gruppen aus der Region, die wir heute Europa nennen, einfach zu »Weißen« wurden. Obwohl die ursprünglichen Invasoren aus Spanien und Portugal multiethnisch waren – das zeigen mediterrane Gemälde aus dem sechzehnten Jahrhundert, wie Bronzinos *Porträt des Herzogs Alessandro de' Medici* in Florenz, und die berühmten Details am *Chafariz d'el Rey* in Lissabons Alfama-Viertel –, brachte das Streben nach Profit die Profiteure bald gegeneinander auf. Dieses Phänomen setzte voraus, dass die Menschen auf der ganzen Welt davon überzeugt waren, schon immer so gewesen zu sein, wie man sie heute kennt. Die Geschichte des frühen Christentums, in dem sich der Begriff *raza* auf afro-muslimische und jüdische Gruppen in den Kalifaten bezog – muslimische Gemeinwesen, die vom achten bis zum fünfzehnten Jahrhundert nach Christus bis nach Südfrankreich reichten –, wird also unter weißer Vorherrschaft umgeschrieben als Zeitalter der Entdeckungen durch eine monolithische Bevölkerungsgruppe, die die Fackel der »westlichen Zivilisation« und »Moderne« trägt. Durch diese Geschichte wird ausgeblendet, auf welche Weise sich *raza* als grundlegendes anthropologisches Konzept der Epoche in »Rasse« umwandelte und weshalb dieses Zeitalter als »modern« definiert wurde.

Der Lexikograf, Kryptograf und Priester Sebastián de Covarrubias schrieb im siebzehnten Jahrhundert, dass das Wort *raza* sich ursprünglich auf »die Kaste der reinrassigen Pferde« bezog, »die durch eine Markierung gekennzeichnet sind, damit man sie erkennen kann… Raza in der Abstammung ist negativ gemeint, im Sinne von: etwas Raza vom Mauren oder Juden haben.«[4] Covarrubias ging nicht näher auf den Ursprung des Wortes ein. Die Bevölkerungsgruppen, die von den Römer:innen und dann von den Maur:innen in Iberien kolonisiert wurden, waren hauptsächlich germanisch. Der Begriff *raza* stammt jedoch nicht aus dem Deutschen, Lateinischen oder Griechischen, also den Sprachen, die auf der europäischen Seite des Mittelmeers vorherrschen, sondern aus dem Arabischen, mit eindeutigen Verbindungen zu Amharisch, Hebräisch und Mdw Ntr. Als Abwandlung von Wörtern wie *ra'* und *ras* (Arabisch), *ras* (Amharisch), *rosh* (Hebräisch) und *ra* (Mdw Ntr) ist es mit Wörtern verwandt, die »Kopf« und »Anfang« bedeuten. Das älteste, aus Kmt / Ägypten stammende Wort bezieht sich auf den Sonnengott Ra (ausgesprochen »ray«, manchmal auch »rea«, wie in dem Wort »reason«, dt. Vernunft). Ra, sollten wir nicht vergessen, ging täglich im Osten auf. Für die andalusischen Iberer:innen bedeutete dies Ostafrika und Westasien. Für iberische Christ:innen war es die Abwandlung eines fremden Wortes, um die Fremdheit der Herrschenden zu markieren.

Es ist klar, was gemeint ist, wenn das Wort *raza* auf Menschen angewandt wird: Es ist schließlich ein Begriff für Tiere. Die oben zitierte Verwendung von »Mauren oder Juden« als Beispiele für »negative« Abstammung ist für zeitgenössische Auseinandersetzungen mit Rassifizierung aufschlussreich. Die maurische Bevölkerung war afro-muslimisch (in erster Linie eine Mischung aus arabischen, berberischen, madinka-malischen, nigerianischen, numidischen und mauretanischen Menschen), und viele Jüdinnen und Juden waren größtenteils nicht von den Maur:innen zu unterscheiden, wobei beide zu diesem Zeitpunkt multiethnische Bevölkerungen darstellten.⁵ Betrachten wir nun den Hinweis auf Pferde. Hauspferde haben sich im Vergleich zu ihren Vorfahren durch menschlichen Einfluss entwickelt; ihre »natürliche« Form steht also in sehr indirektem oder *abweichendem* Bezug zur Natur. Die Verwendung von »Mauren oder Juden« als Beispiele für eine »negative« Abstammung deutet daher auf die Vorstellung hin, dass Maur:innen, Jüdinnen und Juden eine Abweichung von den natürlichen Absichten des Göttlichen darstellen. Ihre Abweichung veranschaulicht die menschliche Hybris oder das Abweichen von der natürlichen Beziehung, die, für Christ:innen, der Mensch zu Christus haben sollte. Der Vergleich mit domestizierten Tieren ist also auch ein Hinweis auf die Rolle, die ihnen im Christentum zugedacht war.

Die Spanier:innen bezeichneten den Sieg über die Maur:innen in Granada im Jahr 1492 als »Rückeroberung«. Dieser Begriff war jedoch offensichtlich eher Ausdruck einer von ihnen bevorzugten Machtordnung als eine Berufung auf historische Fakten. Die Maur:innen waren in eine mehrheitlich christliche Iberische Halbinsel eingedrungen, um dort zu herrschen, Jüdinnen und Juden fungierten als vermittelnde Instanz zwischen der mehrheitlich christlichen und der muslimischen Bevölkerung. Mit dem Begriff »Rückeroberung« wurde eine natürliche Ordnung beschworen, was bedeutete, dass die achthundertjährige muslimische Herrschaft angeblich »unnatürlich« war. Da mindestens ein Fünftel der iberischen Bevölkerung aus Menschen bestand, die man heute als schwarz bezeichnen würde, kann man sich vorstellen, wie ihre Anwesenheit unter den hellhäutigeren Gruppen der Halbinsel empfunden wurde, zumal sie aus der Invasionsbevölkerung stammten.

Es sei daran erinnert, dass das Christentum seine Identität auch durch die Umwandlung des antiken Römischen Reiches in das Heilige Römische Reich erlangte. Diese Errungenschaft als »Eroberung« zu bezeichnen, würde aus der Rückeroberung des Landes eine zweite Eroberung machen. Der Fokus auf Eroberungen offenbart ein grundlegendes Merkmal der iberischen christlichen Werte. In seinem wunderbaren Geschichtsbuch *The Eighth Flag* gibt Stanford Joines weitere Einblicke:

Stellen Sie sich ein muslimisches Europa vor, das von Arabern und Afrikanern regiert wird.
Das wäre beinahe passiert.

Im Jahr 722 fiel die Armee der Umayyaden unter Abd al-Raḥmān in Frankreich ein und plünderte zehn Jahre lang nach Lust und Laune. Als Karl Martell ein Bündnis mit den fränkischen (germanischen) Stämmen schmiedete und am 10. Oktober 732 vor ihnen erschien, waren die Maurinnen bereits zu selbstbewusst geworden. Abd al-Raḥmān machte sich nicht die Mühe, Informationen über diese neue barbarische Streitmacht einzuholen und unterschätzte sie völlig. Dennoch wurde das maurische Heer in der Schlacht von Tours nur knapp besiegt, als Karls Infanterie, die sich in geschlossenen Reihen formierte und hinter Bäumen auf einem steilen Hügel aufstellte, die bis dahin unaufhaltsame schwere Kavallerie der Umayyaden zerstörte... Martell einigte die Franken – im Grunde ganz Europa mit Ausnahme Englands – und schuf die Grundlage für das Reich seines Enkels Karl des Großen, also für den ersten europäischen Nationalstaat seit dem Fall Roms.[6]

Dieser Teil der Geschichte wird in absolutistischen Darstellungen von weißer Herrschaft und den erklärten Tugenden der »westlichen Zivilisation« oft übersehen. Die Epoche der weißen Vorherrschaft, in der wir heute leben, ist noch kürzer als die Zeit der afro-arabischen Herrschaft im heutigen Südeuropa. So Joines weiter:

> Kurz nach der Niederlage bei Tours zerfiel das Kalifat der Umayyaden und spaltete sich in kleine Emirate auf, von denen das Emirat von Córdoba die Iberische Halbinsel beherrschte. Die Kultur des maurischen Iberiens war gegenüber anderen Religionen tolerant; Christen und Juden durften Geschäfte tätigen und öffentliche Ämter bekleiden, obwohl sie als Bürger zweiter Klasse registriert waren. Viele Iberer konnten jedoch die Herrschaft der Invasoren nicht akzeptieren, und so kämpften die »christlichen« Iberer 780 Jahre lang für ihre Freiheit. Das Emirat Córdoba verlor Territorium an mehrere kleine christliche Königreiche, und im Jahr 1469 entstand durch die Heirat von Ferdinand und Isabella die vereinigte Nation Spanien. Das Emirat zerfiel, und am 2. Januar 1492 kapitulierte Granada, die letzte maurische Festung auf der Iberischen Halbinsel.[7]

Unser Exkurs über den Ursprung des Wortes »Rasse« bietet eine Fülle von Material, um die Fluidität und den Umfang seiner heutigen Verwendung zu verstehen. Denken Sie an das Wort »Semit«, abgeleitet von dem aus dem späten achtzehnten Jahrhundert stammenden Adjektiv »semitisch«. Der deutsche Historiker August-Ludwig von Schlözer entwickelte es, um nordostafrikanische und westasiatische Sprachen wie Arabisch, Amharisch, Aramäisch, Hebräisch und Tigrinya zusammenzufassen. Der Begriff ist eine Latinisierung des hebräischen *Shem*, des Namens eines der Söhne Noahs – desjenigen, der nicht verflucht war und dessen Name auch »Name« bedeutet. Trotz der zeitgenössischen jüdischen Bemühungen, der Rassifizierung zu entkommen, wurde der Begriff festgeschrieben in Bezug auf Antijudaismus oder Hass gegenüber Menschen, die das Judentum praktizieren. Heute neigt man dazu, den von dem österreichischen jüdischen Gelehrten Moritz Steinschneider geprägten Begriff »Antisemitismus« von Rassismus abzugrenzen.[8] Wir sollten uns jedoch vor Augen halten, dass die meisten Menschen, die Juden und Jüdinnen hassen, nichts über das Judentum wissen; sie hassen jüdische Menschen. Dies verweist auf eine grundlegende Tatsache: Wenn »Rasse« ein Konstrukt ist, dann kann jede Gruppe rassifiziert und zum Gegenstand von Hass werden. Da die Maur:innen oder Afro-Muslim:innen zu den Gruppen gehörten, die in Andalusien mit dem ursprünglichen Proto-Konzept von »Rasse« verunglimpft werden sollten, scheint es, als ob der alte Begriff im heutigen Hass gegen Muslim:innen wiederauftaucht, obwohl sich die Religion über verschiedene, konventionell verstandene Rassifizierungen erstreckt.[9]

Ein weiterer Begriff, der in der wissenschaftlichen Beschäftigung mit Rassifizierung beleuchtet werden muss, ist »modern«. Der Begriff wird so sehr mit europäisch und weiß gleichgesetzt, dass er selten anders definiert wird. »Modern« leitet sich ab von der französischen Übersetzung des lateinischen *modo* (»gerade jetzt« oder »gegenwärtig«), das sich als Substantiv auf eine Person bezieht, die der Gegenwart angehört. Natürlich ist dies keine Eigenschaft, die nur die Menschen haben, die wir heute als Europäer:innen und Weiße kennen. Obwohl der Ausdruck auf das sechzehnte

Jahrhundert zurückgeht, argumentieren europäische Geisteshistoriker:innen, dass der französische Philosoph und Mathematiker René Descartes im siebzehnten Jahrhundert das moderne Denken einleitete. Andere, wie der argentinische Philosoph und Historiker Enrique Dussel, betrachten die Invasion von Abya Yala im fünfzehnten Jahrhundert als den Beginn des modernen Zeitalters. Während Descartes argumentierte: »Ich denke, also bin ich«, und damit Augustinus' »Wenn ich mich irre, bin ich« umformulierte, beharrt Dussel darauf, dass die wahre Aussage, welche die vom iberisch-christlichen Verständnis der Rückeroberung geerbten Praktiken widerspiegelt, »Ich erobere, also bin ich« lautet.[10]

Wenn aber die Moderne zum Jetzt oder zur Gegenwart gehört, wie können dann diese vergangenen Zeiten zur Gegenwart gehören? Müssten sie im Verhältnis zu uns nicht uralt sein?

Keine Bevölkerungsgruppe muss ihre Zugehörigkeit zur Gegenwart infrage stellen – es sei denn, ihre Legitimität wird infrage gestellt, etwa durch Eroberung oder Kolonisierung. Es kann auch Momente geben, in denen sich verschiedene Gruppen treffen oder durch andauernde Handelsprozesse verändern. Bei solchen Begegnungen stellt sich die Frage nach der Richtung, in die sich die Menschheit bewegt, der Zukunft. Wenn einer Gruppe keine Zukunft in Aussicht gestellt wird, ist ihre Gegenwart gefährdet, und Zugehörigkeit wird dann zu einem Merkmal ihrer Vergangenheit. Man denke hier an den lateinischen Begriff *primitivus* (»Erster seiner Art«), der sich von einer Bezeichnung für Vorfahren zu dem entwickelt hat, was wir heute als *primitiv* bezeichnen.

Modern sein bedeutet, mit dem Weg der Menschheit verbunden zu sein. Vor den christlichen Invasionen, der

Kolonisierung von Abya Yala im fünfzehnten Jahrhundert und schließlich der Kolonisierung des größten Teils des Planeten, basierten die Debatten über die Richtung, in die sich Bevölkerungsgruppen bewegten, also über das, was sie waren und was sie werden sollten, auf Lebensweisen (Bräuche, Gesetze, Sprache), die zu lebendigen Vermischungen mit anderen Gruppen oder zur Kreolisierung von Gesellschaften führen konnten.[11] Entscheidend für den Prozess der Kreolisierung ist jedoch, dass die Überfallenen und Kolonisierten die Möglichkeit haben, Mitglieder der kolonisierenden Gruppe zu werden, indem sie deren Sitten und Gebräuche nicht nur übernehmen, sondern auch beeinflussen. Im antiken Rom war der Einfluss der Kolonisierten so groß, dass der Philosoph und Staatsmann Seneca gegen die Übernahme jüdischer Sitten und Gebräuche, wie den jüdischen Sabbat, von Römer:innen protestierte: »Die Sitten dieses höchst verruchten Volksstammes haben sich so sehr durchgesetzt, dass sie in der ganzen Welt übernommen wurden und die Eroberten den Eroberern ihre Gesetze gegeben haben.«[12]

Der Aufstieg des Christentums war brutal. Die Vandal:innen, die nicht nur Rom zerstörten, sondern auch den größten Teil des klassischen Altertums, von den Tempeln bis zu den Bibliotheken, waren Christ:innen. Wie Catherine Nixey schreibt:

Doch dies war für einen Philosophen nicht die Zeit, herumzuphilosophieren. Der »Tyrann« [das Christentum], (wie die Philosophen es ausdrückten), war am Ruder und hatte zahlreiche Angewohnheiten, die einem Sorge bereiten mussten. Zu Damaskios' [des Philosophen] Lebzeiten drangen Ordnungshüter in Privatwohnungen ein und suchten nach Büchern und anderen Objekten, die als inakzeptabel eingestuft worden waren. Was sie fanden, wurde beschlagnahmt, auf den Plätzen der Stadt aufgehäuft und verbrannt. In der Öffentlichkeit über religiöse Themen zu diskutieren, galt als »verdammenswerte Unverfrorenheit« und war gesetzlich verboten. Wer den alten Göttern opferte, der konnte laut Gesetz zum Tode verurteilt werden. Im gesamten Imperium wurden die schönen alten Tempel niedergerissen, die Dächer abgedeckt, die Schätze aus ihrem Inneren eingeschmolzen, die Statuen zerschlagen. Um sicherzustellen, dass sich alle an die neuen Regeln hielten, begann die Regierung Spione, Agenten und Informanten einzusetzen, die darüber Bericht erstatteten, was auf den Straßen und Marktplätzen vor sich ging. Wie ein einflussreicher christlicher Redner es ausdrückte: Seine Gemeinde sollte die Sünder jagen und sie so unerbittlich auf den Weg des Heils führen wie ein Jäger, der seine Beute ins Netz treibt.[13]

Das Ziel, so Nixey, war nicht einfach die christliche Vorherrschaft, sondern die Vernichtung alles Nicht-Christlichen.

Die Übergriffe beschränkten sich nicht nur auf Kunst und Kultur. Zum ersten Mal begann eine Religion, Vorschriften für alle Bereiche des Lebens zu erlassen – vom Essen, das auf den Teller kam (es sollte schlicht sein und natürlich ohne Gewürze zubereitet), bis hin zu dem, was man im Bett anstellte (auch hier sollte es »ohne Würze« zugehen). Männliche Homosexualität wurde verboten, und das Auszupfen von Haaren war ab sofort ebenso verpönt wie Schminke, Musik, laszive Tänze, üppiges

Essen, violette Bettwäsche, Kleider aus Seide … Die Liste ließe sich fortsetzen.[14]

Amüsanterweise entsprechen die meisten dieser Einschränkungen fast allen Stereotypen des kulturellen Weißseins: Vorliebe für fades Essen, unterdrückte Sexualität, Abneigung gegen farbenfrohe Inneneinrichtung und so weiter. Wenn man diese agonistische und asketische Mentalität mit der Ausbreitung des Handels über den Atlantik und den Pazifik kombiniert, wird deutlich, wie sich das mittelalterliche Konzept der *raza* in das säkulare Konzept der »Rasse« verwandelte. Als eine der Grundlagen der entstehenden Anthropologie des Kapitalismus machte »Rasse« die europäische Christenheit *weiß* und die Moderne *europäisch*. Das Ergebnis war die *Euro*moderne.

Als Menschen aus der euromodernen Epoche sich in einer Gegenwart wiederfanden, der sie als Unbefugte nicht angehörten, weil sie angeblich nicht zur Zukunft gehörten, entstanden sehr spezielle Arten von Melancholie. Melancholisch fußt hier im psychoanalytischen Sinne auf einem erlittenen Verlust, der auch für die Selbstwerdung grundlegend ist. Es ist aber auch insofern politisch, als dass es Auswirkungen darauf hat, ob man in einer mutmaßlichen Vorgeschichte wirklich Stimme und Macht hat – entscheidende Elemente für die politische Praxis. Doch selbst das ist widersprüchlich, da die Illegitimität dieser Menschen rückwirkend funktioniert. Die Schlussfolgerung daraus lautet: *Solche Menschen hätten niemals existieren dürfen.*

Diese Bewegung einer monolithischen Zukunft, die die Legitimität der Gegenwart auslöscht und schließlich die Vergangenheit delegitimiert, gilt auch für andere Aspekte des menschlichen Lebens. Eine Welt mit mehreren Volkswirtschaften und vielen Märkten wurde in eine Welt verwandelt, die von einer Abstraktion namens »der Markt« regiert wird. Dieses Modell, der Kapitalismus, ist zu einem Gott – oder schlimmer noch, zum einen G'tt – aufgestiegen.

Religion ist gegen solche Entwicklungen nicht immun. Die »Weltreligionen« sind in Wirklichkeit Indexe für das Christentum und seine anerkannten Antagonisten: Judentum, Islam, Heidentum und Säkularismus. Viele Spielarten und Ausdrucksformen von spirituellem Leben werden heute unter dem Begriff »Religion« zusammengefasst – auch wenn die Vorstellung des Gebundenseins, wie der lateinisch geprägte Begriff nahelegt, vielen Kulturen fremd war und es in gewissem Maße noch immer ist. Deshalb gibt es Menschen, die öffentlich das Christentum, das Judentum oder den Islam praktizieren, nur um sich zu Hause zu entspannen und in den entscheidenden Lebensmomenten – Geburt, Erwachsenwerden, Heirat und Tod – lieber auf das setzen, was die sogenannten Weltreligionen als ketzerisch und heidnisch ansehen. Viele Menschen auf der ganzen Welt nehmen weiterhin die Dienste von vermeintlich traditionellen Heiler:innen und Wahrsagenden in Anspruch.

Die Tatsache, dass die euromoderne Welt die Menschlichkeit vieler Menschengruppen infrage stellt, zwingt diese zu der Frage: »Sind wir Menschen?« Das wiederum führt zu der Frage: »Was ist ein Mensch?« Und dann: »Was bedeutet es, Mensch zu sein?«

Diese Fragen sind ganz klar relevant für die wissenschaftliche Untersuchung von Rassifizierung, Klasse, Gender, Indigenität, Sexualität und mehr. Leider wird diese Forschung oft von der Geschichte der euromodernen Eroberungs- und Säuberungsfantasien beherrscht, in der Vermischung als »unrein« gilt. Das Ergebnis ist die ewige Suche nach sogenannter Reinheit als Maßstab für den menschlichen Wert und die menschliche Identität – ein Ansatz, der von den Kritiker:innen der Euromoderne energisch infrage gestellt wurde. Fanon beispielsweise vertrat die Auffassung, dass eine Abkehr von der aufgezwungenen »schwarzen« Identität ein historisches Handeln erfordere, in dem »Schwarze« Identität befreit und nutzbar gemacht wird als eine potenzielle positive, gelebte Realität für die Zukunft, die wir als »Schwarze Moderne« bezeichnen könnten. Dies bedeutet, dass es andere Formen der Moderne derer geben könnte, die als primitiv oder nicht zur Gegenwart gehörend angesehen werden.[15]

Der haitianische Anthropologe, Jurist, Philosoph und Staatsmann Anténor Firmin stellte die Wissensgrundlagen euromoderner Aussagen infrage; letztlich argumentierte er, dass die Wissenschaft vom Menschen in der Euromoderne nicht streng wissenschaftlich sei. Gründliche Wissenschaft stellt sich auf die Anforderungen ihres Gegenstandes ein. Sie versucht nicht, die Realität in ihre Prämissen zu zwingen. Auch W.E.B. Du Bois beobachtete die historiografischen Versäumnisse hegemonialer Geschichtsschreibung, ebenso die soziologischen Fehler der mutmaßlichen Soziologie.[16] Er legte den Grundstein für die Schlussfolgerung eines seiner intellektuellen Erben, Sterling Stuckey: »Weiße Historiker:innen, als Gruppe, sind bei Schwarzen Menschen ungefähr so beliebt wie weiße Polizeikräfte.«[17]

Vine Deloria, Jr. (Yankton Sioux) und Glen Coulthard (Yellowknives Dene) würden dieses Gefühl im Hinblick auf die weiße Geschichtsschreibung der Indigenen nordamerikanischen Erfahrung unterstreichen, wobei sie *An-*

thropolog:innen hinzufügen würden. So Deloria: »In einer Krisensituation greifen Männer [und Frauen] immer die für sie existenziellste Bedrohung an. Ein im Kampf getöteter Krieger konnte immer zu den Happy Hunting Grounds gehen. Aber wohin geht ein Indianer, der von einem Anthro getötet wurde? In die Bibliothek?«[18] *

Diese Kritik an der Rolle der Disziplinen und ihren Wissensbeständen in einem vom Kolonialismus beherrschten Zeitalter entstammt dem Denken, das heute als Global Southern Thought bezeichnet wird. Es stellt dort einen Reduktionismus fest, wo es Menschen verwehrt wird, in die Beziehungen einzutreten, durch die Menschlichkeit ausgedrückt werden kann. Wenn bestimmte Bevölkerungsgruppen nicht den Erwartungen der Sozialwissenschaft entsprechen oder in ihren Datenbanken fehlen, wird tendenziell eher gefragt, was mit diesen Leuten nicht stimmt. Ich nenne diese Leugnung »disziplinäre Dekadenz«.[19] Diese Vorgehensweise tritt auf, wenn Fachleute ihre Disziplinen wie vollständige Abbilder der Realität behandeln. Dabei sehen sie es als ihre Aufgabe, die Methoden ihrer Disziplin auf jeden Aspekt der Realität anzuwenden, weil ihre Methoden, als ob sie von einem Gott geschaffen worden wären, angeblich vollständig sind und daher die gesamte Realität enthalten oder »erfassen« können. Diese Fachleute fetischisieren ihre Methode. Wenn sie menschliche Gemeinschaften erforschen, versuchen sie, kolonisierte und rassifizierte Bevölkerungsgruppen in die normativen Voraussetzungen

---

* [Anm. d. Üb.] Zitate mit Selbstbezeichnungen wie dem in bestimmten Teilen und Phasen Indigenen Aktivismus angeeigneten »American Indian« haben wir mit dem Begriff »Indianer« übersetzt. Dennoch sollte klar sein, dass diese Art der Verwendung aufgrund der in Deutschland weitestgehend unbekannten Begriffsgeschichte nicht übertragbar ist.

der Disziplinen zu pressen. Die Basis dieser Normen sind ihre eigenen, als normal gesetzten Standpunkte. Sie beschimpfen diejenigen, die nicht »passen« oder »gehorchen«, als »Probleme«.[20]

Um disziplinäre Dekadenz zu überwinden, sollten wir akzeptieren, dass der Mensch die Disziplinen hervorbringt. Das bedeutet, dass jede Disziplin, die sich mit der Realität, insbesondere mit der menschlichen Realität, auseinandersetzt, auch mit menschlichen Grenzen konfrontiert ist. Trotz größter Bemühungen geht die Realität immer über uns hinaus; wir überschreiten also die Disziplinen, die wir entwickeln, um uns selbst zu erforschen. Menschen zu studieren bedeutet, Möglichkeiten statt Schlüsse zu studieren. Es erfordert eine Befreiung aus der Starrheit, ein Eintauchen in den Fluss der Kommunikation und die Elastizität des Denkens. Es sollte offensichtlich sein, dass disziplinäre Dekadenz ein Zeichen von Ernsthaftigkeit oder Unaufrichtigkeit ist.

Die Dekadenz, von der ich spreche, beinhaltet eine Form der Auslöschung menschlicher Realität durch den Rückzug in eine Art intellektuelle, moralische und politische Faulheit, die sich der fortwährenden Verantwortung für das Suppe-Umrühren im allegorischen Topf in Coyoacán entzieht. Das Konzept der »Rasse« hat, wie wir auf unserer Reise in die Euromoderne gesehen haben, viele konvergierende Bestandteile. Es entstand gemeinsam mit einer Reihe weltweiter Vorboten von Tod und Zerstörung – Pandemien, wenn man so will –, durch die das Leid ausufert, während das Leben weiterkämpft.

5

RASSISMUS INTERSEKTIONAL

Die Überwindung dekadenter Forschungsansätze in der Untersuchung von Rassifizierung erfordert die Einsicht darüber, dass diese mit einer Vielzahl anderer Lebensweisen der euromodernen Welt verknüpft ist – einschließlich Klasse, Gender, Indigenität und Sexualität. Diese Verknüpfungen werden heute als *intersektional* bezeichnet, eine Idee, die aus dem Schwarzen Feminismus entstanden ist.

Intersektionalität hat Wurzeln im neunzehnten Jahrhundert, in den Schriften der Philosophin, Sozialkritikerin und Pädagogin Anna Julia Cooper, aber die explizite Formulierung stammt aus der Feder der Rechtstheoretikerin Kimberlé Crenshaw.[21] Crenshaws Analyse wird oft fälschlicherweise als Schichtung von Identitäten auf einen einzigen Punkt verstanden, wie in der euklidischen Geometrie. Aber wenn das Modell so funktionierte, könnte man die Schnittpunkte zukünftiger Benachteiligungen einfach aufzeichnen und Identitäten als schicksalhaft beschreiben. Die einzigartigen Formen, in denen Menschen ihre Identität leben, die Fülle von Möglichkeiten, wie ihre Identität entdeckt und kreativ umgestaltet werden kann, würden so verschwinden. Intersektionalität beschreibt, dass kein Mensch ausschließlich als Repräsentant:in einer Klasse, eines Genders, einer Rassifizierung, einer sexuellen Orientierung oder einer anderen limitierten Identität existiert. Es ist unmöglich – außer man handelt unaufrichtig –, einen Menschen als die Verkörperung einer einzelnen Identität zu sehen. Die Art und Weise, wie diese Identitäten zusammenkommen, hat jedoch Auswirkungen auf die Möglichkeiten, die Menschen zur Verfügung stehen, einschließlich der Frage, ob ihnen juristische Anerkennung zugesprochen wird. Um dies zu veranschaulichen, verweist Crenshaw auf kollidierende Identitäten, wie sie in den Bereichen Deliktsrecht, Arbeitsrecht und Antidiskriminierungsgesetzen auftreten. Sie erörtert Schädigungen, deren Anerkennung bestimmten Personengruppen aufgrund juristischer Auslegungen des US-amerikanischen Common-Law-Rechtssystems (Code Law in Teilen von Louisiana) verweigert werden. Sie veranschaulicht die Limitierung dieser Auslegungen anhand des Beispiels einer Gruppe von Autos, die an einer vierspurigen Kreuzung zusammenstoßen.[22] Wenn Zeug:innen und das Rechtssystem Schädigung als die Beschädigung von Eigentum interpretieren, wären die beschädigten Autos ihr Hauptanliegen. Wenn das Eigentum darin besteht, dass sie einer weißen Person gehören, dann würde sich der Schaden gegen diese richten. Für Schwarze besteht das historische Problem darin, dass sie in von weißer Vorherrschaft geprägten Gesellschaften historisch nicht als Schadentragende gesehen werden. Aus dieser Sicht verkörpern sie nämlich das Aufeinandertreffen oder Überschneiden einer Reihe von Identitäten, denen keine Rechte zugesprochen werden, durch die Schädigung verstanden werden könnte. Im Fall von schwarzen Frauen sind das häufig Gender, Rassifizierung und, meistens, Klasse.

Crenshaws Argumentation ignoriert nicht, dass auch Weiße geschädigt werden können. Sie will damit deutlich machen, dass vor allem schwarze Frauen im modernen europäischen Rechtssystem historisch nicht als geschädigte Subjekte anerkannt wurden, weil man nicht verstanden hat, dass Menschen mehr als nur eine einzige Identitätskategorie verkörpern. Wenn man, wie im Englischen, Menschen einfach als *man* (»Mann«) bezeichnet, wird beispielsweise nicht anerkannt, dass Menschen nicht nur Männer, sondern auch Frauen sind; wenn man sie als »Frau« bezeichnet, wird die jeweilige Rassifizierung oder sexuelle Identität einer Frau nicht berücksichtigt. Was dabei übersehen wird, sind die gelebte Konvergenz dieser Identitäten sowie ihre sozialen und rechtlichen Auswirkungen. Eine schwarze Frau, die in einen Autounfall verwickelt ist, wird beispielsweise nicht nur körperlich verletzt, sondern auch in einer Weise, die mit dem allgemeinen rechtlichen Rahmen der Gesellschaft zusammenhängt – mit anderen Worten, sie ist anders betroffen, als eine weiße Frau oder ein schwarzer Mann es wären. Die Kriminalisierung schwarzer Frauen und Männer würde zum Beispiel bedeuten, dass ein schwarzer Mann oder eine schwarze Frau, obwohl sie beim Unfall geschädigt wurden, in ein rassistisches Rechtssystem verwickelt werden könnten, das sie wie Schaden*verursachende* behandelt. Es gibt viele Beispiele dafür, dass Schwarze verhaftet werden, nur weil sie sich in der Nähe eines Unglücks befinden. Dies ist einer der Gründe, warum viele Schwarze, selbst wenn sie geschädigt werden, nicht die Hilfe der Strafverfolgungsbehörden und anderer Repräsentanten dieses Systems in Anspruch nehmen. Für schwarze Menschen ist es gefährlich, die Polizei zu rufen, selbst dann, wenn sie den Autounfall nicht verschuldet haben.[23] Sogar wenn man das diskriminierende Rechtssystem außer Acht lässt, sind Schwarze auf vielen anderen Ebenen verwundbar. Das reicht von prekären Arbeitsverhältnissen bis hin zum eingeschränkten Zugang zu einem ohnehin unzureichenden Gesundheitswesen und anderen Aspekten einer Gesellschaft, deren fortlaufende Alltagsmodelle auf dem Ausschluss schwarzer Menschen beruhen. In einer solchen Gesellschaft ist es daher für viele Schwarze gefährlich, nach diesen wichtigen sozialen Gütern zu streben – sie werden dann so behandelt, als blieben sie nicht an dem ihnen zugewiesenen Platz. Das Überschreiten solcher Grenzen erhöht die Wahrscheinlichkeit rechtlicher Verstrickungen in einem System, in dem sie ohnehin, größtenteils, unerlaubt sind.

Crenshaw plädiert *für das legitime Erscheinen* von Menschen, die nach Ansicht der Dominanzgesellschaft nicht erscheinen sollten, insbesondere dort, wo vollwertige Bürger:innen- und Menschenrechte vonnöten sind. Ihre Arbeit ist mit anderen Worten eine Studie über illegitimes Erscheinen – Formen des Erscheinens, die gegen Normen des Erscheinens verstoßen. Ihre Antwort ist eine Radikalisierung des Erscheinens, indem sie uns auffordert, nicht nur die identifizierten Subjekte zu sehen, sondern auch das zu sehen, was *sie* sehen oder erleben – kurz gesagt, zumindest ihren Standpunk in Bezug auf die Verhältnisse, mit denen sie konfrontiert sind, zu verstehen.

Darüber hinaus gibt es auch die Idee der Mehrdimensionalität, die »Überschneidungen« durch »Dimensionen« ersetzt. Obwohl es Überlappungen zwischen Intersektionalität und Multidimensionalität gibt, beinhaltet letztere das Konzept einer Matrix.[24] Matrizen sind vergleichbar mit Schlüsseln: Sie eröffnen oder enthüllen Realitäten. So stellte der große ostindische Philosoph und Yogi Sri Aurobindo in *The Future Evolution of Man* fest, dass die Umwandlung von Energie in Materie vor Milliarden von Jahren (vielleicht

Billionen, wenn sich das Universum oder Pluriversum in einem von vielen Durchgängen befindet) nicht hätte stattfinden müssen, aber stattfand und ein Universum (oder Pluriversum) aus Energie und Materie schuf.[25] Das hätte so bleiben können, aber aus der Materie entstand Leben und schließlich das Bewusstsein. Und das war noch nicht alles: Aus dem Bewusstsein heraus entwickelten sich Praktiken der Kommunikation, durch die Sprache und Selbstreflexion in der Form des Geistes entstanden, was wiederum zu Kultur führte – Kunst, Wissenschaft, Technologie, Fantasie. Eine Interpretation von Aurobindos Sichtweise ist, dass jedes dieser evolutionären Momente gleichzeitig eine Bedingung für die Möglichkeit eines anderen war. Das ist es, was ich mit einem Schlüssel oder einer Matrix meine. Wir leben in der Gleichzeitigkeit und der Abhängigkeit jeder Entwicklung von dem, was wir vergangen glauben. »Dimension« ist ein weiterer Begriff für diese aufgeschlüsselten Teile der Realität. Oft denken wir Dimensionen räumlich – weshalb die Konzepte der Intersektionalität und der Dimensionalität zusammen funktionieren –, aber diese Idee geht über die Aufschlüsselung von Raum und Zeit hinaus. In diesem Sinne leben wir bereits in einem Multiversum.

Rassifizierung ist ein Strang oder eine Dimension dessen, wie Menschen heute erscheinen. Sie führt zu anderen Formen des Erscheinens, die damit zusammenhängen, was es bedeutet, der Gegenwart oder der Vergangenheit anzugehören. Nicht nur in Gerichtssälen, sondern auch in der wissenschaftlichen Betrachtung der menschlichen Geschichte kommt Rassifizierung bei der Klassifikation von Menschen zum Tragen. So kommen Forschende der Paläoanthropologie zu dem Schluss, dass sich der *Homo sapiens* vor etwa dreihunderttausend Jahren auf dem afrikanischen Kontinent aus einer Urspezies entwickelt hat – einige Forschende sprechen von *Homo heidelbergensis*, andere von *Homo erectus* –, aus der sich die früheren *Homo neanderthalensis* in Europa und Westasien, die Denisovaner in Ostasien und vielleicht auch andere, unbekannte Homininen entwickelt haben. Der *Homo sapiens* breitete sich schließlich in Europa und Asien aus. Obwohl es zu Konflikten gekommen sein mag, zeigen genetische Beweise, dass zwischen *Homo sapiens* und den beiden anderen Homininenarten (und vielleicht einigen unbekannten Arten) sexueller Kontakt herrschte, der schließlich zum »modernen« Menschen führte, also zu dem, was wir »uns« nennen.

Diese Erzählung legt jedoch nahe, dass es mindestens vier Arten von »uns« gibt: (1) Menschen, die Afrika nie verlassen haben und somit »reine« *Homo sapiens* sind, (2) jene *Homo sapiens*, die bei ihrer Ansiedlung in Europa oder Westasien einige Neandertaler-Gene erworben haben, (3) jene, die Denisovaner-Gene erhalten haben, und (4) jene, die genetisches Material von allen drei Arten haben und vielleicht noch einige mehr, da jederzeit weitere, derzeit unbekannte Arten aufgedeckt werden könnten, wenn die Untersuchung fossiler und genetischer Zeugnisse voranschreitet. Ich habe das Adjektiv »rein« in Anführungszeichen gesetzt, weil unsere frühen Vorfahren des *Homo sapiens* in Afrika aus einer Vielzahl von Homininen geformt wurden.[26] »Reinheit« in Bezug auf Menschen ist eine mythische Fantasie über unsere Ursprünge.

Anhänger:innen der Theorie weißer Vorherrschaft wären mit dieser Darstellung nicht glücklich; ihr Denken beruht auf der Annahme von weißer Reinheit. Die Genforschung stellt ihre Position infrage, indem sie beweist, dass es so etwas wie moderne, »rein« weiße Menschen nicht gibt. Alle

»modernen« weißen Menschen sind gemischt – und zwar mit mindestens einer anderen Menschenart. Das, was den »reinen« Weißen am nächsten kommt, war das, was Anhänger:innen weißer Vorherrschaft eine »primitive« Spezies nennen würden, die dem *Homo sapiens* in Eurasien vorausging – und selbst die war nicht ausschließlich hellhäutig, da ihre Verwandten in Westasien dunkel waren. Amüsant ist auch: Wenn die Genetik zu dem Schluss gekommen wäre, dass die Weißen die erste und »reinste« Spezies seien und Menschen of Color der gemischte Rest, so könnte man sich die darauf folgende rassistische Schadenfreude schon bildhaft vorstellen – auch von einigen Forschenden dieses Gebiets.

Seitdem Weiße realisiert haben, dass sie gemischtes Erbgut in sich tragen, ist mir der bemerkenswerte Wandel in der evolutionsbiologischen Darstellung von Neandertaler:innen aufgefallen. Es wird nämlich ein enormer Aufwand betrieben, um zu zeigen, wie »schlau« sie waren.[27] Nahezu jede archäologische Entdeckung – von der Neandertaler-Zahnkette bis hin zur vermuteten Hirschknochenflöte – wird jetzt als Beweis für die Genialität der Neandertaler:innen gefeiert, obwohl die archäologischen Beweise zeigen, dass die dunkelhäutigen *Homo sapiens* aus Afrika sie in beinahe jeder Hinsicht und auf jeder Ebene der kulturellen Kreativität übertrafen. Während hier und da weitere Artefakte auftauchen, würde es mich nicht wundern, wenn langsam versucht würde, Neandertaler:innen posthum einen Doktortitel zu verleihen.

Das Bedürfnis nach intellektuell überlegenen Neandertaler:innen als Quelle für die erklärte Überlegenheit der heutigen Weißen hat noch eine weitere Albernheit zur Folge: Die helle Hautfarbe des weißen *Homo sapiens* stammt nicht von den Neandertaler:innen Der hellhäutige *Homo sapiens* entstand in den letzten acht- bis zehntausend Jahren, mehrere Tausend Jahre nachdem der letzte »reine« Neandertaler unter uns wandelte.[28] Vor nicht allzu langer Zeit waren alle Menschen in Europa im Grunde dunkelhäutig, was die heutigen Weißen zu nicht viel mehr macht als, in der heutigen Sprache, aufgehellten Schwarzen.[29]

Seltsamerweise sehe ich nicht viel Engagement für die Erforschung der Denisovaner, die in Nordostasien lebten und deren genetische Präsenz in den heutigen Ostasiat:innen und einigen pazifischen Inselbewohnenden mindestens zwei Wellen der Vermischung erkennen lässt. Die meisten rassifizierten Gesellschaften sind vom Weißsein besessen, was die Neandertaler:innen in den Mittelpunkt stellt, obwohl die kausale weiße Verbindung zu ihm eingebildet ist. Denjenigen, die sich für die wissenschaftliche Erklärung interessieren, wie die dunklen Bevölkerungsgruppen Europas blass wurden, sei gesagt, dass bei afrikanischen Menschen südlich der Sahara Gene für hellhäutige Mutationen vorhanden sind, die aber erst durch die aus Afrika abstammenden Bevölkerungen Eurasiens aktiviert wurden, welche sich der Landwirtschaft widmeten. Das liegt daran, dass pflanzliche Ernährung nicht so reich an Vitamin D ist, was im Norden helle Haut begünstigt, wo es weniger Sonnenlicht, also auch weniger natürliche Quellen für diesen wertvollen Nährstoff gibt. Im Süden führte die Umstellung auf Landwirtschaft nicht zu einer helleren Haut, weil Sonnenlicht dort im fast schon überwältigenden Überfluss vorhanden ist. Um auf unsere frühere Beobachtung zurückzukommen: Weiße *Homo sapiens* sind einfach nur Mitglieder einer überwiegend dunkelhäutigen Spezies, die dank hellhäutiger Mutationen überlebten.[30]

Nicht alle teilen die zunehmend rosige Darstellung von Neandertaler:innen. Eine gegensätzliche Ansicht – und ebenfalls eine extreme – liefert der australische Filmemacher und Pseudo-Paläoanthropologe Danny Vendramini. Dieser argumentiert, dass ein Großteil der neueren Forschung über Neandertaler:innen von Anthropomorphismus beeinträchtigt ist, bei dem Paläoanthropolog:innen ihre normativen Vorurteile über »uns« auf »sie« projizieren.³¹ Obwohl er von vielen seriösen Personen aus der Wissenschaft verspottet wird, sind seine Bemühungen insofern erhellend, als dass er sich mit der Tendenz auseinandersetzt, die uns am nächsten stehenden Homininen als weiß darzustellen. Fossile Zeugnisse, so behauptet er, zeigen die Neandertaler:innen während ihrer etwa 350 000 (die meisten paläoanthropologischen Forschenden argumentieren 430 000) Jahre lang andauernden Evolution im eiskalten und unbarmherzigen Europa- beziehungsweise Nordwestasien als stämmige, gedrungene und affenähnliche Kreaturen. Seiner Ansicht nach waren die Neandertaler:innen bösartige, nachtaktive Raubtiere, die den frühen *Homo sapiens*, die aus Afrika nach Europa einwanderten, schwer zugesetzt haben. Sie waren bis zu sechsmal stärker als die eingewanderten Arten, jagten *Homo sapiens* als Nahrung und vergewaltigten die »Weibchen« – in Vendraminis Darstellung sind die Neandertaler:innen so etwas wie die Morlocks aus H. G. Wells' *Die Zeitmaschine* (1895). Aber im Gegensatz zu Wells' technisch versierten, blasshäutigen blonden oder rothaarigen Nachtkreaturen, die sich von den an der Oberfläche lebenden braunen oder braun gebrannten Eloi ernährten, sind Vendraminis Kreaturen dunkelhäutig, von Kopf bis Fuß mit schwarzen Haaren bedeckt und von geringer Intelligenz.

Vendraminis Darstellung der Neandertaler:innen ähnelt

frappierend der Darstellung von schwarzen Personen in D. W. Griffiths *Birth of a Nation* (1915). In der Periode nach dem Bürgerkrieg rettet dort der Ku-Klux-Klan den Süden der USA vor wild gewordenen, weiße Frauen vergewaltigenden Schwarzen. Auch Vendramini schildert dunkle, lüsterne Neandertaler:innen, die hellhäutige weibliche *Homo sapiens* überwältigen.[32] Obwohl sich Vendramini in seinen Schriften explizit anti-rassistisch gibt, bleibt die zugrunde liegende anti-schwarze Logik ironischerweise bestehen. Der gute und kluge *Homo sapiens* ist weiß; schlechte und dumme Neandertaler:innen sind schwarz. Und, ja, Neandertaler:innen sind anthropophag (menschenfressend) und finden Geschmack an Vergewaltigung. Schwarze männliche Vergewaltiger sind eine Obsession in von weißer Vorherrschaft geprägten Gesellschaften; selbst ein ansonsten netter Kerl wie der Schauspieler Liam Neeson hat zugegeben, dass er aufgrund der Vergewaltigung einer Freundin vor fast einem halben Jahrhundert wahllos schwarze Männer umbringen wollte.[33] Die Wahrheit ist, dass Neeson mit solchen Trieben nicht allein dasteht.

Obwohl Vendramini Neandertaler:innen nicht als Projektionsfläche für sein positives Selbstverständnis benutzt, so hat er doch eindeutig seine Ängste offenbart. Aggression ist ein wichtiger Bestandteil der von ihm erdachten Mär vom Neandertaler und *Homo sapiens*. In angelsächsisch dominierten Ländern – in seinem Fall Australien – ist die besondere Brutalität des Lebens im Naturzustand eine gängige Vorstellung: Der englische Philosoph Thomas Hobbes beschrieb es in seinem Klassiker *Leviathan* (1651) als »böse, brutal und kurz«.

Nach vielen Jahrtausenden menschlicher Migration innerhalb Afrikas und von dort aus über Asien, Europa und

Australien gelangten einige von ihnen in die Gegenden, die die Amerikas wurden. Nach der Kolonisierung durch die europäische Moderne sind folgende Menschentypen übrig geblieben: (1) Indigene Menschen und First Nations der Amerikas und des Südpazifiks; (2) europäische Menschen, die sie kolonisierten und eine Zeit lang versklavten; (3) afrikanische Menschen, die ebenfalls von Europäer:innen versklavt und kolonisiert wurden; (4) asiatische Menschen, die aus der Sicht rassistischer Weißer zunächst billige Arbeitskräfte und dann eine globale intellektuelle und wirtschaftliche Bedrohung darstellten; und (5) Mischungen aus all diesen.

Eine schlüssige rassistische Theorie muss darlegen, wie diese Menschen nach den Grundsätzen der Theorie Sinn ergeben.* Alle sind letztendlich abhängig von (2) europäischen Menschen, die als »weiß« verstanden werden. Davon ausgehend erkennen wir Folgendes: Dieses vorherrschende fünfteilige euromoderne Schema ist semiologisch (von einer Logik von Zeichen und Symbolen bestimmt) und genealogisch (über die Herkunft). Aus semiologischer Sicht befindet sich »weiß« auf einer Linie, die am weitesten von seinem Gegenteil entfernt ist. In gewissem Sinne ist es normativ, was bedeutet, dass es der Punkt ist, von dem aus die Legitimität und Illegitimität aller anderen bestimmt wird. Betrachten wir das folgende Beispiel. In der einen Richtung gibt es ein »Über-Weißsein« oder ein Weißsein, das über das Weißsein hinausgeht, und in der anderen Richtung, seine Abwesenheit:

(weiß) ← (schwarz ...

---

* [Anm. d. Üb.] Im folgenden Teil des Kapitels werden rassistische Denkmodelle skizziert, daher werden auch rassistische Konzepte und Begriffe verwendet.

In diesem rassistischen Modell ist Weißsein ein angemessener, vielleicht gewünschter Abstand zu Schwarzsein, das einfach die Abwesenheit von Weiß oder der am weitesten davon entfernte Punkt ist. Beachten Sie, dass schwarz keine abschließende rechte Klammer hat. Die Position von »weiß« entlang der Linie, die sich in Richtung der mit einem Pfeil markierten Möglichkeit bewegt, deutet darauf hin, dass es einen zentralen Zweck für dieses normative Modell gibt, nämlich sich vom Schwarzsein zu distanzieren und das Überschreiten des Weißseins zu verbieten. Der Punkt, an dem Weißsein markiert ist, ist der Punkt, an dem Schwarzsein abwesend ist. Als Abwesenheit fehlt dem Schwarzsein die Positivität, wenn wir diese Bewegung des sukzessiven Seins als positiv interpretieren: Das Weißsein erscheint wie aus dem Nichts. Oder vielleicht war es einfach schon immer da, was bedeutet:

(weiß) ← (weiß)

Wenn wir zugeben, dass Weißsein einen Anfang hatte, dann muss es eine Zeit gegeben haben, in der es Weißsein nicht gab. Das wäre wie die Urdunkelheit, in der ein Gott verkündete: »Es werde Licht!«

In manchen Interpretationen wäre der erste Übergang von Schwarz zu Weiß eine Geschichte, die Aristoteles' Mittelwert zwischen den Extremen ähnelt. Die Tugend, so Aristoteles, erfordert ein Gleichgewicht. Ersetzen wir »weiß« durch »Rationalität« und folgen damit der Gleichung, die in der modernen europäischen Wissenschaft für die Erforschung des Menschen vorausgesetzt wird, so sehen wir, mit dem Positiven auf der linken Seite und dem Negativen auf der rechten Seite, dass die fehlende rechte

Klammer die Irrationalität oder Nicht-Rationalität dieser Wegrichtung verrät:

(Hyper-Rationalität) ← (Rationalität) ← (Irrationalität und möglicherweise Nicht-Rationalität ...

Viele Rassist:innen lesen auf dieser Skala eine rassische Taxonomie von »asiatisch«, »weiß«, »braun« und »schwarz« wie folgt:

(asiatisch) ← (weiß) ← (braun) ← (schwarz ...

An diesem Punkt gibt es einige seltsame Rationalisierungen in der Geschichte rassistischer Texte. Es gibt einige Rassist:innen, die *dafür* plädieren, dass Kinder aus Mischbeziehungen zwischen weißen Männern und nordostasiatischen Frauen geboren werden. Hier zeigt sich die Schwierigkeit, Rassifizierungen zu untersuchen, ohne deren Wechselwirkung mit Gender und anderen Faktoren zu berücksichtigen. Anténor Firmin kritisierte den französischen Anthropologen Pierre Paul Broca für die Verbreitung eines ähnlichen Konzepts: dass sich der Begriff »Mulatte« (abgeleitet von »Maultier«) auf den vermeintlich unfruchtbaren Nachwuchs eines schwarzen Mannes und einer weißen Frau beziehe und nicht auf das fruchtbare Kind, das von einem weißen Mann und einer Frau beliebiger Herkunft gezeugt wird. Brocas Logik entsprach genau den Sexualideologien der rassifizierten Versklavung, die rassifizierungsspezifisch und genderspezifisch waren: Sexuelle Begegnungen zwischen weißen Frauen und schwarzen Männern mussten um jeden Preis verhindert werden.

Einige Modelle werfen die Frage nach den als »rot« bezeichneten Menschen auf. Sie sind eine anomale Gruppe, die im nordamerikanischen Kontext oft als ein asiatischer Ableger betrachtet wird, aber weil sie unterhalb von »weiß« eingeordnet werden, bringen sie die Logik des Systems durcheinander:

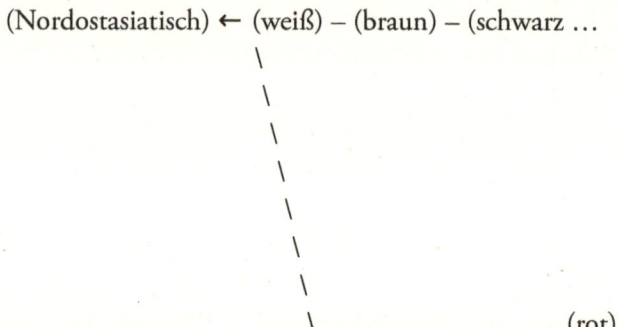

Nordostasiatische Menschen stehen demnach für Hyperrationalität; weiße für »normale« Rationalität; und »braune« für irgendeinen Punkt auf dem Weg zu Weiß. Diejenigen, die in Richtung Schwarzsein braun werden, werden kurzerhand Schwarze. Die öffnende linke Klammer vor »weiß« stellt den zu erstrebenden, maximal austarierten Punkt oder Mittelwert dar. Darüber hinausgehend entstehen Probleme bezüglich der Bewegung in Richtung Hyperrationalität. Da aber selbst die Hyperrationalität am einen Ende und das Schwarzsein am anderen Ende einer Skala liegen, auf der Weißsein den Gleichgewichtspunkt darstellt, ist der radikale Außenseiter dieses Schemas »rot«. Er entsteht durch ein indirektes Weißsein als Mutation von Hyper-Weißsein / Rationalität, wenn man der vorherrschenden akademischen Geschichtsschreibung über die frühen Einwanderungen auf den nordamerikanischen Kontinent Glauben schenkt. Dies wird durch den nach unten driftenden, rückwärts gerichteten Schrägstrich in Richtung »rot« und die abschließende Parenthese unten rechts verdeutlicht. Im Endeffekt kippt die Bewegung des Weißseins zum nordostasiatischen Hyper-Weißsein dann, wenn sie weiter vorangetrieben wird, von ihrem Hyper-Status ins Rote um.

Es gibt jedoch auch ein anderes rassistisches Modell, das sich nicht mit dem Weißsein als Zentrum begnügt, sondern das Weißsein als Ziel oder Zweck der menschlichen Evolution behauptet. Daraus ergibt sich ein zweifaches Schema:

(weiß / europäisch) ← (braun) ← (schwarz ...

(gelb / nordostasiatisch) ← (rot)--(schwarz)

In dieser Version stehen »weiß / europäisch« und »gelb / nordostasiatisch« als Ziel zweier getrennter Welten. In einigen Modellen bleiben sie getrennt, aber gleichberechtigt, und in anderen sind sie das nur in Beziehung zu Schwarz. In der Beziehung zueinander sind sie jedoch eine Verschmelzung, das ideale Modell:

(eurasisch) ←.

Eine andere Version ist unidirektional, mit dem Weißsein als *Ziel*:

(weiß) ← (schwarz ...

An diesen Schemata lässt sich die Grammatik ablesen, durch die rassifizierende Begriffe ihren Sinn erzeugen. Selbst wenn die Personen, die mit diesen Begriffen bezeichnet werden, nicht mehr da wären, so würden die sozialen Systeme, die sie einst beherbergten, fleißig neue Bewohnende für die leer stehenden Kategorien produzieren. Die »ostasiatischen«, »schwarzen«, »braunen«, »roten« und »weißen« Menschen von morgen – falls es diese Begriffe dann überhaupt noch gibt – haben vielleicht gar keine Ähnlichkeit mehr mit ihren heutigen Gegenstücken. Sie müssen einfach irgendwo in diesem Schema verortet werden, zum Beispiel:

$$(\ldots) \leftarrow (\ldots)$$

Dadurch verbreiten sich rassistische Ansichten nicht nur schnell gruppenübergreifend, sondern auch *innerhalb* der Gruppen. In Ländern wie Australien, Brasilien, Kanada, Kolumbien, Südafrika und den Vereinigten Staaten gibt es beispielsweise in vielen schwarzen Communitys eine unmissverständliche Reproduktion rassistischer Differenzierungen auf der Grundlage von Hautfarbe – dort, wo die Chancen für hellhäutige Schwarze größer sind als die für dunkelhäutige Schwarze –, während sie versuchen zu verstehen, wo auf dem Strahl der Punkte rechts von der offenen Klammer sie positioniert sind.[34]

Das gleiche Muster gibt es in asiatischen Gesellschaften, in denen die Indigenen Personen braun oder schwarz sind. Die Indigenen Bevölkerungsgruppen Japans (die Ainu), der Philippinen (zu denen die Igorot, die Lumad und die Mangyan gehören) und Vietnams (zu denen die Degar, auch bekannt als Montagnard, und die Chams gehören) schrumpfen bedrohlich. Ähnliche Muster gibt es in südwestasiatischen Ländern wie Indien und Pakistan, wo sich die Ablehnung in Form von Unberührbaren, Dalits, ausdrückt, die weltweit innerhalb südasiatischer Einwanderungsgruppen zusätzlichen Druck erfahren.[35] Was sind Dalits, in diesem Schema, wenn nicht südasiatische Schwarze? In den Worten des Dalit-Aktivisten und Intellektuellen V. T. Rajshekar: »Die Außenwelt hat kaum Ahnung davon, dass es in Indien ein 3000 Jahre altes Problem namens Unberührbarkeit gibt.«[36] Hier geht es um eine Form sozialer und physischer anti-schwarzer Diskriminierung – ausgehend von den Brahmanen, die behaupten, von denselben Leuten abzustammen, die den Manichäismus geschaffen haben –, der dem Konzept der »Rasse« vorausging und im Zuge der euromodernen Kolonisierung von einem ausgewachsenen anti-schwarzen Rassismus abgelöst wurde.[37]

Unter den Indigenen oder First Nation Menschen von Nord- bis Südamerika ist das Verhältnis zwischen hellhäutigen und dunkelhäutigen Menschen ähnlich. Dunkelhäutige Indigene Amerikaner:innen haben auch in vielen Indigenen Communitys einen niedrigeren Status als hellhäutige Mitglieder derselben Communitys. Die Folgen, sowohl innerhalb der Communitys als auch im Verhältnis der dunkelhäutigen Indigenen Amerikaner:innen zur weißen und *mestizo* (meist mit Weißen gemischten) Welt, sind ähnlich wie die für schwarze Menschen.

So seltsam es auch klingt: Die Hell-gegen-dunkel-Dynamik gibt es auch unter Blinden, wo sich die Unterscheidung auf den Tonfall, die Stimmlage und den in rassistischen Gesellschaften bekannten Diskussionsgegenstand zwischen Rassifizierten verlagert: ihre Gerüche. Obwohl kulturelle Praktiken von der Art der Ernährung bis hin zu aufgetragenen Düften reichen, sind sie alle bei bestimmten Gruppen und ihren Stigmatisierungen unterscheidbar. Die formale Struktur des Hell-Dunkel/Hoch-Tief-Rassismus bleibt bestehen. »Obwohl sie physisch nicht in der Lage sind, sich mit Rassifizierung auf der Grundlage der visuellen Begriffe auseinanderzusetzen, die ihre soziale Bedeutung und Herausstellung definieren sollen, sind Verständnis und Erfahrung bezüglich Rassifizierung bei Blinden ähnlich wie bei Sehenden.«[38]

Das hartnäckige Fortbestehen der Hell-gegen-Dunkel-Dynamik führt manchmal zu Widersprüchen. Man denke nur an den mysteriösen Umstand, dass die Nachkommen nordostasiatischer Volksgruppen zu dunklen oder »roten« Indigenen Amerikaner:innen wurden. Die Tatsache, dass Wellen von Menschen an den Küsten des paläolithischen Nord-, Mittel- und Südamerikas gelandet sind, sowie der stete Zustrom aus der südlichen Hemisphäre verwirbelt den spiegelglatten Mythos vom ausschließlich asiatischen Ursprung. Die bahnbrechenden Arbeiten des brasilianischen Anthropologen, Archäologen und Biologen Walter Neves über menschliche Überreste in Nordbrasilien widerlegen jahrelang gehegte historische Narrative über die Migration in diesen Teil der Welt.[39] Diese Überlegungen gehen davon aus, dass sich die Menschen nicht von asiatisch zu »rot«, sondern von »schwarz« und »braun« zu »rot« bewegten. Das schließt nicht aus, dass eine ursprünglich asiatische Linie »rot« wurde, stellt aber die Vorstellung einer ausschließlich asiatischen Transformation zu »rot« infrage.

Es gibt hierzu noch eine wichtige, existenzielle Ergänzung. Die Idee, dass »rot« eine Kategorie ist, von der man sich *weg*bewegen kann, basiert auf der Zentrierung von »weiß«, »asiatisch« oder »eurasisch«. Es ist möglich, dass »rot« auch einfach ein Selbstzweck war:

rot ← .

Wenn man Schwarzsein als Ursprung hinzufügt, könnte »schwarz-rot« oder »rot-schwarz«, als Marker von Indigenität, auch in einem ur-afrikanischen Ursprung fußen.

rot ← afrikanisch (dunkel) → schwarz

oder

schwarz ← afrikanisch (dunkel) → rot

Kreative Semiotiker:innen (Personen, die Zeichen und Symbole studieren) könnten zweifellos noch viele andere Kombinationen anbieten. Tatsache ist jedoch, dass die historischen Kontexte und die vorherrschende Fachliteratur, die zu diesen Überlegungen geführt hat, das Weißwerden als vorbestimmtes evolutionäres Gut betrachten, selbst für ostasiatische Personen. Ablesen lässt sich das auch an jenen Grafiken, welche die Evolution des affenähnlichen Homininen in einen großen, stolzen, männlichen und eben weißen *Homo sapiens* darstellen.

In dem, was man als Wissenschaft der menschlichen Klassifizierung bezeichnen kann, war die Idee vom Aufstieg zum Weißsein nicht immer schon da. Im Laufe der Jahre habe ich ein Seminar mit dem Titel »Race in the Formation of the Human Sciences« unterrichtet. Unsere Lektüre im ersten Teil des Kurses umfasst Schriften des Arztes François Bernier im siebzehnten und des Philosophen Immanuel Kant im achtzehnten Jahrhundert, bis hin zum neunzehnten Jahrhundert und den Texten der Eugeniker Francis Galton und Madison Grant, deren Einfluss die eugenische Politik bis ins zwanzigste Jahrhundert hinein prägte. Die Studierenden sind oft schockiert darüber, dass die Entstehung der Humanwissenschaften, zumindest wie sie an den europäischen Universitäten verstanden werden, derart rassistisch geprägt sind. Das liegt zum großen Teil daran, dass sie daran gewöhnt sind, ihre intellektuellen Idole als Götter zu sehen und nicht als menschliche Wesen mit all ihren Unzulänglichkeiten. Das führt zu einer Form dessen, was Theolog:innen *Theodizee* (Gottes Gerechtigkeit) nennen. Theodizee ist die Art von Rationalisierung, bei der man versucht, die Güte eines allmächtigen und allwissenden Wesens in einer von Ungerechtigkeit geprägten Welt zu bewahren. Wenn ein solches Wesen gut und gerecht ist, warum schreitet es dann nicht ein? Warum lässt es solche Ungerechtigkeit zu?

Es gibt viele klassische Antworten darauf, von der Antike bis in die jüngste Zeit, von denen zwei Antworten dominieren: (1) Die menschliche Endlichkeit begrenzt das Verständnis für den ultimativen Plan des allmächtigen und allwissenden Wesens oder der Wesenheit, und (2) die Liebe eines solchen Wesens oder einer solchen Wesenheit bedeutet auch, der menschlichen Freiheit nicht im Wege zu stehen (was Chaos stiften würde).⁴⁰ Beide Antworten hängen von der Allwissenheit und der Allmacht der Gottheit ab, denn sie verschieben den springenden Punkt mehr, als dass sie ihn klären. Die Große Wesenheit hat in erster Linie die Kontrolle über alles.⁴¹ Ohne diesen Punkt zu vertiefen: Das Entscheidende ist die Beobachtung, dass theodizeeische Rationalisierungen das verehrte Wesen / die verehrte Wesenheit aus der Verantwortung nehmen. Wenn wir die Theodizee säkularisieren, würden wir dieselbe Art von Rationalisierung bei der Verteidigung von beispielsweise Indien, Südafrika, den Vereinigten Staaten und ihren Verfassungen in Bezug auf Wissensmodelle erkennen, welche die Degradierung marginalisierter Bevölkerungsgruppen kultivieren.⁴² In Bezug auf das Textstudium dieser kanonischen Denker handelt es sich um eine *Theodizee des Textes*, der zufolge die kanonischen Schriften als vollkommene, von Göttern geschaffene Werke behandelt werden. Wir sollten bedenken, dass die Theodizee auch dort stattfindet, wo solche Autoren dämonisiert werden – beide Fälle führen zur Auslöschung ihrer Menschlichkeit. Es geht nicht darum, diese kanonischen europäischen Denker zu entschuldigen. Es geht darum, zu zeigen, dass es in unserer Verantwortung liegt, uns mit den Unvollkommenheiten des Denkens auseinanderzusetzen, indem wir das, was ein:e Autor:in geschrieben hat, wirklich lesen und unser Bestes tun, um bessere Alternativen zu schaffen. Wenn wir uns den scheinbar nicht-rassistischen Elementen ihres Denkens zuwenden, finden wir einige Elemente, auf denen ironischerweise seine rassistischen Elemente beruhen und die trotz unserer Absichten auch einige unserer anti-rassistischen Bemühungen erben.

Hier einige Beispiele: Zunächst lässt sich eine Obsession mit den »Ursprüngen« der Menschheit feststellen, die dazu führt, dass andere Menschengruppen als »Abweichungen« von diesen Ursprüngen betrachtet werden. Zweitens herrscht die Annahme, dieses »Original« müsse »rein« sein. Drittens gilt die Reproduktion – oder die Wiederholung – als Gesetz. All dies ist abstrakt, aber vieles davon ist uns vertraut.

Im ersten Fall wird häufig davon ausgegangen, dass der Autor zur originalen oder ursprünglichen Gruppe gehört. So argumentierte Kant, dass der Mensch unter ähnlichen geografischen und klimatischen Bedingungen entstanden sein musste wie denen der deutsch-preußischen Welt seiner Zeit.⁴³ Viele dieser Denker gingen davon aus, dass Vielfalt eine Abweichung sei und Ursprünge rein seien. Wie viele von uns heute wissen, verweisen zumindest biologische Ursprünge auf Orte mit maximaler genetischer Vielfalt. Wir wissen zum Beispiel, dass Kaffee aus Südostafrika stammt, weil dort die genetische Vielfalt der Kaffeebohnen am größten ist, und dass die Kartoffel in Südamerika entstanden ist, weil es dort eine unübertroffene Vielfalt an Kartoffeln gibt. Was würde »rein« hier bedeuten? Wenn wir den Begriff mit dem Ursprung einer Art in Verbindung bringen, dann wäre der reine Mensch dort zu finden, wo seine genetische Vielfalt am größten ist. Zum Leidwesen von Kant und Co. stellt sich heraus, dass dieser Ort Afrika ist.[44] Schließlich stellten meine Studierenden und ich fest, dass die Fortpflanzungs-Obsession dieser Denker auf der Idee männlicher Nachkommenschaft beruhte. (Erinnern Sie sich an Broca?) Die Kontrolle des weiblichen Fortpflanzungsverhaltens war also von zentraler Bedeutung, was zu der Obsession führte, bestimmte, heute rassifizierte Männer von der sexuellen Fortpflanzung auszuschließen.[45] In alldem sehen wir die engen Verflechtungen, die Überschneidungen und die vielfältigen Dimensionen, in denen Rassifizierung erscheint. Sie erzeugen eine Art Diffusheit, durch die Rassismus zuweilen trotz seiner Allgegenwärtigkeit im Verborgenen bleibt. Dazu gehört, wie wir in rassistischen Gesellschaften Konzepte wie Privileg, Luxus und Lizenz verstehen. Diesen werden wir uns im Folgenden widmen.

6

PRIVILEG, LUXUS, LIZENZ

Die Zentrierung weißer Menschen in der vorangegangenen Erörterung legt das nahe, was Peggy McIntosh in ihrem gleichnamigen Aufsatz als »weißes Privileg« bezeichnete.[46] Ihre Formulierung hat eine ganze Forschungsindustrie hervorgebracht. Zentrierung und Privileg sind jedoch nicht identisch, und eine unglückliche Entwicklung des Diskurses über das weiße Privileg, der jetzt oft Bestandteil der »Weißseinsforschung« ist, besteht darin, dass die tatsächliche Beschaffenheit weißer Vorherrschaft untergeht. Weißseinsforschung ist bereits hegemonial, was den Ausdruck »weiße Wissenschaft« redundant macht. Für viele Studierende of Color sind die meisten Pflichtveranstaltungen wie ein weißer epistemischer Schneesturm. McIntosh, das muss man ihr lassen, macht sichtbar, was in der weißen Vormachtgesellschaft so normativ ist, dass es leicht zu übersehen ist – vielleicht wie Wasser für Fische. Der Witz geht so: Ein Fisch wurde in einem Netz gefangen und an Deck gebracht. Als kein sauerstoffreiches Wasser durch seine Kiemen floss, schnappte er nach Luft und dachte, seine Tage seien gezählt. Zum Glück war es nicht die Art von Fisch, die die Besatzung suchte, und so warfen sie ihn zurück ins Meer. Erleichtert schwamm der Fisch tief nach unten in Sicherheit. Als er an einem Schwarm anderer Fische vorbeikam, fragte er: »Wie ist das Wasser?« Da er keine Antwort erhielt, schwamm er weiter. Die übrigen Fische sahen sich an, und einer von ihnen fragte schließlich: »Was ist Wasser?«

Ist »Privileg« das, was in der von weißer Vorherrschaft geprägten Gesellschaft eigentlich übersehen und dennoch genährt wird? Betrachten wir die ideologische Funktion, die der Begriff im Anti-Privilegien-Diskurs hat. Der Diskurs über weiße Privilegien, der auf Schuldgefühle und nach innen gerichtete Aggressionen abzielt, führt zu einer Verzichtsaufforderung einer ganzen Reihe von Ansprüchen, die kein Mensch aufgeben sollte, wie z. B. Respekt, Zugang zu guter Bildung, faire Behandlung in der Strafjustiz, guter Wohnraum, Nahrung, sauberes Wasser, Gesundheitsversorgung, Arbeit und ein geringes Todesrisiko. Mit anderen Worten: Nicht alle Privilegien sind Luxusgüter. Das Problem sollte nicht sein, dass weiße Menschen diese Güter haben, sondern dass viele Nicht-Weiße sie nicht haben.

Der Anti-Privilegien-Diskurs ist so weit verbreitet, dass er über die Kritik an weißen Männern und Frauen hinausgeht. Ich habe sogar gesehen, wie Schwarze, die Zugang zu einigen wenigen sozialen Gütern haben, über ihr »Privileg« gejammert haben. Dieses Wehklagen ist beinahe pathologisch, denn es beinhaltet Scham darüber, etwas zu haben, was nur die Verkümmertesten ablehnen würden. Wer profitiert letztendlich von dieser moralischen Zurschaustellung? Wenn wir Ansprüche (im Gegensatz zu Luxusgütern) als das betrachten, was sie sind – nämlich Rechte –, dann liegt die Antwort auf der Hand: diejenigen, die dagegen sind, dass solche Ressourcen allen zur Verfügung stehen.

Die offensichtliche Verbindung zu dem, was wir heute als Neoliberalismus und Neokonservatismus kennen – beide sind von einem Marktfundamentalismus geprägt, in dem die gesellschaftliche Privatisierung einfordert, dass grundlegende soziale Güter denen entzogen werden, denen der Staat angeblich dient –, macht deutlich, wie falsch eine solche Position wäre. Ironischerweise gibt es trotz der guten Absicht, die Mitschuld an Ungerechtigkeit aufzudecken, eine Form von Unaufrichtigkeit in Forschungsbereichen, die sich wieder auf das Weißsein als zentralen Sammelpunkt für Güter konzentrieren, die eigentlich zum Menschsein gehören. Wie die meisten »Post«-Ideologien mit Bindestrich, schlittert die kritische Haltung des Post-Weißseins bisweilen in die Weiterführung der ursprünglichen Praxis, nur diesmal hinter dem Deckmantel der Scham. Die Tatsache, dass neofaschistische und andere rassistische Gruppen behaupten, Opfer von »politischer Korrektheit« und »Cancel Culture« zu sein, ist ein unvermeidliches und eigentümlich postmodernes Resultat ihrer Nostalgie für die »alten Zeiten«, als »weiß noch richtig war« und sie ihr Weißsein, wie dreist und schrill auch immer, mit Stolz behaupten konnten. Nicht zu vergessen: »Politische Korrektheit« ist ein verwirrender Begriff, der in der frühen Sowjetunion einfach bedeutete, auf Kommunistischer Parteilinie zu sein, und von der amerikanischen Rechten der 1980er-Jahre übernommen wurde. Nahezu jede Verwendung verrät die eigentliche Adressatin des Ausdrucks, nämlich »moralische Korrektheit«. In sogenannten politisch korrekten Kreisen liberaler Demokratien sind die Anklagenden oft Personen, die Moral mit Politik verwechseln. Diese Verwechslung führt häufig zu einem Moralismus, also der Forderung nach moralischer Reinheit. Ich komme später darauf zurück, warum beide Seiten in diesem Konflikt ihre Positionen als politisch bezeichnen. Für den Moment genügt es zu sagen, dass diese Konflikte in Kontexten auftreten, in denen Politik zu einer Ware geworden ist und politische Identität durch Zeugnisse der Viktimisierung anstelle der Ausübung von Bürgerrechten legitimiert wird. Die Behauptung, man sei durch »politisch inkorrektes Verhalten« verletzt oder durch »politische Korrektheit« geschädigt worden, konstituiert, zumindest ihrer Vorstellung nach, die Identität beider Seiten als geschädigt und damit als politische Subjekte.

Rassistische Weiße beklagen sich über ihre Viktimisierung und behaupten, sie wären vom Völkermord durch Menschen of Color bedroht. Dies deutet darauf hin, dass es hier um mehr geht als nur um den Aufruf zur Rückgewinnung von Privilegien. In der gesamten Geschichte rassistisch motivierter Morde in den Vereinigten Staaten, ob sie nun von der Polizei, als Lynchmorde oder durch andere Formen weißer Selbstjustiz verübt wurden, haben die Täter:innen damit gerechnet, ungestraft davonzukommen, selbst wenn sie vor den übel zugerichteten Überresten ihrer Jagd für Fotos posierten. Viele Lynchmorde wurden schließlich in den Lokalzeitungen angekündigt. Über den Lynchmord an Claude Neal 1934 in Marianna, Florida, schreibt Ben Montgomery:

> Sie banden ihn mit Traktorketten an einen Baum, schnitten ihn mit Messern, verbrannten sein Fleisch, und als er tot war, übergaben sie ihn einem Mob von Tausenden von Menschen, die ihn mit angespitzten Stöcken stachen und mit ihren Autos über seinen Leichnam fuhren, bevor sie ihn an einer Eiche aufhängten, die hier, 80 Jahre später, noch immer vor dem Gerichtsgebäude steht. ...
> Zeitungen im ganzen Land verfolgten die Geschichte.

»Mob hält Schwarzen fest: Einladungen für Lynch-Party versendet«, lautete eine Schlagzeile. »Alle weißen Leute zur Party eingeladen« lautete eine andere.[47]

Ähnliche Gräueltaten wurden von weißen Menschen in Afrika, der Karibik und Südamerika begangen. Man denke nur an den sogenannten Kongo-Freistaat, der de facto Privateigentum des belgischen Königs Leopold II. war. Zwischen 1885 und 1908 wurden bis zu fünfzehn Millionen Indigene schwarze Menschen abgeschlachtet. Dabei reichten die Grausamkeiten von Verstümmelungen zur erzwungenen Gummiproduktion bis hin zur Nutzung als menschliche Zielscheibe für Soldaten.[48] Denken Sie auch an den Völkermord, den Deutschland zwischen 1904 und 1908 an den schwarzen Indigenen Namibias verübte, weil sie sich gegen die Landnahme durch deutsche Siedler:innen wehrten.[49] Wie kommt man dazu, solche Taten als »Privileg« zu bezeichnen? Es ist ein Privileg, in der Lage zu sein, seinen Mitmenschen zu helfen; viele würden dies auch als ein Recht bezeichnen. Es ist ein Privileg, in der Lage zu sein, sein Land zu verteidigen und dessen politische Institutionen zu gestalten und zu nutzen. Es ist kein Privileg, zu erniedrigen, zu verstümmeln, zu morden oder zu vergewaltigen. Die Millionen von Menschen, die im Sommer 2020 zur Unterstützung von Black Lives Matter auf die Straße gingen und lautstark protestierten, nachdem sie Zeug:innen der Aufnahme geworden waren, in der der Polizeibeamte Derek Chauvin aus Minneapolis George Floyd ermordete, indem er sich neun Minuten und neunundzwanzig Sekunden lang auf seinen Nacken kniete, machen deutlich, dass es ein solches Privileg nicht gibt.

Die unverantwortlichen, abscheulichen Handlungen,

die das Markenzeichen missbräuchlichen Weißseins sind, sollten nicht als Privileg, sondern als Formen der *Lizenz* (*license*), des Freibriefs, verstanden werden. Lizenz-Verfechtende sprechen häufig von Freiheit und Ungebundenheit, als ob die beiden Dinge synonym wären. Freiheit erfordert einen Mangel an Zwang. Die Befürwortenden der sogenannten freien Meinungsäußerung neigen dazu, ihre Argumente gegen »politische Korrektheit« so aufzubauen, indem sie Redefreiheit mit *lizenzierter* (unbegrenzter) Rede verwechseln. Wie der Richter des Obersten Gerichtshofs der USA, Oliver Wendell Holmes, in der Rechtssache *Schenck v. United States* (3. März 1919) feststellte, ist die Verwendung von Wörtern, die anderen schaden, insbesondere wenn die Folgen katastrophal sind – wie z. B. das fälschliche Rufen von »Feuer« in einem überfüllten Theater –, ein Verstoß gegen die Freiheit, die das Leben in einer Zivilgesellschaft bietet. Lizenz bedeutet, tun und lassen zu können, was man will, ohne Rücksicht auf Schaden für andere und sich selbst. Es bedeutet auch, »über« Ethik, Moral, Recht und Politik zu stehen. Im Endeffekt bedeutet es, ein Gott zu sein. Die Freiheit ist jedoch kompliziert. Mit einem Wort gesagt, beinhaltet sie etwas, was viele Philosoph:innen und Sozialkritiker:innen von der Antike bis zur Gegenwart darunter verstanden haben, nämlich *Mündigkeit*. Diese erfordert nicht nur Verantwortung, sondern auch eine Übereinstimmung mit den Normen evidenzbasierter Erkenntnis und des Zusammenlebens mit anderen.

Die Lizenz, deren Inbegriff die Fähigkeit ist, ungestraft zu töten, befreit von diesen Normen. Die Nostalgie weißer Menschen – nicht nur die der Neonazis und anderer aktiver Rassist:innen, sondern aller Weißen, die sich als bedrohte Weiße sehen – gilt nicht einer Zeit, in der die Weißen angeblich »freier« waren. Für Freiheit brauchte es keine rassistische Gewalt und Versklavung anderer. Denken Sie noch einmal an die Menschenmengen, die auf den grausamen Fotos posierten, die dokumentierten, was sie ihren nicht-weißen Opfern angetan hatten. In vielen Metzgereien wurden Knöchel, Kniescheiben, Finger und andere Relikte der rassistischen Jagden ausgestellt, nicht nur in Nord- und Südamerika, sondern auf allen Kontinenten, auf denen sich der euromoderne Kolonialismus und sein Partner Rassismus austobten. Ihre Nostalgie gilt einer Zeit, in der das Weißsein als Lizenz, also als Freibrief, dafür diente, Schaden anzurichten, ohne dafür zur Rechenschaft gezogen zu werden.

Weiße Lizenz wurde bei der Erstürmung des US-Kapitols am 6. Januar 2021 deutlich sichtbar. Angestiftet von der Niete Präsident Donald Trump, seinem Handlanger Rudolph Giuliani, Senator:innen wie Ted Cruz, Lindsey Graham und Josh Hawley sowie dem Abgeordneten Kevin McCarthy, neben vielen anderen Mitgliedern der Republikanischen Partei, verletzte der überwiegend weiße Mob, von dem viele zuvor »Blue lives matter« gerufen hatten, über 150 Polizeikräfte (von denen einer am nächsten Tag an einem Schlaganfall starb) und plünderte das Gebäude. Einer der Aufständischen im Kapitol schwang eine Konföderiertenflagge – seit 1861 Symbol des weißen Vormachtsanspruchs in all seinen Facetten –, während die Menge nach dem scheidenden Vizepräsidenten Mike Pence suchte, um ihn zusammen mit den Abgeordneten Nancy Pelosi und Alexandria Ocasio-Cortez aufzuhängen. Während die Aufständischen Selfies und Handyvideos machten, sorgten sie bei ihrem gewalttätigen Aufstand für Sachschäden in Millionenhöhe, unzählige Verletzte und sogar einige Todesopfer.

Trotzdem konnten sie unter dem Schutz weißer Polizeikräfte fliehen, von denen einige halfen und wegschauten, als sie schwarze Polizeikräfte verletzten. In den Ermittlungen zeigte sich, dass die Aufständischen auch Rohrbomben an nahe gelegenen strategischen Orten platziert hatten. Daraufhin stellte das Repräsentantenhaus ein zweites Amtsenthebungsverfahren gegen Trump an, das zu einem »Prozess« und anschließendem »Freispruch« im Senat führte, in dem 57 Stimmen für eine Verurteilung und 43 für einen Freispruch abgegeben wurden. Die Regeln des Senats verlangen eine Zweidrittelmehrheit, was bedeutet, dass 67 Stimmen für eine Verurteilung erforderlich waren, um ihn schuldig zu sprechen. Zu diesem Zeitpunkt erklärte der Oppositionsführer im Senat, Mitch McConnell, der Grund für sein Freispruchs-Votum sei, dass Trump sich zwar der Vorwürfe schuldig gemacht habe, zu diesem Zeitpunkt aber ein Privatmann gewesen sei. Die deutliche Doppelzüngigkeit, die hier am Werk ist, besteht darin, dass eine Person als schuldig eingestuft wird, aber nicht für die relevante Frage gestimmt wird – nämlich ob sie sich der Anstiftung zum Aufstand gegen eine Regierungsgewalt schuldig gemacht hat.

Die Botschaft dieses Justizschandflecks ist klar. Die Vereinigten Staaten sind kein Land, das sich der Gerechtigkeit verschrieben hat, es sei denn, sie richtet sich gegen die, die ohnehin benachteiligt werden. Aber es gibt einen einfachen Lackmustest, den jede Person in den USA und darüber hinaus kennt. Hätte sich Präsident Obama zu irgendeinem Zeitpunkt so verhalten wie Präsident Trump, wäre die Heuchelei der republikanischen Kongressabgeordneten offensichtlich geworden. Außerdem wissen wir, was passiert wäre, wenn schwarze Kongressabgeordnete solche Aktionen angestiftet hätten. Weiße Lizenz und weißes Vormachtsdenken sorgen dafür, dass die weißen Mandatstragenden, die ebenso wie Präsident Trump eindeutig schuldig sind, nicht zur Verantwortung gezogen werden. Die Botschaft der weißen Lizenz in diesem Fall ist laut und sprichwörtlich klar.

Auffallend und unverschämt sind zudem die falschen Gleichsetzungen durch weiße rechte Medien von Black-Lives-Matter-Befürwortenden, die im vergangenen Sommer auf der Straße protestierten, und dem weißen Mob, der das Kapitol stürmte. Black-Lives-Matter-Demonstrierende wurden und werden noch immer brutal behandelt, wenn sie Redefreiheit, Versammlungsfreiheit und friedlichen Protest ausüben (alles angeblich geschützte Rechte gemäß der US-Verfassung). Die Diskrepanz zwischen der großen Polizei- und Militärpräsenz bei den Black-Lives-Matter-Protesten und ihrer weitgehenden Abwesenheit bei der Kundgebung und anschließenden Belagerung durch Trump-Fans – obwohl es Geheimdienstinformationen und Social-Media-Posts über ihre gewalttätigen Absichten beim Sturm aufs Kapitol gab – war de facto der öffentliche Beweis, dass letztere einen Freibrief haben, tun und lassen zu können, was sie wollen.

Wenn überhaupt, dann waren nur wenige der weißen Menschen, die das Kapitol angriffen, vom aktiven Wahlrecht ausgeschlossen; viele, wie sich herausstellte, hatten nicht einmal gewählt. Sie kämpften für den andauernden Ausschluss von Menschen of Color, insbesondere schwarzen Menschen. Nicht nur in den Vereinigten Staaten, sondern in vielen Ländern, in denen der Rechtspopulismus Fuß fasst, leben wir mit der andauernden Scharade eines »beide Seiten«-Diskurses, obwohl die Beweislage für einen asymmetrischen Angriff auf die Demokratie, schwarze und Indigene Menschen, Geflüchtete, Migrant:innen of Color und arme Menschen eindeutig ist: Rechte Kräfte aus allen Klassen möchten diejenigen, die nicht zu ihnen gehören, eliminieren. Dabei nutzen sie die liberale Fetischisierung von Toleranz für sich aus.

Weiße Vorherrschaft stattet Kommentator:innen mit der Erwartungshaltung und dem guten Willen aus, stets die Menschlichkeit dieser staatsfeindlichen Weißen zu sehen, ganz gleich wie brutal deren Vergangenheit auch sein mag. In Wahrheit wollen diese wütenden Weißen das alte und unselige Spiel der falschen Demokratie zurück, bei dem ihre Stimmen naturgemäß *mehr* zählen als die aller anderen, bei dem sie selbst, auch wenn sie zahlenmäßig weniger sind, mehr zählen sollen als der Rest von uns.

Der Vorwurf der gestohlenen Präsidentschaftswahl war eindeutig falsch. Jede Person, die an US-Wahlen teilnimmt, weiß, dass Wählende nur einen einzigen Stimmzettel erhalten, auf dem alle Kandidat:innen aufgeführt sind. Es ist daher logischerweise nicht möglich, dass andere republikanische Kandidat:innen auf einem Stimmzettel gewonnen hätten, auf dem Trumps Name nicht stand. Kurzum: Trump hat verloren, *eben weil die Stimmzettel ausgezählt wurden.* Er erhielt etwas mehr als 74 Millionen Stimmen, während sein Gegenkandidat, Präsident Joseph Biden, 81 Millionen Stimmen erhielt. 159 Millionen Stimmen wurden bei den Bundeswahlen 2020 abgegeben. Nehmen wir an, die meisten, wenn nicht alle, die das US-Kapitol angegriffen haben, unterstützten den Republikaner. Was folgt daraus? Diejenigen, die gewählt haben, wussten sehr wohl, dass ihre Stimmen ausgezählt wurden, aber das Ergebnis gefiel ihnen nicht.

Unaufrichtigkeit – die Fähigkeit, sich selbst zu belügen – ist äußerst umfassend, wie wir im dritten Kapitel gesehen haben. Dazu gehört auch die Aufhebung der Beweiskraft. Im Zustand der Unaufrichtigkeit könnte man sich selbst glauben machen, was man glauben möchte. Rechnete man den Frontalangriff auf die Beweislage zu den Wahlergebnissen durch Trump und die, die ihn befähigten, sowie die Darstellungen von sich und ihrem Sektenführer als Opfer einer riesigen Verschwörung noch hinzu, so war das Ergebnis eine brandgefährliche Situation.

Die Vorsicht, mit der man diese gewalttätigen Aufständischen durchweg behandelte – selbst diejenigen, gegen die ermittelt wurde und die verhaftet wurden –, spricht für die ungerechte sogenannte Rechtsprechung einer Gesellschaft, die nicht in der Lage ist, weiße Menschen als etwas anderes als unschuldig zu sehen, oder ihnen, wenn sie für schuldig befunden werden, außergewöhnlich viel Mitgefühl entgegenbringt. Es ist kein Wunder, dass Weißsein eine lange Warteliste von Gruppen hat, die dem Club unbedingt beitreten wollen. Zu den Nicht-Weißen gehörten einst europäische orthodoxe Christliche, südeuropäische Katholik:innen und europäische Jüdinnen und Juden. Das sind Gruppen, die einst nicht weiß genug waren – und wie europäische Jüdinnen und Juden oft feststellen, vielerorts *noch immer nicht weiß genug* sind –, die aber im Laufe der Zeit aufgenommen wurden, oftmals durch eine Identifizierung mit den Spitzenvertretenden des Weißseins und dem damit verbundenen Erwerb von weißer Lizenz. Nicht selten bedeutete der Beitritt zum weißen Projekt auch die Entmenschlichung von Menschen of Color.

Während anti-schwarzer Rassismus schwarze Menschen so platziert, dass sie Dingen wie Ethik, Moral, Recht und

Politik nicht würdig sind, stellt die Theorie der weißen Vorherrschaft weiße Menschen über andere. Denken Sie an Hitlers Argument aus *Mein Kampf*: Wie beweist man, dass man besser ist als die anderen? Indem man sie minderwertig macht.[50] Eine Gruppe erlangt ihr Weißsein, indem sie sich die Lizenz sichert, andere Gruppen zu unterdrücken.

Ab den 1960er-Jahren führte das Schwinden der brutalen Logik dessen, was man in den Vereinigten Staaten als »weiße Zivilgesellschaft« bezeichnen könnte, zu einer verstärkten rechtlichen Sicherung ihrer alten Grenzen. Als weiße Personen diese rassifizierten Grenzen mit Gewalt durchsetzten, bestand die Aufgabe der offiziellen Polizei hauptsächlich darin, hinterher aufzuräumen. Als jedoch immer mehr Weiße solche Taktiken zu missbilligen begannen (dabei aber die materiellen Vorteile, die sie brachten, beibehalten wollten), fiel der Polizei zusätzliche Arbeit zu. Obwohl das Verhalten der Polizei seit der Gründung der US-Polizeibehörden im neunzehnten Jahrhundert rassistisch war, wurde ihre Rolle als Beschützerin des Weißseins mit diesem Wandel deutlicher *sichtbar*.[51] Die zahlreichen Freisprüche in Fällen von Polizeibrutalität beruhen auf der Logik von Lizenz. Derek Chauvin, der Polizist, der George Floyd ermordete, handelte auf Grundlage dieser Lizenz und dem, wofür sie steht: *black lives don't matter* – schwarze Leben zählen nicht.

Wie bei den Lynchmorden besteht dieses Problem der Polizeigewalt gegen Menschen of Color nicht nur in den Ländern Nord- und Südamerikas, sondern auch in vielen Ländern, in denen die Mehrheit der Bevölkerung schwarz und braun ist, darunter Indien, Jamaika, Kenia, Nigeria, Südafrika, Uganda und Sambia. Bob Marley and the Wailers protestierten in ihrem Albumklassiker *Burnin'* (1973) gegen

Polizeigewalt in der Karibik, und Fela Kuti tat dasselbe für Westafrika mit seinem packenden Protestalbum *Sorrow, Tears and Blood* (1977). Ein Umstand der Euromoderne ist, dass sich Polizeiarbeit auf schwarze und braune Menschen konzentriert, auch wenn die Mehrheit der Polizeikräfte selbst aus dieser Bevölkerungsgruppe stammt.

Man könnte argumentieren, dass Schwarze in jedem Land der Welt Rechte haben, aber in dieser Analyse geht es nicht darum, was gesagt oder behauptet, sondern was getan wird. Im Recht ist dies der Unterschied zwischen de facto und de jure. De jure (rechtlich) gibt es keine weiße Lizenz mehr, aber de facto gibt es (tatsächlich) weiße Lizenz, und zwar in statistisch signifikanter Weise.

In einer patriarchalischen Gesellschaft haben Männer die Lizenz, in Bezug auf Frauen zu tun, was sie wollen; die Abschaffung dieser Lizenz gewährt Frauen tatsächliche und neue Rechte. Es war weder die moralische Schuld der Männer noch das Anerkennen ihrer »Privilegien«, die dazu geführt haben, dass sich das Leben der Frauen in vielen Teilen der heutigen Welt verändert hat. Es waren die politischen Aktionen von Frauen und Männern, die sich für die Gleichberechtigung einsetzten und die die Machtmechanismen so weit verschoben, dass Frauen Zugang zu Institutionen erhielten, von denen sie in der Vergangenheit ausgeschlossen waren.

Aber diese Entwicklungen geschehen nicht immer ohne Widersprüche. In Südafrika zum Beispiel erhielten weiße Frauen das Wahlrecht, um das Apartheidsystem zu festigen. Die Anhängerschaft der Apartheid brauchte eine Mehrheit, um schwarze Männer zu entrechten. Dies gelang ihnen durch das Wahlrecht für weiße Frauen.[52] Viele weiße Südafrikanerinnen waren an dieser Entwicklung beteiligt und können sich heute den Luxus leisten, diese Vergangenheit zu leugnen, da sie in der Post-Apartheid-Verfassung offiziell als unterdrückte Gruppe aufgeführt sind. Ihr Fall ist mit anderen Worten ein Beispiel dafür, dass Weiße alles haben können, einschließlich des rechtlichen Status, zu den Unterdrückten und Opfern zu gehören.

Bezeichnenderweise ist die Abschaffung einer Lizenz sowohl moralisch praktisch als auch kohärent machbar, selbst für diejenigen, die sie besitzen. Wenn man eine Lizenz zum Töten hat, kann man sie zum Beispiel als unmoralisch ablehnen *und* für die Abschaffung einer solchen Lizenz kämpfen, ohne dass man dabei seine Würde verliert. Einen solchen Kampf zu führen, könnte sogar die eigene Selbstachtung erhöhen, indem man die Würde anderer schützt. Aber auch jenseits der moralischen Dimensionen gibt es objektiv machbare Schritte, die man unternehmen könnte, um Lizenzen zu beseitigen, da diese ja eindeutig mit den Institutionen verbunden sind, die sie verwalten und schützen. Der Kampf gegen eine solche Lizenz muss nicht nur moralisch, sondern auch *politisch* geführt werden.

Durch den Fokus auf Moral wird das Problem umgangen, politische Lösungen für politische Probleme zu finden. Die moralische Rahmung von Rassifizierung und Rassismus führt zu einer nach innen gerichteten Suche nach der Beziehung zwischen dem Selbst und einem spezifischen, individuellen Anderen. Rassismus ist jedoch ein Phänomen, bei dem nur eine Gruppe von Menschen als »Selbst und Andere« zählt, inklusive aller moralischer Vorteile, die das mit sich bringt. Die restlichen Menschen werden in rassistischen Gesellschaften weder als Selbst noch als andere menschliche Wesen betrachtet und sind zusätzlich verletzbar als Personen, gegen die jedwede Gewalt erlaubt ist.[53] Da sie nicht als Personen oder menschliche Wesen betrachtet werden, müssen sie damit rechnen, dass sie sich des Erscheinens schuldig machen, wenn sie ihre Menschlichkeit behaupten. Ihr Problem besteht also nicht darin, »anders« zu sein oder, wie es manche nennen, »alterisiert« oder »das Alterisierte« zu sein. Die Anderen erhalten zumindest eine ethische Anerkennung. Dem rassistischen Hierarchiedenken nach stehen sie außerhalb und sogar unterhalb der »Anderen« und kämpfen darum, denselben Respekt zu erhalten wie die, die zumindest »die Anderen« sind.

Zu allem Überfluss empfindet sich die vermeintlich legitime Welt als gerecht, was bedeutet, dass diejenigen, zu deren Gunsten sie organisiert ist, ihre Bekämpfung oder Veränderung als einen Angriff auf die Gerechtigkeit verstehen. Es ist kein Zufall, dass es weiße Menschen gibt, die Angst vor den Worten »Befreiung« und »Revolution« haben; sie sehen in diesen Bestrebungen nichts anderes als ihre eigene Viktimisierung und eine Verletzung ihrer Hegemonie. Einfach gesagt, sie verstehen Befreiung und Revolution als Gewalt.

Veränderung muss also in anderen Begriffen als den vom System vorgegebenen moralischen stattfinden. Sie erfordert politisches Handeln.

Wir sollten jedoch bedenken, dass politische Veränderung eine andere Art von Beziehungen zu und ein anderes Verständnis für Menschen in den Zonen zurückgewiesener Menschheit erfordert. Schließich wurde ihnen diese Zurückweisung aufgezwungen. Untereinander sind sich diejenigen, die unter Ausschluss leben, nicht nur ihrer wechselseitigen Beziehungen als Selbst und als Andere bewusst, sondern auch der Realität derer, die letztlich über ihnen schweben, als Teil eines fehlgeleiteten Systems, das die menschliche Welt erniedrigt, indem es mit gottähnlicher Macht über sie herrscht.

Die Logik ist bekannt. Rassismus und andere entmenschlichende Praktiken – wie Kolonialismus, Versklavung und Unberührbarkeit – entsprechen der manichäischen Logik der Gegensätze, in der es universelle Unterscheidungen von Positivem und Negativem gibt, die sich nicht berühren. Die menschliche Welt ist jedoch voller Widersprüche, wo Interaktionen stets die Partikularität falscher Universalien offenbaren. Die Welt ist *dialektisch*. Das bedeutet, dass Rassismus auch als Versuch verstanden werden kann, die dialektischen Aspekte der menschlichen Existenz zu vernichten. Da Dialektik relational ist, zwingt Rassismus den Menschen, nicht-relational zu sein. Weil menschliche Realität relational ist, geht sie immer über sich selbst hinaus. In anderen Worten, die menschliche Existenz ist offen.

Die Zusammenhänge, die ich bis hierher dargestellt habe, sind nicht erschöpfend, aber sie illustrieren einige nützliche Überlegungen für unsere Reflexion über schwarzes Bewusstsein als das Zusammentreffen von Klasse, Gender, Indigenität, Rassifizierung, Sexualität und den vielen Arten, in denen sich Menschen manifestieren. Es gibt Ressourcen, die weiße Menschen besitzen und die allen gehören sollten, und es gibt andere, die niemandem gehören sollten. Im Laufe der andauernden Kämpfe für eine bessere Welt wird es sicherlich weitere *Arten* von Menschen geben, während wir immerfort neue Arten von Institutionen und Beziehungen aufbauen, in denen und durch die wir leben können.

7

TRANS, ABER NICHT TRANSZENDIERT

Trans Personen und die Kontroversen, denen sie ausgesetzt sind, wenn sie versuchen, ihre Erscheinung mit ihrer gelebten Erfahrung in Einklang zu bringen, sind ein Beispiel für Menschen im Werden. Die Bedeutung von Politik für die Produktion menschlicher Möglichkeiten ist denjenigen, die sich wissenschaftlich mit sozialem und biologischem Geschlecht beschäftigen, äußerst vertraut. Denken Sie zum Beispiel an die Verwendung des Wortes »Transgender«. Einige Gendertheoretiker:innen wählen lieber das Wort »trans«.[54] Sie setzen auf die Zweideutigkeit oder Offenheit des Begriffs und ziehen es manchmal vor, das Nomen als Adjektiv zu verwenden. Der Grund dafür ist, dass solche Theoretiker:innen oft »Anti-Essenzialist:innen« sind, das heißt, sie lehnen die Vorstellung ab, dass jeder Mensch eine »Essenz« oder eine unbedingte Eigenschaft hat, die ihn zu dem macht, was oder wer er ist. So kann sich das Wort »trans« auf eine trans Frau oder einen trans Mann beziehen. Andere lehnen die Verwendung von »trans« ab, weil sie dem modifizierten Nomen absolute Realität zuschreiben. Sie argumentieren, dass die Identifizierung einer trans Person als einfach nur »Mann« oder »Frau« der gelebten Erfahrung der betreffenden Personen gerecht wird. »Sie« oder »er« ist kein modifiziertes »sie« oder »er«, sondern ein echtes sie oder er.

Umgekehrt argumentieren diejenigen, die das Pronomen »they/dey«* bevorzugen, dass es kein festgesetztes gegendertes oder geschlechtlich zugeordnetes Wort gibt, in dem sie Identität verankern können. Es sei daher am besten, sie einfach »dey« zu nennen.

Betrachten wir die Zwickmühle, die entsteht, wenn man eine Identität als konstruiert und performativ versteht und nicht als fixes oder abgeschlossenes Wesen.[55] Einige Kritiker:innen sind zum Beispiel Anti-Essenzialist:innen, die sogar dem Begriff der Identität kritisch gegenüberstehen. Für sie ist *jede* Behauptung darüber, wirklich Subjekt zu sein, problematisch. Sie argumentieren, dass niemand das Gender »ist«, das sie:er vorgibt zu sein. Das ist einer der Gründe für den bevorzugten genderneutralen Begriff »they/dey«. Diese Fluidität der Möglichkeiten bedeutet also, dass diejenigen, die sich gegenüber einem trans »sie« oder »er« als ein »echtes« sie oder er positionieren, einem Missverständnis unterliegen oder vielleicht nicht wissen, was körperliche oder biologische Marker bedeuten. Anders ausgedrückt, Anatomie muss nicht Schicksal sein, und mehr noch, es gibt keine inhärente Bedeutung unserer Physiologie, sondern stattdessen eine Konstellation von Regeln, welche die Lesbarkeit zukünftiger Körper bestimmen.[56]

Derartige Argumente wurden jedoch nicht nur über das soziale und biologische Geschlecht vorgebracht. Ein weiteres Studienobjekt ist Rassifizierung. In ihrem Artikel »In Defense of Transracialism« (Verteidigung der Transrassifiziert-

---

* [Anm. d. Üb.] Im Deutschen gibt es verschiedene Möglichkeiten für eine genderneutrale Ansprache, z. B. die Verwendung des englischen »they« oder auch Neopronomen wie »xier« oder »dey«. Für eine nach Möglichkeit einheitliche Verwendung des Letzteren hat sich 2022 das *Missy Magazine* entschieden.

heit) argumentierte die Philosophin Rebecca Tuvel, dass die Befürwortenden des *Transracialism* die gleichen Argumente für ihre Position vorbringen wie die von Transidentitäten auf der Basis von biologischem und sozialem Geschlecht.[57] Wie zu erwarten, löste der Artikel eine Kontroverse aus.[58] Schließlich hatte Tuvel etwas Unanständiges getan: Sie hatte die Unaufrichtigkeit von Menschen angeprangert, die gegen das Thema Rassifizierung sind, aber paradoxerweise auch behaupten, anti-essenzialistisch zu sein. Obwohl sie es nicht direkt Unaufrichtigkeit nannte, war ihre Analyse doch eindeutig: Wenn die Argumente, die für die transrassifizierte Identität und die sozialen und politischen Ressourcen sprechen, die sie bedingen, formal die gleichen sind wie die für transgender Identität, wie können wir dann legitimerweise das eine unterstützen, das andere aber nicht?

Tuvel behauptete nicht, dass *Transracialism* im Gegensatz zu gegenderten trans Identitäten legitim *ist*. Sie behauptete auch nicht, dass Gender und Rassifizierung dasselbe sind oder dass Menschen, die sich zu einer transrassifizierten Identität bekennen, dieselben Erfahrungen machen und dieselben Forderungen nach Gerechtigkeit stellen wie Menschen, die aus historisch rassifizierten und minorisierten Bevölkerungsgruppen stammen. Sie stellte lediglich fest, dass die Unterstützung von Argumenten, die – ohne Unterschiede aufzuzeigen – für eine der beiden Identitäten sprechen, auch eine Unterstützung der Argumente nach sich zieht, die für die anderen sprechen. Das macht *Transracialism* aus einer logischen Sichtweise heraus vertretbar. Wenn alle sozial konstruiert sind, aber auf unterschiedliche Weise, wäre es wichtig zu erklären, warum diese Unterschiedlichkeit den einen eine kreative Selbst-Rekonstruktion erlaubt, den anderen aber nicht.

Es ist bezeichnend, dass Tuvel sich auf »Transracialism« und nicht etwa auf »Transraciality« bezog – der »Ismus« bezieht sich auf eine praktizierte Haltung und nicht auf das Konzept oder die Vorstellung, transrassifiziert zu sein. Obwohl man meinen könnte, dass die Fürsprache für das eine auch die Unterstützung des anderen voraussetzt, geht es Tuvel vor allem um die Auseinandersetzung mit einer Vielzahl von Punkten, einschließlich der ideologischen Unterstützung oder Abneigung gegenüber einer bestimmten Identität.

Wissenschaftliche Diskussionen über Rassifizierung stimmen nicht immer mit der gelebten Realität überein. Nach der vorherrschenden wissenschaftlichen Position ist »Rasse« eine soziale Konstruktion und Rassismus übernimmt ihren ungerechten Elternpart – oder den des Kindes, je nachdem, wie man es betrachtet. Obwohl Expert:innen unterschiedliche Positionen zum Verhältnis von »Rasse«, also Rassifizierung, und Rassismus einnehmen können – einige verstehen Rassifizierung beispielsweise als Ausdruck von Rassismus und kommen daher zu dem Schluss, dass sie beseitigt werden muss, während andere argumentieren, dass es Rassifizierung ohne Rassismus geben kann –, scheinen die meisten davon überzeugt, dass Rassifizierung keine Realität oder Aussagekraft besitzt, die über ihre Bedeutung als soziale Praxis hinausgeht.[59] Es handelt sich, um es noch einmal zu wiederholen, um eine soziale Konstruktion.

Allerdings vergessen viele Forschende, zu präzisieren, was sie mit »sozialer Konstruktion« meinen. Wie kann etwas, das Studierende und durchschnittliche Leser:innen jeden Tag »sehen« und mit angemessener Genauigkeit und Vorhersagbarkeit identifizieren können, nicht »real« sein?

Die Erklärung ist, dass alle Bedeutungen gesellschaftlich

geschaffen werden und gesellschaftlich real sind. Daraus ergibt sich die Frage, wie unterschiedliche Bedeutungen geschaffen werden.[60] Mit anderen Worten, wenn Rassifizierung gesellschaftlich erzeugt wird, warum könnte eine Gesellschaft dann nicht, neben verschiedenen Arten des Menschseins, verschiedene Arten der Rassifizierung hervorbringen?

Erinnern wir uns daran, dass der Begriff *raza*, aus dem »Rasse« geboren wurde, jüdische und afro-muslimische Personen betraf, die theoretisch zum Christentum konvertieren konnten, auch wenn ihre Konvertierungen praktisch beargwöhnt wurden.[61] Rassismus, der eine Hierarchie rassifizierter Verortungen impliziert, wird vom Gespenst der Konvertierung heimgesucht. Das bekannte Szenario ist, dass die Mitglieder einer unterdrückten Gruppe zu Mitgliedern der Gruppe werden, die sie dominiert. In Ländern, die von weißer Vorherrschaft geprägt sind, wird von Schwarzen erwartet, dass sie aus ihrem Schwarzsein heraus und in das Heiligtum des Weißseins fliehen. Obwohl bekanntermaßen viele weiß »werden« – und ich spreche hier nicht vom »Passing«* –, wurde die andere Richtung bis vor Kurzem eher selten besprochen. Die Vorstellung, schwarz zu werden, gilt als so wenig erstrebenswert, dass ein solcher Weg irrational erscheint, es sei denn, er ist opportunistisch, wie in dem Film *Soul Man* (1986), in dem sich ein reicher weißer Mann als Schwarzer verkleidet, um ein für schwarze Menschen bestimmtes Jura-Stipendium in Harvard zu

---

* [Anm. d. Üb.] Als Passing (von *to pass*, durchgehen) wird gemeinhin das Phänomen bezeichnet, wenn eine Person of Color aufgrund ihrer phänotypischen und / oder sonstigen Merkmale als weiß »durchgeht«. Der Begriff lässt sich jedoch auch auf andere Identifikationsmarker wie Gender, Sexualität, Klasse usw. übertragen.

erhalten. Schwarzwerden könnte auch als eine Form von
»Blackface« oder Minstrelsy* interpretiert werden, oder als
Bedrohung eines paradoxerweise privilegierten Status von
Unterdrückung. Die weiße Person, die schwarz wird, ist
ironischerweise besonders weiß, wenn wir Weißsein als den
Wunsch definieren, alles zu haben. Dazu gehört auch, wie
bereits angesprochen, das Recht, zu den Unterdrückten zu
gehören.

Zugleich ist es auch irgendwie pervertiert, Unterdrückung besitzen zu wollen – eine bedauerliche Haltung, die
aus verschiedenen Gründen zu einem Merkmal des politischen Lebens geworden ist. Dazu gehören auch verworrene
Vorstellungen darüber, was es bedeutet, politisch zu sein.
Dort, wo Politik damit verwechselt wird, eine Klage vor
den Staat, die Regierungsorgane oder die Gesellschaft zu
bringen, beruht politische Anerkennung auf der Idee der
Verletzung. Wenn Individuen um einen Platz in einem vermeintlichen Nullsummenspiel konkurrieren, kommt es zu
Vergleichen – von den mehr Geschädigten zu den *am meisten* Geschädigten. Individuelle Viktimisierungs-Bekundungen bedingen den Zugang zu politischer Anerkennung.

Friedrich Nietzsche und die Existenzialist:innen, die
sich auf sein Werk berufen, bezeichnen das Aufgehen in
Opferidentitäten als Ausdruck des Willens zur Macht, gekennzeichnet durch das Laster des Ressentiments. Nietzsche argumentiert, dies sei Ausdruck des Wunsches nach
intrinsischer moralischer Überlegenheit. Sich nur dann als
legitim zu betrachten, wenn man unterdrückt wird, lässt

---

* [Anm. d. Üb.] Der Begriff Minstrelsy geht zurück auf die gleichnamigen Shows der US-amerikanischen Jim-Crow-Ära, in denen sich weiße Darstellende schwarz anmalten, um rassistische Stereotype zu mimen.

eine wichtige Einsicht außer Acht: Unterdrückung ist nicht etwas, das man besitzt, sondern das man zugeben, überwinden oder beseitigen muss.

Was lässt sich über Menschen sagen, die sich mit ihrem Schwarzsein identifizieren, ohne die historische und noch immer andauernde Viktimisierung zu fetischisieren?

Sich als schwarz zu identifizieren, erfordert die Auseinandersetzung mit bestimmten politischen Themen, die eine Identifizierung als weiß nicht erfordert. In Argentinien, Australien, Brasilien, Kanada, Kolumbien, Neuseeland, Südafrika und den Vereinigten Staaten haben Angehörige von Gruppen, die nicht immer als Weiße galten – darunter europäische Jüdinnen und Juden, Griech:innen, Ir:innen, Italiener:innen und Pol:innen –, eine außergewöhnlich bigotte, anti-schwarze Haltung an den Tag gelegt, sobald sie diesen Status erreicht hatten. Es gab Menschen, die Weißsein ablehnten und deren Lebensentscheidungen dazu führten, dass ihre Nachkommen nach heutigen Begriffen *schwarz sind*. Auch gibt es Personen, die nicht dadurch schwarz wurden, dass sie ihre frühere »weiße« Identität verloren, sondern weil sie schon immer als schwarz angesehen wurden. In den USA gibt es heute Schwarze, die von ihren hellhäutigen Vorfahren erfahren, welche nicht denselben historischen Weg mit ihnen teilen: von der Middle Passage über den Atlantik zu den Plantagen der Vereinigten Staaten und auf der Suche nach Freiheit in den Norden oder Westen. Dies offenbart eine grundlegende Tatsache: Es gibt Schwarze, deren Herkunftsgeschichte keine ursprüngliche oder neuere afro-schwarze Abstammung erkennen lässt. Denken Sie auch an Kinder, die aus Verbindungen hervorgegangen sind, in denen beide Elternteile in diesem Sinne transrassifiziert waren – zum Beispiel trafen sich beide Elternteile *als Schwarze*, wurden aber als Weiße geboren und zunächst auch so erzogen. Dies ist typisch für einige Länder mit einer Schwarzen nationalen Identität wie Barbados, Jamaika und Trinidad. Oder stellen Sie sich ein weißes Paar vor, das an einen Ort zieht, an dem es durch Habituation und Sozialisierung schwarz wird; wie sollten ihre unmittelbaren Nachkommen kategorisiert werden?

Von meinen Verwandten und vielen anderen wurden mir solche Geschichten in diversen Kontexten erzählt, unter anderem während meiner Zeit als Direktor des Zentrums für Afro-Jüdische Studien an der Temple University in Philadelphia. Obwohl ich schwarze Jüdinnen und Juden traf, deren jüdische Herkunft vom afrikanischen Kontinent stammte, traf ich auch viele, die herausfanden, dass ihre schwarzen jüdischen Vorfahr:innen osteuropäische jüdische Einwandernde in Nordamerika oder der Karibik gewesen waren. Es ist wichtig zu betonen, dass das Schwarzsein dieser europäischen Jüdinnen und Juden von den schwarzen Communitys, in denen sie lebten, nicht infrage gestellt wurde. Das liegt daran, dass die vielen kulturellen Erscheinungsformen schwarzen Lebens Anpassungsfähigkeit verlangen. Was sie teilten, war die Überzeugung, dass Rassismus falsch ist, auch wenn sie diesen Gedanken wohl kaum energisch zum Ausdruck brachten. Gewöhnliche Menschen vertreten schließlich meist gewöhnliche Ideen, und es ist schon gewöhnlich genug, eine negative Einstellung zu Schwarzen zu haben. Kurz gesagt, man muss sie nicht romantisieren, es war nicht so, als hätten sie leidenschaftlich für die sprichwörtliche Sache der schwarzen Befreiung gebrannt.

Tuvel verglich die jeweilige Rezeption von zwei trans Coming-Out-Geschichten: die Geschlechtsangleichung der olympischen Goldmedaillengewinnerin und Reality-Show-Prominenz Caitlyn Jenner und die *rassifizierte* Umwandlung der Bürgerrechtsaktivistin Rachel Dolezal. Dolezal änderte 2016 ihren Namen in Nkechi Amare Diallo. Der Name ist eine verkürzte Version des Igbo-Namens Nkechinyere, »was Gott gegeben hat«, »Geschenk Gottes« oder »göttliches Geschenk«. Ein bekanntes Äquivalent im Englischen ist Mattie, die weibliche Version von Matthew, das aus dem Griechischen *Matthaios* stammt, was wiederum aus dem Hebräischen *Mattityahu* (Geschenk von JAHWEH) stammt. Da sie verkündet hat, dass sie weiterhin den Namen Dolezal für ihre öffentliche Persona verwenden wird, und da sie im Kontext der Kontroverse auch unter diesem Namen bekannt ist, werde ich sie weiterhin so bezeichnen. Hätte sie es anders verkündet, hätte ich Diallo gewählt.

Jenner ist konservativ, vielleicht sogar rechts, und Dolezal ist liberal, vielleicht sogar links. Jenner ist alles andere als eine Vorkämpferin für soziale Gerechtigkeit; Dolezal, die sich auch als bisexuell identifiziert, war in der Leitung ihrer lokalen NAACP-Gruppe, was ihr erklärtes Bewusstsein nicht nur schwarz, sondern auch Schwarz macht. Die Geschichten der beiden trans Personen zeigen etwas auf, was die Befürwortenden von trans Identitäten vielleicht nicht gerne hören, nämlich, dass Transidentifizierung nicht per se politisch progressiv ist. Stattdessen scheint Progressivität oder deren Abwesenheit in der Konstellation von individuellem politischen Engagement eingebettet zu sein, die jede trans Person lebt.

Nehmen wir die US-Präsidentschaftswahlen von 2016: Weiße konservative Frauen wählten konservativ. Bei der US-Wahl 2020 stieg der Anteil von Stimmen weißer konservativer Frauen.⁶² Die United Daughters of the Confederacy, eine rassistische Organisation weißer Frauen, ist für die Errichtung von Denkmälern für Soldaten der Konföderierten und die Propagierung rassistischer Geschichtsbücher in US-Schulen verantwortlich; es gibt weiße weibliche Mitglieder des Ku-Klux-Klans, von Nazi-Organisationen und anderen Hassgruppen in den Vereinigten Staaten. Ganz ähnlich sieht es in vielen anderen Ländern wie Australien, Brasilien, Deutschland, Südafrika und dem Vereinigten Königreich aus. Diese Beispiele zeigen, dass das Frausein an sich noch nichts Fortschrittliches ist. Warum sollte es bei einer weißen trans Frau anders sein?

Eine ähnliche Frage sollte man sich bei der Rassifizierung stellen. Es sollte nichts inhärent Fortschrittliches daran sein, schwarz zu sein. Schwarze Konservative in mehrheitlich weißen Ländern würden dem zustimmen, auch wenn ihre Zahl sehr gering ist.⁶³ Dennoch gibt es eine Besonderheit im Hinblick auf Rassifizierung und Politik. Es ist nicht so, dass es keine nicht-weißen Sexist:innen oder Rassist:innen gäbe; es ist einfach so, dass Nicht-Weiße, insbesondere schwarze, Indigene und First Nations Menschen, in weiß dominierten Ländern überwiegend dort stehen, was allgemein als links der Mitte bezeichnet wird. Zudem gibt es keine schwarze rechtsgerichtete Organisation, die diese Gesellschaften so beeinflussen, wie es völkische weiße Gruppen und rechte weiße Frauen tun. Natürlich lassen sich weder genderspezifische noch rassifizierte Zugehörigkeiten eins zu eins auf die Politik übertragen, aber die bisherigen empirischen Belege stellen vereinfachende Darstellungen von Identität infrage. Ordentliche Modelle menschlicher Realität passen nicht zu den gelebten Erscheinungsformen von Handlungsfähigkeit.⁶⁴

Wir könnten die Dinge auch verkomplizieren, indem wir uns eine trans Person vorstellen, die sich zu einer anderen Rassifizierung *und* einem anderen Gender bekennt als in ihrer Geburtsurkunde angegeben. Denken Sie zum Beispiel an eine schwarze trans Frau, in deren Geburtsurkunde »schwarz« und »männlich« steht, im Gespräch mit einer schwarzen trans Frau, in deren Geburtsurkunde »weiß« und »männlich« steht, oder an einen schwarzen trans Mann, der als »schwarze Frau« geboren wurde, und einen schwarzen trans Mann, der als »weiße Frau« geboren wurde. Werfen diese Beispiele nicht auch die Frage nach den Möglichkeiten eines trans-schwarzen und trans-Schwarzen Bewusstseins auf?[65]

Es ist klar, dass wir (und mit »wir« meine ich alle, die sich mit diesen Themen und damit, wie wir leben, auseinandersetzen) etwas über die Realität lernen, wenn wir uns mit Fragen über Transsein beschäftigen. Durch das Nachdenken über Transrassifizierung treten alle möglichen Überlegungen über die Fluidität rassifizierter Identität in den Vordergrund. Ich habe zum Beispiel viele weiße Menschen in Nordamerika und in der Karibik getroffen, die von ihrer »schwarzen Großmutter« sprechen; sie verbergen ihre schwarze Abstammung nicht, und dabei sind sie sich bewusst, dass sie weiß sind, wie auch andere um sie herum sich dessen bewusst sind. Aber warum bezeichnen sie ihren Vater oder ihre Mutter nicht als schwarz, wo sie ja nach der alten Logik als bi-rassifiziert oder tatsächlich als schwarz gelten würden?[66] Wie können solche Weißen *weiß* sein? Und doch sind sie es.

Weiße Abstammungsgeschichten handeln fast immer von Großmüttern of Color, trotz der amerikanischen – und größtenteils globalen – Obsession mit beziehungsweise

Angst vor den Beziehungen zwischen Männern of Color und weißen Frauen. Es scheint so, als wären solche Beziehungen ein physikalisches Gesetz, wie die Schwerkraft. Aber wenn das schon immer so gewesen wäre, warum gibt es dann so viele Weiße, die behaupten, *Großmütter* of Color zu haben? Demograf:innen haben sich nicht die Mühe gemacht, Daten darüber zu sammeln, wie viele schwarze Menschen bei ihrer Geburt als weiß bezeichnet wurden, obwohl ich vermute, dass die Zahl gering ist. Rassistische Weiße könnten einen winzigen Rückgang in der Anzahl an Weißen beklagen, was sie zweifelsohne tun werden, da sie bereits panisch ob der winzigen Zahl gemischt rassifizierter Eheschließungen sind, die sie angeblich dezimieren.[67]

Es zeigt sich hier, wie wichtig intersektionale und multidimensionale Ansätze bei der wissenschaftlichen Betrachtung von Rassifizierung sind. Wenn wir nicht erkennen, wie Gender, sexuelle Reproduktion und andere Formationen innerhalb einer rassifizierenden Logik funktionieren, entgehen uns die Mechanismen hinter dem, was wir sehen und nicht sehen. Denn was als »normal« gilt, erfordert selten einen zweiten Blick und wird daher häufig übersehen.

Der Eifer, Männer of Color – insbesondere schwarze Männer – von weißen Frauen fernzuhalten, verdeckt die historische Tatsache, dass weiße Männer eine Lizenz in Bezug auf alle Frauen haben. Bei der bereits erwähnten Politik des *blanqueamiento*, Weißmachen, in Lateinamerika ging es nicht nur um die Hautfarbe. Es ging in erster Linie darum, weiße *Männer* in ihrem Dasein als Quelle des Weißseins zu bestätigen, was wiederum den Verweisen auf Großmütter of Color in der Karibik sowie in Mittel- und Südamerika zugrunde liegt. Diese problematische Logik vertreten auch weiße Rechte, die eine Verwässerung des Weißseins in erster

Linie, wenn nicht sogar ausschließlich, auf weiße Frauen zurückführen, die Kinder mit Männern of Color haben. Die Annahme lautet, dass weiße Männer das Weißsein anderer »Rassen« stärken, während Männer of Color, insbesondere schwarze Männer, sie verwässern oder schwächen. Auseinandersetzungen mit diesem vermeintlichen Zugriff oder dieser Lizenz auf alle Frauen finden sich in gegenhegemonialen afrodiasporischen Texten vom neunzehnten Jahrhundert bis in die Gegenwart.[68]

Das Interesse an dem Thema Mischungen ist so groß, dass es unvermeidlicherweise auch Bestandteil neuester Entwicklungen in der Genetik geworden ist. Diese Forschungen zeigen das, was die Journalistin Cara Rose DeFabio treffend so zusammenfasst: »Wenn man [in Nord- und Südamerika] schwarz ist, können die Ergebnisse der DNA-Abstammung eine unangenehme Wahrheit enthüllen.«[69] Die »unangenehme Wahrheit« gilt nicht nur für Schwarze in Nord-, Mittel- und Südamerika, sondern auch in Australien und vielen Ländern des Südpazifiks: Wenn Sie schwarz, braun oder Indigen und aus diesen Kolonien beziehungsweise ehemaligen Kolonien sind, ist die Quelle des genetischen Pools Ihrer europäischen Abstammung mit großer Mehrheit männlich.

Für anti-rassistische Aktivist:innen, Intellektuelle und Forschende sind das keine Neuigkeiten. Der große Yankton-Sioux Philosoph, Historiker, Theologe und Aktivist Vine Deloria, Jr., enttarnt diese unangenehme Wahrheit in Bezug auf die amerikanische Indigene Bevölkerung:

Während meiner dreijährigen Tätigkeit als Leiter des National Congress of American Indians gab es kaum einen Tag, an dem nicht irgendeine weiße Person in mein Büro kam und stolz verkündete, dass er oder sie indianischer Abstammung sei ... Alle bis auf eine [weiße] Person, die ich getroffen habe, die indianisches Blut für sich reklamierten, behaupteten es auf der Seite ihrer Großmutter. Ich habe einmal zurück gerechnet und festgestellt, dass die meisten Stämme in den ersten dreihundert Jahren der weißen Besatzung offenbar ausschließlich weiblich waren. Niemand, so schien es, wollte für sich einen männlichen Indianer als Vorfahren beanspruchen.[70]

Stellen Sie sich eine nicht-gemischt schwarze Person oder eine nicht-gemischt Indigene Person vor, die sich dann als weiß identifiziert. An dieser Stelle wird bereits an eine Form der »Rassenreinheit« appelliert, die der Situation überhaupt nicht gerecht wird. Schließlich gibt es Schwarze, die weiß gelesen werden und als solche »durchgehen« könnten. Deloria will damit sagen, dass es morphologisch weiße Menschen gibt, die von ihm flehentlich als amerikanische Indigene anerkannt werden wollen. Wenn die Eltern eines Kindes weiß gelesen werden und das Kind sich als weiß identifiziert, welcher rassifizierten Zuordnung gehört dann das Kind an? Da es Weiße gibt, die in Wirklichkeit schwarzer, Indigener oder anderer nicht-weißer Herkunft sind, warum sollte eine Identifizierung mit dieser Abstammung unplausibel sein?

Man stelle sich auch vor, dass sich viele rechtlich als Weiße bezeichnete Menschen als schwarz »outen« würden. Eine Schwierigkeit bei einem solchen Gedankenexperiment besteht darin, dass wir oft die sozialen Bedingungen der Gegenwart auf die Zukunft projizieren. In der Zukunft muss nicht zwingend das gleiche soziale Verständnis von

Identitätsbegriffen herrschen wie in der Gegenwart. Eine schwärzere Welt kann eine andere Bedeutung fürs Schwarzsein haben als die gegenwärtige. Die Möglichkeiten sind vielfältig, zumal sich die vielen Gruppen, für die Schwarze *als Schwarze* fungieren, ebenfalls verändern können. Darüber hinaus können auch neue Gruppen entstehen. In diesem Fall sind diese Dilemmata möglicherweise falsch. Auf der einen Seite des Dilemmas steht die Sorge um eine (ehemals weiße) Bevölkerung, deren Einfluss unbedeutend ist. Auf der anderen Seite eine Bevölkerung, deren Geburt eine Welt kennzeichnet, die sich so radikal von der unseren unterscheidet, dass unsere Sorge irrelevant sein könnte.

Ich habe den Eindruck, dass die gegenwärtige leidenschaftliche Sorge um das »richtige« Aussehen mit dem zusammenhängt, was den Rückzug in die Identität überhaupt erst erzwingt, nämlich mit dem Rückgang der menschlichen Fähigkeit (Macht), auf die politischen Kräfte (Macht) einzuwirken, die ihr Leben beeinflussen. Das soll nicht heißen, dass der Kampf um und für das Selbst nicht seine eigenen existenziellen Anteile hat; es soll heißen, dass das, was die Befürwortenden der körperlichen Identitäts-Angleichung antreibt, vielleicht weniger mit dem zu tun hat, was gelebt wird, und mehr mit dem, was gewünscht wird. Das sollte aber natürlich nicht die gelebte Erfahrung derjenigen abtun, die eine Abweichung empfinden.

Diese Überlegungen zur Transidentität führen uns auch zu einer wiederkehrenden Beobachtung zurück. Eine auferlegte Reinheit zwingt zum Rückzug auf eine Seite der Binarität, sei es schwarz/weiß, weiblich/männlich, Frau/Mann. Warum muss eine transidente oder eine andere menschliche Identität denn überhaupt nur eins sein? Warum sollte es nicht in trans und allen anderen Identitäten eine Form der Vermischung geben, durch die der eine Teil ihrer Identität einen anderen bereichert?

Wahrscheinlich widerspricht jede den konvergierenden »Reinheiten« gewidmete Humanwissenschaft der Realität.[71] Reinheit verschleiert die gelebte Realität der Mischungen. Bei der menschlichen Realität, die, wie wir uns vor Augen führen sollten, von menschlichen Wesen produziert wird, geht es nicht um das reine Sein an und für sich. Vielmehr geht es um die Verhältnisse zwischen lebendigen Negationen der Reinheit – also um *Existenz* oder die Negationen des Seins und für das Sein. *Kreolisierend* wäre eine bessere Bezeichnung für die menschliche Realität, da es sich um eine radikale Art der Mischung handelt, die nicht nur neue Formen des Seins entstehen lässt, sondern auch die Vorstellung von statischem Sein infrage stellt. Die Verwendung des Partizip Präsens »kreolisierend« soll verdeutlichen, dass die Durchmischung – insbesondere von Elementen, die in einem rassistischen System angeblich nicht zusammengehören – keineswegs abgeschlossen ist. Es handelt sich nicht um eine abgeschlossene Errungenschaft oder um das, was man heutzutage gerne »Ereignis« nennt.[72] Vielmehr ist es eine andauernde Tätigkeit, eine Produktion von Verhältnissen, durch die wir die Wirklichkeit erleben.

Reinheit ist ein Ideal, das in der menschlichen Welt nur durch die Abschottung anderer Wirklichkeitsaspekte erdacht und erhalten werden kann. Wie unser Exkurs auf die Paläoanthropologie gezeigt hat, waren selbst die ältesten *Homo sapiens* nicht »rein«. Die Abkehr von Reinheit und der Fokus auf das menschliche Potenzial, vielfältig zu leben, legen eine weitere Überlegung nahe, nämlich die, dass menschliche Wesen in einem queeren Verhältnis zur Wirklichkeit stehen.[73] Reinheit und Heteronormativität einen absoluten Status zuzuschreiben, widerspricht der Art und Weise, wie Menschen tatsächlich leben.⁷⁴ Dies erfordert Unaufrichtigkeit, bei der die Aspekte der Realität geleugnet werden, die nicht mit der gelebten Realität übereinstimmen, und mit Gewalt versucht wird, die Realität mit bevorzugten oder angenehmen Unwahrheiten in Einklang zu bringen, anstatt mit (für die Purist:innen) unangenehmen Wahrheiten.

Dann gibt es noch die Beziehung zwischen Menschheit und Freiheit. Betreibt man wissenschaftliche Studien über Entmenschlichung aus einer Haltung der Unaufrichtigkeit heraus, so ergibt sich, wie wir gesehen haben, eine ironische Dimension der Freiheit: Frei zu sein bedeutet auch die Freiheit zu haben, das Freisein zu vermeiden. Wie sähe die menschliche Realität aus, wenn der Mensch nicht in der Lage wäre, unaufrichtig zu handeln? Könnte ein Wesen, das nicht in der Lage ist, sich seiner Freiheit zu entziehen, frei sein? Würde das Fehlen dieser Fähigkeit nicht bedeuten, dass der Mensch im Wesentlichen sozusagen aufrichtig handeln muss? Was geschähe dann mit der Freiheit? Und wenn es keine Freiheit gäbe, hätte der Mensch dann nicht einfach ein Wesen, das aufgrund fehlender Verantwortung keines der erkennbaren menschlichen Probleme aufwirft?

Schwarzes Bewusstsein steht also vor der Frage, ob es der Entmenschlichung entgehen kann. Wenn nicht, muss es sich der Unterdrückung stellen. Diesem Punkt, aufgrund dessen sich diejenigen, die sich der anti-schwarzen Unterdrückung verschrieben haben, eine mögliche Wandlung von einem schwarzen in ein Schwarzes Bewusstsein fürchten, widmen wir uns jetzt.

TEIL III

POLITISCHE REALITÄTEN

Es gibt keine Freiheit im Schweigen.

STEVE BANTU BIKO

8
FÜNF ARTEN DER UNSICHTBARKEIT

Schwarze Körper mögen in dieser Welt zwar begehrt sein, jedoch – aus Sicht anti-schwarzer Rassist:innen – nur die ohne Bewusstsein, insbesondere ohne schwarzes und Schwarzes Bewusstsein. Anders ausgedrückt: Mit »schwarzen Körpern« lässt sich leichter umgehen als mit schwarzen Menschen. Die Entstehung der euromodernen, von Weißen beherrschten Welt und die Arten von Menschen, die sie hervorbringt, bestätigen diese These.

Die Menschlichkeit rassifizierter Menschen auszulöschen, geht mit der Produktion von Unsichtbarkeit einher. Obwohl es in der euromodernen Welt viele Arten von Unsichtbarkeit gibt, sind fünf für unsere Überlegungen besonders relevant: (1) *rassifizierte*, (2) *Indigene*, (3) *gegenderte*, (4) *exotisierte* und (5) *epistemische*. Auch wenn Aspekte jedes Typs bereits vor der Euromoderne entstanden sind, werden wir uns bei der Beschäftigung mit den politischen Dimensionen des Schwarzen Bewusstseins auf ihre Erscheinungsformen in der Euromoderne konzentrieren.

Rassifizierte Unsichtbarkeit bedeutet, aufgrund von Hyper-Sichtbarkeit nicht als Mensch gesehen zu werden – ein Zustand, in dem man übermäßig wahrgenommen wird, weil man nicht dazugehört. Ein Beispiel hierfür ist die gesellschaftliche Fixierung auf die Menge rassifizierter

Menschen. In der Zeit, als ich ein Juniorprofessor an einer großen öffentlichen Forschungsuniversität im Mittleren Westen der USA war, gab es dort ungefähr 3500 Fakultätsmitglieder. Vierzehn von uns waren schwarz; von den anderen Nicht-Weißen waren etwa siebzig asiatischer Abstammung; die Zahl Indigener Kolleg:innen belief sich, soweit ich mich erinnere, auf eine Person. Diese gehörte ebenfalls zu den schwarzen Fakultätsmitgliedern. Es ist schwer zu sagen, wie hoch die Anzahl an Latinx-Personen* war, denn einige identifizierten sich einfach als weiß, während andere, vor allem diejenigen, die Black Latinx waren, sich sowohl als Schwarz als auch als Latinx identifizierten. Die anderen schwarzen Dozierenden parkten ihre Autos oft in der Nähe ihres Lehrstuhlgebäudes. Nach dem Unterricht, der Sprechstunde oder der Teilnahme an Fakultätssitzungen eilten sie direkt zu ihren Fahrzeugen und fuhren los. Ich verhielt mich anders. Da ich in New York City aufgewachsen bin, war ich gespannt auf das Leben im Mittleren Westen. Also legte ich meine zwei Kurse so, dass sie, mit einer Stunde Pause dazwischen, auf gegenüberliegenden Seiten des Campus stattfanden. Ich schlenderte von einem Kurs zum anderen und grüßte unterwegs Studierende, Verwaltungsangestellte und andere Dozent:innen.

Nach kurzer Zeit tauchten in der studentischen Zeitung Beschwerden auf, unter anderem gegen die *affirmative action* genannten Fördermaßnahmen zugunsten benachteiligter Gruppen. Einige äußerten sich besorgt darüber, ob es für weiße Bewerbende überhaupt noch möglich sei, eine Stelle an der Universität zu bekommen. Andere äußerten

---

* [Anm. d. Üb.] Selbstbezeichnung lateinamerikanischer Communitys in den USA, die Endung -x verweist auf Gendernetralität.

sich besorgt über eine angebliche *Flut* von neu eingestellten schwarzen Lehrkräften. Wieder andere fühlten sich nicht mehr sicher.

Zunächst machte mich das neugierig, da ich bei meinen Spaziergängen zwischen den Vorlesungen keine anderen schwarzen Dozierenden sah. Dann wurde mir klar, dass es bei den Beschwerden um *mich* ging.

Versetzen Sie sich in die Perspektive der verärgerten weißen Studierenden und Angestellten: Wenn ich vorbeiging, sahen sie an diesem Tag einen Schwarzen – schon einer zu viel. Wenn ich auf dem Rückweg wieder vorbeikam, sahen sie einen *zweiten* Schwarzen. Meine Sichtbarkeit war exponentiell.

Es gibt immer »zu viele« Schwarze. Diese Ansicht wird leider sowohl von Schwarzen als auch von Weißen vertreten. Trotz empirischer Daten, die das Gegenteil beweisen, glauben viele, dass zu viele Schwarze an jeglichem Übel beteiligt sind, von Kriminalität bis zu mangelnder Familienplanung. Schwarze Frauen bekommen angeblich immer zu viele Babys. Schwarze Menschen haben zu viel Sex. Die Geschlechtsorgane von Schwarzen sind übertrieben – zu groß, zu tief, zu viel. Schwarze Frauen sind unersättlich. Schwarze Männer sind triebgesteuert, vor allem im Hinblick auf weiße Frauen. Zu viele schwarze Menschen sind krank; zu viele erhalten staatliche Leistungen – obwohl in jeder weiß dominierten Gesellschaft weiße Menschen überproportional diese Leistungen beziehen.

Die letzte Aussage über Weiße ist altbekannt.[1] Tatsächlich ist die häufig übersehene Wahrheit über weißen Wohlstand und seine erklärte Stabilität die Geschichte von ihrer Entstehung. Der globale Imperialismus der Euromoderne ist gekennzeichnet durch die Ausbeutung materieller Ressourcen und Arbeitskraft von Menschen of Color – zur Bereicherung der überwiegend weißen Bevölkerung nicht nur in Europa, sondern auch in seinen Kolonien und späteren Postkolonien. Der Aufstieg des Sozialstaates im zwanzigsten Jahrhundert brachte Sicherheitsnetze nur für Weiße hervor, zunächst in Australien, Neuseeland, Südafrika und den Vereinigten Staaten, aufgrund ihrer *blanqueamiento*-Politik auch in den mittel- und südamerikanischen Ländern und in mehreren, wenn nicht den meisten europäischen Ländern, selbst wenn die Gesetze dort nicht immer weiß-zentriert formuliert wurden. In vielen Fällen wurden diese Programme aufgegeben oder ihre Mittel gekürzt, als es darum ging, sie auf die schwarze Bevölkerung auszuweiten. Seit dem letzten Viertel des zwanzigsten Jahrhunderts ist die Vorstellung, dass solche sozialen Projekte unwirksam sind, in zentristischen und rechtsgerichteten Ländern zur Selbstverständlichkeit geworden. Doch solche Behauptungen widersprechen den Tatsachen. Weißer struktureller Wohlstand und allgemeine physische Sicherheit sind der Beweis dafür, dass Sozialprogramme tatsächlich funktionieren.

Die rassistische Antwort darauf ist die Behauptung, dass Weiße und andere Nicht-Schwarze, wie Chines:innen in China oder Japaner:innen in Japan, dazu geeignet sind, solche Programme erfolgreich durchzuführen, dass sie auf Schwarze angewandt jedoch scheitern, da mit diesen irgendetwas nicht stimmt.[2] Das Argument ist zirkulär: Das, was Weiße und diese anderen Gruppen auszeichnet, ist, dass sie weiß oder wenigstens nicht schwarz sind; das, was Schwarzen fehlt, ist, dass sie nicht weiß oder wenigstens nicht nicht-schwarz sind. Oder, genauer gesagt, das Problem der Schwarzen ist, dass sie schwarz sind. Dieses Argument beruht auf der Leugnung der Tatsache, dass Weiße in Gesellschaften leben, in denen ihre Menschlichkeit nicht nur respektiert, sondern auch gefördert wird; Schwarze in anti-schwarzen Gesellschaften leiden dagegen unter der Leugnung ihrer Menschlichkeit und der Auferlegung abnormaler Bedingungen für ihre Bemühungen, ein normales Leben zu führen. Darüber hinaus kämpfen überwiegend schwarze Länder im Fahrwasser eines formalen Imperialismus um den Aufstieg in einer Welt, in der die Institutionen des Handels, der Information, der Technologie und der Diplomatie von einem strukturellen anti-schwarzen Rassismus gekennzeichnet sind.

Die Wahrnehmung von Übermaß führt zur Schuldvermutung. Als schwarz zu erscheinen, bedeutet, dass man bereits etwas falsch gemacht hat. Wenn angeblich zu viele Schwarze Verbrechen begehen, dann ist die Tatsache, dass der Anteil der Schwarzen in den Gefängnissen unverhältnismäßig hoch ist, nur gerecht. Zu Beginn des zwanzigsten Jahrhunderts sagte W.E.B. Du Bois den Anstieg der Anzahl von Gefängnissen voraus. Angela Y. Davis dokumentierte dies fast ein Jahrhundert später.[3] Viele Schwarze sitzen für Verbrechen im Gefängnis, die sie nicht begangen haben, und andere für Vergehen, für die Weiße weniger lang oder gar nicht ins Gefängnis gehen. Weiße Lizenz ermöglicht eine Nichtverurteilung von Weißen, deren Schuld die Geschworenen sogar zugeben, wie bei Senator Mitch McConnells Eingeständnis der Beweislage zum ehemaligen Präsidenten Donald Trump. Für Schwarze gibt es diesen Luxus oder diese Lizenz nicht. Man geht davon aus, dass viele Schwarze, auch wenn sie das ihnen vorgeworfene Verbrechen nicht begangen haben, sich irgendeiner Sache schuldig gemacht haben müssen. Wählen Sie ein beliebiges

Verbrechen – mit Ausnahme von individuell begangenen Massenmorden, auf die weiße Männer quasi ein Monopol haben – und es werden daran zu viele Schwarze beteiligt sein, einfach weil es grundsätzlich zu viele Schwarze gibt. Die alte Vorstellung, dass die Ausnahme die Regel bestätigt, dient dazu, die Realität weißer Massenmorde zu entschärfen. Wie groß auch immer ihre Zahl sein mag, jeder Fall stellt eine »Anomalie« dar. Dementsprechend gibt es also »einzelne« weiße Massenmörder; Weiße als Gruppe begehen angeblich keine Massenmorde. Schwarze hingegen werden, obwohl sie statistisch in dieser Kategorie von Massenmord nicht vorkommen, als Inkarnation der Gewalt gesehen.[4] Genauso werden Schwarze am häufigsten wegen Besitzes illegalen Materials angehalten und durchsucht, obwohl Weiße in den Vereinigten Staaten, Großbritannien und Kanada die meisten Autofahrenden stellen und am ehesten mit Schmuggelware am Steuer sitzen. Autofahren unter Einfluss von Schwarzsein – es ist kein Scherz. Ob sie nun der Gewalt, des Diebstahls oder des Mitführens verbotener Ware beschuldigt werden, jedes individuelle schwarze Vergehen wird zu allgemeinem schwarzen Fehlverhalten.

Diese Unsichtbarkeit durch Hyper-Sichtbarkeit – der Zustand, zu viel zu sein, weil man nicht dazugehört – ist die Ursache für die Unsichtbarkeit der Schwarzen als menschliche Wesen und für schwarze Melancholie, eine besondere Form der Trauer. Als Schöpfung der euromodernen Welt sind Schwarze auch in ihr beheimatet, dabei betrachtet sich diese Welt erst ohne sie oder, schlimmer noch, durch ihre Eliminierung als gerecht, legitim, richtig und ganz. Schwarze sind also in einer Welt beheimatet, die Schwarze ablehnt. Schwarze gehören zur Nicht-Zugehörigkeit.

Die sehnsüchtigen Texte der Jazzmusiker:innen Abbey

Lincoln und Max Roach in »Lonesome Lover« (1962), in denen die Sängerin darum bittet, dorthin zurückgebracht zu werden, wo sie hingehört, verweisen auf die Sehnsucht der afrikanischen Diaspora nach Zugehörigkeit, und der Ort dieser Zugehörigkeit wird als Afrika imaginiert. Man könnte jedoch einwenden, dass *dieses* Afrika ein Hirngespinst ist. Das schwarze Subjekt der rassistischen Unterdrückung gab es dort ursprünglich nicht, zumindest bis viele seiner Länder zu Kolonien wurden.[5]

Die zweite Form der Unsichtbarkeit, die *Indigene*, bezieht sich auf die Verbindung von Zeit und Land. Für die Siedler:innen gehören Indigene Bevölkerungsgruppen der Vergangenheit an, weil ihnen ihr Land niemals zurückgegeben werden wird; die Zukunft ist ihnen verschlossen. Da ihnen künftige Legitimität fehlt, wird die Zugehörigkeit der Indigenen zur Gegenwart infrage gestellt, womit rückwirkend alle Vergangenheiten jenseits des Augenblicks der Kolonisierung delegitimiert werden. Die legitime Zeit der Indigenen wird zur Urzeit, die ihnen als »Primitive« anhaftet. Sie werden zu »Stämmen«, *tribes*. Das Wort »tribe« ist eine koloniale Abwertung. Es hatte einst verschiedene politische Konnotationen, wie sein lateinischer Ursprung, *tribus*, bezeugt; man denke an das heutige Wort »Tribut«. Ebenso hatte es eine numerologische Bedeutung, nach der *tri* sich auf »drei« bezieht und *bheue* die Wurzel von »sein« war. Das alte hebräische Wort, das oft mit »Stamm« übersetzt wird, war eigentlich *šēbeṭ* (wörtlich: Stock oder Zweig, wie in Zweig eines Baumes). Die Idee war, dass der große Patriarch sich in eine Reihe von Patriarchen verzweigte, was bedeutete, dass es sich eigentlich auf »Clans« bezog, wie in einer großen Familienmitgliedschaft, die auf patriarchaler Abstammung beruht. Die im fünfzehnten Jahrhundert nach Christus einsetzenden Invasionen und Kolonisierungen führten dazu, dass der Begriff für Menschengruppen verwendet wurde, die als »primitiv« galten – aber beispielsweise nicht für die ethnischen Gruppen und Clans in Irland und Schottland.

Weil sie angeblich der Vergangenheit angehören, suchen die Indigenen Menschen Afrikas, Asiens, Nordamerikas, Südamerikas und der pazifischen Inseln die Gegenwart als »Geister« heim, die durch das Land ihrer Vorfahren »spuken«. Ihr Zeichen der Authentizität ist angeblich »spirituell«, und was sind *spirits* anderes als Gespenster? Diese Rede von »Geistern«, die in der Populärkultur oft mit Indigenen Gruppen in Verbindung gebracht wird, spiegelt die Schlussfolgerung der Siedlerstaaten wider: Nämlich, dass es für Indigene und First Nations Menschen keine Rückgewinnung gibt. Wie Vine Deloria, Jr., es in *Custer Died for Your Sins* feststellte:

In der Zeit der Ghost Dance-Bewegungen wurden indianische Denkmuster immer stärker von der Vorstellung eines Messias bestimmt, und alle Erwartungen waren von dieser jenseitigen Hoffnung auf Erlösung geprägt. Jeder indianische Anführer muss sich heute die Frage stellen, ob er eine große Figur der Vergangenheit ist, die wiedergeboren wurde, um seine Leute zum Sieg zu führen, denn Legenden sind bei uns nicht totzukriegen.[6]

In *American Indian Holocaust and Survival* dokumentiert der Cherokee-Anthropologe und -Demograf Russell Thornton das Ergebnis dieser geisterhaften Überlegungen. Im Jahr 1900 war die Indigene Bevölkerung in den Vereinigten Staaten auf nur 4 Prozent ihrer ursprünglichen Größe dezimiert. Seitdem ist der Tod ihr ständiger Begleiter, was sie zu lebenden Geistererscheinungen macht.[7]

Frauen, zumindest so wie sie in europäischen und vielen asiatischen Gesellschaften verstanden werden, stehen im Mittelpunkt der dritten Art von Unsichtbarkeit, der *gegenderten*. Ich beziehe mich hier speziell auf europäische und asiatische Traditionen, denn in Afrika, im Südpazifik und in Abya Yala, beziehungsweise den Amerikas, gibt es Gesellschaften, in denen koloniale Auffassungen von Gender eingeführt und gewaltsam durchgesetzt wurden. Duane Brayboy, ein Tosneoc-Tuscarora-Autor, fasst zusammen, was die europäischen Siedler:innen, die sich nur zwei durch die Natur festgelegte Geschlechter vorstellen konnten, so sehr verwirrte: Die fluiden Vorstellungen der Indigenen und First Nations Menschen ergaben für sie einfach keinen Sinn und konnten, so folgerten sie, nicht real sein.[8] Dem stimmen auch Indigene afrikanische Expert:innen zu. Sie argumentieren, dass eurozentrische Vorstellungen von Gender den afrikanischen Bevölkerungen nicht nur durch den Kolonialismus aufgezwungen wurden, sondern auch durch die noch immer herrschende Annahme, dass europäische und nordamerikanische Ansichten über die Menschen, die wir »Frauen« nennen, universell seien.[9]

In Gesellschaften mit einer frauenfeindlichen Geschichte besteht die Unsichtbarkeit vieler Frauen darin, dass sie keine Stimme haben. Diese Art der Unsichtbarkeit als Stimmlosigkeit prägt die Literatur von Frauen, von der Antike bis in die Gegenwart. Die stumme oder zum Schweigen gebrachte Frau ist eine mythische Figur der antiken griechischen Tragödie, von Herakles, der Alkestis aus dem Hades rettet, bis hin zu Orpheus und Eurydike, die einen ähnlichen Aufstieg machen müssen. Christine de Pizan schrieb über dieses Phänomen im Frankreich des fünfzehnten Jahrhunderts, Anna Julia Cooper in den Vereinigten Staaten im neunzehnten Jahrhundert und He-Yin-Zhen in China zu Beginn des zwanzigsten Jahrhunderts.[10]

In jüngerer Zeit beschreibt die Philosophin Janet L. Borgerson, dass Frauen ihre Stimme nicht nur in der Gesellschaft von Männern suchen, sondern auch unter Frauen, die legitime Rede als männlich anerkennen.[11] Jaspal Kaur Singh schreibt über die der Sikh-Gesellschaft zugrunde liegenden Gewalt, die Frauen zum Verstummen bringt.[12] Carol Gilligans klassisches Werk heißt *In a Different Voice* (dt. *Die andere Stimme*), was hier als eine historisch nicht gehörte Stimme gemeint ist; Michelle Walkers berühmter Aufsatz über Frauen in der Philosophie heißt »Silence and Reason: Woman's Voice in Philosophy«. Kathryn Laskys Biografie der afroamerikanischen Dichterin Phillis Wheatley trägt den Titel *A Voice of Her Own*; Melissa Silversteins Buch über Regisseurinnen, *In Her Voice*; Miki Ravers Buch über Frauen in der hebräischen Bibel heißt *Listen to Her Voice*; Judy Yungs Dokumentarfilm über chinesisch-amerikanische Frauen, *Unbound Voices*; Emily Honigs und Gail Hershatters Buch über chinesische Frauen in den 1980er-Jahren, *Personal Voices*; und der Untertitel von Xinrans *The Good Women of China* lautet *Hidden Voices*.[13] Die Liste könnte weitergehen.

Es ist kein Wunder, dass das Thema des Sprechens, ohne gehört zu werden, ein zentrales in der Literatur von Frauen ist: Es ist mit der Frage der Politik verbunden, denn das Sprechen ist ein wesentlicher Teil des politischen Lebens. Und was bringt das schon, wenn niemand zuhört?

Dies ist ein Beispiel dafür, wie sich die geschlechtsspezifische Unsichtbarkeit mit Rassifizierung überschneidet, denn die Sprachlosigkeit wurde schwarzen und Indigenen Frauen und Männern im Zuge der sich ausbreitenden Euromoderne aufgezwungen. Kolonisierte und versklavte Menschen sollten zuhören, aber nicht sprechen. Der haitianische Intellektuelle Anténor Firmin beispielsweise durfte 1844 nicht vor der französischen Anthropologischen Gesellschaft sprechen, obwohl er eingeladenes Mitglied und Diplomat war. Als Reaktion darauf schrieb er 1885 den fast sechshundertseitigen Band *De l'égalité des races humaines* (Über die Gleichheit der Menschenrassen). Viele Frauen haben im Laufe der Geschichte das Gleiche getan. Dies ist ein Element, das schwarze Frauen und Männer verbindet, aber innerhalb der schwarzen Welt zugleich trennt; denn schwarze Frauen müssen oft noch um eine Stimme unter schwarzen Männern kämpfen. Schließlich gibt es Länder mit mehrheitlich schwarzer Bevölkerung, in denen schwarze Männer privilegierte – und bisweilen lizensierte – Sprecher sind.[14]

Die weibliche Suche nach einer Stimme wurde von Psychoanalytiker:innen eingehend untersucht. Jacques Lacan und Luce Irigaray analysierten die Autorität der männlichen Stimme, wo das Streben nach männlicher Anerkennung Teil der Struktur des Patriarchats ist. Man denke an das Grimm'sche Märchen »Schneewittchen« von 1854.[15] Die Königin fragt den Zauberspiegel: »Spieglein, Spieglein an der Wand, wer ist die Schönste im ganzen Land?« Die Frage ist seltsam: Kann sie sich nicht selbst in ihrem Spiegelbild sehen? Warum sucht sie Bestätigung in der Stimme des Spiegels und nicht in dem Bild, das er reflektiert? Ich habe Publikum auf der ganzen Welt gefragt – Frauen und Männer, Mädchen und Jungen und sogar diejenigen, die eine geschlechtliche Selbstidentifikation ablehnen –, welches Geschlecht sie der Stimme zuordnen, die der Königin antwortet, und die Standardantwort lautet, sie sei männlich oder maskulin. Trotz ihres Status fehlt der Königin eine Stimme, die ihr sagen kann, dass sie das ist, was sie wertschätzt. In letzter Zeit habe ich jedoch einige Frauen und Männer kennengelernt, die sich die Antwort des Spiegels als Frauenstimme vorstellen. Feministischer Aktivismus zeigt Wirkung.

Fanon analysierte Fälle von schwarzen Frauen und Männern, die sich – häufig verbal, manchmal aber auch schriftlich – um die Bestätigung durch weiße Männer bemühten. Er argumentierte, dass dies eine Folge des Kolonialismus, der Versklavung und des Rassismus sei, die schwarze Frauen und Männer im Hinblick auf ihr symbolisches Bedürfnis nach Anerkennung gleich machten. Sein Ratschlag, um dieser Abhängigkeit zu entkommen, war politisches Handeln. Dass es heute Menschen gibt, die »Schneewittchen« lesen und sich eine andere Stimme als die eines Mannes vorstellen können, ist eine Folge dieses politischen Handelns. Frauen und die mit ihnen verbündeten Männer kämpften dafür, die Welt zu verändern, und damit begannen sie auch zu verändern, welche Stimmen gehört werden.

Die vierte Art der Unsichtbarkeit – die *exotisierte* – zeigt sich in Form von Liebe und Aufwertung. Hier behandeln weiße Menschen Schwarze und andere unterdrückte rassifizierte Gruppen so, als seien diese inhärent gut oder besser als sie. Es gibt auch eine genderspezifische Form, bei der Männer Frauen als inhärent ethisch und intelligenter betrachten. Beides trifft sich in der Aufwertung schwarzer Frauen, die aus dieser exotischen Perspektive angeblich eine besondere »Magie« besitzen. Obwohl dies ursprünglich von schwarzen Frauen vorangetrieben wurde, um ihre häufig ignorierten Leistungen wertzuschätzen, gibt es eine Kehrseite dieser Logik, die von Gender- und »Rassen«-Exotiker:innen mit Begeisterung aufgenommen wird. Intrinsisch gut, allwissend und magisch zu sein, ist nicht wirklich typisch für echte menschliche Wesen. Rassismus, das sollten wir nicht vergessen, ist die Verweigerung, rassifiziert wahrgenommenen Gruppen Menschlichkeit zuzusprechen. Ob gegenüber schwarzen Frauen oder schwarzen Männern, »Rassenexotiker:innen« spielen ein falsches Spiel. Sie vermitteln das Gefühl ihrer eigenen Überlegenheit, da sie angeblich in der Lage sind, die inneren Tugenden von abgewertet rassifizierten Menschen zu erkennen. Exotismus ist der Kern solcher Vorstellungen wie die der »edlen Wilden« und der romantisierten Spiritualität, die auf amerikanische Indigene, nomadische Afrikaner:innen und die vermeintliche Unschuld sogenannter kindlicher Indigener Gemeinschaften projiziert wird. Da viele, wenn nicht sogar die meisten weißen Menschen diese Ansichten kaum teilen, sonnen sich »Rassenexotiker:innen« in der Gewissheit, eine Ausnahme unter den Weißen zu sein. Sie gehen über »Ich sehe keine ›Rasse‹« hinaus zu »Ich sehe eine überlegene rassifizierte Gruppe«. Was aber ist die Behauptung einer überlegenen rassifizierten Gruppe anderes als eine Manifestation von Rassismus? Im Exotismus geht die Menschlichkeit aufgewertet rassifizierter Gruppen verloren. Ihre Menschlichkeit wird von einer viel beschworenen Sichtbarkeit verdeckt – also unsichtbar gemacht.

Die fünfte Art der Unsichtbarkeit, die *epistemische*, ist wissensbasiert. Sie kombiniert die anderen durch etwas, das wir als den Schritt vom unrechtmäßigen Erscheinen hin zum illegitimen Wissen und seinen Konsequenzen beschreiben könnten. Wenn man unsichtbar sein soll, ist in Erscheinung zu treten ein Verstoß gegen das, was sichtbar sein soll. Es wäre das Erscheinen dessen, was nicht erscheinen sollte. Die Reaktion der Anstandsbeauftragten besteht darin, das Nichterscheinen zu erzwingen.

Diese letzte Form der Unsichtbarkeit ist hier bereits aufgetaucht. Sie tritt ein, wenn das doppelte Bewusstsein oder aufgezwungene, falsche Bild von schwarzen und anderen Menschen of Color, das durch historische Fehldarstellungen entstand und von Institutionen produziert wurde und wird, infrage gestellt wird. Wenn weiße Menschen die einzigen Akteur:innen der Geschichte sind, dann wären nur die Dinge historisch, die Weiße geschaffen haben. So wird Geschichte weißgewaschen – ob kulturell, intellektuell, politisch, sozial und sogar theologisch oder mythisch: Selbst die alten Ägypter:innen und Judäer:innen, insbesondere Jesus, werden weiß. Obwohl die ersten großen Kirchenväter zumeist Afrikaner waren, ähneln sie auf Darstellungen häufig dem Weihnachtsmann. Fast jeder große antike Philosoph, Mathematiker oder Dichter sieht aus wie eine Version der großen, rosigen, weißbärtigen Weihnachtsfigur. Das gilt sogar für den Heiligen Nikolaus, mit dem der Weihnachtsmann eng verbunden ist; er wurde 270 v. Chr. in der heutigen Türkei geboren und war bestenfalls braun. Es gilt auch für historische Frauen wie die große ägyptische Mathematikerin und Philosophin Hypatia und die jüdische Berberkönigin Dihya (auch bekannt als Kahina – »Seherin«). Die Logik dieser Form der Unsichtbarkeit besteht darin, dass schwarze, braune und Indigene Menschen *kein* Wissen hervorbringen *können.* In den Worten des Dalit-Dichters Chandramohan Sathyanathan:

Ich werde vom »Mangel« an Geschichte heimgesucht.
Mein Blick stolpert über die Tröge
Der Flutwelle der Zeit
Die an die Ufer meiner Erinnerung schwappt
...
Meine Zunge geschwollen wie ein satter Python
Voll mit der »Last der ausgedachten Geschichte«.[16]

Wenn wir alle fünf Formen der Unsichtbarkeit zusammen betrachten, sehen wir, wie die Matrizen der Entmenschlichung Unsichtbarkeit auf viele Menschen in der euromodernen oder weiß-vorherrschenden Welt verteilen. Beinahe verschwanden die Ideen einer Philosophin wie Hypatia aus dem kollektiven Gedächtnis: Nachdem sie im Jahr 415 nach Christus von fanatischen Christlichen grausam hingerichtet wurde, wurden ihre Bücher verbrannt und ihr Andenken – zusammen mit dem so vieler ihrer Kolleg:innen in Nordostafrika – weißgewaschen. Heute ist mehr über ihr Martyrium bekannt als über sie selbst, und sie ist in den meisten Darstellungen weiß, so auch im Biopic *Agora* (2009). Die Berberkönigin Dihya aus dem siebten Jahrhundert, eine furchterregende Anführerin ihrer Leute, die von den arabischen Invasoren als »dunkelhäutig mit vielen Haaren und großen Augen« beschrieben wurde, wird manchmal als Weiße mit blondem oder rotem Haar dargestellt.

Unsichtbarkeit erzeugt Widersprüche. So können diese fünf Formen der Unsichtbarkeit zwar in einer einzigen Gruppe zusammenlaufen oder auf viele andere verteilt sein, aber sie erfordern auch einen historischen Kontext. Wie Deloria feststellte: »Weil der Schwarze arbeitete, galt er als Zugtier. Weil der Indianer große Landflächen besiedelte, betrachtete man ihn als wildes Tier.«[17] Er argumentiert, dass die Abschaffung der legalen Versklavung von Nicht-Gefangenen in den USA Spekulationen darüber auslöste, ob Schwarze nun überflüssig werden würden. Diejenigen, die über sie herrschten, hielten Schwarze außer als Lasttiere für nutzlos. Im Gegensatz dazu wurden die amerikanischen Indigenen Menschen erst dann vom Tier zum Menschen, als die Siedelnden sich ihr Land durch ein System aneigneten, das auf Eigentumserwerb und -transaktion beruhte. Nach einer Phase der ursprünglichen Akkumulation bezüglich der territorialen Ausrottung von »Wildtieren«, beschlagnahmten die Siedler:innen die Häuser der auf den Gebieten verbliebenen Indigenen in Transaktionen, die letzten Endes legalisierten Diebstahl darstellten. Diese Transaktionen konnten nur zwischen Menschen getätigt werden, und so mussten die amerikanischen Indigenen zu »Menschen« umgedeutet werden – eine Umwandlung, die für die Weißen, die sich selbst als Maßstab für menschliches Verhalten nahmen, Assimilation bedeutete.

Das Projekt, die amerikanischen Indigenen weiß zu machen, wurde unter dem Deckmantel der rechtlichen »Anerkennung« entwickelt, die in Wirklichkeit eine Form des Nichterkennens war: Um von den Augen des Rechts gesehen zu werden, konnten sie nur *als weiß* oder als rechtswidrig Indigen anerkannt werden. Ihr Nicht-Weißsein musste verschwinden. Dies ist die Logik von Integration und Assimilation. Durch Integration werden Menschen der staatlichen Gerichtsbarkeit und Kontrolle unterstellt. Assimilation bedeutet ihre Absorption und Auslöschung. In Australien, Kanada und den Vereinigten Staaten sind dies die Grundsätze der weißen angelsächsisch-protestantischen Herrschaft. Die Erwartung sieht vor, dass alle von dieser Gruppe beherrscht werden sollen, und um akzeptiert zu werden, muss jede Person versuchen, wie sie zu werden. Für europäische Einwandernde, die ein angelsächsisch-protestantisches Erscheinungsbild aufwiesen, war dieser Übertritt möglich. Die Helligkeit ihres Teints erfüllte das Farbkriterium. Die Gruppen, die sich weigerten, auch das religiöse Kriterium zu erfüllen, konnten größtenteils die nötigen kulturellen und farblichen Codes ausüben, um sich zum Weißsein zu bekennen. Außerdem wiesen ihre unterdrückten oder heruntergespielten religiösen Unterschiede auf Europa hin, das in diesen Ländern die Wiege des Weißseins darstellte – wohingegen hellhäutige amerikanische Indigene Menschen keinen solchen genealogischen Marker hatten. Das Paradoxe liegt also in einer vermeintlichen Anerkennung von Menschlichkeit (Helligkeit), die ihre Menschlichkeit als *Indigene* auslöscht.

Glen Coulthard, der sich auf Fanons kritische Auseinandersetzung mit Anerkennung und auf Patrick Wolfes Schriften über Siedlerkolonialismus und die Eliminierung Indigener Bevölkerungen stützt, weist auf mehrere Fallstricke hin, die sich ergeben, wenn rassifiziert-kolonisierte Gruppen nach weißer Anerkennung streben.[18] Diese Art der Anerkennung war schon von ihrer Struktur her mit asymmetrischer Macht verknüpft. Erschwerend kommt hinzu, so Coulthard und Wolfe, dass der Begriff Land – die Motivation für das Anerkennungsangebot – auf zwei völlig unterschiedliche Arten verstanden wurde. Für die siedelnde Bevölkerung bedeutete Land Eigentum; für die Indigenen und First Nations Menschen bedeutete es Leben.

Meine Familie und ich haben bei unserem ersten Besuch in Australien im Jahr 2004 ein konkretes Beispiel für diesen Unterschied erlebt. Auf Einladung der Koori-Philosophin danielle davis, die zu dieser Zeit in New South Wales lehrte und forschte, hatten wir das Glück, von anderen Mitgliedern verschiedener Indigenen Gemeinschaften dort aufgenommen zu werden. Unsere Koori-Gastgeber:innen, die uns durch Sydney und andere Städte führten, wiesen uns immer wieder auf tolle Essensmöglichkeiten hin. Wir nahmen auch an einigen Standardtouren teil, wie beispielsweise einem Besuch der Blue Mountains, der von weißen Siedler:innen geleitet wurde, die uns ständig die Immobilienpreise der Gegend nannten. Da ich mich für prähistorische Kunst interessiere, buchten wir eine Tour durch den Kakadu-Nationalpark im Northern Territory, südöstlich von Darwin. Der Park ist unter anderem für seine altertümlichen Galerien bekannt. Die weißen Siedler:innen nennen sie »Felsenkunst«, die Yolngu, die dort ansässige Indigene Gruppe, bezeichnen sie als »Galerien«. Die frühmorgendliche Busfahrt von Darwin aus war ein Erlebnis, das mir die Augen öffnete. Ich saß entspannt auf einem Fensterplatz und blickte auf die Wassertümpel hinunter, die wir an jeder Straßenüberführung überquerten. Keine war ohne ein dort ansässiges Krokodil. Ich dachte über die Geschichte nach, die wir zuvor über weiße Tourist:innen gehört hatten, die in den Billabongs schwimmen. Bei unserer Ankunft in Kakadu erfuhren wir, dass heute Picnic Day war, ein Feiertag, der von der weißen Siedlerbevölkerung seit den 1800er-Jahren gefeiert wird. Ich hatte im Voraus für unsere Tour bezahlt, aber es gab niemanden, der uns durch den Park führen konnte. Dann ergab sich eine Möglichkeit. Die Parkleitung erklärte mir, dass Kakadu nur ein Teil eines größeren Landgebiets sei, das die Indigenen durch eine Reihe von Prozessen zurückgewonnen hätten. Das zurückgewonnene Land war ungefähr so groß wie die beiden Staaten New Jersey und New York zusammen. Die eine Seite wurde zu Kakadu, einem für die ganze Welt zugänglichen Nationalpark; die andere Seite wurde zu Arnhem, einem Gebiet, das Außenstehende nur mit Sondergenehmigung und nur in Begleitung eines Indigenen Guides besuchen durften. Wie es der Zufall wollte, gab es einen Yolngu-Guide namens Lionel, der bereit war, uns zu den Galerien zu bringen.

Lionel tauchte in einem alten VW-Bus auf. Als er aus dem Fahrzeug stieg, verschlug er allen den Atem. Er sah aus wie ein brauner Brad Pitt.

Von Lionel erfuhren wir, dass seine Gemeinde die Gelände mit den Malereien als »Galerien« bezeichnet. Auf der Fahrt nach Arnhem erlebten wir eine Stille, die ihresgleichen sucht. Überall war Leben, aber außer der sichtbaren Pflanzenwelt sah und hörte man es nicht. Ich habe ein wundervolles Bild von meinen Töchtern Jenni und Sula, damals zehn und fünf Jahre alt, die sich gegenseitig in den Armen halten und in sicherer Entfernung von Billabongs auf den Horizont blicken.

Wir verbrachten den Tag damit, von einer Galerie zur nächsten zu fahren. Jede Gemäldegruppe war exquisit – die Lebendigkeit der Farben, die Schichten von Malereien über anderen Malereien, Palimpseste, die Zehntausende von Jahren zurückreichen. Die frühesten Bilder zeigten Umrisse von lang gestreckten blauen Ahnen und längst ausgestorbenen Kreaturen, die späteren Bilder zeigten vertraute Vögel, Säugetiere und Reptilien. Nach einer Weile fragte ich Lionel: »Worum geht es in den Bildern?«

»Es sind Speisekarten«, sagte er.

Trotz der Weite des Kontinents war das Überleben in Australien schon immer prekär. Die vorzeitlichen Menschen lernten schnell, dass es nicht nur wichtig war, zu wissen, was man isst, sondern auch wann und wie viel. Die Speisekarten waren gleichzeitig Ernährungsplan, Geschichte und Leitfaden für ökologisches Handeln. Es dauerte einige Zeit, bis die weißen Siedelnden dies verstanden, wie Robert Hughes in *Fatal Shores* (Unheilvolle Gestade), seiner Geschichte der brutalen weißen Kolonisierung Australiens, erzählt.[19]

Die Erkenntnis warf den Fokus auf ein ständiges Anliegen der verschiedenen Indigenen Gruppen des Landes. Obwohl einige unserer Koori-Gastgeber:innen ihre Indigene Sprache (Awabakal) nicht sprachen und vielleicht nicht einmal wussten, was ihre Ahnen in den Galerien verewigt hatten, hielten sie dennoch eine wichtige Verbindung zu ihrem Land und ihren Ahnen aufrecht, indem sie uns stets wissen ließen, wo man etwas Gutes zu essen finden konnte. Ihr Verständnis von Land war die wechselseitige Verbundenheit allen Lebens. Grundbesitz allein nährt niemanden.

Dieses Verständnis von Land teilen auch die Maori in Neuseeland, die Guaraní in Brasilien, die Luo in Kenia, die Tswan in Südafrika und viele Communitys in den Vereinigten Staaten, insbesondere die Wampanoag im Süden von Massachusetts und Rhode Island. Die kolumbianische Anthropologin und dekoloniale Theoretikerin Julia Suárez-Krabbe macht deutlich, welche wichtige Auswirkung es im Zusammenhang mit den Indigenen Bevölkerungen Kolumbiens hat. Die aufoktroyierte Logik von Siedlungs-»Verhandlungen« bedeutet Tod.[20] Was die Afrikaner:innen in Afrika betrifft, so ging der Landraub irgendwann über in ausgehandelte Übergaben. Diejenigen, die auf dem noch verbliebenen Gebiet lebten, wurden enteignet, und ihr Eigenwert verlagerte sich auf den Wert ihrer Arbeitskraft. Der Übergang von nicht-kapitalistischen Lebensformen zum Kapitalismus führte jedoch nicht zu einer »proletarischen«

Klasse, sondern zu einer rassifizierten Arbeiter:innenklasse: zu schwarzen Menschen.[21] In Ländern, in denen es die weißen Siedler:innen nicht schafften, den Großteil des Landes in Eigentum zu verwandeln, ist die Indigene afrikanische Mehrheit mit andauernden Verhandlungen konfrontiert. Dort, wo die Siedlungsherrschaft eine vollendete Tatsache ist, werden die Kolonisierten schwarz und Indigen. Im Norden Afrikas haben die verschiedenen historischen Siedlungswellen aus Europa und Westasien, von der Antike bis zur Zeit der Kalifate, eine ähnliche Dynamik ausgelöst wie in Lateinamerika und Südasien, wo die Siedler:innen jeweils von neuen Kolonisierenden erobert und kolonisiert wurden. Ironischerweise entwickeln die kolonisierten Siedler:innen zuweilen ein anti-koloniales Bewusstsein, da sie die Tatsache ignorieren, dass sie Siedler:innen sind.

Schwarze Menschen in Afrika und Australien bekommen durch den Kolonialismus also alle fünf Arten von Unsichtbarkeit auferlegt. Dort, wo afrikanische Menschen in die Versklavung verschleppt wurden, konzentriert sich die Unsichtbarkeit eher auf die Ausbeutung der Arbeit als auf die des Landes. Auf globaler Ebene sah sich das schwarze Bewusstsein mit den Auswirkungen eines globalen euromodernen Kolonialismus konfrontiert. Seine Globalität versprach den Aufstieg einer bedrohlichen, anti-schwarzen Welt. Diese globale Herausforderung brachte das schwarze Bewusstsein – als Bewusstwerdung über den Hass auf Schwarze Menschen – in die Auseinandersetzung mit Schwarzem Bewusstsein, welches nach Möglichkeiten sucht, zu einem handelnden historischen Subjekt zu werden.

Die meisten schwarzen Personen mit einem schwarzen Bewusstsein thematisieren ungern die Ungerechtigkeit des gesellschaftlichen Strebens nach einer anti-schwarzen Welt. Sie versuchen stattdessen, sich selbst durch Anpassung zu reparieren. Sie suchen ein Zuhause in einer Gesellschaft, deren Glückszustand ein Selbstbetrug ist. Sich unter Kolonialismus, Versklavung und Rassismus zu Hause zu fühlen, ist gleichbedeutend damit, ein glücklicher Sklave zu sein. Um »zivilisiert« zu erscheinen, eignen sie sich die Sprache derer an, die sie beherrschen. Das Problem ist, dass das, was »zivilisiert sein« bedeutet, ebenfalls kolonialisiert wurde. Es beschreibt nicht mehr »städtisch« zu sein oder die Möglichkeit, Mitglied des Staates zu sein. Stattdessen haben die Euromodernen die Bedeutung von »zivilisiert« in Weißsein geändert. Werden ihre Sprachen als Quelle der Anerkennung übernommen, so kann kein eigener Wertemaßstab entwickelt werden. Schwarze leiden unter dem Laster der Nachahmung: »Nun schnarcht die Menschheitsgeschichte / in meiner Sprache.«[22] Da sie nie als ein Original anerkannt werden, sind sie mit einer immanenten Ungleichheit konfrontiert. Daraus ergeben sich die Fallstricke der Anerkennung. Die Suche nach Anerkennung durch Zuneigung scheitert dort, wo sie eine Flucht oder einen Ausweg aus dem Schwarzsein bieten soll. Sie möchten von jemandem als nicht schwarz geliebt werden, der oder die nicht nur nicht schwarz ist, sondern sogar *anti-schwarz*. Statt zur umjubelten Existenz kommt es zur Affirmation des Selbsthasses. Der Rückzug nach innen, tief unter die Haut und das Bewusstsein, in das Reich des Unbewussten, gar ins Traumleben, bietet keinen Ausweg. Die Orientierung nach Außen, in einer aufgewerteten Opposition zum Weißsein, ist nur eine Reaktion statt schöpferischer Tätigkeit. Kreativität sollte über die bloße Reaktion auf weiße Verhältnisse hinausgehen.[23]

Eine Welt, in der es keine Hoffnung auf Normalität gibt, ist pathologisch.[24] Wenn Verkümmerung das einzig authentische Leben ist, das Schwarze erwartet, sind wir verloren. Wenn gut angepasst zu sein, abnormal ist, sind wir ebenfalls verloren. Was also sollen wir tun? Angesichts des vergeblichen Strebens nach weißer Anerkennung muss die Frage sein, ob sich diese Anerkennung lohnt. Könnte sie sich überhaupt lohnen, wenn doch ihre Geschichte von Entwürdigung geprägt ist? Mit Blick auf sich selbst hat Fanon in dieser Situation gefordert, dass sich sein Körper – schwarz und geschunden – als Frage durchsetzt.[25] Das Bewusstsein ist eine Manifestation des Daseins. Bewusst zu werden bedeutet, sich abzuheben, sich selbst zu differenzieren, sich als nicht identisch mit dem, dessen man sich bewusst ist, wahrzunehmen. Eine Frage zu werden, bedeutet, zur Möglichkeit zu werden, und diese Möglichkeit erfordert den Blick in die Zukunft. Wenn der geschundene Mensch der Zukunft angehört, hat er oder sie die Melancholie durchbrochen und ist in ein anderes Bewusstsein eingetreten. Eine zukünftige Möglichkeit zu haben, transformiert die Gegenwart. Mit dieser Erkenntnis macht der schwarze Mensch die weiße Anerkennung irrelevant und wird Schwarz.[26]

Die Erkenntnis der Möglichkeit bringt uns auch zu den Fehlern der Sprache zurück: Der schwarze Mensch betrachtet sie entweder als ein Gefäß, in das er oder sie eingeschlossen werden könnte, oder als ein Element, das es zu stehlen gilt – wie das Feuer. Dies ist eine verzerrte Sichtweise auf Sprache als etwas, das man besitzen kann, dabei ist Sprache kein wirkliches Ding – sie ist die Offenbarung der Wirklichkeit durch Teilhabe. Als Schlüssel öffnet die Sprache andere Türen: Das Erlernen einer Sprache erleichtert das Erlernen einer anderen, dadurch werden neue Dimensionen erschlossen. Sprache kann selbstreflexiv und kritisch sein oder eine Metasprache hervorbringen – eine Sprache über die Sprache; sie kann einen Weg bieten, dem Neuen und Unbekannten zu begegnen. Mit der Zeit kann sie sogar eine neue Sprache hervorbringen. Der Schwarze Mensch, der in die Zukunft blickt, bezieht sich so auf die Sprache. Die Zukunft ist nicht festgeschrieben; es ist möglich zu leben, zu lernen, zu wachsen.

Fanon erkannte später, dass dieser Schwarze Mensch aus der Perspektive einer kolonialen Gesellschaft eine Anomalie ist – ein unpassendes Element, ein Beispiel für Gewalt.[27] In den USA gibt es seit Langem eine Debatte darüber, wie Afroamerikaner:innen für soziale Gerechtigkeit kämpfen sollten. Viele Weiße führen diese Debatte unaufrichtig, denn in Wahrheit geht es ihnen nicht darum, wie Afroamerikaner:innen protestieren, sondern ob sie es tun sollten. Die Empörung vieler Weißer über das Niederknien schwarzer Footballspieler während der Nationalhymne – eine Protestaktion gegen Polizeigewalt und gegen das Versagen der US-Regierungsinstitutionen, die erklärten Ideale des gleichberechtigten Schutzes aufrechtzuerhalten, für welche die Flagge angeblich ein Symbol ist – war ein Versuch, das eigentliche Problem zu umgehen. Wie der Journalist Steve Chapman es ausdrückt:

> Gibt es für sie bessere Möglichkeiten, ihren Standpunkt darzulegen?
> Vielleicht ja, aber es würde keinen großen Unterschied machen. Für viele Weiße ist der einzige gute schwarze Protest kein schwarzer Protest.[28]

Es gibt eine weitere Interpretation. Für Weiße, die den Standpunkt vertreten, dass Teilhabe ein Nullsummenspiel ist, läuft jeder Anflug von schwarzer Gleichberechtigung auf nur eine Möglichkeit hinaus: dass sie, die Weißen, ersetzt werden. Der Wunsch, den Platz der Kolonisierenden einzunehmen, die koloniale Beziehung zu dekolonisieren, ist nach der Meinung der Kolonisierenden Gewalt. Aber sie zu ersetzen, ändert die Spielenden, nicht das Spiel. Würde man in der Logik der Nachahmung und des Austauschs verharren, wäre das Ergebnis eine fortgesetzte Kolonialisierung mit schwarzem oder nicht-weißem Gesicht. Die Lösung ist eine andere. Die Logik der Kolonisierung und des Rassismus ist manichäisch. Das bedeutet, dass sie an die universelle Trennung von zwei Welten – weiß und schwarz – glaubt. Interaktion transformiert diese Logik. Sie wirft Widersprüche auf und stößt dadurch neue Beziehungen an, die wir als »offen dialektisch« bezeichnen könnten.

Die gängige, klischeehafte Vorstellung von Dialektik lautet »These gegen Antithese, wobei beide in einer Synthese aufgelöst werden«. Das ist langweilig und linear. Eine andere Art, Dialektiken zu betrachten, ist durch die Linse des »potenzierten doppelten Bewusstseins«.[29] Das doppelte Bewusstsein ist nicht dialektisch, sondern bezeichnet einfach das Bewusstsein des Kolonisierenden und des negativen Schwarzen. Mit dem Moment, in dem die schwarze Person erkennt, dass er oder sie kein Problem ist, sondern ein Mensch, der mit Problemen konfrontiert ist, beginnt auch das Hinterfragen der Gesellschaft, welche menschengemacht und dadurch veränderbar ist. Mit dieser Erkenntnis werden schwarze Menschen Schwarz – sie werden zu Handelnden für sozialen Wandel. Diese Erkenntnis entsteht aus einem Widerspruch. Die Einsicht, dass eine erklärte Universalität falsch war, wirft viele bedeutsame Möglichkeiten auf. Nicht nur Schwarze, sondern auch viele andere Arten von Menschen könnten daraus hervorgehen.

Um nochmal auf die Lebensbedingungen schwarzer Menschen im anti-schwarzen Rassismus zurückzukommen: Schwarze Menschen erkennen, dass in einer Welt eingeschränkter Möglichkeiten nur Entscheidungen darüber getroffen werden können, *wie* man mit diesen Einschränkungen leben will. Mit dieser nach innen gerichteten Aufmerksamkeit verlagert sich der Fokus von der Welt auf das eigene Ich. Der Körper wird zum Mittelpunkt. Schließlich ist die innere Welt des Wahnsinns der letzte Rückzugsort.[30] Das schlimmste Szenario? Der schwarze Mensch implodiert.

Nach außen orientiert, besteht die Aufgabe in der Erweiterung der Optionen. Je mehr Optionen man hat, desto eher nimmt die Sinnlosigkeit ab, sich überhaupt Ziele zu setzen.

Institutionen – Regierungen, Staaten, andere Machtmechanismen wie Wirtschaft, Bildung und kulturelle Institutionen – können sich ändern. Aber Kolonialisierung, Versklavung und Rassismus sterben nicht einfach aus. Ihr Fortbestehen hängt davon ab, dass jeder der soeben skizzierten Wege blockiert wird. Darin liegt der tragische, gewaltsame Kampf.

Auf der Grundlage eines potenzierten doppelten Bewusstseins schildert James Davis III seine Erfahrungen mit Inhaftierung. Er reflektiert über die Inhaftierung, wie sie – hinter einem »Schleier aus Beton« – seine Menschlichkeit zersetzt, in der steten Dynamik der verweigerten Anerkennung. Um zu überleben, muss er ein »neues Bewusstsein« entwickeln, das er als »doppeltes-doppeltes Bewusstsein« bezeichnet:

> Gefangene mit dieser Ausprägung eines doppelten-doppelten Bewusstseins geben sich nicht damit zufrieden, Gefangene zu sein. Sie entwickeln eine Identität, die es ihnen ermöglicht, unter den feindlichsten Bedingungen zu gedeihen. Sie erkennen, dass die Verleugnung ihres Menschseins auf sozialen Strukturen beruht, und kritisieren daher diese sozialen Strukturen, die ihrem Selbstbewusstsein eine unnatürliche Unwirklichkeit auferlegen. Sie erkennen, dass nicht sie das Problem sind, sondern die gesellschaftliche Struktur mit ihrem Festhalten an unmenschlichen Praktiken wie der Masseninhaftierung. Diese Gefangenen weisen die Gefangenenidentität zurück.
> … Das doppelte-doppelte Bewusstsein ist die Weigerung, ein Leben vollständig innerhalb der vom institutionellen Rassismus gezogenen und vom Gesetz erzwungenen Grenzen zu führen.[31]

Steve Bantu Biko, ein junger südafrikanischer Medizinstudent, politischer Aktivist und Philosoph, verdeutlichte dieses Problem im Südafrika der Apartheid.[32] Jeder Staat und jede Gesellschaft, die auf der Entwürdigung einer Menschengruppe aufgebaut sind, muss die Mittel blockieren, durch welche diese Personen als menschliche Wesen erscheinen könnten. Gegen ihre Teilhabe kämpfend, wird dieser Staat auch gegen diejenigen vorgehen, die sie dabei unterstützen. Seine Ziele werden absolut, sein Fokus wird zur Rechtsvorschrift, und im Rahmen dieser Herrschaft gibt es etwas, das unterdrückt werden muss. Diese gefährliche Aktivität heißt Politik.

Im Südafrika der Apartheid, das sich selbst als rigorose Umsetzung der rassistischen Werte Kanadas und der USA verstand, erforderte das Projekt der weißen Vorherrschaft eine strikt aufrechterhaltene manichäische Trennung, die alle fünf Arten der Unsichtbarkeit aufwies. Die bloße Erwähnung von »Schwarz« und »Bewusstsein« stellte eine Bedrohung für die Macht des Staates dar und erforderte dessen oft gewaltsame Reaktion. Diese Reaktion macht deutlich, dass Schwarzes Bewusstsein politisch ist.

9

SCHWARZES BEWUSSTSEIN IST POLITISCH

Die euromoderne Stadt gilt heute meist als Inbegriff eines Schauplatzes für Politik, aber auch in den Städten der Antike wurde Politik betrieben. Dabei werden diese Städte oft fälschlicherweise als frei von dunkelhäutigen Menschen dargestellt. Afrikanische Menschen galten in der Vorstellung der Euromoderne lange Zeit als ländlich, obwohl es Städte in Afrika schon viele Jahrtausende vor deren Entstehung in Europa gab. Solche Missverständnisse könnten den Eindruck erwecken, dass Politik für schwarze Menschen etwas Neues ist.

Heute jedoch sind schwarze Menschen untrennbar mit Städten verbunden. Obwohl die Umwandlung von afrikanischen in schwarze Menschen durch den euromodernen Kolonialismus zunächst im ländlichen Kontext der Plantagen und Minen stattfand, klingt der Begriff »Schwarze vom Land« nach mittlerweile fast einem Jahrhundert schwarzer Migration in städtische Gebiete regelrecht veraltet und vielleicht sogar wie ein Oxymoron.

Die historischen Umstände, die zur Urbanisierung führten, entstanden in der Antike durch eine Reihe von Faktoren, die mit der Staatsbürger:innenschaft zusammenhängen. Schon vor mehreren Tausend Jahren entstanden in Ostafrika, Südwestasien, Südeuropa, Südamerika und Nordamerika Stadtstaaten.[33] Einige von ihnen wurden im Griechischen als *pólis* bezeichnet, in denen die Ausübung des Bürgerrechts [explizit nur für Männer, Anm. d. Übers.] schlussendlich als *politeia* oder Politik bezeichnet wurde. Die Polis war eine Struktur, in der eine wachsende Zahl von Menschen zu einer hohen Bevölkerungsdichte führte. Der Fakt, dass Andere draußen gehalten wurden, machte den begrenzten Raum begehrenswert. Da man also aufhörte, sich nach außen auszubreiten, führte die Verdichtung zu architektonischen Innovationen, durch die Menschen zunehmend in mehrstöckigen Häusern lebten – heute ein Marker für viele urbane Räume.

Wir sollten bedenken, dass eine Stadt durchaus auch für andere offen sein und sich nach außen ausbreiten kann. Solange staatsbürgerliche Praktiken am Werk sind, können Städte viele physische Formen annehmen, vor allem, wenn die Bürger:innen mit ökologischen Herausforderungen wie Wassermangel und anderen durch den Klimawandel verursachten Problemen konfrontiert sind.[34]

Mit der Urbanisierung entwickelte sich eine neue Reihe von Normen, die zur Entstehung des Begriffs »Zivilisation« führten. Dieser bezog sich auf die Fähigkeit, zivilisiert zu leben – also in Städten zu leben –, wobei »die Zivilisierten« eine andere Bezeichnung für »Stadtbewohnende« wurde. In dem Maße, in dem das Konzept der Stadt mit urbanen Zentren in Verbindung gebracht wurde, beschrieb das »Urbane« auch das Zivilisierte und das Staatsbürgerliche. Doch Stadtbewohnende müssen sich nicht an den Praktiken der Bürger:innenschaft beteiligen. Tatsächlich ist es in urbanen Zentren leider häufig so, dass es Menschen gibt, die die Staatsbürger:innenschaft besitzen, und solche, die sie nicht besitzen oder denen sie verwehrt wurde – kurz gesagt, es kann Städte geben, in denen die Mehrheit der Menschen keine Bürger:innen im staatlichen Sinne sind.

In einigen Fällen ist das Fehlen der Bürger:innenschaft freiwillig, weil die Bewohnenden nur auf der Durchreise sind oder sich aus freien Stücken aus dem öffentlichen Leben zurückziehen. Die alten Griechen hatten ein abschätziges Wort für Menschen, die in einer Polis blieben und Zugang zur Bürgerschaft hatten, sich aber der Politik entzogen: *idiōtēs*. Das Wort, dessen deutsche Entsprechung klar ist, stammt aus dem Mittleren Reich des Kmt (ca. 2030 v. Chr. bis 1640 v. Chr.). In dessen Sprache Mdw Ntr bedeutet das Wort *idi*, »taub«. Dies war in jenen Teilen der Welt nicht unbedingt ein Grund für die Ausgrenzung von Gehörlosen, denn bereits 1000 v. Chr. gab es hebräische Gesetze, die Gehörlosen begrenzt Rechte auf Eigentum und Heirat einräumten. Die später von den antiken griechischsprachigen Gruppen im Mittelmeerraum vertretene Annahme war, dass das Fehlen des Gehörs Isolation und eine eingeschränkte Lernfähigkeit mit sich brachte, obwohl sie sich, wie in Platons *Kratylos* (422e) beschrieben, der Kommunikationsfähigkeit von Gehörlosen bewusst waren. Übertragen auf die Polis bedeutet dies, dass ohne Politik viele Menschen zusammengedrängt wären, ohne einander jemals zuzuhören – eine Gesellschaft, aus Sicht der Menschen in der Antike, von Idioten.

Man möge bedenken, dass diese Darstellung aus einer Tradition stammt, die im damaligen Europa als Grundlage des politischen Lebens diente, zumindest bis zum Aufkommen des Christentums. Interessanterweise hat die normative Bedeutung von Taubheit eine wechselvolle Geschichte. Zum Beispiel ist das spanische Wort für taub *sordo*. Seine lateinischen Wurzeln liegen in *sordidus*, was »schmutzig, dreckig, übel, gemein, niederträchtig« bedeutet, von *sordere*, »schmutzig oder schäbig sein«, was wiederum mit *sordes* (Schmutz, Dreck) verwandt ist. Neben dem Spanischen bildete es sich auch aus den germanischen Sprachen durch deren Aussprache von *sordo* als *swordo* (schwarz, schmutzig), aus dem auch das altenglische *sweart* (schwarz) stammt. Man denke auch an das englische Wort *sordid* – und schließlich das zeitgenössische deutsche Wort »schwarz«. Andere Sprachen – und damit auch Kulturen – hatten andere Assoziationen mit Taubheit und hielten infolgedessen Möglichkeiten bereit, die größtenteils, wie zum Beispiel die Zeichensprache der Hawaiianischen Inseln, fast verloren gingen. In den europäischen Traditionen gibt es eindeutig eine Verbindung zwischen der Feindseligkeit gegenüber Gehörlosigkeit und anti-schwarzem Rassismus. Wie der Politikwissenschaftler Derefe Kimarley Chevannes argumentiert, wirft dies Fragen nach einem Gehörlosen schwarzen und einem schwarzen Gehörlosen Bewusstsein auf.[35]

Dort, wo Menschen sich engagieren und bereit sind, an den Praktiken des Bürger:innenseins – also Sprechen und Zuhören – teilzunehmen, aber von den sozialen Eliten der Gesellschaft blockiert, ignoriert oder absichtlich daran gehindert werden, wäre der Appell an den gleichmäßigen Schutz durch das Gesetz eine Möglichkeit. Der Republikanismus – der Standpunkt, dass Bürger:innen nicht unter willkürlichen monarchistischen Regeln leben, sondern als Gleiche vor dem Gesetz unter der Leitung von Repräsentant:innen stehen sollten – unterstützt diese Ansicht. Dieser indirekte Egalitarismus des Republikanismus wirft unweigerlich die Frage nach dem Geltungsbereich des Gesetzes auf.

In der Geschichte führte das Thema Rassifizierung in Republiken, darunter Australien, die Föderative Republik Brasilien, die 1961 gegründete Republik Südafrika und die USA, zu vermeintlich legitimen Ausschlüssen bestimmter Menschen – mit der Begründung, dadurch werde die Integrität des Systems geschützt. Im Endeffekt bedeutete es, dass diesen Menschen die Teilhabe verboten war. Diese Art der Rationalisierung besteht darin, dass jegliche Kritik am System zurückgewiesen wird bis zu dem Punkt, dass es den Status eines Götzen oder Gottes erhält. Gottgleich, kann die Stadt oder der Staat nichts falsch machen. Wenn es darum geht, für Ungerechtigkeit und Missstände einzustehen, werden diese entweder ignoriert oder anderen die Schuld gegeben, auch den Opfern. Erinnern wir uns an die frühere Diskussion über die Theodizee. Die Argumentation ist dieselbe: Wenn der Gott mächtig und gut ist, dient menschliches Leiden einem höheren Zweck, oder aber die Schuld wird im Verhalten Einzelner gesucht, statt in der Angewohnheit, sich den Edikten des Gottes zu unterwerfen. Ein Land, einen Staat oder eine Stadt auf diese Weise wie einen Gott zu behandeln, bezeichne ich als Zividizee.

Die Logik der Zividizee beruht auf Gegensätzen, die verschiedene Elemente auf konsistente Art und Weise danach trennen, wer hineingehört und wer nicht. Diese Logik eignet sich perfekt für rassistische Staaten mit aufgezwungenen Apartheid- oder Segregationssystemen, in denen sowohl die Polizei als auch das Militär als physische Grenzen fungieren zwischen den Gruppen, die drinnen, und denen, die paradoxerweise draußen sind, obgleich alle unter dasselbe Rechtssystem fallen. Konträre Gegensätze sind Widersprüche, welche dialektisch sind: Sie erfordern Interaktionen,

Verhandlungen und die Überschneidung unterschiedlicher Zonen. Wohin »gehören« beispielsweise Polizist:innen und Soldat:innen, wenn sie nach Hause gehen? Einige, wie zum Beispiel schwarze Polizist:innen und Soldat:innen, gehören auch zur Gruppe der Marginalisierten. Solche Staatsdienenden »gehören« instrumentell zu denen, die Ausgrenzung durchsetzen, aber nicht zu ebenjenen Teilen der Gesellschaft, die sie schützen sollen. Wie ironisch es ist, wenn schwarze Polizist:innen und Soldat:innen außerhalb des Dienstes von weißen Polizeikräften angehalten werden, die sie einem Racial Profiling unterziehen. Die ursprüngliche Logik von Bürgerschaft im Kontext der Polis basierte auf der Aushandlung von Konflikten – die vermutlich infolge intellektueller und ideologischer Differenzen entstehen würden – durch Kommunikation. Die Polizei und das Militär bilden den Punkt, an dem Kommunikation zusammenbricht.

Rassifizierung gibt der Geschichte der Staatsbürger:innenschaft eine besondere Wendung. Die städtischen Räume in den Ländern der Euromoderne gewährten nur weißen Männern Zugang zu den Vorteilen der vollen Staatsbürgerschaft – eine Struktur, die an das antike Athen erinnert, mit einer ähnlich komplizierten Beziehung zwischen den Bürgern und den ihnen dienenden Nicht-Bürger:innen, wobei es sich historisch gesehen um Frauen und Versklavte handelte. In den euromodernen Gesellschaften wurde die Staatsbürger:innenschaft rassifiziert, ihr Erscheinungsbild, ob in der Stadt oder auf dem Land, wurde also weiß. Angesichts der Bevölkerungsdichte in den städtischen Zentren waren die Möglichkeiten der Grenzüberschreitung zahlreich, daher trat die Polizeiarbeit als Mittel zur Mobilitätseinschränkung untergeordneter rassifizierter Gruppen in den Vordergrund. Die oftmals hysterisch geführte Diskussion über Strafverfolgung wurde zu einer spezifisch städtischen Angelegenheit, und die städtischen Zentren wurden zunehmend als Orte des »Verbrechens« beschrieben. Man erwartete, dass schwarze und braune Menschen nur noch dort präsent sein sollten, wo man ihre Arbeitskraft brauchte, ansonsten sollten sie »unsichtbar« bleiben. Allein durch ihre Existenz verstießen sie gegen die Regeln des Nicht-Erscheinens.

Euromoderne Städte sind unterteilt in Orte des Bürger:innenseins (weiße Menschen) und der Kriminalität (schwarze, braune und kolonisierte Indigene Menschen). So entstehen die Voraussetzungen dafür, dass Erstere ihre Staatsbürger:innenschaft *gegen die Staatsbürger:innenschaft* Letzterer einsetzen. Ironischerweise verhalten sich Nicht-Staatsbürger:innen wie Menschen mit permanentem Aufenthaltstitel und Migrant:innen ohne Papiere oft wie vorbildliche Staatsbürger:innen, und dennoch blockieren von Rechts wegen ernannte Bürger:innen aktiv das politische Erscheinen von Migrant:innen, indem sie sich auf »Recht und Ordnung« und die Strafverfolgung stützen.

Nehmen wir als Beispiel New York City, von jeher ein pulsierendes Zentrum politischer Aktivität, das mit Institutionen aufwartet, die sich auf die Zivilgesellschaft als Ausdruck von Möglichkeitsräumen und zur Kontrolle von Regierungsinstitutionen konzentrieren. In mindestens zwei Fällen erlebte die Stadt einen Rückgang des Bürger:innenseins. Der erste war die sogenannte weiße Flucht ab den 1950er-Jahren. Der zweite Moment war Bürgermeister Rudolph Giulianis drakonische Kampagne für das, was man »Recht und Ordnung« nennt, von 1994 bis 2001. Da die Erwartungen an das Bürger:innensein und das Weißsein in der Praxis ein und dieselben waren, bedeutete dies, dass das Bürger:innentum (also die Menschen, die aufgrund ihrer Rassifizierung und wirtschaftlichen Lage Kapital besitzen) in die Vorstädte, die Außenbezirke und die ländlichen Gebiete abwanderte. Die verbleibenden Bevölkerungsgruppen, größtenteils Menschen of Color, die für die Demokratie kämpften, litten unter den brutalen Maßregelungen staatlicher Gewalt, die bis ins dritte Jahrzehnt des einundzwanzigsten Jahrhunderts anhalten. Obwohl urbane Zentren wie Atlanta, Baltimore, Boston, Chicago, Los Angeles, Minneapolis, New York, San Francisco und St. Louis noch immer als »Städte« bezeichnet werden, sind sie vom Niedergang und zuweilen vom Fehlen von Bürger:innenrechten gekennzeichnet, da diese den Anforderungen des sogenannten Rechts untergeordnet werden – wo sich *Rechtsvorschriften* in einer kontinuierlichen Aushöhlung bürgerlicher Freiheiten über das politische Erscheinen stellen, wie beispielsweise bei der Gesetzgebung zu polizeilichen »Stop-and-frisk«-Praktiken, die vor allem Schwarze betreffen. Urbane Zentren auf der ganzen Welt sind mit ähnlichen Tendenzen konfrontiert.

Da sie von Vorschriften statt von Bürger:innenschaft regiert werden, haben sich die soziologischen und politischen Funktionen dieser urbanen Zentren verschoben. Seit den 1990er-Jahren sind die genannten urbanen Zentren – Atlanta, Baltimore, Chicago, New York, San Francisco und andere Orte, die fälschlicherweise als »Städte« bezeichnet werden – zu urbanen Vergnügungsstätten für weiße Leute aus den Vorstädten geworden. Jüngere Weiße mit Kapital leben sich an solchen Orten aus, bis sie sich irgendwann entschließen, eine Familie zu gründen. An diesem Punkt entscheiden sich dann viele dafür, ihr weißes Kapital woanders hin zu bringen. Wie Disneyland oder Disney World sind viele urbane Zentren zu verwalteten Konsum- statt Produktionsstätten geworden.

Als Konsument:in kann man Disney World genießen, weil es sich, bei näherem Hinsehen, um einen totalitären Staat handelt. Es ist ganz auf die Organisation von Konsum und Vergnügen ausgerichtet, die Bewegungen von Kundschaft und Mitarbeitenden werden bis aufs kleinste Detail überwacht; es ist ein Vorbote dessen, was der Fetisch der Privatisierung bietet: Kontrolle in den Händen der Unternehmensführung. So wie sich in den heutigen urbanen Zentren viel staatliche Gewalt im Verborgenen abspielt, so bleibt auch in solchen Freizeitparks vieles unsichtbar – etwa die Behandlung der Beschäftigten.[36]

Das bedeutet, dass Kriminalität fast ausschließlich als Störung von staatlich sanktionierten Konsum- oder Fantasiewelten verstanden wird. In letzter Konsequenz bedeutet dies, dass viele urbane Zentren, die zunehmend an politischer Wirkmacht und Partizipation verlieren, keine Städte mehr sind.

Echte Städte sind politisch. Doch wie können sie das auch zukünftig sein, wenn Aktivitäten, die dem Bürger:innensein zuwiderlaufen, die Oberhand gewinnen? Eins ist klar: Die Abschaffung des Bürger:innenseins, in der die Menschen die Verantwortung dafür übernehmen, wie die Macht in der Gesellschaft funktioniert, bedingt die schwindende Bedeutung von Städten als Orte der Politik.

Politik existiert nicht ohne Sprache und Macht – oder genauer gesagt, Macht durch Sprache. Institutionen werden durch diese Art von Kommunikation aufgebaut. Ein seltsames Merkmal des zeitgenössischen politischen Diskurses ist jedoch die Tendenz, in moralischen Begriffen über politische Fragen nachzudenken. Man geht davon aus, dass die Organisation der Gesellschaft »gerecht« wäre, wenn die Menschen moralischer werden würden. Ordnung steht im Mittelpunkt – auf Kosten des Bürger:innenseins. Eine vermeintlich wohlgeordnete Gesellschaft kann leicht durch Formen der Zividizee unterlaufen werden: Dort wo »Gerechtigkeit« davon abhängt, dass die Integrität eines Systems vor denjenigen geschützt wird, die es besudeln könnten – und die leider keine Bedrohungen von außen darstellen, sondern untergeordnete Gruppen innerhalb seines Zuständigkeitsbereichs. Die staatliche Gewalt, die im Frühjahr 2020 gegen friedliche Demonstrierende in den USA ausgeübt wurde – einschließlich derer, die von bewaffneten Streitkräften angegriffen wurden, damit der ehemalige Präsident Trump mit einer Bibel in der Hand vor der St. John's Episcopal Church gegenüber vom Weißen Haus posieren konnte –, offenbart ein politisches Klima, in dem Andersdenkende als innere Feinde gelten.[37] Zu den antidemokratischen Bestrebungen gehörten sogar Pläne, eine schwer zu kontrollierende Waffe mit mikrowellenähnlicher Technik gegen Demonstrierende einzusetzen.[38]

Der moralistische Appell geht auch an den extrem wichtigen Bestrebungen nach sozialem Wandel vorbei, dem Ziel derjenigen, die nicht als Bürger:innen, als Akteur:innen und als legitime Mitglieder der Gesellschaft wahrgenommen wurden und das gerne ändern würden. Sie wollen gesellschaftliche Veränderung, was sie in Konflikt mit einem System bringt, das sich selbst für gerecht hält und sie dementsprechend als ungerecht markiert. Ihr Erscheinen ist unzulässig; sie stellen einen Verstoß dar.

Ein weiteres Problem des moralischen Anwendungsmodells besteht darin, dass es nur dann Sinn macht, wenn die Menschen wirklich in der Lage sind, Gerechtigkeit individuell umzusetzen. Aber Menschen sind nicht göttlich und allmächtig; wir sind fehlbar und physisch begrenzt; wir müssen alternative Wege finden, um die Gesellschaft aufzubauen und zusammenzuleben. Dazu ist Empowerment, also die Stärkung der Gemeinschaft, erforderlich: Wir müssen die Wirkungsmöglichkeit der Gemeinschaft fördern, durch die wir leben und wachsen können.

»*Power*«, was im Deutschen sowohl Kraft, Stärke als auch Macht bedeuten kann, ist ein häufig verwendetes Wort, das selten definiert und dadurch zum Magneten für Mystifizierung und Misstrauen wird. Es beschreibt die Fähigkeit, etwas entstehen zu lassen, sowie den Zugang zu den nötigen Mitteln, es zu realisieren. In eurozentrischen Darstellungen wird oft auf das lateinische Wort *potis* verwiesen, von dem sich das Wort »potent« ableitet, wie bei einem omnipotenten Gott. Die göttliche Bedeutung gibt bereits einen Hinweis. Kehren wir zum Kmt des Mittleren Reiches beziehungsweise des alten Ägyptens zurück, so finden wir das Wort *pHty*, das sich auf die göttliche Stärke oder die Stärke von Pharaonen und anderen hohen Beamten bezog. Noch weiter zurück ins Alte Reich (2686 v. Chr.–2134 v. Chr.) finden wir das Wort *HqAw* oder *heka*, welches das *ka* (manchmal mit »Lebenskraft«, »Seele«, »Geist«, »Schoß« oder »Magie« übersetzt) aktiviert, welches die Realität entzündet.[39] Der Sonnengott Ra ist hierfür anschaulich, da Elemente dieses Gottes andere Gottheiten und die gesamte Realität durchströmen, wie ein Lichtstrahl oder Strahlung. Die *pHty* wird nur durch *HqAw* erreicht, was bestätigt, dass sich *power*/Macht beschreiben lässt als die Fähigkeit, mit den nötigen Mitteln Dinge geschehen zu lassen. Heute wird der Begriff »power« auch im Zusammenhang mit Elektrizität verwendet, und wenn sie fehlt, wird im Englischen »*we are out of power*« gesagt. Die Assoziation von Elektrizität mit Macht ist der Grund, warum wir charismatische Redner:innen manchmal als »elektrifizierend« bezeichnen. Solche Menschen sind fesselnd. Sie bewegen uns. Sie bringen uns dazu, etwas zu tun. Sie bringen Dinge in Bewegung.

Wir können diese Geschichte von Sprache und Macht und ihrer Beziehung zur Politik nun neu betrachten. Unsere ursprünglichen Fähigkeiten und Instrumente sind unsere Körper. Dort, wo unsere physische Reichweite unser einziges Instrument ist, ist unser Einfluss auf die Welt auf materielle Kraft beschränkt. Wir fassen oder schieben die Dinge direkt an. Wir Menschen haben die Gabe der Sprache, mit der wir – durch unseren Verstand und die Produktion von Wissen – unseren Einfluss auf die Welt nicht nur dadurch erweitern können, dass wir uns gegenseitig erreichen, sondern auch dadurch, dass wir neue Formen von Wissen und Dingen schaffen. Es ist alchemistisch. Es ist ein Schlüssel, um das ins Leben zu rufen, was noch nicht war. Hinzu kommen unsere Kommunikationstechnologien, mit denen wir heute neue Arten von Leben erschaffen, während wir Sonden durch den Weltraum schicken in der Hoffnung, auf andere Wesen zu treffen.

Unsere Fähigkeit, einander zu berühren, erschafft die soziale Welt und erfüllt sie mit Kreativität und Sinn. Das bringt auch Verantwortung mit sich, die ständig ausgehandelt werden muss. Der kulturelle Mensch, den Sigmund Freud treffend als »Prothesengott« bezeichnete, bedeutet eine wesentliche Erweiterung der menschlichen Möglichkeiten.[40] Wir sind zwar nicht göttlich, aber die soziale Welt der kulturellen Bedeutungen hat uns in die Lage versetzt,

Verantwortlichkeiten zu übernehmen, die einst als göttlich galten. Wir haben Möglichkeiten, unsere Umwelt zu kontrollieren und unsere Gesundheit zu erhalten oder zu kultivieren, und wir erlassen Regeln und Vorschriften, um Konflikte untereinander zu entschärfen. Um letzteres zu unterstützen, haben wir Institutionen wie Gerichte, Regierungen, Krankenhäuser, Märkte, Schulen, Tempel und Gewerkschaften geschaffen, in denen wir einen Teil unserer Macht zum erweiterten Nutzen anderer abgeben. »Empowerment« bedeutet, die Möglichkeiten von Bedürftigen zu erweitern. Doch wo Möglichkeiten von einigen wenigen gehortet werden, wird die Macht anderer beschnitten, bis zu dem Punkt, an dem sie in ihren Körpern eingesperrt sind. Wenn sie weiter ins Innere gedrängt werden, ersticken sie oder, schlimmer noch, implodieren. Das ist Unterdrückung.

In rassistischen Gesellschaften zielt der Staat darauf ab, Menschen zu entmachten. Die Beschränkung der Macht bestimmter Gruppen auf den physischen Körper bedeutet, dass ihre Ausdrucksmöglichkeiten, insbesondere die Sprache, beschnitten werden. Diese Menschen hören auf, die soziale Welt zu beeinflussen; sie sind ungehörte Geräusche. Anti-schwarzer Rassismus zum Beispiel lehnt einen Zusammenschluss von Schwarzen und Macht ab. Um ihr Zusammentreffen zu verhindern, muss eine rassistische Gesellschaft Sprache, Macht, Vorstellungskraft und Politik angreifen. Deshalb werden alle rassistischen Gesellschaften irgendwann anti-politisch, anti-intellektuell und fantasielos. Es ist kein Zufall, dass der Kampf gegen Rassismus nicht einfach nur moralisch ist (also darum geht, wie wir einander behandeln sollten), sondern auch politisch (um die Erweiterung von Freiheit und Möglichkeiten). Da es dabei auch um Kommunikation und andere Arten der Interaktion geht, richtet sich das politische Leben nach außen. Anti-politische Gesellschaften streben den Zusammenbruch von Beziehungen an, um zumindest bestimmte Gruppen in das Gefängnis der Beziehungslosigkeit oder der Unverbundenheit zu zwingen, was sie ins Innere drängt.

Wo politische Aktivitäten gedeihen, gedeihen auch Bürger:innensein und demokratische Institutionen. In einer Vielzahl von urbanen Zentren auf der ganzen Welt gibt es aktivistische Gruppen, die sich für die Wiederbelebung des Bürger:innenseins jenseits der Logik von rassistischer Ausgrenzung einsetzen. Die Ergebnisse ihrer harten Arbeit wurden in den unterschiedlich rassifizierten Bevölkerungsgruppen sichtbar, die im Kampf gegen Polizeigewalt und für Demokratie auf die Straße gingen – was inzwischen auch als »US-amerikanischer Frühling« von 2020 bezeichnet wird.[41] Von Brasilien und Kolumbien bis zu den Niederlanden und dem Vereinigten Königreich gab es vergleichbare Proteste gegen Polizeigewalt. Bürger:innensein erfordert beharrliche demokratische Praxis und Kampf.

Ländliche Gebiete, die nicht nur dazu fähig sind, Bürger:innenrechte auszuüben, sondern dies auch in zunehmendem Maße tun, sind politisch eingeschränkt, wenn sie zu ultra-ländlichen Gebieten werden – das heißt zu Orten, die so abgelegen sind und so wenige Menschen beherbergen, dass es außer der Kommunikation mit sich selbst kaum soziales Leben gibt. In den USA gab es Strategien, die darauf abzielten, dass die Menschen in diesen Gebieten einen größeren Einfluss auf die Wahlergebnisse haben als die Menschen in dicht besiedelten Gebieten. Das Ergebnis der US-Wahlen 2016 war Ausdruck einer Kampfausweitung gegen das Bürger:innensein. Menschen, die die Notwendigkeit ablehnten, mit anderen zusammenzuleben, halfen den Superreichen und den Korrupten dabei, Kandidat:innen an die Macht zu bringen, die für eine Reihe von Richtlinien gegen die Mehrheit des Landes eintraten. Im Jahr 2020 waren die Wahlergebnisse im Wesentlichen: die Ausplünderung der Staatskassen im Interesse der Reichen; die Störung und in einigen Fällen sogar die Zerstörung staatlicher sozialer Einrichtungen, die vielen Menschen das Leben hätten retten können, als das neuartige Coronavirus die USA erreichte; die Beschwörung von Polizeistaat und Militarismus; eine sich noch über Generationen hinziehende Staatsverschuldung; und ein Frontalangriff auf die Demokratie im Januar 2021 beim Ansturm auf das Kapitol, gefolgt von dem systematischen Versuch, insbesondere schwarze Wähler:innen im ganzen Land zu entrechten.

Die Wellen globaler Proteste seit 2017 signalisierten einen neuen, ausgeweiteten Kampf um das Bürger:innensein.[42] Die öffentlichen Proteste von illegalisierten Arbeiter:innen, Geflüchteten und insbesondere von schikanierten schwarzen und braunen Menschen weisen auch auf ein Merkmal echten Bürger:innenseins hin, das in Zeiten von Not und Widrigkeiten zum Vorschein kommt: Mut. Diejenigen, die heute das Bürger:innensein verfechten, könnten viel von den Strapazen derjenigen lernen, die unter einer aufgezwungenen Unsichtbarkeit leiden und denen das Recht verweigert wurde, ihre Menschlichkeit und ihr Potenzial als Bürger:innen zu verwirklichen. Sie kämpfen für die Möglichkeiten, mit denen Menschen sinnvolle Entscheidungen treffen und sich lebensorientierende Ziele setzen können.[43] Solche Bemühungen können immer tragisch enden, denn obwohl ihr Erfolg allen zugutekommt, sollten wir nicht vergessen, dass auch ihre Misserfolge geteilt werden.[44] In seiner Untersuchung dieses Problems von Risiko und politischer Verantwortung in den USA drückte es der berühmte Automobilarbeiter und Schwarze revolutionäre Intellektuelle James Boggs so aus:

> Was brauchen die Menschen in den USA heute am allermeisten? Dass sich nicht länger vor der Verantwortung gedrückt wird, sondern Verantwortung übernommen wird. Wenn die Amerikaner:innen mit dem ersten aufhören und mit dem zweiten anfangen, dann begeben sie sich auf den revolutionären Weg. Aber dazu müssen sie in der Politik so viel kreative Vorstellungskraft einsetzen, wie sie es bisher in der Produktion getan haben. Denn eins ist klar: Umso einfallsreicher die Amerikaner:innen bei der Schaffung neuer Produktionstechniken waren, desto einfallsloser waren sie bei der Schaffung neuer menschlicher Beziehungen.[45]

Politische Verantwortung wird leider oft mit moralischer Verantwortung verwechselt. Der deutsche Philosoph und Psychiater Karl Jaspers schrieb in seinem 1947 erschienenen Buch *Die Schuldfrage* viel über politische Verantwortung unter den Bedingungen schwerwiegender Angriffe auf die Menschlichkeit.[46] Das Wort »Schuld« ist mit dem Wort »Schule« verwandt, und der Gedanke ist, dass ein Mensch in einer Situation der Schuld, des Vorwurfs oder der Verantwortung etwas lernen sollte. Schuld ohne Lernen ist sinnlos und sogar pathologisch. Der Titel von Jaspers' Buch wurde jedoch im Englischen mit *The Question of German Guilt* (Die Frage nach der deutschen Schuld) übersetzt.[47] Zweifellos waren Deutschlands Position als besiegtes Land und die globalen Verirrungen am Ende des Zweiten Weltkriegs der Grund für die Übersetzung der allgemeinen »Schuld« in eine spezifisch deutsche. Diejenigen, die gegen Deutschland gekämpft hatten, wollten diesen Aspekt spezifizieren, anstatt einzuräumen, dass sie eine gemeinsame Verantwortung für den Imperialismus und Rassismus trugen, welche den Krieg begünstigt hatten. Vor allem die USA versuchen bis heute, die Tatsache zu verdrängen, dass ihre Misshandlungen der Indigenen und schwarzen Bevölkerung, unterstützt durch die Rationalisierungen vieler angesehener Wissenschaftler:innen, die Nazis inspiriert hatten.[48] Obwohl Jaspers sich zunächst an seine deutschen Landsleute wandte, sprach er zu jedem Land und jedem Menschen auf der Welt.

Jaspers skizzierte vier Arten von Schuld mit je eigener Verantwortlichkeit. Die erste, metaphysische, betrifft die Beziehung des Einzelnen zu G'tt oder zum Dasein im gesamten Universum oder Pluriversum. Hier steht man allein vor dem Urteil der Allwissenheit. Diese Form von Schuld und Verantwortung mag bei Atheist:innen oder Menschen, die die Idee einer spirituellen Realität ablehnen, keinen Anklang finden; sie mögen sich eher die existenzielle Frage stellen, ob sie ein sinnvolles Leben geführt haben. Das Entscheidende ist, dass das Fehlen eines spirituellen Glaubens niemanden von Verantwortung befreit. Selbst Atheist:innen stehen vor der Frage, ob sie an eine Vorstellung von Verantwortung glauben oder sie übernehmen sollen; denn wenn es keinen G'tt gibt, von dem sie ausgeht, liegt die Verantwortung bei uns allen.

Der zweite Bereich, die moralische Verantwortung, betrifft unseren Charakter und unser Verhältnis zu gesellschaftlichen Regeln und Sitten. Das Hauptanliegen lässt sich mit der Frage zusammenfassen: »Habe ich das Richtige getan?« Die Moral bezieht sich auf Regeln, Ethik und auf den Charakter, was auch die Frage »Bin ich ein guter Mensch?« aufwirft.

Die dritte, die rechtliche Verantwortung, betrifft die Frage, ob man die von den zuständigen Behörden erlassenen Regeln befolgt oder verletzt hat. Bei den sogenannten *mala prohibita* (Verfehlungen aufgrund von Verboten) spielt die Absicht Einzelner keine Rolle. Sie stehen im Gegensatz zu den *mala en se* (Schlechtes an sich), die auch dann verboten sind, wenn keine Regierung oder Rechtsordnung sie dazu erklärt hat.

Die letzte Form von Schuld und Verantwortung ist die politische und hier vorrangig von Interesse. Es ist die Verantwortung, die jedes Mitglied einer Gesellschaft für die Handlungen der Regierung trägt. Sie wirft die Frage auf, ob eine Regierung so gehandelt hat, dass die Bevölkerung im Falle ihres Niedergangs Gnade verdient. Jaspers rät den Regierungen zu bedenken, dass im Falle ihres Scheiterns die Menschen, die Bürger:innen, gezwungen sein werden, ihre Schulden zu bezahlen, und in manchen Fällen sogar von ihnen verschuldeten Todesurteilen entgegensehen.

Als Antwort auf Jaspers vertritt die feministische Philosophin Iris Marion Young die Auffassung, dass politische Verantwortung mehr erfordert, als so zu handeln, dass man eine gnädige Behandlung verdient.[49] Es reicht nicht aus, dass die Mächtigen vermeiden, Unrecht zu begehen; es ist auch wichtig, dass sie sich für die Welt einsetzen oder sie besser machen. Dies erfordert eine Abkehr von dem, was sie ein »Haftungsmodell der Verantwortung« nennt. Sie schlägt folgende Kriterien für politische Verantwortung vor:

(1) Im Gegensatz zu Verantwortung als Haftung isoliert politische Verantwortung nicht einige Verantwortliche, um andere zu entlasten.
(2) Während Schuld oder Haftung nach Abhilfe für eine Abweichung von einer akzeptablen Norm suchen, in der Regel durch ein Ereignis, das einen Endpunkt erreicht hat, geht es bei politischer Verantwortung um strukturelle Ursachen von Ungerechtigkeit, die normal und andauernd sind.
(3) Politische Verantwortung ist eher zukunftsorientiert als rückwärtsgewandt.
(4) Was es bedeutet, politische Verantwortung zu übernehmen oder zu übertragen, ist offener und liegt mehr im eigenen Ermessen als das, was es bedeutet, Akteur:innen für schuldig oder haftbar zu halten.
(5) Ein:e Akteur:in teilt die politische Verantwortung mit anderen, deren Handlungen zu den strukturellen Prozessen beitragen, die Ungerechtigkeit produzieren.[50]

Während Young mit Jaspers darin übereinstimmt, dass politische Verantwortung von allen in einer Gesellschaft getragen wird, beschreibt ihr Hinweis auf die »strukturellen Prozesse, die Ungerechtigkeit produzieren«, eine andere Art und Weise, sich auf Machtinstitutionen zu beziehen. Die Fähigkeit, Ungerechtigkeit zu produzieren, impliziert auch die Fähigkeit, eine gerechtere Gesellschaft zu schaffen; deshalb sagt sie auch, dass politische Verantwortung zukunftsorientiert ist, inklusive der »Teilnahme an Prozessen, die strukturelle Ungerechtigkeit produzieren, welche nur dann beseitigt werden können, wenn diejenigen, die diese Verantwortung teilen, kollektive Maßnahmen ergreifen, um die Prozesse zu verändern«.[51] Politische Verantwortung wird potenziell von allen Mitgliedern einer Gesellschaft geteilt.

Rassismus als ein System institutioneller Degradierung gehört zur politischen Verantwortung. Das politische Schuldgefühl zu vieler Weißer führt zu einer Krise, da ihr Narzissmus eine eingebildete individuelle (moralische) Verantwortung erzeugt. So wird anti-rassistischer Kampf zu einem Thema, bei dem es nur um sie selbst geht.

In der zweiten und in der letzten seiner autobiografischen Schriften beobachtete Frederick Douglass, dass metaphysische Schuldgefühle eine Rolle bei der pathologischen Angst weißer Versklaver:innen vor Friedhöfen spielten.[52] Angesichts des christlichen Versprechens von einem Leben nach dem Tod für die Rechtschaffenden waren versklavte Menschen oft eher bereit, ihrem Schöpfer zu begegnen. Dieses Versprechen war leider auch die Grundlage für die Grausamkeit von Versklaver:innen und Aufseher:innen. Perfiderweise versuchten viele, die Rechtschaffenheit aus den Sklav:innen herauszuprügeln, in der Hoffnung, ihr eigenes Recht auf Erlösung zu behaupten. Für andere war es notwendig, dass G'tt nicht existierte, weil es bedeutete, dass sie ohne metaphysische Bestrafung obszön grausam sein konnten. Zusätzlich zu dem Sadismus, den Douglass beschrieb, haben viele Wissenschaftler:innen grausame Handlungen dokumentiert, vom Zerhacken versklavter Menschen auf Sklavenschiffen und der Zwangsverfütterung von Überresten der Opfer an die »Schiffsladung« über die Entwicklung bizarrer Folterinstrumente wie das Aufhängen an einem Haken durch die Rippen und das Entzünden von mit Schießpulver gefüllten Körperöffnungen, bis hin zu Zerstückelungen und Techniken der sexuellen Gewalt, die an versklavten Frauen und Männern jeden Alters verübt wurden.[53]

Moralische Schuld führt oft zu der Besessenheit, ein individuell guter oder moralischer Mensch zu sein, was die Auseinandersetzung mit den vom Rassismus geschaffenen Umständen verdrängt. Der moralische Fokus zieht sich zuweilen schnell in einen Moralismus zurück, bei dem die Schuld das Hauptziel ist. Katharsis wird dadurch erreicht, dass man sich selbst als moralisch betrachtet, während die Unterdrückung – als systematische Strukturen der Entmenschlichung – bestehen bleibt. Bei der rechtlichen Schuld geht es hingegen darum, ob Gesetze verletzt wurden. Dort wo Rassismus illegal ist, muss die Diskriminierung nachgewiesen werden; Schuld kann zugeschrieben werden, ohne dass sie erlebt wird. Eine Person könnte für eine Handlung, die sie selbst nicht als unmoralisch ansieht, rechtlich für schuldig befunden werden.

Politische Schuld ist anders. Es geht nicht darum, dass das Verhältnis zum Göttlichen, zur Moral, zur persönlichen Tugend und zum Gesetz irrelevant ist, sondern dass jede Person, auch diejenige, die keinen direkten Schaden angerichtet hat, verantwortlich ist. Selbst diejenigen, die geschädigt werden, sind verantwortlich. Weiße, die versuchen, die persönliche Verantwortung für ihre rassistische Gesellschaft zu leugnen, verkennen, dass Schwarze und andere unterdrückte Nicht-Weiße ironischerweise auch eine politische Verantwortung tragen. Die Frage nach politischer Verantwortung stellt Irrtümer über die politische Mobilisierung für sozialen Wandel infrage, die zwei Jahrhunderte alt sind.

Der erste Irrtum ist, dass es irgendwo da draußen eine Gruppe von Menschen gibt, die *alles richtig gemacht haben*. Finde sie, ahme sie nach, und alles, was richtig ist, wird sich verwirklichen. Das Törichte an dieser Vorstellung ist, dass solche Menschen nicht menschlich wären, wenn die

Richtigkeit ihrer Handlungen davon abhinge, wer oder was sie sind, statt davon, was sie getan haben. Wenn ihre Handlungen und Werte eine Quelle des Lernens sind, sollten wir anderen uns fragen, ob sie für uns alle wirksam sind. Wenn man davon ausgeht, dass diese Menschen etwas Besonderes sind, weil sie so sind, wie sie sind, ohne ihre Praktiken zu untersuchen, dann hätten wir es mit Problemen der Exotisierung und des Fetischs zu tun, bei denen diese Menschen von Natur aus gut oder perfekt sind. Sich mit ihnen zu identifizieren, wäre ein Beispiel für den Geist der Ernsthaftigkeit. Eine bessere Strategie wäre es, sich auf ihre tatsächlichen Handlungen zu konzentrieren.

Der zweite Irrtum sucht seine Legitimation in der Masse, die angeblich alles richten kann, wenn sie groß genug ist. Der spanische Philosoph und Staatsmann José Ortega y Gasset lieferte eine Antwort auf diese Vorstellung, als er vor dem sogenannten »Massenmenschen« und der nahezu metaphysischen, hyperdemokratischen »Vermassung« unserer Zeit warnte.[54] Der Massenmensch ist der Feind der Weisheit, des Könnens, des Fachwissens, des Eigentums – ja, er ist der Feind von allem, was ein Individuum in einer Weise auszeichnet, die sie:ihn zu einer »Minderheit« oder anders macht. Eine gesunde Gesellschaft schätzt die Fähigkeiten und Beiträge, die der Differenzierung entspringen. Eine große Masse verkörpert Kraft, aber selten Intelligenz. Die Arbeiter:innenklasse ist keine Masse, denn sie unterscheidet sich durch die von ihr verrichtete Arbeit, die ein breites Spektrum an Erfahrungen und Fähigkeiten erfordert. Eine ungesunde Gesellschaft begegnet qualifizierten oder angesehenen Personen mit Missgunst, Neid und Verachtung. Arroganz ist die Folge, wenn Menschen mit einer Massenmentalität sich einbilden, alles tun zu können, ohne die dafür notwendigen Fähigkeiten und die nötige Zeit mitzubringen oder zumindest die Entwicklung von Kompetenz. Sie sind der Meinung, dass sie *ein Recht auf alles haben*, ohne Rechenschaft ablegen zu müssen. Sie verwechseln Massenidentifikation mit Lizenz und Grausamkeit mit Stärke. Das Recht auf alles, zu dem auch gehört, das zu tun, was man will, verlangt nach Extremen. Da es unmöglich ist, alles zu haben, kultiviert diese Mentalität das Ressentiment darüber, nicht alles zu haben.

Ein Großteil der Rhetorik der »Alt-Right«-Bewegung und vieler Gefolgsleute des brasilianischen Präsidenten Jair Bolsonaro, des türkischen Präsidenten Recep Erdoğan, des indischen Premierministers Narendra Modi und des ehemaligen US-Präsidenten Donald Trump ist von Ressentiments geprägt. Für diejenigen, die diese Mentalität verkörpern, ist es der größte Affront, befähigter zu sein als sie. Die dreiste, intellektuelle Faulheit dieser Führungspersonen macht sie für ihre Anhänger:innen attraktiv. Der zweite Affront besteht darin, anders zu sein als sie. Was mit dem Aufstieg des Massenmenschen verloren geht – erkennbar an den Machtübernahmen der Faschisten Franco (Spanien), Hitler (Deutschland) und Mussolini (Italien) im zwanzigsten Jahrhundert –, ist die Aufgabe, die Regieren eigentlich erfordert: nämlich die Fähigkeit, vernünftige Regeln und Lebensstandards zu setzen. Oft bedeutet dies, die Standards des menschlichen Potenzials anzuheben, anstatt sie zu senken.

Der Fluch, der auf Massenmenschen lastet, ist ihr Mangel an Legitimität. Die Unfähigkeit, Legitimität zu erzeugen, führt dazu, dass sie Klarheit, Beweise, Fakten, Fairness, Intelligenz, Überzeugungskraft und Wahrheit bekämpfen und stattdessen ihren schieren Willen einsetzen. Diese Antipathie fördert ihren Abstieg in Richtung Faschismus. Da sie unfähig sind, neue und kreative Ideen oder Regeln für die Zukunft zu entwickeln, berufen sich Massenmenschen auf eine fiktive, selektiv verklärte Vergangenheit, die, wie sie alle behaupten, in ihnen selbst als Krönung der Geschichte kulminiert. Der Faschismus ermöglicht die Lüge der Beständigkeit und das falsche Versprechen vom ewigen Leben.

Der italienische Philosoph und Politiker Antonio Gramsci wusste, wie wichtig es ist, Legitimität durch Handlungen zu schaffen, die mit den Interessen und dem Wachstum einer relevanten Gemeinschaft verbunden sind. Er nennt Führungskräfte, die dies tun, »organische Intellektuelle«. Das sind Intellektuelle, die nicht unbedingt mit der Identität einer Gruppe oder Gemeinschaft geboren werden, sondern die sich durch ihr Engagement und Handeln als deren Mitglieder identifizieren. Organische Intellektuelle können also aus anderen Gemeinschaften kommen, weil ihr alternatives Programm mit den Zielen der Gemeinschaft, zu der sie gekommen sind, übereinstimmt und organisch mit ihnen verbunden ist. Es kann schwarze Menschen mit organischen Verbindungen zu weißen Gruppen geben und umgekehrt. Organische Intellektuelle können in heutigen Begriffen auch als »Trans-Intellektuelle« bezeichnet werden, in dem Sinne, dass sie in eine Welt hineingeboren werden, aber organisch mit einer anderen Welt verbunden sind. Man denke an eine Person, die zwar reich geboren wurde, aber durch ihr Handeln und ihr Engagement zu einer linken Intellektuellen der Arbeiter:innenklasse wird.

In ähnlicher Weise kritisierte Fanon die schwarzen Führungsfiguren, deren Kompetenzen, welche organisch mit dem Kampf für Entkolonialisierung oder nationale Unabhängigkeit verbunden waren, nicht unbedingt für den Aufbau ihres Landes geeignet waren. Sie können nur organisch mit dem Kampf gegen den Kolonialismus verbunden sein, was bedeutet, dass sich ihre Legitimität aus der Abwehr fortgesetzter kolonialer Aggression ergibt. Das Problem ist jedoch, dass das Regierungssystem und die Legitimationsgrundlagen, die sie aufbauen, möglicherweise nicht organisch mit dem Ziel verbunden sind, das ihr Land erreichen muss. Der Kolonialismus kann zwar rechtlich beendet, aber ironischerweise durch die sozialen und politischen Mittel fortgesetzt werden, die zu seiner Beseitigung eingesetzt wurden. Es gibt Formen des anti-rassistischen Kampfes, die zu einem effizienteren Rassismus führen, da die Täter:innen zu der Gruppe gehören, die sie eigentlich befreien sollten – zum Beispiel schwarze Täter:innen und solche, die anti-schwarzen Rassismus fortsetzen.

Während schwarzes Bewusstsein mit der Rolle verbunden sein mag, die der schwarzen Person in einer anti-schwarzen Gesellschaft zugewiesen wird, ist das Schwarze Bewusstsein organisch mit dem verbunden, was schwarze und alle anderen Menschen letztlich brauchen: eine Transformation der Gesellschaft, die anti-schwarzen Rassismus und andere Formen der Entmenschlichung hervorbringt, zu etwas Besserem. Schwarzes Bewusstsein ist mit dem Aufbau einer besseren Welt verbunden. Darum geht es beim Streben nach Befreiung.[55] Da Befreiung eine radikale Veränderung der Gesellschaft erfordert, könnte man sie auch als Revolution bezeichnen.

Schwarzes Bewusstsein ist politisch, weil es organisch mit dem Kampf gegen die gesellschaftlichen Kräfte der Entmachtung, des *Disempowerment*, verbunden ist. Schwarzes Bewusstsein erfordert daher jenes Konzept, das für viele Weiße und andere anti-schwarze Menschen in anti-schwarzen Gesellschaften so furchteinflößend ist: *Black Power*.

Was ist Black Power anderes als die Ablehnung von Autoritarismus zugunsten von Legitimität, die aus der Forderung nach Befreiung, nach einem Leben in Würde und Freiheit erwächst? Es gibt einen Unterschied zwischen autoritär sein und Autorität haben. Beide beruhen auf Legitimität. Eine Autorität ohne Legitimität ist oft auf Gewalt angewiesen und wird dadurch autoritär; eine legitimierte Autorität braucht keine Gewalt, weil sie Autorität besitzt. Black Power fordert nicht nur die Möglichkeit ein, etwas zu bewirken – in diesem Fall die Befreiung von der entwürdigenden Gewalt der Unterdrückung –, sondern auch die Entwicklung von Legitimität, Gerechtmachung, Freiheit, Würde, Autorität, Werthaftigkeit.

Rassismus ist die Kanalisierung institutioneller Machtmechanismen hin zum Disempowerment bestimmter Personengruppen; seine Wirksamkeit hängt vom Zusammentreffen staatlicher und kultureller Ressourcen ab. Erst die Menschen verleihen den formalen Bestrebungen ihrer Gesellschaft Legitimität. Wenn sich eine ausreichende Zahl von Menschen gegen problematische formale soziale Mechanismen wehrt und alternative Mechanismen schafft, werden andere, die hartnäckig an der Vergangenheit festhalten, irrelevant. Das ist die ultimative Angst der Rassist:innen – ihre eigene Irrelevanz. Da ihre Relevanz von einer Gesellschaft abhängt, die dem Rassismus verhaftet ist, bildet das Empowerment derjenigen, die von ihnen ausgeschlossen werden, den Todesstoß für das rassistische System. Und da Systeme nur von Menschen aufgebaut und aufrechterhalten werden können, sollte Schwarzes Empowerment das Ziel all derer sein, die sich für die Beseitigung des anti-schwarzen Rassismus und anderer Formen der menschlichen Degradierung einsetzen.

Die Angst vor ihrer eigenen Irrelevanz ist einer der Gründe dafür, dass manche Weiße es nötig haben, von schwarzen Menschen »gebraucht« zu werden.[56] Gleichzeitig gibt es keinen Mangel an Schwarzen, die diese narzisstische Fantasie erfüllen. Es sind meist die Art von Schwarzen, die von rassistischen Weißen, egal ob liberal oder konservativ, herablassend als »klug« bezeichnet werden. Mit Blick auf die alte Debatte darüber, ob Schwarze unter den weißen Liberalen oder den weißen Marxist:innen Verbündete suchen sollten, äußerte sich James Boggs 1963 in seiner Kritik an Louis Lomax' zweifellos »klugem« Text *The Negro Revolt* folgendermaßen:

> Am Ende seines Buches nennt Lomax Gründe, warum sich Schwarze an die Liberalen halten sollten. Hinter seiner Argumentation steht die Annahme, dass Schwarze genau das wollen, was Weiße haben. Lomax geht nie auf die Wahrheit ein, die sich hinter dem unter Schwarzen verbreiteten Spruch verbirgt, dass alles, was der weiße Mensch hat, sein »Weiß« ist. Dieses »Weißsein« ist genau das, was schwarze Menschen verachten ... denn es ist nichts anderes als rassistischer Überlegenheitsglaube. ... Wenn ein schwarzer Mensch sagt, dass die Weißen bessere Chancen haben, dann meint er damit, dass er ein *System der Gleichheit* will. ... Unter diesen Bedingungen wird das, was die Weißen jetzt haben, nicht mehr existieren.[57]

Boggs' Rezension trägt den Titel »Liberalism, Marxism, and Black Political Power«. Wie der Titel verrät, leiden nicht nur weiße Liberale unter dem Bedürfnis, gebraucht zu werden. Er sieht diese Gefahr bei vielen Marxist:innen, die

die Arbeiter:innenklasse romantisieren, womit immer die *weiße* Arbeiter:innenklasse gemeint ist, obwohl unverhältnismäßig viele schwarze, braune und Indigene Menschen entweder zu dieser Klasse oder zu den Arbeitslosen und sehr Armen gehören.[58] Seine Kritik ist knallhart:

Theoretisch sind die Marxisten schlimmer als die Liberalen. Die Marxisten erkennen an, dass es sich bei dem Kampf der Schwarzen um eine Revolution handelt, aber sie wollen trotzdem, dass die Schwarzen davon abhängig sind, dass der weiße Arbeiter ihnen zur Seite steht. Der schwarze Arbeiter, der im Betrieb arbeitet, weiß, dass er nie etwas erreichen wird, wenn er vom weißen Arbeiter abhängig ist. Der durchschnittliche weiße Arbeiter schließt sich keinen liberalen oder radikalen Organisationen an, sondern rassistischen Organisationen wie den Home-Improvement-Verbänden (d. h. keine Schwarzen erlaubt), dem Ku-Klux-Klan und dem White Citizens Council.[59]

Boggs kritisiert die fehlende Erkenntnis, wie unterschiedlich sich Rassifizierung und Klasse im Verhältnis zwischen weißen und schwarzen Arbeiter:innen auswirken:

Wenn der Schwarze kämpft, kämpft er nicht aus dem »letzten Grund« – d. h. nicht nach den Denkmustern der Marxisten –, sondern *in der Realität*: Sein Feind ist nicht nur eine Klasse. Sein Feind sind die Menschen, und die Menschen sind die amerikanischen Weißen aller Klassen, einschließlich der Arbeiter:innen.

Anti-schwarzer Rassismus existiert nicht in einem Vakuum. Er ist ein Glied in einer Kette verschiedener Arten von Rassismus. Rassismus wirkt nicht nur gegen Gleichheit, sondern auch gegen Formen der Zugehörigkeit, die eine Verbindung zur Zukunft darstellen. Was könnte der Kampf gegen Rassismus anderes sein als das Streben nach einer egalitären Gesellschaft, die auf der Offenheit menschlicher Möglichkeiten beruht?

Die Beseitigung weißer Vorherrschaft führt nicht zum Ende von Rassismus. Während weiße Vorherrschaft die These ist, dass Weiße überlegen sein und *alles* haben müssen – sogar die legitime Verkörperung von Unterdrückung und Viktimisierung in einer Welt, in der sich politische Subjekte via Schädigung konstituieren –, ist anti-schwarzer Rassismus die Überzeugung, dass Schwarze nichts haben dürfen. Beides abzulehnen, bedeutet zu verstehen, dass alle Menschen etwas verdienen und dass eine solche Alles-oder-nichts-Mentalität ein falsches Dilemma darstellt.

Die Angst vor dem Schwarzen Bewusstsein macht also Sinn in einer Gesellschaft, in der die Anhänger:innen weißer Vorherrschaft sowie anti-schwarze Rassist:innen die unangenehme Wahrheit ihres Handelns und das Unrechtssystem, von dem sie abhängen, sehen, aber nicht als das begreifen wollen, was es ist – nämlich die Entwürdigung des Menschen und die Verkümmerung der Bandbreite menschlichen Potenzials. Würde, Freiheit und Respekt sowie Zugang zu den Bedingungen für ein sinnvolles Leben sind für eine gesunde Gesellschaft unerlässlich. Wenn alle etwas haben sollen, dann ist der gleiche Zugang zu den Bedingungen für ein sinn- und respektvolles Leben in Würde und Freiheit ein ziemlich wichtiges Gut.

10

SCHWARZES BEWUSSTSEIN IN WAKANDA

Jack Kirby und Stan Lee, das legendäre Kreativduo hinter Marvel Comics, schufen 1966 den Superhelden Black Panther. Die Figur erschien in *Die Fanstastischen Vier* Nr. 52. Der Black Panther – T'Challa – herrscht über Wakanda, ein fiktives afrikanisches Land. Kirby, geboren als Jacob Kurtzberg, war Autor und Zeichner; Lee, geboren als Stanley Lieber, war Autor und Promoter. Ich erwähne die Geburtsnamen dieser beiden Giganten der Comic-Geschichte, um darauf hinzuweisen, was viele Leser:innen vielleicht schon wissen: Die beiden New Yorker waren Juden europäischer Abstammung. Was halten wohl die Anhänger:innen weißer Vorherrschaft, von denen die meisten Juden und Jüdinnen hassen, von diesem Aspekt der Black-Panther-Story? Vermutlich sehen sie ihre Behauptungen über eine jüdisch-schwarze Verschwörung zum Sturz der weißen Vorherrschaft darin bestätigt.[60] Zwar nie ganz perfekt, zieht sich Marvels Anfechtung weißer Vorherrschaft doch bis in die Gegenwart. So wie *Spider-Man: A New Universe* von 2018, in dem ein Afro-Latino-Spider-Man auftritt, und in *Avengers: Endgame* von 2019, in dem der weiße Supersoldat Steve Rogers den Schild von Captain America an den Afroamerikaner Sam Wilson alias Falcon übergibt, stellt der Film *Black Panther* aus dem Jahr 2018, der auf dem ursprünglichen Comic basiert, eine aktive Bedrohung für weiße Vorherrschaft in der Arena der Populärkultur dar.

Die Tatsache, dass Black Panther von jüdischen Autoren erschaffen wurde, legt nahe, dass eine jüdische Lesart der Figur möglich ist. Das fiktive Land Wakanda befindet sich in Ostafrika, entlang des östlichen Ugandas und des westlichen Kenias; es liegt in der Nähe des »jüdischen Territoriums«, das 1903 von Theodor Herzl auf dem sechsten Zionistischen Kongress in Basel vorgeschlagen wurde. Der Vorschlag wurde zwei Jahre später auf dem siebten Zionistischen Kongress von den Briten als undurchführbar abgelehnt. Mit der Balfour-Erklärung von 1917 verkündete die britische Regierung ihre Unterstützung für Palästina als Standort für ein jüdisches Heimatland und einen jüdischen Staat.

Der Black Panther könnte als eine messianische Figur interpretiert werden, die einem heiligen Geschlecht entstammt. Im fiktiven Land der Figur finden sich überall jüdische Symbole; gegen Ende des Films dürfte vielen jüdischen Zuschauer:innen ein Junge aufgefallen sein, der ein Schofarhorn bläst – ein Instrument, das aus dem Horn eines Widders hergestellt wird – und damit ein neues Zeitalter einleitet. Jüdinnen und Juden blasen das Schofar an Rosch ha-Schana, dem Beginn des jüdischen Neujahrs.

Es wäre ein Fehler, diese jüdischen Elemente als Projektionen auf ein imaginäres Afrika zu interpretieren. Auch wenn Lee und Kirby heute womöglich als weiß gelesen würden, so wurden sie doch zu einer Zeit geboren, in der dies fast überall nicht der Fall war (daher die Anglisierung ihrer Nachnamen). Darüber hinaus kann jede Person, die sich mit afrikanischen Kulturen und afrikanischer Geschichte auskennt, leicht erkennen, dass das Judentum afrikanisch geprägt ist (was jedoch nicht alle Jüdinnen und Juden annehmen oder praktizieren). Jüdische Afrikaner:innen, wie die Abayudaya in Uganda und die Lemba in Simbabwe und Südafrika, sehen keinen Widerspruch zwischen dem *halachischen* Leben (Leben nach jüdischem Gesetz) und historischen Praktiken, die als afrikanisch gelten. Viele afroamerikanische und afrokaribische Jüdinnen und Juden, so wie ich, sehen in unserem Jüdischsein auch eine Bestätigung unseres Afrikanischseins.[61]

Es gibt zwar auch jüdische Menschen, die sich als weiß identifizieren und anti-schwarze oder anti-afrikanische Ressentiments pflegen, aber die sind kaum repräsentativ. Es gibt Schwarze, die ebenfalls anti-schwarz und anti-afrikanisch sind, und es gibt Schwarze, die anti-jüdisch sind. Diese Schwarzen als repräsentativ für schwarze Menschen zu betrachten, wäre ein Fehlschluss, der einige wenige Mitglieder zu Repräsentant:innen aller macht.

Die frühzeitlichen Menschen aus Ostafrika hatten keinen Grund, dort haltzumachen, wo heute die geopolitischen Grenzen zwischen Afrika und Westasien verlaufen. Es machte für diese Migrant:innen keinen Sinn, dort anzuhalten, wo später der Suezkanal entstehen sollte. Die verschiedenen Bevölkerungsgruppen im heutigen Nahen Osten bewohnten größtenteils den Nordosten von Kmt/Ägypten, und die Gruppen entlang der heutigen Arabischen Halbinsel stammten zweifellos aus Nubien und anderen nahe gelegenen afrikanischen Ländern. Kenntnis über die antike jüdische Geschichte gibt weiteren Aufschluss: Die Menschen, die in diesen Gebieten Ostafrikas und Westasiens lebten, wurden schließlich zu Judäer:innen. Nach dem Fall des Zweiten Tempels in Jerusalem, ihrer heiligsten Stätte, missionierten sie im gesamten Römischen Reich, wobei sie viele Gruppen und deren Nachkommen zu denen bekehrten, die heute weltweit als jüdisch verstanden werden.⁶²

In der Marvel-Mythologie verdankt Wakanda seinen Reichtum und seine technologische Macht der quasi magischen Substanz Vibranium, die vom Weltraum in den Boden eingeschlagen ist. Eine jüdische Lesart stellt eine Verbindung zur Bundeslade her, welche die Tafeln enthielt, die Moses vom Berg Sinai hinunterbrachte. Die heilige Fracht verlieh der Lade magische Kräfte. Das Wort »Bund« bedeutet »Zusammenkunft«. Das andauernde Vermächtnis der Tafeln ist der Satz von Geboten, unter denen die Hebräer:innen zusammenkamen. Der Gründungsmythos des Black Panthers erzählt von einem großen Krieger, Bashenga, der das durch Vibranium mutierte, Herzförmige Kraut konsumierte, außergewöhnliche Fähigkeiten erlangte und die sich bekriegenden Clans vereinte. Es ist kein Zufall, dass Lee und Kirby den Vornamen T'Challa für seinen Nachfahren, ihren Superhelden, wählten. Entfernt man das »T« und fügt ein »h« am Ende hinzu, erhält man »Challah«, das geflochtene Brot, das bei verschiedenen zeremoniellen Mahlzeiten, insbesondere beim Schabbatessen am Freitagabend, die Zusammenkunft jüdischer Menschen symbolisiert. Der Name T'Challa weist mindestens alle jüdischen Leser:innen darauf hin, zu was für einer Art Anführer dieser Protagonist werden wird.

Dem Mythos zufolge ist das Herzförmige Kraut – strahlend wie ein brennender Busch in Miniaturformat – giftig. Der große Krieger überlebte, weil er genetisch immun war. Die verfeindeten Clans dachten, er sei tot und begruben ihn, aber er wurde mit Superkräften wiedergeboren. Nur seine Nachkommen, die Erben seiner genetischen Immunität, können Black Panther werden; sie sind, zumindest in genetischer Hinsicht, auserwählt.

Diese mythischen Dimensionen bedürfen einiger Ausführungen zum Mythos allgemein sowie zu einer der Formen, in denen diese Geschichten erzählt werden – nämlich der allegorischen. Wörtlich genommen bedeutet »Allegorie«, dass man offen über etwas anderes spricht. Das Wort setzt sich aus den griechischen Wörtern *allos* (»ein anderer«, »etwas anderes«, manchmal auch »darüber hinaus«) und *agoreuein* (offen sprechen) zusammen. Man denke an die Agora, den offenen Versammlungsort im antiken Athen.

In seiner *Politeia* veranschaulichte Platon die Bedeutung der Philosophie durch sein berühmtes Gleichnis vom Aufstieg aus einer Welt der Schatten hin zum Licht, aus der Höhle der Täuschung und Unwissenheit hin zur erleuchteten Wahrheit und Weisheit. Dass wir die Allegorie als erhellend bezeichnen können, macht sie zu einer doppelten Allegorie, sozusagen einer Allegorie über die Allegorie. Das Konzept Erhellung wirft die Frage auf, was erhellt wird und was dadurch erreicht wird, dass es sichtbar gemacht wird. Platons Antwort war eindeutig: die Wahrheit.

Die Suche nach der Wahrheit ist jedoch keine einfache Angelegenheit. Was ist die Wahrheit anderes als das, woran wir glauben oder worauf wir vertrauen können? Das können viele unterschiedliche Dinge sein. Das englische Wort »*truth*« entspringt dem alten westgermanischen Wort *triewð*, das sich auf Glauben, Treue, Loyalität und Vertrauenswürdigkeit bezieht. Es entstammt dem altgermanischen abstrakten Substantiv *treuwitho*, vom früheren Proto-Germanischen *treuwaz* (aufrichtig sein oder sich durch Aufrichtigkeit auszeichnen). Wahrheit ist etwas, worauf man vertrauen kann. Diese Erwartung ist natürlich nicht auf die germanischen Sprachen beschränkt. Die Geschichte von Wörtern anderer Sprachen bietet zusätzliche Einsichten. Das altgriechische Wort, das oft mit »Wahrheit« übersetzt wird, ist zum Beispiel *aletheia*, das dem Wort *alethes* entspringt, welches »nicht verbergend« bedeutet. Das Wort *lēthē* bedeutet »Vergessenheit, Verborgenheit«. Die Vorsilbe »a« bedeutet »nicht«. Somit ist auch das Wort, an dem Platon seine Allegorie manifestierte, eine Metapher für Allegorien, da es das Enthüllen oder zumindest nicht Verbergen beschreibt. *Aletheia* wurde von den Menschen des alten Kmt mit einer Idee verbunden, die in ihrer älteren Sprache Mdw Ntr von *bw mAa* sprachen. Das Wort *bw* (ausgesprochen »bou«) bedeutet »Ort«, und das Wort *mAa* bedeutet »real«. Zusammen beschreiben sie den realen Ort oder den Ort des Realen. Außerdem bedeutet *mAa* (ausgesprochen »mey-a« oder »may-a«) auch »treu«. Dieses ältere ägyptische Wort ist also weiter gefasst und bietet eine gewisse Verbindung zwischen den altgriechischen und germanischen Begriffen. Wir könnten natürlich auch verwandte Wörter in anderen antiken Sprachen untersuchen, zudem gibt es lebende Sprachen, in denen es kein einziges Wort für Wahrheit gibt.[63]

Die Suche nach Wahrheit durch Allegorie wirft die Frage nach ihrer Beziehung zum Mythos auf. Viele Philosoph:innen und Wissenschaftler:innen argumentieren beispielsweise, dass die Wahrheit dort entsteht, wo der Mythos stirbt. Das Ergebnis ist, dass sich Philosoph:innen und Wissenschaftler:innen im Lauf der Jahrhunderte oft gegen Künstler:innen, vor allem Dichter:innen, verbündeten, die ja meistens in der Welt des Mythos zu Hause sind. Einige Philosoph:innen, vor allem Platon, protestierten dagegen, dass Dichter:innen – zu denen in der Antike Geschichtenerzähler:innen, Dramatiker:innen, Redner:innen und

Poet:innen gehörten – die Menschen mit Fiktion belästigten. Manchmal tauchten jedoch auch Dichter:innen oder Philosoph:innen auf, die die Frage nach der Wahrheit in der Fiktion stellten. Dass trotz der Tendenz, den Mythos in Zweifel zu ziehen, seine Vitalität manchmal in ebendiesen Verleugnungen erkennbar war, machte die Sache nicht einfacher. Um die Gründe dahinter zu verstehen, muss man den Unterschied zwischen Theorie und Mythos kennen.

Theoretisieren bedeutet, Momente der Entfremdung zu erleben, durch die etwas erhellt wird. Der Mythos fordert Vertrautheit bis hin zu radikaler Intimität. Die Theorie verlangt nach Erklärung und Verständnis, der Mythos sucht nach Sinn. Die Theorie hält sich letztlich an Beweise und Fakten. Der Mythos spricht ein eigentümliches *Bedürfnis* an, von dem unser unreflektiertes Handeln heimgesucht wird. Der Stoff, aus dem der Mythos gemacht ist, entstammt dem Erzählen. Das Wort leitet sich vom altgriechischen *muthos* ab, was so viel bedeutet wie »aus dem Mund vernommen« oder »Hörensagen«. Diese Erzählform ist auch ein Ritual. Man wiederholt Mythen, die bei jeder Wiederholung ein wenig abweichen. Irgendwann gibt es dann Mythen hinter den Mythen, das innere oder unterirdische Leben des Mythos. Das Erzählen von Mythen ist also selbst mythisch.

Der Akt des Theoretisierens endet jedoch nicht immer in einer Theorie. Das Wort kommt aus dem griechischen *theoria* (Kontemplation, Spekulation, Betrachtung, Sehen), von *theoros* (Zuschauende), von *thea* (Aussicht – interessanterweise kommt daher auch »Theater«) und *horan* (sehen), was im griechischen Infinitiv *theorein* (sehen, betrachten, anschauen) ist. Das interessante doppelte Moment des Betrachtens dessen, was man sieht, ermöglicht Reflexion:

nicht nur zu sehen, sondern auch zu sehen, dass man sieht. Es ist eine Metareflexion, eine Reflexion über Reflexion, eine Bewegung des doppelten Verstehens. Zu sehen, was man sieht, und auch zu sehen, dass man sieht, erweckt den Eindruck, *alles* sehen zu können. Das ursprüngliche Modell dafür ist bereits in der Wurzel *theo* eingebettet, die »Gott« bedeutet. Da Gottheiten, besonders wenn sie mit Macht ausgestattet sind, die Lücke zwischen Potenz und Denken überbrücken, sollte die Schlussfolgerung klar sein. Eingebettet in die Theorie ist das Bemühen, das zu sehen, was ein Gott sehen würde.

Theorie beginnt also mit einem ziemlich hochgesteckten Ziel, wodurch Theoretisieren, zumindest für Menschen, eine endlose Aufgabe darstellt. Menschen sind schließlich keine Gottheiten. Das bedeutet, dass wir niemals von Perfektion ausgehen. Unser Menschsein ist nicht ideal, also in dem Sinne, dass es nicht perfekt ist. Das hindert uns aber nicht daran, und sollte uns auch nicht daran hindern, nach dem zu streben, was in Berücksichtigung unserer Einschränkungen ideal ist.[64]

Alles menschliche Sehen braucht einen Sinn. Wo der Sinn fehlt, löst sich das Sehen in bloßes Wahrnehmen auf. Selbst die Reflexion zerfällt in ein Meer der Unbestimmbarkeit. Der Sinn ist also ein unvermeidliches Element aller Bemühungen, aus der Höhle der Täuschung und der Unwissenheit herauszukommen. Um die Quelle allen Sehens zu sehen – die Quelle aller Bedeutung, das Licht, dessen Strahlen unsere Wirklichkeit durchdringen –, braucht es Sinn. Es ist kein Zufall, dass die Theorie im Mythos begründet ist, wie beispielsweise beim Sonnengott Ra.

Um auf den Black Panther zurückzukommen: Es sollte klar sein, dass Kirby und Lee nicht nur bei der Erschaffung ihrer Figuren vom Mythos beeinflusst wurden, sondern auch bei den Theorien, die Licht auf ihre Geschichten – häufig Allegorien – warfen. Dasselbe gilt für die Autoren Ryan Coogler und Joe Robert Cole, die Lees und Kirbys berühmte Comicfigur verfilmten. Aber der Übergang vom Comic zum Film ist kein nahtloses Unterfangen; was in einem Medium funktioniert, lässt sich nicht unbedingt gut in ein anderes übersetzen. Diejenigen, die das Original suchen, sind von der Übersetzung oft enttäuscht, während diejenigen, die mit der Adaption beginnen, manchmal das Original nicht ansprechend finden. In manchen Fällen greifen die Musen der Nacherzählungen ein, und es existieren mehrere Versionen nebeneinander, wie bei Coverversionen eines Liedes, bei denen über Generationen hinweg jede:r Künstler:in etwas anderes in die fortlaufende Interpretation einbringt. So verstehe ich auch den Black-Panther-Film von 2018. Als er auf die Kinoleinwand kam, war die Figur bereits in mehreren Zeichentrickserien aufgetaucht, darunter eine spezielle BET-Miniserie* aus dem Jahr 2010 mit einer eigenen, von Reginald Hudlin geschaffenen Mythologie.

Der Film wurde mehrfach kritisiert, unter anderem dafür, dass er angeblich rassistisch sei. Einige Kritiker:innen fanden, der Film sei spezifisch rassistisch gegenüber Afroamerikaner:innen. Dabei verwiesen sie auf den Bösewicht N'Jadaka / Erik Stevens / Killmonger, der in den USA als Kind einer afroamerikanischen Mutter (einer Nachfahrin versklavter Afrikaner:innen) und eines wakandischen Vaters geboren wurde. Killmonger stirbt am Ende eines Kampfes,

---

* [Anm. d. Üb.] BET steht für Black Entertainment Television, ein US-Sender, der sich hauptsächlich an ein afroamerikanisches Publikum richtet.

in dem er laut eigener Behauptung versucht habe, wakandische Technologie an Söldner:innen auf der ganzen Welt zu schicken, um eine Weltrevolution zur Befreiung schwarzer Menschen einzuleiten.[65] Diese Kritik greift, wenn wir *Black Panther* mit *Aquaman* (2018) vergleichen, der in dieser Hinsicht sein Gegenstück ist. Man bedenke, dass der Held dieses Films, Arthur Curry (Aquaman), »mixed-race« ist: das Kind einer Prinzessin (Atlanna) aus dem unterseeischen Königreich Atlantis und eines Maoris (Thomas Curry), der an der Küste lebt. Sie kehrt nach Atlantis zurück, um ihren Geliebten und ihren Sohn zu schützen. Anschließend heiratet sie einen Atlanten und zeugt ein »reines« Kind, Orm. Der Bösewicht, König Orm, der ähnliche Ambitionen wie Killmonger hat, ist ein »reiner« Weißer. Im Gegensatz zu Killmonger überlebt Orm.

Aus demselben Grund bezeichnen Kritiker:innen *Black Panther* auch als konterrevolutionär: Killmonger ist für sie ein Befreier. Sie deuten die Niederlage des Bösewichts als den Triumph einer, in diesem Fall, afrikanischen Komplizenschaft mit weißer Vorherrschaft. Ein Beweis dafür ist die Figur des Everett Ross, des weißen CIA-Agenten und ehemaligen Kampfpiloten, der als Held auftritt und das letzte Frachtflugzeug mit Wakanda-Technologie abschießt.

Außerdem gibt es die Figur M'Baku, Anführer des Jabari-Clans, dessen Totem ein weißer Gorilla ist. Die Jabari imitieren die Grunzlaute ihres Totems, um Einwände zu äußern oder Drohungen auszusprechen. Der Sozialwissenschaftler Sudip Sen beschrieb die Demütigung, die er empfand, als er hörte, wie weiße Jugendliche im Kino Grunzlaute nachahmten, als diese Figuren auf der Leinwand auftauchten.[66]

Die Tatsache, dass es sich bei Wakanda um eine ethnisch homogene Monarchie mit viel Militärtechnologie handelt, ist sicherlich wenig fortschrittlich. Abschließend, wenngleich es noch weitere Punkte gäbe, lässt sich noch sagen, dass viele kritische Stimmen das Porträt der Afrikaner:innen im Film für nicht authentisch erachteten. Ähnlich sahen das einige Kritker:innen auch in Bezug auf die Darstellung von Afroamerikaner:innen.[67]

Zusätzlich zu all diesen Aspekten biete ich einige eigene Kritikpunkte an. Erstens bedauere ich die unglückliche Verwendung der Worte »Stamm« und »König« für die Bevölkerung von Wakanda und seine Exekutive. Da »Häuptlinge«, »Könige« und »Stämme« europäische Kolonialbezeichnungen sind, die vielen afrikanischen Menschen auferlegt wurden, macht es für ein nie kolonisiertes afrikanisches Land keinen Sinn, sich mit solchen Begriffen auf seine Bevölkerung zu beziehen. »Ahnen«, »Clans«, »Älteste« und »Familie« entsprechen eher den Begriffen, die in vielen afrikanischen Gemeinschaften verwendet werden.[68]

Wie die Anthropologin Claudia Gastrow in einem gemeinsamen Gespräch über den Film feststellte, entsprechen Wakandas Hochhäuser dem Irrglauben von euromoderner Urbanisierung als Grad der Entwicklung. Das Ziel der Urbanisierung nach europäischem Vorbild ist einer der Fehler, die nicht nur im heutigen Afrika, sondern auch in tropischen Regionen weltweit begangen werden.

Die Comicbücher und Zeichentrickserien machen zudem deutlich, dass jeder Black Panther Captain America, Marvels ikonischem Anführer weißer Superhelden, sowohl intellektuell als auch körperlich überlegen war. Im Film wird diese Tatsache übersehen. Die Verfilmung dieses Narrativs, das aus der Feder von Kirby und Lee stammt, wäre ein zusätzlicher Schlag gegen weiße Vorherrschaft gewesen. Es ist symptomatisch für die Politik dieser Zeit, dass es für viele weiße Superhelden-Fans wohl zu viel gewesen wäre, hätte man diesen Aspekt auf der großen Leinwand deutlich gemacht.

Es gibt viele Argumente, die sich als Antwort auf diese vielen Kritikpunkte finden ließen. Man sollte bedenken, dass diese Kommentator:innen die Comicbücher und Hefte vielleicht noch schlimmer fänden. Obwohl die Comicfigur der Entstehung der Black Panther Party vorausging, änderten die Autoren den Namen der Figur in *Die Fantastischen Vier* Nr. 119 zeitweise in Black Leopard, um sie von der Black Panther Party zu distanzieren. Dies war nur von kurzer Dauer. Als sie ihren Fehler erkannten, gaben sie der Figur ihren ursprünglichen Namen zurück.

Weitere Überlegungen betreffen die Comic-Versionen von M'Baku und Killmonger. In den Comics ist M'Baku ein sogenannter Man-Ape, der seine Kräfte durch das Töten eines wakandischen weißen Gorillas, den Verzehr seines Fleisches, das Baden in seinem Blut und das Tragen seiner Haut erlangt. Killmonger stammt auch in dieser Version aus Harlem und versucht wiederholt, Wakanda zu erobern. In einer Episode isst er das Kraut und wird vergiftet. Als er sich erholt, hat er keine Black-Panther-Kräfte mehr. In dieser Version hat er auch kein Immunitätsgen, also stellt sich die Frage nach seiner tatsächlichen Abstammung. In den Comics stirbt zudem T'Challas Mutter, als er noch ein Kind ist. Die zweite Frau seines Vaters, Romanda, die ihn großzieht, stammt aus Südafrika. Das sei nur erwähnt, um zu zeigen, dass eine originalgetreue Verfilmung der Figur bei vielen schwarzen Zuschauer:innen, die sich den Film in rekordverdächtigen Zahlen und in einigen Fällen sogar mehrfach angesehen haben, nicht gut ankommen würde.

Mit den verschiedenen Kritikpunkten im Hinterkopf wollen wir uns nun dem Film widmen. Mein Ziel ist es nicht, ihn zu verteidigen oder abzulehnen. Mein Ziel ist es, seine mythischen und allegorischen Implikationen zu untersuchen und zu ergründen, wie erhellend sie in Bezug auf politisches Schwarzes Bewusstsein im Gegensatz zu schwarzem Bewusstsein sind. Man sollte auch nicht vergessen, dass es sich um einen Marvel-Film handelt, der in einem fiktiven Universum von Gottheiten und Superheld:innen spielt. Aus der Sicht des Mythos sind Götter Superheld:innen und Superheld:innen sind Götter oder zumindest Halbgötter.

Der Film sprengt den üblichen Rahmen von Superheldenfilmen, indem er sich auf die Komplexität von Führungsstärke, Treue und politischen Verpflichtungen konzentriert, anstatt auf körperliche Fähigkeiten. Die meisten Superheldenfilme – genauer gesagt, *weiße* Superheldenfilme – laufen darauf hinaus, dass der Held seine Kräfte entdeckt, ein Bösewicht dasselbe tut und es dann zu einem Konflikt kommt, in den die Angebetete des Helden verwickelt ist. In der Regel endet das mit dem Triumph des Helden über den Bösewicht, infolge dessen er die Liebe des Mädchens oder der Frau gewinnt. *Black Panther* bricht jedoch mit vielen Regeln des Genres, unabhängig davon, dass der Protagonist Schwarz ist.

In einer frühen Szene ist König T'Challa (der Black Panther) auf einer Mission, um seine geliebte Nakia (ein im Swahilisprachraum verbreiteter arabischer Name, der »rein und treu« bedeutet) zu retten, eine wakandische Spionin auf ihrer eigenen Mission, um versklavte Mädchen und Jungen von einer nigerianischen Miliz zu befreien. Letztere steht vermutlich für Boko Haram, die Gruppe, die

2014 in Chibok, Nigeria, 276 Schülerinnen entführt hat.[69] Wakandas höchste Militärbeamtin, Generalin Okoye (seltsamerweise ein Igbo, also nigerianischer, Name, der »am Orie-Markttag geboren« bedeutet), begleitet T'Challa. Sie warnt ihn, nicht »zu erstarren«. Im Folgenden sehen wir drei Frauen – seine Schwester Shuri (ein Unisex-Name aus Japan, der »Dorf« bedeutet), seine Geliebte Nakia und General Okoye –, die sich über ihn lustig machen, weil er doch in eine Starre verfiel, als er Nakia inmitten des Kampfgetümmels sah. T'Challa ist das Oberhaupt seines Landes, und doch sind seine Mitbürger:innen entspannt genug, ihn zu necken und zu kritisieren. Dies ist ein Element vieler Darstellungen afrikanischer Führungssysteme aus der Zeit vor dem Kolonialismus, welcher in seinem Interesse »Häuptlinge« an die Macht brachte.[70] Koloniale Augenzeugenberichte legen nahe, wie schockiert die kolonialen Kräfte waren, nicht nur, als es ihnen nicht sofort gelang, den jeweiligen »König« einer afrikanischen Gesellschaft zu identifizieren, sondern auch über die scheinbare Respektlosigkeit, die die Menschen gegenüber ihren höchsten Beamten hatten.

Das amharische Wort *ras*, zum Beispiel, bedeutet »hohe Amtsperson«. Bis ins späte zwanzigste Jahrhundert gab es in Äthiopien viele Personen, die als *Ras* bezeichnet wurden, und die Person, die von ihnen als Führung gewählt wurde, war der oberste *Ras*. Tafari Makonnen Woldemikael zum Beispiel war als Ras Tafari bekannt. Er wurde nicht als vorherbestimmter Kaiser geboren, sondern musste sich den Titel des Staatsoberhauptes erst verdienen, indem er von 1916 bis 1930 Regent wurde. Danach benannte er sich um, vor allem, um die europäischen Mächte zu besänftigen, die nur mit einem Anführer diplomatische Beziehungen unterhalten wollten, der Mitglied der abessinischen Kirche war. Der Name, den er wählte, war Haile Selassie, was übersetzt »Heil der Dreifaltigkeit« bedeutet.[71]

Trotz der körperlichen Stärke von T'Challa, der jüngsten Verkörperung des Black Panthers, zeigt der Umstand, dass die Generalin und seine Schwester ihn necken, dass wahre Macht letztlich politisch ist. Einem Tyrannen fehlt die Liebe und der Einsatz der Bevölkerung; eine richtige Führungsperson verkörpert ihre Bestrebungen, Ziele und Werte. Der Humor auf Kosten von T'Challa ist eine Mahnung, sich selbst nicht zu ernst zu nehmen, sondern seine Energie der Bevölkerung von Wakanda und schließlich der Welt zu widmen.

Darüber hinaus bietet der Film auch zwei Stunden und vierzehn Minuten mit afrikanischen und afro-diasporischen Charakteren, die sich nicht ein einziges Mal als »*niggers*«, »*niggas*« oder »*niggus*« bezeichnen. Zudem werden Frauen aus Afrika und der Diaspora den gesamten Film lang weder »*bitches*« noch »*hoes*« genannt. Dieser Aspekt ist besonders hervorzuheben, denn hinter dem Gegenteil steckt häufig ein Anspruch auf »Authentizität« und die Vermarktungsfähigkeit für ein anti-schwarzes oder überwiegend weißes Publikum. Das schwarze Publikum hat sich mittlerweile daran gewöhnt, dass schwarze Charaktere mit solchen Schimpfwörtern bezeichnet werden, aber wir sollten bedenken, dass es viele schwarze Menschen gibt, zum Beispiel unter den weltweiten Arbeiter:innenklassen, die solche Ausdrücke nicht verwenden. Richard Pryor sagte einmal, dass es Orte gibt, an denen man Afrikaner:innen, sogar Schwarze, finden kann, die keine »*nigger*« sind. Der Film wirft die Idee auf, dass insbesondere die USA ein Ort sind, an dem »*nigger*« produziert werden.

Und so stellt *Black Panther* die Frage, welche Art von Bewusstsein sich in Wakanda manifestiert. Die wakandische Bevölkerung ist schließlich nicht unwissend, was ihre Außenwelt betrifft. Ihre Vorfahr:innen sahen den Aufstieg des modernen Kolonialismus, der Versklavung und des Rassismus mit an, und ihre Reaktion darauf war eine Politik der Nichteinmischung. Es gilt, die Mythen hinter den Mythen zu untersuchen, die eine solche Politik förderten.

Die erste und offensichtlichste ist die Bedeutung der Ältesten und der Ahnen. T'Challa kniet bei seinem ersten Besuch bei den Ahnen vor seinem Vater T'Chaka nieder, wofür ihn dieser zurechtweist und daran erinnert, dass er jetzt der »König« ist. Aber das Niederknien zeigt, dass T'Challa der Tradition des Respekts vor den Älteren und Ahnen treu ist. In den meisten afrikanischen Gesellschaften sind die frühesten Vorfahr:innen die wichtigsten Vorbilder der Tugend. Es ist eine Welt, in der man den Nachkommen dahingehend begegnet, dass man irgendwann deren verehrte:r Ahn:in wird. Indem T'Chaka respektiert wird, entsteht eine normative Linie zu Bashenga, dem allerersten Black Panther und »König« von Wakanda, der seine Kräfte erlangte und sie nutzte, um die sich bekriegenden Clans zusammenzubringen.

In vielen Teilen Afrikas sind die Ahnen entscheidend für das Fortbestehen der Gemeinschaft, und die Macht ist am stärksten in der:dem ultimativen Ahn:in – einer Gottheit oder den Gottheiten. Aus diesem Grund ist ein »König« kein Individuum, sondern eine Ansammlung heiliger Beziehungen durch die Zeiten hinweg. Pharaon:innen beispielsweise galten als Reinkarnationen des altägyptischen Gottes Horus, auch Kmt genannt. Bashenga setzte einen hohen Standard. Er beendete den Krieg nicht, indem er die verschiedenen Clans das Fürchten lehrte und sie durch Zwang unterwarf, so wie der Souverän aus Thomas Hobbes' *Leviathan* um der Ordnung und Sicherheit willen die Unterwerfung aller erzwingt. Bashengas »Macht« bestand nicht nur in seiner körperlichen Stärke, sondern auch in seinen Fähigkeiten als Anführer. Die nachfolgenden Black Panther, mit Ausnahme von T'Challa und seinem Cousin N'Jadaka / Erik / Killmonger, konzentrierten sich darauf, den von ihm geschaffenen Frieden zwischen den Clans zu erhalten. Der Film endet mit T'Challas Entscheidung, Wakandas Reichtum und Wissen mit der Welt zu teilen; es ist eine Aussage, die zeigt, dass T'Challa den wahren Geist des ersten Black Panthers verkörpert, da er Macht als *politisch* und damit relational und nicht als physisch oder gar metaphysisch versteht.

Ein Hauptmythos der Menschen des alten Ägyptens, oder Kmt, ist die Geschichte von Isis und den »streitenden Zwillingen« Osiris / Horus und Set. Die streitenden Zwillinge sind ein mythisches Motiv, in dem es einen »heiligen König / Ahnherrn« gibt, der zur Mutter gehört, und seinen Gegenspieler, durch den ein zweiter König / Ahnherr zum Stammvater des profanen Lebens wird. Isis, die Mutter / Frau, symbolisiert weibliche Macht. Wir sollten bedenken, dass die antike afrikanische Mutter sich von derjenigen unterscheidet, die das mythische Denken im späteren Europa beherrscht. Isis ist eine Nachfahrin von Geb (Erde) und Nut (Himmel). Geb ist männlich, Nut ist weiblich. In den europäischen Mythen, zum Beispiel den griechischen und römischen, ist es umgekehrt gegendert: Gaia (Erde) ist weiblich und Ouranos (Himmel) ist männlich. In beiden Versionen steht der Himmel beim Sexualakt, der göttliche Nachkommen hervorbringt, über der Erde. In der afrikanischen Version ist die Frau über dem Mann, in der europäischen darunter. Das mythische Thema der afrikanischen Wiederholung von Oben und Unten ist, dass die Nachkommen von Geb und Nut in gewisser Weise über den Männern stehen würden. So ist die Rolle von Isis in ihrer Beziehung zu ihren Brüdern Osiris und Set aktiv und mächtig.

Isis und Osiris heiraten. Wütend zerstückelt Set seinen Bruder Osiris, doch Isis schafft es, die Teile zu finden und sie wieder zusammenzusetzen. Schließlich verschlingt Set den größten Teil von Osiris (in einigen Versionen verfüttert er ihn an wilde Hunde), aber Isis gelingt es, das Herz (in einigen Versionen den Penis) zu sichern, das sie in den Nil legt, wo es zu Horus wird. In einer anderen Version bindet sie die abgetrennten Teile zusammen, wodurch die erste Mumie entsteht, und wird durch Koitus mit dem halb lebendigen Körper schwanger. In allen Versionen des Mythos wird Osiris während seiner Zerstückelung zu einem Führer durch die Unterwelt, und seine verschiedenen Wiedergeburten machen ihn zu einem Gott der Reinkarnation. Horus verkörpert seine letzte Reinkarnation, diesmal allerdings als sein Sohn, der übrigens auch der Ehemann seiner Mutter Isis wird. Horus rächt Osiris, indem er Set besiegt.

Wir behalten diesen Mythos im Kopf und widmen uns dabei wieder der Analyse von *Black Panther*. Um zum Black Panther zu werden, trinkt T'Challa den rituellen Sud des Herzförmigen Krauts und wird in roter Erde begraben; er besucht seinen Vater und die Ahnen, bevor er mit seinen wiederhergestellten Kräften erwacht. Dieses Auferstehungsritual beinhaltet schließlich den Übergang von der Erde zu Schnee/Wasser. Man beachte hier die Parallele zum bekannten Mythos von Moses, dem verlassenen Helden, der am Flussufer gefunden wird. T'Challa wird als Black Panther wiedergeboren, nachdem er in Schnee / Wasser getaucht wurde, was ihn im Übrigen auch einer Mumie ähneln lässt. Dies ist ein entscheidendes mythisches Element. Tatsächlich gibt es drei Black-Panther-Versionen von T'Challa. Die erste, als er versucht, den Mörder seines Vaters zu fassen, der sich in *Captain America: Civil War* (2016), dem Film, in dem der Black Panther sein Marvel-Universum-Kinodebüt gibt, als Helmut Zeno entpuppt. Die zweite, wenn er nach seiner Krönung durch einen rituellen Kampf wiedergeboren wird. In beiden Fällen erfolgt die Auferstehung nach einem Begräbnis in roter Erde, was eine Verbindung zum Gründungsritual und zum Auferstehungsmythos des Osiris sowie zum Mythos von Geb herstellt, da alle früheren Black Panther so wie er in Vater Erde gelegt wurden. Die dritte Version ist jedoch anders; er wird aus dem Wasser wiedergeboren. Er ist tatsächlich ein *neuer* Black Panther – er ist Horus, der aus den Scherben des Flusses und dem Schnee in den Bergen gewachsen ist.

Es ist kein Zufall, dass die Erde rot ist. Der hebräische Begriff für rote Erde ist *adamah*, was »blutbefleckter Boden« oder »roter Ton« bedeutet und der Ursprung des Namens Adam ist, was wiederum »Mensch« bedeutet. T'Challas Mutter, Romanda, ist, in ihrer antiken mythischen Form, Isis. Romanda ist die weibliche Version von »Rom«, einer Abwandlung des umbrischen Wortes *Rūma* oder »Stadt der fließenden Flüsse«.

T'Challas Vater, T'Chaka, geht auf den ersten Black Panther zurück und ist eine Wiederholung von Osiris, aber T'Challa ist die Manifestation sowohl von Osiris als auch von Horus. Da Osiris auch der Black Panther ist, ist der Prozess, durch den er als Anführer »geboren« wird, eigentlich eine Auferstehung. Die Mutter hat ihren Ehemann und ihren Sohn in einem, da der heilige Gefährte in die Erde gepflanzt wurde und der überirdische, der zu ihr gehört, aus dem Wasser wiedergeboren wird. Das Ergebnis ist das Ende der zeitweiligen Herrschaft von Set über Kmt/das alte Ägypten/Wakanda.

Vibranium symbolisiert auch *HqAw*, das, wie wir bei der Erörterung von »Macht« in Kapitel 9 gesehen haben, der Kmt-Begriff für die Lebenskraft ist, durch die selbst Gottheiten beseelt werden. Es stellt außerdem eine Form der Legitimation für diejenigen dar, die es weise zu nutzen wissen, was den Einsatz von *mAat* (Atem, Gleichgewicht, Gesundheit, Gerechtigkeit, Wahrheit) gegen Hybris erfordert. Dieser Mythos macht deutlich, inwiefern *Black Panther* über das Superhelden-Filmmodell der Selbstjustiz und der individualisierten Gewalt hinausgeht. T'Challa schlüpft nur dann in die Rolle des Black Panther, wenn er jemanden verfolgt, der die Gesetze seines Landes verletzt hat. Als Nakia, Okoye und er den weißen südafrikanischen Bösewicht Klaue in Seoul, Südkorea, verfolgen, arbeiten sie tatsächlich innerhalb des gesetzlichen Rahmens, um Gerechtigkeit für ihr Land herzustellen. Dieses Motiv unterläuft die Vorstellung von Afrikanischsein und Schwarzsein als etwas, das außerhalb des Gesetzes steht. Dass T'Challa die Gestalt des Schwarzen Panthers annimmt, um Weiße zu verfolgen, die gegen die Gesetze Wakandas verstoßen haben, bedeutet, dass er nicht der weißen imperialen Justiz unterworfen ist, die es weißen Menschen asymmetrisch erlaubt, schwarze Menschen ihren Gesetzen unterzuordnen, aber nicht umgekehrt.

Der Film unterscheidet daher zwischen Stärke und Macht. Superkraft, die durch eine physikalische Energiequelle erreicht wird, ist nicht gleichbedeutend mit Macht, die stattdessen durch den Charakter einer Führungsperson, die Unterstützung öffentlicher Meinung und den allgemeinen Willen der Bevölkerung erreicht wird. Die Erzählung unterscheidet also zwischen legitimer Gewaltausübung und Gewalt. Die Black Panther, mit Ausnahme der einen Verkörperung eines Tyrannen, setzen ihre Macht für Gerechtigkeit, Reparationen oder die Beilegung von Konflikten ein. Schurkerei entsteht durch die Anwendung instrumenteller Gewalt auf Kosten anderer.

Das bringt uns zur Unterscheidung zwischen Politik und Tyrannei. Wakanda ist ein Stadtstaat mit einer Föderation von Clans und einem urbanen Zentrum. Der »König« muss einen Legitimationsprozess durchlaufen, aber auch danach haben die Bürger:innen des Landes eine Stimme. Dem wakandischen »König«, so wie er von T'Challa und seinen Vorfahren verkörpert wird, steht der Tyrann N'Jadaka/Killmonger gegenüber, der dem Volk eine asymmetrische Machtstruktur auferlegt. Der Name N'Jadaka hat keinerlei Ursprung. Meine einzige Vermutung ist, dass es sich um eine Zusammenführung von »Jade« und »aka« handelt, was funktionieren könnte, wenn man sich vorstellt, dass »auch-bekannt-als-Jade« auf seine königliche Abstammung hinweist, da Jade auch als »kaiserlicher Edelstein« bekannt ist. Sein Schurkenname Killmonger spricht für sich selbst – Händler des Todes. Kurioserweise ist »Erik« ein altnordischer Name, der »geehrter Herrscher« bedeutet. Er bedeutet auch »in eine gerade Linie bringen«, »die Dinge zurechtrücken«. Wenn er seine Befehle erteilt, verlangt der Tyrann N'Jadaka Gehorsam und Schweigen. Es gibt eine Szene, in der er eine Älteste am Hals packt und droht, ihn zu brechen, wenn sie seinen Befehlen nicht gehorcht.

Eine *politische* Führungsperson ist der Bevölkerung und ihrer Würde gegenüber rechenschaftspflichtig. Dies stellt die Vorstellung vom »König« als Souverän infrage, da die Legitimität auf dem Willen der Menschen beruht. T'Challa kämpft und entscheidet immer als Teil einer Gemeinschaft, insbesondere mit weiblichen Beraterinnen, und kommuniziert mit den Ältesten der Gesellschaft. N'Jadaka/Killmonger hingegen konsultiert niemanden. In der Traumwelt seiner Ahnen kniet T'Challa und wird von seinem Vater aufgefordert, aufzustehen; Killmonger steht in Gegenwart seines sitzenden Vaters.

Um N'Jadaka zu verstehen, bevor er zu Killmonger wurde, müssen wir in mythischer Hinsicht nach seinem Vater fragen. Set ist nicht nur ein Gott des Chaos und der Zwietracht, sondern auch ein Gott der Geheimhaltung; N'Jadakas Vater, N'Jobu (estnischer Name für »Narr«, »Idiot«, »Loser«), war ein Spion und damit ein Mann der Geheimhaltung. Dieses Element seines Wesens zeigt sich in seinem Sohn, der ebenfalls zum Spion wird. Spionage bedeutet, mehrere Leben zu führen. Zu Eriks Leben gehören Killmonger und N'Jadaka. T'Chakas reflexartige Entscheidung, seinen Bruder zu töten, um Zuri zu retten, den wakandischen Mann, der N'Jobu ausspionieren und Wakandas Geheimnisse schützen soll, setzt die Tragödie in Gang. »Zuri« ist übrigens ein weiblicher Swahili-Name und bedeutet »schön«. T'Chakas Mord an seinem Bruder war zweifellos eine traumatische Erfahrung; die Entscheidung, seine Taten zu verheimlichen, und sein Versäumnis, dieses Trauma zu verarbeiten, führen unweigerlich dazu, dass es in der nächsten Generation wiederkehren wird. Die Geheimhaltung hat politische Konsequenzen. Am Ende geht es um die Frage, ob die Stimme der wakandischen Bevölkerung öffentlich oder privat sein soll. Unter T'Challas Führungsmodell erwarten die Menschen Wakandas eine öffentliche oder offene Stimme; N'Jadaka/Killmongers Herrschaft verlangt nur seine eigene Stimme.

Eine kompliziertere Frage in Bezug auf N'Jobu und T'Chaka, N'Jadakas Vater und Onkel, ist die, was von erklärten Absichten zu halten ist. N'Jobu verkaufte wakandische Technologie an Klaue, einen Rassisten. Wer das bezweifelt, sei daran erinnert, dass Klaue schwarze Menschen, einschließlich derer Wakandas, wiederholt als »Wilde« bezeichnet. Wie kann N'Jobu also für die Befreiung der Schwarzen kämpfen, wenn er so etwas tut? Seine Motive wirken eher wie Verbitterung; schließlich war sein Bruder T'Chaka der offizielle Black Panther beziehungsweise Anführer von Wakanda.

Spionage ist in diesem politischen Drama von entscheidender Bedeutung. Spitzel werden zu dem, was sich ihre Vorgesetzten oder ihre Zielpersonen vorstellen; der aalglatte N'Jadaka/Killmonger muss sich als US-amerikanischer Spezialagent das Vertrauen der Menschen in Wakanda verdienen – auch wenn er sich nach der Übergabe von Klaues Leiche nicht weiter darum bemüht.

Diese Beobachtung über Spionage macht Nakia zu einer komplizierten Figur, denn auch sie ist eine Spionin. Ihr Charakter wird gleich zu Beginn festgelegt, als sie zum ersten Mal inmitten einer Mission zur Rettung versklavter Frauen, Mädchen und Jungen in Nigeria auftaucht.

Während des gesamten Films zeigen Spitzel außergewöhnliche sprachliche Fähigkeiten: Sie können sich fast überall verständigen, wie Nakia beweist, als sie in Seoul fließend Koreanisch spricht. Spionierende Personen wissen, wie sie sich als direkte Vertretung der Mächtigen präsentieren können. Daher sind die Reden von N'Jadaka/Killmonger mit Vorsicht zu genießen. Er will nicht unbedingt die Schwarzen befreien; er will über die Bevölkerung Wakandas und alle anderen herrschen. Nicht zu vergessen: Sein erklärtes Ziel ist globaler Imperialismus unter seiner Führung. Wenn Befreiung sein Ziel wäre, würde er dann nicht für den Aufstieg zukünftiger Black Panther kämpfen, wenn auch nur als seine Nachkommen?

Ich bezweifle sehr, dass sich N'Jadakas Pläne für das übrige Afrika und die Diaspora von dem unterscheiden, was er auf Wakanda losgelassen hat. Es ist auch nicht klar, ob es sich bei den Gruppen, denen er die Waffen schickt, um Freiheitskämpfende oder um Warlords handelt.

In Bezug auf das schwarze Bewusstsein stellt sich die Frage, was N'Jadaka sieht, wenn er nicht nur die Bevölkerung von Wakanda, sondern alle Schwarzen betrachtet. Erinnern wir uns, dass er in einer entscheidenden Szene eine der Frauen am Hals hochhebt und droht, ihn zu brechen, wenn sie seiner Aufforderung, das restliche Herzförmige Kraut zu verbrennen, nicht nachkommt. Was sind schwarze Menschen in seinen Augen?

Killmonger bringt das Problem der »*niggerization*« nach Wakanda, dort, wo die Definition der wakandischen Identität als »menschlich« für Würde sorgt. Wie auch immer die Menschen Wakandas sich selbst sehen, sie müssen sich vor den mächtigen, von Weißen dominierten Ländern in Acht nehmen, die sich die fortlaufende »*nigger*«-Produktion zum Ziel gemacht haben, selbst wenn diese sich jetzt »*niggas*« nennen.

Der Konflikt zwischen T'Challa und N'Jadaka dient auch als Allegorie für den Konservatismus beziehungsweise die Rechte, den Progressivismus beziehungsweise die konstruktive Linke, und die anarchische Zerstörung, also das Chaos beziehungsweise die destruktive Linke. Diese Unterscheidungen ergeben sich aus der Art und Weise, wie Menschen auf Krisenmomente reagieren.

Das Wort »Krise« stammt vom griechischen Verb *krinein* ab, das »entscheiden« oder »wählen« bedeutet. Situationen, die ein entschiedenes Handeln erfordern, sind »kritisch«. Angesichts von Krisen suchen manche Menschen nach Gewissheit, Ordnung und Sicherheit, manchmal durch Tradition, manchmal durch Rückbesinnung auf eine idealisierte Vergangenheit. Das ist die konservative Antwort. Die Linke hingegen ist der Ansicht, dass die Vergangenheit nie perfekt war; die Progressiven sehen eine lange Reihe früherer Bemühungen, die Dinge zu verbessern. Die Vergangenheit dient also als Grundlage für ein fortlaufendes Verbesserungsprojekt, ein Prozess, in dem eine bestimmte Zukunft kultiviert wird und einige Elemente verworfen werden. Dieser Prozess beinhaltet Veränderung, Risiko und Ungewissheit, welche den menschlichen Blick auf die Zeit beeinflussen. Fanon formulierte die folgenden, scharfsinnige Gedanken bezüglich dieser Positionen:

> Häufig ist die Erinnerung die Mutter der Tradition. Wenn es aber gut ist, eine Tradition zu haben, dann ist es auch gut, über diese Tradition hinauszugehen, um eine neue Lebensweise zu entwickeln. Jemand, der meint, die Gegenwart sei wertlos und unser einziges Interesse gelte der Vergangenheit, ist in gewissem Sinne ein Mensch, dem zwei Dimensionen fehlen und auf den man nicht zählen kann. Jemand, der meint, dass man mit aller Kraft im Hier und Jetzt leben und sich keine Gedanken über das Morgen oder Gestern machen muss,

kann gefährlich sein, denn er glaubt, dass jede Minute von den Minuten, die ihr folgen oder vorausgehen, getrennt und dass er der einzige Mensch auf diesem Planeten ist. Wer sich von der Vergangenheit und der Gegenwart abwendet, wer von einer ebenso ersehnten wie wünschenswerten Zukunft träumt, dem fehlt auch das entgegengesetzte, alltägliche Terrain, auf dem man handeln muss, um die erhoffte Zukunft zu erreichen.[72]

Ungewissheit bedeutet, dass positive Veränderungen sofort, morgen, aber auch erst nach Jahren, Jahrhunderten oder Jahrtausenden eintreten können – oder niemals. Viele Rechte würden jetzt lieber zu dem greifen, was schon gewesen ist, als sich der Ungewissheit zu stellen. Dies verschafft rechter Politik, die an Authentizität und Homogenität appelliert, in Krisenmomenten einen Vorteil. Pluralität und Heterogenität sind schwer zu handhaben; Praktiken der Ausgrenzung und des Leids, die unweigerlich Schaden anrichten, lassen sich immer einfacher und schneller erreichen.

Die Hinwendung zur Zukunft führt zu der Frage nach Verantwortung für die Handlungen, die Veränderungen bewirken. Für die Rechte stellt sich die Frage, was die Menschen bereit sind, für ihre unmittelbare Sicherheit aufzugeben; wenn die Antwort fast alle ihre Freiheiten umfasst, lautet das Ergebnis Faschismus. Für die Linke stellt sich die Frage, was man bereit ist, für die Freiheit aufzugeben. Wenn die Antwort Ordnung und Sicherheit lautet, wäre der Extremfall die Anarchie.

Black Panther ist eine Allegorie dafür, wie Stärke oder Können trotz erklärter guter Absichten zu tragischen Ergebnissen führen können. Bashenga, der erste Black Panther, verwandelte Stärke in Macht, indem er die sich bekriegenden Fraktionen in einem Land vereinigte, das auch noch mit der einen Fraktion, die sich weigerte (den Jabari), Beziehungen aufrechterhielt. Nachfolgende Black Panther verfolgten eine Politik der Isolierung und waren trotz der technologischen Innovationen Wakandas letztlich konservativ. Der neue Black Panther erhebt sich schließlich als spirituelle Synthese des ersten, indem er den Hass und die Verbitterung des destruktiven Feindes überwindet. Dieser neue Black Panther ist mit Ungewissheit und Fragen der Afrofuturität und Afromodernität konfrontiert, doch er wendet sich trotz dieser Risiken der Welt zu.

Von der Unvollkommenheit seines Vaters desillusioniert, erkennt T'Challa, dass der größte Anführer Wakandas nicht T'Chaka, sondern der erste Black Panther, Bashenga, war. Der Name ist erfunden, kommt aber dem arabischen »Bashir« am nächsten, was »derjenige, der gute Nachrichten bringt« bedeutet. Wenn der Name mit *shenga* oder *śeṅga* – einem Marathi-Wort für Schote oder Hülsenfrucht – verbunden wird, erhalten wir auch eine Anspielung auf das Herzförmige Kraut. Ich bezweifle, dass sich die Autor:innen dessen bewusst waren, aber ein Mythos speist sich immer aus unterschwelligen Mythen und erschafft so neue Bedeutungen.

T'Challa lernt eine Version von Fanons aufschlussreicher Beobachtung: »Jede Generation muss, in relativer Finsternis, ihre eigene Mission entdecken, erfüllen oder verraten.«[73] Andere Black Panther sind vom Weg abgekommen, vielleicht durch eine Form von wakandischem Nationalismus. Sie erkannten nicht, dass eine Führungsposition nicht nur darin besteht, die Bevölkerung zu beschützen, sondern auch ihr Wachstum fördern muss. Dies setzt voraus, dass man über sich selbst hinaus und in die Außenwelt blickt. Die Jugend, Kreativität und der technologische Sachverstand, den T'Challas altkluge, erfindungsreiche Schwester Shuri verkörpert – in den Comics übrigens eine zukünftige Inkarnation des Black Panthers –, unterstützen diese Schlussfolgerung. Dass T'Challa sich an Bashengas Beispiel orientiert und nicht an dem der anderen Black Panther, bedeutet, dass er über eine andere Zukunft nachdenkt. Einfach ausgedrückt: Das konservative Wakanda bewahrt die Vergangenheit und strebt nach Ordnung und Sicherheit; das linke oder progressive Wakanda, das so schon in seinen Ursprüngen angelegt war, öffnet sich der Ungewissheit der Möglichkeiten und einer anderen Zukunft. Ein imperiales Wakanda wäre rechts, denn es würde seine Sicherheit in der Weltherrschaft suchen. All das ist paradox, denn der Blick auf Bashenga ist eine Form der Nostalgie, aber sein Beispiel zu verstehen, bedeutet, ihn nicht zu fetischisieren und ihn somit zu transzendieren. Bashenga kannte schließlich keinen Präzedenzfall; er musste nach vorne blicken und gleichzeitig den Ursprung der Konflikte verstehen, die er unterdrückte.

Die Menschen Wakandas trauen den Weißen nicht, aber sie trauen auch keinen Schwarzen oder anderen Gruppen von Menschen. Sie vertrauen *Individuen.* Das zeigt sich darin, wie ihr Vertrauen gewonnen wird. Zuri vertraut T'Chaka auf Kosten seines eigenen Bruders, weil der Black Panther sein Leben rettete; er bezahlt diese Schuld, indem er sich opfert, um T'Challa zu retten. Everett Ross, der als Weißer und CIA-Agent umstritten ist, erwirbt das Vertrauen von T'Challa und Nakia, indem er sich für Nakia eine Kugel einfängt, ohne von der wakandischen Medizintechnik zu wissen. Das mangelnde Vertrauen der wakandischen

Bevölkerung gegenüber Weißen wirft jedoch die Frage auf, warum die Autoren Everett Ross in den Comic geschrieben haben und er in den Film eingebaut wurde. Der Psychologe Mikhail Lyubansky bietet diese Erklärung an:

> Wenn [Klaue] die Repräsentation der weißen Vorherrschaft ist, dann ist Ross der beruhigende Gegenpol. Er mag und respektiert nicht nur T'Chakas Sohn, T'Challa (den Black Panther), sondern verdient sich seinen »Passierschein« im Wesentlichen dadurch, dass er sich vor eine Kugel stellt, um eine Wache T'Challas zu retten.
> Obgleich Ross in vielerlei Hinsicht der umgekehrte Stereotyp des »Magical Negro« zu sein scheint – also ein Charakter, dessen einziger Zweck es ist, das Wohlergehen der (in diesem Fall schwarzen) Hauptfiguren zu fördern –, so ist er auch ein Avatar, ein Publikumssurrogat, das die Art und Weise repräsentiert, wie der Panther von wohlmeinenden weißen Männern (und Frauen) wahrgenommen wird.
> In den Worten von Ross' Schöpfer Christopher Priest: »Comics werden traditionell von weißen Männern für weiße Männer geschaffen. Ich war der Meinung, und ich glaube zu Recht, dass *Black Panther* nur dann Erfolg haben würde, wenn ein weißer Mann im Mittelpunkt stünde, und dass dieser weiße Mann die Bedenken, Befürchtungen oder Annahmen des Publikums in Bezug auf diese Figur zum Ausdruck bringen müsste.«[74]

Da es sich hier um ein fiktives Universum handelt, das von Marvels Fokus auf Fortsetzungen und Crossover-Geschichten bestimmt wird, könnten spätere Entwicklungen das Material verändern, auf dem diese tokenistische Interpretation von Ross basiert. Für unsere Zwecke sollte klar sein, dass das Vertrauen der Wakander:innen, zumindest im Film, erst verdient werden muss.

Unter der Führung des dreimal wiederauferstandenen T'Challa bringt Wakanda seine Technologie allerdings direkt zu den schwarzen Jugendlichen der Sozialbausiedlungen Oaklands und bietet sogar an, Teile davon mit den Würdenträger:innen der Vereinten Nationen zu teilen. Mit dieser ironischen Schlussszene unterläuft Wakanda die rassistische »Nicht aus Afrika«-These (das heißt, nichts Positives kommt aus Afrika) und wirft die Frage auf, was Afrika der Welt bieten könnte, wenn es mit offenen Augen gesehen würde.[75] Innovation muss nicht immer eine europäische Form annehmen. Waffen, wie Okoye bemerkt, sind »so primitiv«.

Nicht nur Afrikaner:innen, sondern auch Mitglieder der afrikanischen Diaspora sind in diesem Film auf entscheidende Art und Weise intelligent, und sie veranschaulichen diese Eigenschaft durch politisches Gespür, Intelligenz (insbesondere technologische) und ethische Tugenden (Mut, Treue, Integrität). Selbst wenn sie nicht tugendhaft sind, sind sie dennoch intelligent. Es ist Killmongers Wut, die ihm zum Verhängnis wird, aber seine Intelligenz wird nie infrage gestellt.

Schwarze Frauen im Film verfügen über ein hohes Selbstwertgefühl, Kompetenzen, Brillanz, Schönheit und Kreativität, und sie sind sexy, ohne sexualisiert zu werden. Romanda, T'Challas Mutter und die Isis-Figur, ist hierfür ein Beispiel. Aber es gibt noch so viele andere. Nakia veranschaulicht durch ihre politische Aufklärungsarbeit die Tugend der Kommunikation und des Mutes; Shuri ist nicht nur ein Wunderkind, sondern auch ein Genie (die intellektuell begabteste Person im Marvel-Universum);[76] und Generalin Okoye ist nicht nur der Inbegriff von Mut und militärischer Führung, sondern auch von Intelligenz, da sie die gegebene Situation stets strategisch, taktisch und politisch einschätzt.

Schwarze Männer im Film besitzen Würde, Fähigkeiten, Schönheit und Kreativität, ohne strukturell unterwürfig oder lasziv zu sein; auch sie sind sexy, ohne sexualisiert zu werden. Sie sind auch in ihrer Rivalität kompliziert, da jeder von ihnen besonderen Ehrgeiz und spezielle Fähigkeiten aufweist. Die »guten« Figuren im Film sind alle Kämpfer:innen der einen oder anderen Art, und die »bösen« Figuren sind nicht unterkomplex. Jede dieser Figuren kann an dem gemessen werden, was Richard Wright über Bigger Thomas, den Antihelden seines Romanklassikers *Sohn dieses Landes*, geschrieben hat.[77]

Wright hat fünf Erscheinungsformen von Bigger Thomas beschrieben: Bigger 1 ist der Tyrann, der andere Schwarze dazu zwingt, seine Überlegenheit anzuerkennen. Bigger 2 ist der Schwarze, der die Autorität der Weißen anficht und lebt, wie es ihm gefällt, der aber, wie Wright gesteht, »im Gefängnis saß, als ich das letzte Mal von ihm hörte«. Bigger 3 ist der sprichwörtliche »*bad nigger*«; er nutzt seine schwarzen Mitmenschen aus und entzieht sich dem Gesetz. Sein Schicksal ist der Tod, oft durch die Polizei. Bigger 4 ist komplizierter; in seinen Bemühungen, die Weißen zu überlisten und nicht ausgebeutet zu werden, spielt er mit dem sprichwörtlichen Feuer. Sein Schicksal, wenn er denn nicht getötet oder eingesperrt wird, ist der Wahnsinn. Bigger 5 ist ein weiterer »*bad nigger*«, aber im Gegensatz zu Bigger 3, der es auf andere Schwarze abgesehen hat, fordert er die Weißen heraus. Unter den Schwarzen löst Bigger 5 »ein intensives

Aufblitzen von Stolz« aus, wie Wright feststellt. Das Schicksal von Bigger 5 ist jedoch oft dasselbe wie das von Bigger 3.

Obwohl Bigger Thomas ein Mann ist, könnte Bigger auch eine Frau sein. Die Anti-Lynch-Aktivistin Ida B. Wells-Barnett, die revolutionäre Anarchistin Lucy Parsons, die kommunistische Aktivistin Claudia Jones, die Bürger- und Menschenrechtsaktivistin Ella Baker, die ehemalige Black-Liberation-Army-Aktivistin Assata Shakur und die Gefängnisabolitionistin Angela Y. Davis sind Beispiele für Bigger 5. Winnie Madikizela-Mandela, die zweite Ehefrau von Nelson Mandela, könnte in diese Liste aufgenommen werden, auch wenn sich darüber streiten ließe, welchen Bigger sie vertritt, zumal sie im Ruf steht, auch den Machtlosen geschadet zu haben. Was diese Frauen gemeinsam haben, ist nicht nur ihre Furchtlosigkeit, sondern auch ihr anti-imperialer Einsatz.

Aus N'Jadaka / Killmongers falscher Binarität – dass man erobern muss oder erobert wird – geht deutlich hervor, dass er kein Bigger 5 ist. Obwohl er wütend ist, und zwar *zu Recht*, ist er nicht Bigger 4, da er als Spitzel eindeutig ausgenutzt wurde. Er ist bestenfalls Bigger 3. In seinen Texten über Entkolonialisierung und die postkoloniale Bourgeoisie beschreibt Fanon, dass diejenigen, die die Macht geerbt hatten, sich nicht darum scherten, Infrastrukturen für die Freiheit zu schaffen. Ihre Ziele waren einfach: Sie wollten den Platz derer einnehmen, die sie zuvor beherrscht hatten. Wie im Fall von N'Jadaka / Killmonger bedeutete dies, dass ihre einzige Legitimationsquelle darin bestand, die Bevölkerung in der gewalttätigen Geiselhaft zu halten, in der ihr Führungsstil am meisten gefragt war.

Da wir nicht gesehen haben, wie sein Leichnam zu Staub zerfiel und in alle Himmelsrichtungen wehte, könnte N'Jadaka/Killmonger jederzeit zurückkehren – so wie in den Comics und dem Genre des Mythos. Ja, selbst wenn sein Leichnam bereits Staub wäre, so wäre eine Rückkehr in das fiktive Multiversum der Menschen, der übermenschlichen Wesen, der Gottheiten und wer weiß, was noch alles kommen wird, nicht ausgeschlossen. Damit stellt sich für seine Fans die zentrale Frage der Herrschaft: Unter wessen *Herrschaft* würden sie lieber leben, sollte er zurückkehren?

Eine Frage, die man sich stellen muss, ist, ob T'Challa Bigger 5 ist, da er keine Angst vor Weißen hat. Die gleiche Frage lässt sich im Hinblick auf die anderen Wakander:innen stellen, insbesondere auf die Frauen, die ihn auf seinen Missionen begleiten. Doch Bigger 5 ist laut Wright das Produkt der Entfremdung durch die Euromoderne: Wakanda hat sich die Isolation selbst auferlegt, was durch seine Tarntechnologie erleichtert wird; es steht außerhalb der Euromoderne, und seine Bevölkerung beobachtet die Schrecken des Kolonialismus und Rassismus. Seine Beziehung zum Rest der Welt ist asymmetrisch und platziert die wakandischen Menschen außerhalb des Systems der weißen und anti-schwarzen Anerkennung.

Wie Fanons Theorem des anti-schwarzen Rassismus zeigt: »Ein normales schwarzes Kind, das in einer normalen Familie aufgewachsen ist, wird sich beim geringsten Kontakt mit der weißen Welt als abnormal empfinden.«[78] Es ist klar, dass verschiedene Black Panther und wakandische Spitzel im Laufe der Jahrhunderte mit der weißen Welt in Kontakt gekommen sind. Waren sie in diesen Fällen also abnormal? Kann T'Challa angesichts seines Kontakts mit den Weißen aus wakandischer Sicht normal bleiben?

Die Art des Kontakts ist entscheidend. In jedem Fall sind die wakandischen Menschen *Agent:innen*. Bigger Thomasse entstehen aus der Frustration über den Mangel an Handlungsfähigkeit. Sie leiden unter der niedrigen gläsernen Decke, die auf ihren Ambitionen lastet und die weiße und andere nicht-schwarze Bevölkerungsgruppen nicht gleichermaßen einschränkt. Damit Wakander:innen zu einem der Bigger Thomasse werden, müssten sie auf diese Art eingeschränkt werden.

T'Challa leidet unter Ambivalenz. Dass er im Kampf einfriert, als er Nakia sieht, ist ein Vorbote des Winterschlafs, den er später aushalten muss. Als er wiederauftaucht, ist er auf den langen Kampf vorbereitet, den seine Leute und er nun durch den Kontakt mit der Außenwelt aufnehmen werden, die in weiten Teilen von Herablassung und Verachtung für schwarze Menschen durchdrungen ist.

Der Film ist eine Kritik am gegenwärtigen globalen Rechtsruck, an Faschismus und Fremdenfeindlichkeit. T'Challas Abschlussrede vor der UNO ist eine klare Absage an den ehemaligen US-Präsidenten Donald Trump und seine Anhänger:innen. Mauern, so erklärt T'Challa, müssen abgebaut, nicht aufgebaut werden.

N'Jadakas Tod bei Sonnenuntergang markiert auch den Beginn von T'Challas neuer Ära als Anführer, die andere Formen der Konfliktbewältigung mit sich bringt. Statt der Strategie des »Siegen oder Besiegtwerden« könnte man dieses falsche Dilemma zerstören, die Eroberung ablehnen und eine Welt aufbauen, in der stattdessen Würde, Freiheit und Respekt erlangt werden können.

Zum Kinostart von *Black Panther* – und während der Niederschrift dieser Kritik – ringen viele liberale Demokratien um ihre Legitimität, was ebenso lächerlich wie tragisch ist, da in den beiden jüngsten Vertreterstaaten globaler imperialer Macht – dem Vereinigten Königreich und den Vereinigten Staaten – Schwachköpfe an die Macht gekommen sind. Nachdem sie sich am Ende des Kalten Krieges als die Gewinnermächte wähnten und die Welt mit militärischer und wirtschaftlicher Gewalt beherrschten, übersahen die beiden angelsächsischen Mächte, dass China und Russland mit anderen Mitteln weiterkämpften. Der Informationskrieg hat sich als weitaus schädlicher für die Glaubwürdigkeit und Effektivität der USA und Großbritanniens erwiesen. Die Europäische Union ist durch wachsenden Faschismus gefährdet, während Frankreich und Deutschland versuchen, sich zusammenzureißen und die EU zusammenzuhalten. In der Zwischenzeit betrachtet China Afrika und Australien als Investitionen für seine Zukunft, und Russland betrachtet insbesondere die Länder Afrikas als möglichen Standort für einen militärischen Widerstand gegen China. Wo sie sich letztendlich gegenüberstehen werden, hängt davon ab, ob die afrikanischen Länder tragfähige Strategien entwickeln können, um ihre Zukunft jenseits des Diktats solcher imperialer Kräfte zu gestalten.[79] In der Zwischenzeit haben die Verwüstungen, die die COVID-19-Pandemie angerichtet hat, in den USA und in UK zu Rechtfertigungskrisen geführt, und in Ländern, die eine harte Politik gegen den Sozialstaat fahren, wird die Polizei und das Militär zur Grundlage ihres Legitimationsanspruchs.

T'Challas Entscheidung, überall auf der Welt wakandische Zentren zu errichten, ist vielleicht nicht die altruistische Geste, als die sie die Befürwortenden schwarzer Befreiung zunächst interpretieren würden. Die Errichtung von Konfuzius-Instituten war schließlich Teil von Chinas Strategie des globalen Aufstiegs. Legitimität, die durch Verständnis und nicht durch Gewalt erreicht wird, mag effektiver sein. Dieses Modell der globalen Bürger:innenschaft wurde auch von den Autor:innen von *A Strategic Narrative* (2011) vertreten, allesamt Expert:innen für nationale Sicherheit. Ihr Rat an die USA, der größtenteils ignoriert wurde, lautete, zum besseren Weltbürger zu werden. Nach ihrer Argumentation sei es nicht nachhaltig, ein schlechter Nachbar zu sein, der vor allem in sein Militär investiert.

In ähnlicher Weise erkennt T'Challa, wie wichtig es ist, ein globales politisches Bewusstsein zu entwickeln. Fanon empfahl vor etwas mehr als einem halben Jahrhundert, über Europa hinauszugehen und neue Institutionen und Ideen für eine neue Menschheit zu schaffen.

Wir wissen bereits, dass »schwarz« in Wakanda etwas ganz anderes bedeutet als die negativen Konnotationen, die das Zeitalter der Euromoderne hervorgebracht hat und die das fiktive Land verschont haben. In Wakanda wird »schwarz« mit dem totemistischen Panther in Verbindung gebracht und positiv besetzt. Es ist keine Konstruktion der weißen Vorherrschaft und muss daher nicht unbedingt zur überwundenen Negation werden.

Killmonger hat jedoch die Frage der Negation in den Mittelpunkt der wakandischen Gesellschaft gerückt: Er ist, wie mein Sohn Elijah witzelte, »der afroamerikanische Panther«. Elijah machte sich über die ethnifizierende sprachliche Verrenkung lustig, die aus der Vermeidung des Themas Rassifizierung entsteht – etwa wenn US-Amerikaner:innen einen afrikanischen Politiker wie den verstorbenen südafrikanischen Präsidenten Nelson Mandela als »afroamerikanisch« bezeichnen. Die Verwendung des Begriffs »afroamerikanisch« als Metonym für alle afrikanischen Völker und ihre Diaspora oder für alle schwarzen Bevölkerungsgruppen zeigt aber auch die imperiale Reichweite von US-Normen. Das Importieren des US-amerikanischen schwarzen Bewusstseins in afrikanische Länder ist voller Widersprüche. Afrikaner:innen in Afrika werden in Ländern rassifiziert, in denen sie nicht nur Indigen, sondern auch die große Mehrheit sind. Dieser Mehrheitsstatus ermöglichte es vielen afrikanischen Gemeinschaften, ihre ethnische Vielfalt zu bewahren und auch ihre Indigenen Sprachen am Leben zu erhalten. In der Karibik sind die mehrheitlich schwarzen Länder mit anderen politischen Realitäten konfrontiert als die schwarzen Menschen in den USA, obwohl sie die Erfahrung teilen, dass sie nicht zur Indigenen Bevölkerung gehören. Doch in Ländern wie Australien, Kanada, Indien, Pakistan, den USA und allen in Europa ist das schwarze Bewusstsein eine ausgeprägte Minderheitenperspektive auf diese Gesellschaften. Jedes dieser Länder hat eine ihm ganz eigene schwarze Geschichte, wie beispielsweise die der Versklavung in den USA, der Indigenität in Australien oder der Einwanderung aus den Kolonien als besonderes Merkmal europäischer Länder. Der Hegemonialstatus der Vereinigten Staaten rückt die US-amerikanische schwarze Erfahrung in den Mittelpunkt all dieser Länder, einschließlich der Länder in Afrika, der Karibik, Südasien und Südamerika. Killmongers Wunsch, mit seinen Ahnen auf See bestattet zu werden, verweist auf seinen Ursprung in der Middle Passage und auf die Gräuel, die durch Versklavung, Jim Crow und anhaltenden Rassismus fortgesetzt wurden. Man könnte sich fragen, ob er, wenn er aus dem Wasser wiedergeboren würde, nicht mehr Killmonger wäre.

Ironischerweise ist Black Panther, die Figur, keine afrikanische Schöpfung, nicht einmal eine afroamerikanische, sondern die Erfindung europäisch-jüdischer US-Amerikaner, also Nachkommen von Menschen, die sowohl mit der Diaspora als auch mit den Ursprüngen der Rassifizierung eng verbunden sind. Kirby und Lee litten unter ihrem prekären Weißsein, und ihre Schöpfung wurde, unterstützt durch die filmische Kreativität der Drehbuchautoren Coogler und Cole, als ein kreolisiertes, afrikanisch-jüdisches dialektisches Angebot auf die Leinwand gebracht, das seine eigenen, unvollkommenen Potenzialitäten enthält. Dieses Phänomen ist kein Einzelfall in der Welt der Fiktion. Eine ähnliche Verschmelzung als Schritt hin zur Selbstbestimmung zeigt die Geschichte bei der Überwindung der Unberührbarkeit in Südasien, wo »Dalit« ein Begriff ist, der nicht auferlegt, sondern von den Menschen selbst formuliert wurde: »Dalit« ist der einzige Name, den die schwarzen Unberührbaren in Indien sich selbst gegeben haben. Sein Wortstamm ist »Dal«, was im Hebräischen zerbrochen, zermalmt bedeutet.[80] Indem sie das brahmanische Hindi ablehnten, benutzten die Dalits die Sprache einer alten Menschengruppe, deren Prinzip der Hoffnung und Berufung *Tikkun olam* heißt – die Reparatur der Welt.

Wakanda geht von seinem eigenen schwarzen Bewusstsein aus, trifft auf ein von der Euromoderne geprägtes schwarzes Bewusstsein und fordert nichts weniger als eine afrikanisch-kreolisierte Beziehung, die mit einer neuen Art von Schwarzem Bewusstsein funktioniert: ein Bewusstsein, das sich der eigenen Veränderung verschrieben hat.

TEIL IV

SCHWARZ UND (NIEDER-) GESCHLAGEN

Wie schwer es sein muss

Licht in die Welt zu bringen
Liebe auszustrahlen
Hinter der sich
Einsamkeit verbirgt

Verlier nicht den Mut
Verordneter Abstand
Lässt sich stets überbrücken
Mit der Sehnsucht des Herzens

— GEDICHT DES AUTORS

11

BLUE*

Die Misshandlung von kolonisierten Menschen in den letzten fünfhundert Jahren hinterließ bei vielen Wunden und Narben. Missbrauch kann die Seele durch allumfassende Ernsthaftigkeit ersticken. Der Marsch des Schwarzen Bewusstseins, begleitet von schwarzem Bewusstsein, ist ein Kampf um Freiheit, ein Kampf um Atem. Jenseits des Blicks der anti-schwarzen Gesellschaft gilt das Leben für schwarzes Bewusstsein bereits als ausgeschlossen, unsichtbar, und doch sehnt es sich nach Möglichkeiten. Aus Verbitterung weint es manchmal; und doch versteht es den Wert seiner Tränen. Im Kontext der Vereinigten Staaten hat das schwarze Bewusstsein seinen Weg hin zum Schwarzen Bewusstsein durch die Verwandlung von Nachdenklichkeit

---

* [Anm. d. Üb.] Im englischen Original nutzt der Autor in diesem letzten Teil eine Bandbreite der unterschiedlichen Ebenen des Ausdrucks »black and blue«, der sich im Deutschen nicht in allen Facetten wiedergeben lässt. Wo man im Deutschen »grün und blau« geschlagen wird, spricht man im Englischen von »black and blue«. »Blue« (blau) verweist im US-amerikanischen Kontext auch auf die Polizei (siehe »Blue Lives Matter«) sowie darüber hinaus auf den Zustand des Traurigseins (den Blues haben). Mit den verschiedenen Bedeutungsebenen von »black« (schwarz) beschäftigt sich das ganze Buch. Erinnert sei hier auch an das durch Louis Armstrong und weitere Interpret:innen populär gewordene Lied »(What Did I Do to Be so) Black and Blue?«.

und Kummer in Blues begonnen. Dies ist eine Form des erwachten Spiels, bei dem wir die Verantwortung für die Regeln, nach denen wir leben, übernehmen und sie von den Fesseln der Ernsthaftigkeit befreien. Zusammen mit einer anti-rassistischen oder dekolonisierten Erziehung ist dies ein Weg zum politischen Handeln und Aufbau von Institutionen, die sich für Würde, Freiheit und soziale Gesundheit einsetzen.

Mit *Blues People* widmete Amiri Baraka dieser Empfindung ein Werk, das als Liebeserklärung verstanden werden kann.[1] Es ist ein Zeugnis für den Kampf Schwarzer Menschen gegen euromoderne Praktiken der Entmenschlichung. Bluesmusik und ihre Texte thematisieren Dissonanz und Verantwortung, während sie einen Klageton erklingen lassen, in dem die Bluesdichter:innen und -sänger:innen allen Widerständen zum Trotz darauf beharren, dass auch ihr Leben zählt. Die Entmenschlichung von schwarzen Menschen – nicht nur dadurch, in den Status von Eigentum und stigmatisierender Arbeit gezwungen worden zu sein, sondern auch dadurch, den Vermächtnissen dieser Annahme eines untermenschlichen Status unterworfen zu sein – führt bei vielen zu der Frage, was es bedeutet, ein Mensch zu sein. Es ergibt Sinn, dass Menschen, die versklavt, kolonialisiert und entrechtet wurden, über die Bedeutung von Freiheit und Befreiung nachdenken. Es ergibt auch Sinn, dass Selbstrechtfertigung ein Anliegen von Menschen ist, deren Bemühungen, ihre Situation zu hinterfragen, häufig mit Unterstellungen über ihre angeblich mangelnde intellektuelle Fähigkeit konfrontiert werden.

Rassistische Gesellschaften haben Mechanismen entwickelt, durch die viele Gruppen von Menschen schlicht nicht zählen. Ihre dürftigen Grundlagen täuschen sogar viele, die ihrer Meinung nach mehr wert sind als andere. Das liegt daran, dass viele Rationalisierungen rassistischer Gesellschaften menschenfeindlich sind. Sie entwürdigen die Menschheit. Diese Entwürdigung führt neben anderen existenziellen Herausforderungen dazu, dass schwarze Menschen, quasi als Sinnbild der Entwürdigung, ein starkes Leitmotiv schaffen: den Blues.

Der Blues ist eine Form der schwarzen Musik. Er ist gleichzeitig ein Zustand und eine Stimmung jenseits von musikalischer Interpretation – mit anderen Worten, die musikalische Form selbst ist ein Ausdruck des Blues. Als künstlerische Schöpfung von Afrikaner:innen, die durch die europäische Kolonialisierung und Versklavung erniedrigt wurden und darum kämpften, ihren Zustand auszudrücken, wird der Blues manchmal als etwas speziell Schwarzes angesehen. Ein besseres Verständnis vom Leben schwarzer Menschen in anti-schwarzen Gesellschaften führt allerdings zu einer anderen Schlussfolgerung. Die Erkenntnis, dass negative Ansichten über Schwarze *aufgezwungen* werden, verlangt nach deren Rechtfertigung – eine Forderung, die bereits selbst das negative schwarze Selbstbewusstsein als Höhepunkt des schwarzen Bewusstseins entkräftet. Die logische Antwort auf ein falsches Bewusstsein, das als universell hingestellt wird, ist die Suche nach dem, was über dieses hinausgeht. Unabhängig davon, welche Alternativen sich dann finden lassen, ist die Befreiung von dieser falschen Realität bereits ein Erfolg. Wo etwas vermeintlich Universelles unerreichbar ist, wird genau diese Unerreichbarkeit von allen geteilt. Das ist natürlich ein Paradoxon: ein universeller Mangel an Zugang zu etwas Universellem.

Die Botschaft sollte nun offensichtlich sein. Der Blues ist, als schwarze Musik, vielleicht tatsächlich universeller als andere Musikarten, die als universell gelten. Diese Gegenüberstellung ist jedoch so, als vergleiche man Äpfel mit Birnen, ohne deren Nährwert zu beachten. Ist es für Menschen, die sich mit einer bestimmten Art von Musik, Denkweise oder Stimmung verbunden fühlen, letztlich von Bedeutung, ob ihre Quelle der Freude universell ist? Für einige bestimmt, für andere – wahrscheinlich die meisten – ist es das sicher nicht.

Die Bluesmusik hilft uns, über den Zustand des Blues nachzudenken, der sie beflügelte. Was verbirgt sich hinter Louis Armstrongs Klage, wenn er Fats Wallers »(What Did I Do to Be So) Black and Blue« (1929) singt oder hinter Ralph Ellisons Überlegungen zu diesem Lied in *Invisible Man*?[2] Es steckt so viel geschundenes Schwarzsein im Blues.

Das Schwarzsein, das den Blues bedingt, ist ein eigentümliches Elend und geht aus einem aus dem Ruder gelaufenen Existenzkampf hervor. Der euromoderne Rassismus, der auf der Ausweitung einer alten theologischen Ordnung zu einer globalen säkularen beruht, hat dazu geführt, dass sich ganze Gruppen von Menschen fragen müssen: »Wer bin ich eigentlich?« Verallgemeinert heißt das: »Was sind wir?«[3] Wenn man diese Frage auseinandernimmt, kehrt man zum Problem der Rechtfertigung zurück: »Was ist die Bedeutung dessen, wer und was wir sind?« Oder: »Sind wir, angesichts dessen, wer und was wir sind, dazu bestimmt, hier zu sein?« Und im Klartext: »Was ist der Sinn schwarzen Leidens?«

Wir haben gesehen, dass schwarzes Bewusstsein mit einem Legitimationsproblem und einer daraus resultierenden Melancholie konfrontiert ist. In diesem Sinne schwarz zu sein, bedeutet, vom normativen Leben in anti-schwarzen Gesellschaften ausgegrenzt zu werden, selbst wenn man

Indigen in diesen Gesellschaften ist. Da es keinen Grund gab, sich selbst als schwarz im rassistischen Sinne zu betrachten, bevor dieses Verständnis von Schwarzsein überhaupt ins Leben gerufen wurde, sind alle Schwarzen in der Euromoderne mit dem Umstand konfrontiert, nicht zu der einzigen Welt zu gehören, in der wir möglicherweise Indigen sein könnten. Der daraus resultierende Zustand des schwarzen Bewusstseins in der euromodernen Welt ist nichts anderes als der Blues.

Aber warum die Farbe Blau und nicht eine andere? Die Rockmusikerin und Autorin Debra Devi spekuliert, dass der Ausdruck seinen Ursprung in der englischen Redewendung »the blue devils« (die blauen Teufel) aus dem siebzehnten Jahrhundert hat, die später zu »the blues« verkürzt wurde und sich auf die intensiven Auswirkungen, ja sogar Halluzinationen, bezog, die mit schwerem Alkoholentzug einhergingen.[4] Diese Herleitung erklärt jedoch nicht, warum »the blue devils« tatsächlich blau waren. Blau könnte ja auch etwas Positives bedeuten, wie beispielsweise in der Redewendung »blue skies ahead« (vor uns nichts als blauer Himmel, im Sinne von rosigen Aussichten).

Die afroamerikanisch-jüdische Kuratorin und Historikerin Catherine E. McKinley verweist auf die Verwendung von Blau in westafrikanischen Kulturen, wo helles Blau als Farbe des Adels gilt und Indigo zum Ausdruck von Trauer verwendet wird.[5]

Der Blues entstand, als Afrikaner:innen und Europäer:innen in der neuen Welt unter elenden Bedingungen zusammenkamen, die bis in die Gegenwart nachhallen. Dieser Umstand fügt der Theorie von den »blauen Teufeln« eine – vielleicht psychoanalytische – Dimension hinzu: Der durch euromoderne, globale Ausbeutung und Profitorientierung ausgelöste Rausch verursachte einen Kater, den die Menschheit heute durchleidet. Zu diesen Interpretationen könnte man die Farbe von geschlagener Haut hinzufügen, die manchmal buchstäblich und im Englischen immer idiomatisch schwarz und blau ist.

Eine anti-schwarze Gesellschaft, die versucht, ihre Widersprüche zu überwinden, sich selbst zu vervollständigen und eins mit sich zu werden, entwickelt einen Vollkommenheitswahn. Bei Nicht-Schwarzen entsteht so die kindliche Erwartung, dass die Welt konsistent und ordentlich ist. Bei Schwarzen, die sich der Realität nicht derart entziehen können, führen diese Umstände zu einem erwachsenen Bewusstsein für die Paradoxien, Widersprüche und ungerechten Bürden des Lebens. Mit anderen Worten: zum Blues.

Der Blues erzählt uns, dass das, was rational ist, nicht immer vernünftig ist. Diejenigen, die unter ihm leiden, wissen, dass Rassismus niemals vernünftig ist, auch wenn er sich stets als nüchtern, logisch und rational gibt. Wie Fanon es ausdrückt:

> In einer von Rassismus geprägten Kultur ist der Rassist also normal. Bei ihm stimmen die wirtschaftlichen Beziehungen und die Ideologie vollständig überein. [...] Tatsächlich gehorchen rassistische Vorurteile einer schlüssigen Logik. Ein Land, das lebt, muss seine Substanz aus der Ausbeutung anderer Menschen beziehen, und dafür diese Menschen für minderwertig erklären. In diesem Sinne sind rassistische Vorurteile gegenüber diesen Menschen normal.[6]

Die anderen, die nicht dazugehören, sind angeblich immer im Unrecht. Zu erkennen, dass diese für die meisten

Weißen angenehme Unwahrheit eine Lüge ist, würde jeder Person in anti-schwarzen Gesellschaften Anlass geben, den Blues zu singen. Die Selbsttäuschung, mit ständiger Ungerechtigkeit zu leben, während man selbst behauptet, für Gerechtigkeit einzutreten, erfordert enorme Energie. Fanon sah sich ironischerweise in seinen frühen Überlegungen zum Blues mit einer solchen Situation konfrontiert. Er kommt zu dem Schluss:

> So wird der Blues, »das Klagelied der Versklavten«, zur Bewunderung der Unterdrückenden vorgetragen. Dabei kehrt für die Ausbeutenden und Rassist:innen ein wenig stilisierte Unterdrückung zurück. Ohne Unterdrückung und ohne Rassismus gibt es keinen Blues. Das Ende des Rassismus wird auch der Todesstoß für großartige schwarze Musik sein.[7]

Der Blues, der aus dem durch Rassismus verursachten Leiden entstanden ist, konnte Fanon zufolge nur durch ebendieses anhaltende Leiden aufrechterhalten werden. Weiße, die den Blues hören, werden durch das Leiden unterhalten, das durch die zu ihrem eigenen Nutzen geschaffene Welt verursacht wird. Dieses Argument legt nahe, dass die Identifikation mit einer ästhetischen Produktion wie der Bluesmusik ein Verständnis für und eine Verbindung mit dem Ursprung des Vergnügens, das sie bereitet, voraussetzt. Viele Menschen erfreuen sich jedoch nicht nur an Musik, die nicht unmittelbar mit ihren persönlichen Erfahrungen verbunden ist, sondern sie beziehen ihre eigenen Erfahrungen auf Musik, die von den verschiedenartigen Erfahrungen anderer beeinflusst ist. Das Elend eines anderen Menschen kann künstlerisch personalisiert und genossen werden, ohne dass das eigene Leiden mit einbezogen wird. Wie Kierkegaard über den Dichter schreibt:

> Ein unglücklicher Mensch, der tiefe Qualen in seinem Herzen trägt, dessen Lippen aber so geformt sind, dass, indem der Seufzer und der Schrei über sie ausströmen, sie klingen wie schöne Musik. Es geht ihm wie jenen Unglücklichen, die im Ochsen des Phalaris langsam bei gelindem Feuer gepeinigt wurden, ihre Schreie drangen nicht bis an das Ohr des Tyrannen, um ihn zu entsetzen: ihm klangen sie wie eine süße Musik. Und die Menschen scharen sich um den Dichter und sagen zu ihm: Singe bald wieder; das heißt: möchten doch neue Leiden deine Seele martern, und möchten doch deine Lippen so geformt bleiben wie bisher; denn der Schrei würde uns bloß ängstigen, die Musik aber, die ist lieblich.[8]

Kierkegaards Beschreibung betont die Schönheit von Poesie und Musik, die aus Leid hervorgehen. Er sagt nicht, warum die Lesenden oder Zuhörenden in der Lage sind, Freude zu erleben oder Schönheit zu erkennen. Es muss etwas geben, was das Publikum mit der Darbietung verbindet. Schließlich sind es nicht nur Schwarze, die den Blues singen oder ihn anhören. Es gibt Nicht-Schwarze, die in Australien, Brasilien, China, Indien, Italien, Südkorea, Portugal, Russland, Serbien, Spanien, Schweden – also überall – Blues hören, und ich bezweifle sehr, dass sie sich alle am Leid von schwarzen Menschen erfreuen. Sie stellen sich wahrscheinlich nicht vor, dass sie versklavte Schwarze auf Baumwoll-, Zuckerrohr- oder Tabakplantagen sind oder dass sie unter ungerechten Strafrechtssystemen in Gefängniszellen eingesperrt sind, genauso wenig wie ein Brahmane sich vorstellen würde, zur untersten Kaste der südwestasiatischen Gesellschaft, den Dalits, zu gehören.

Um die gelebte Realität der Verdammten dieser Erde zu verstehen, muss man zu einem potenzierten doppelten Bewusstsein der gesellschaftlichen Bedingungen übergehen, die sie entwürdigen. Aus dem Leid der Schwarzen geboren, benennt der Blues die Leiden, die durch die Härten des euromodernen Lebens und den damit einhergehenden anti-schwarzen Rassismus entstehen. Er spricht alle an, die im Innersten mit dem Leben in solchen Gesellschaften konfrontiert sind. Ellison drückt es folgendermaßen aus:

> Der Blues ist ein Impuls, die qualvollen Einzelheiten und Momente einer brutalen Erfahrung im eigenen schmerzenden Bewusstsein lebendig zu halten, ihre zerklüftete Oberfläche zu befühlen und zu transzendieren, nicht durch den Trost der Philosophie, sondern indem man daraus eine beinahe tragische, beinahe komische Lyrik presst. Der Form nach ist der Blues die autobiografische Chronik einer persönlichen Katastrophe, die lyrisch ausgedrückt wird.[9]

Im Blues geht es um die Bewältigung von menschlichem Leid in jeglicher Form. Schwarzsein äußert sich zu zeitgenössischem Leben durch die vielen musikalischen Nachfahren des Blues: Swing, Jazz, Rhythm and Blues, Soul, Rock'n'Roll, Beguine, Mambo, Salsa, Samba, Rocksteady, Reggae, Calypso, die vielen Stile des Hip-Hop und viele weitere.

Bluesmusik strotzt vor Ironie. Ihre Traurigkeit veranschaulicht ein reifes Verständnis vom Leben, das traurig, nüchtern und manchmal auch glücklich ist. Es ist ein nicht wahnhaftes Glück, das oft von Selbstironie und kritischer Einschätzung geprägt ist, es ist die Art von Glück oder guter Laune, die nicht durch Zerstreuung, sondern durch klare Erkenntnis angetrieben wird. Es ist die Schönheit des Mondlichts im Gegensatz zu der des Sonnenscheins, obwohl auch ein sonniger Tag den Blues hervorbringen kann – denn so vieles kann sich ungesehen vor unseren Augen abspielen. Wenn man die Betäubung im Alkohol sucht, würde der Blues einem sagen, dass Betäubung zu nichts führt.

Der Blues erinnert uns daran, dass das Leben nicht etwas ist, dem man entkommen kann, sondern etwas, dem man sich stellen muss. Und das zeigt sich schon in seiner bloßen Form. Die klassische Bluesstruktur ist voller Wiederholungen, die neue Bedeutungsebenen in Bezug auf die Zirkularität des Lebens offenbaren. In dieser Struktur wird eine Geschichte zwar immer wieder erzählt, aber bei jeder Wiederholung auf andere Weise verstanden, was eine kathartische Wirkung hat und ein neues Verständnis vom Anfang hervorruft. Blueskünstler:innen übernehmen Verantwortung für ihre Existenz und können dabei auch ihre Gegenwart in gemeinsamen Fantasieflügen transzendieren. Diese Dimension der Darbietung von Blues, vor allem in der Bebop-Musik, hat die weißen Anhänger:innen des exotisierten Schwarzseins nicht immer begeistert, eine Beobachtung, die Fanon nicht entgangen ist. Er stellt mit Freude fest:

> Man erinnert sich noch gut daran (und das Beispiel hat eine gewisse Bedeutung, weil es sich hier nicht um eine rein koloniale Realität handelt), wie die weißen Jazz-Spezialist:innen reagierten, als sich nach dem Zweiten

Weltkrieg neue Stile, wie der Bebop, herauskristallisierten. Ihrer Ansicht nach durfte der Jazz nämlich nur die gebrochene und verzweifelte Wehmut eines alten Schwarzen zwischen fünf Whiskeys sein, der sich selbst und den rassistischen Hass der Weißen verflucht. Sobald er aber sich und die Welt anders wahrnimmt, sobald er Hoffnung aufkeimen lässt und von der rassistischen Welt Abstand gewinnt, befreit sich seine Trompete und seine heisere Stimme erklingt laut und deutlich.[10]

Fanon reagiert damit auf die musikalische Gewandtheit und Komplexität des Bebop. Die Darbietung von Bebop-Musik – die manchmal so schnell gespielt wurde, dass weiße Musiker:innen der europäischen Klassik dachten, die Platten seien in der falschen Geschwindigkeit aufgelegt worden – forderte oft das heraus, was die meisten Musiker:innen außerhalb des Jazz für unmöglich hielten. Außerdem kommen im Bebop harmonische Variationen mit subtilem Einsatz von Dissonanzen vor, welche die Musik aus dem Rang der Unterhaltung in den der Kunst heben. Der anti-schwarze Rassismus entspannt sich, wenn Schwarze auf Unterhaltung reduziert werden, und nicht wenn sie sich durch die Herausforderungen und Komplexität von Kunst hervortun. Der Bebop überwindet das Elend des stereotypen Schwarzseins, das von weißen Kritiker:innen und Konsument:innen schwarzer Darbietungen exotisiert und fetischisiert wird, indem er dank virtuoser imaginärer Höhenflüge höhere Maßstäbe setzt. Somit stellt er eine dreifache Bedrohung für die Annahme weißer Vorherrschaft dar. Er ist keine Imitation; er zeugt von einer überwältigenden Geschichte schwarzer künstlerischer Leistungen, die das Potenzial der meisten Weißen, die an diesem Genre mitwirken, übersteigt; und er ist nicht abhängig von weißer Anerkennung. Weiße, die Bebop spielen, betreten eine Welt, in der die höchsten Maßstäbe Schwarz sind. Wie der theoretische Physiker und Saxofonist Stephon Alexander in seiner Analyse von John Coltranes »Giant Steps« (1960) und der Doppelhelix erläutert, ist die Größenordnung der Leistungen nicht nur im Bebop, sondern auch in vielen anderen Formen des Jazz noch immer nicht entschlüsselt.[11] Sosehr frühe Kritiker:innen sie auch hassten, Bebop-Musiker:innen arbeiteten weiter am künstlerischen Potenzial der Musik, ohne Rücksicht auf ihren kommerziellen Wert zu nehmen. Wenn dabei »Hits« wie Dizzy Gillespies »A Night in Tunisia« (1942) und »Groovin' High« (1945) oder Charlie Parkers »Confirmation« (1946) und »Yardbird Suite« (1946) herauskamen – großartig. Wenn nicht, um einen Titel von Miles Davis zu zitieren: *So what?* Was soll's?

Doch mit Bezug auf Fanons Beobachtung sollten wir das Wehklagen und Seufzen des Blues nicht abtun. Dem Leiden auszuweichen, ist weder reif noch weise. Der reflektierende Ausdruck des Leidens im Blues sorgt für ein Verstehen. Der Blues geht, mit anderen Worten, von der vorreflektierten Erfahrung zur Selbstreferenz, Selbsteinschätzung und Selbsttranszendenz über.

Der Blues offenbart folglich ein Bestreben, das sich auf wunderbare Weise im Bebop und in seinen musikalischen Nachfolgern manifestiert – eine ästhetische und ethische Reife, in der die Problematik des politischen Lebens niemals ignoriert wird. Die Musik stammt aus Gesellschaften, in denen die dominante Meinung herrscht, dass Schwarze keinen Standpunkt haben – und selbst wenn einer zum Ausdruck kommt, ist er bestenfalls kindlich. Dies ist eines der Ziele des Rassismus – Entmachtung, die von politischen Institutionen bis hin zum ästhetischen Ausdruck reicht. Musik zu produzieren, in der das Leben und die Ambitionen schwarzer Menschen von Bedeutung sind – und das auf einem Niveau musikalischer Virtuosität, welches nur wenige weiße Interpret:innen erreichen –, stellt bereits einen Affront gegen die anti-schwarze rassistische Gesellschaft dar. Dieses politische Element findet sich auch in den internationalen Varianten des Blues. In Brasilien ist es im Samba und anderen bewusst schwarzen afro-brasilianischen Formen zu finden, wie zum Beispiel in den Verschmelzungen der Musik von Milton Nascimento. Die politische Kritik des Blues findet sich im Reggae wieder, der sich aus Ska und Rocksteady entwickelt hat. Von den Abyssinians bis zu den Heptones, den Melodians, den Wailers und vielen anderen Künstler:innen entwickelte sich der Reggae aus diesen Tanzrhythmen und brachte später in eigenen Formen Protest und Kritik zum Ausdruck; fast jedes Land hat seinen eigenen Reggaestil. Auf dem afrikanischen Kontinent gibt es weitere Formen des Blues, die sich durch politische Kritik auszeichnen; in Nigeria ist der vielseitige Yorùbá Künstler und Freiheitskämpfer Fela Anikulapo Kuti ein gutes Beispiel dafür.

In seinem philosophischen Memoir reflektiert der südafrikanische Philosoph Mabogo P. More, dass der Jazz, insbesondere der Bebop, und die mit diesem Ethos eng verbundene Musik für viele seiner schwarzen südafrikanischen Landsleute sowie für ihn eine Quelle der Inspiration und der Bestätigung war, während sie unter dem brutalen Apartheidsystem aufwuchsen.[12] Trotz der Botschaften, die sie über weiße Überlegenheit und schwarze Minderwertigkeit erhielten, war der Jazz eine Schöpfung von schwarzen Menschen, die als Schwarze Menschen auf der Bühne standen. Er war eine Schöpfung, in der Weißsein letztlich *nicht* der Maßstab war. Auffällig war zudem die Art und Weise, wie sich Jazzmusiker:innen kleideten und auf der Bühne standen: Jazzkünstler:innen afrikanischer Abstammung verkörperten niemals einen »Jungen« oder ein »Mädchen«.* Man hörte immer einem Mann oder einer Frau zu, selbst wenn die Darbietenden Jugendliche waren.

Die Beobachtung von More führt uns zu einem heiklen Problem, das auch in den zeitgenössischen Diskussionen über schwarze Musik eine Rolle spielt. Es gibt immer einen Markt für diejenigen, die Schwarz wieder in schwarz, also in »negro« und »nigger« zurückverwandeln wollen. Dies ist leider ein allgegenwärtiges Merkmal der neueren populären Musik, in der schwarze Musik der Schwarzen Musik gegenüber bevorzugt wird, die wiederum auf Unterhaltung abzielt und nicht auf politische oder gar philosophische oder künstlerische Aspekte. Aus der Sicht einer Musikindustrie, die vom Geschmack des weißen Marktes dominiert wird, besteht das Problem Schwarzer Musik darin, dass sie angeblich nicht »authentisch« ist, dass sie also nicht den Stereotypen entspricht, die von den überwiegend weißen Konsument:innen erwartet werden. Es herrscht nun mal die Ansicht, dass authentisches Schwarzsein nur durch Leiden gekennzeichnet sein kann. Aber mal im Ernst: Leiden nervt. Oder anders ausgedrückt: Es ist *funky*.** Der Begriff bezieht sich hier natürlich auf Tanzmusik, bei der der Kör-

---

* [Anm. d. Üb.] Im Original »boy« und »girl«, im US-amerikanischen sowie im südafrikanischen Kontext abfällige Bezeichnungen für erwachsene schwarze Bedienstete.

** [Anm. d. Üb.] *funky* bezeichnet sowohl eine Musikrichtung als umgangssprachlich auch etwas Ausgefallenes, Abgefahrenes. Gleichzeitig bedeutet *funk* auch Gestank.

per bewegt wird, um den *Funk* freizusetzen, in einer Art kathartischen Reinigung der Seele oder auch, gröber ausgedrückt, durch einen Furz. »Lass es raus!«, lautet das Credo, dessen Mehrdeutigkeit sich genauso auf ausgeschiedene Exkremente und Orgasmen bezieht, und die Tanzenden bewegen dazu ihren Unterleib, ihre Hüften und ihren Hintern. Während Katharsis durchaus gesund sein kann, kann die Bindung an sie ironischerweise zu Starrheit führen. Das Spiel, das eine kritische Tätigkeit sein kann, wird dann zur reinen Unterhaltung, die ein Vergnügen ohne Reflexion ist. Wo Schwarzsein nur noch Unterhaltung ist, folgt bald *Minstrelsy.*

Wie wir gesehen haben, ist Unterhaltung auch ein Modell des schwarzen Bewusstseins, das für weiße Fantasie, Nachahmung und Diebstahl besonders anfällig ist. Im ersten Hip-Hop-Jahrzehnt nahm die Gruppe Run-DMC dieses Problem in ihrem Musikvideo zu »It's Tricky« (1987) vorweg. In dem Lied geht es darum, dass Rappen nicht so einfach ist, wie die Leute denken, und das Video zeigt, wie die Gruppe den Fehler begeht, zwei weißen Gaunern ihr Handwerk beizubringen, nachdem sie diese auf der Straße bei ihrem eigenen Kartentrick überlistet hatten. Das Video beginnt damit, dass eine afroamerikanische Frau um ihren Schmuck betrogen wird, eine klare Anspielung auf das aus Afrika gestohlene Gold. Am Ende des Videos tauchen Run-DMC bei ihrem eigenen Auftritt in Japan auf und stellen fest, dass sich die beiden weißen Gauner auf der Bühne nicht nur als sie ausgeben, sondern dass auch das japanische Publikum glaubt, die weißen Gauner seien die *echten* Run-DMC.

Mitte der 2000er-Jahre schrieb ich einen Aufsatz über das Thema Reife im Hip-Hop, der bei meinen Studierenden kritische Reaktionen hervorrief, von denen jedoch viele später meinem Argument zustimmten.[13] Ausgehend von der Entstehung des Bebop aus dem Swing, hatte ich die Frage gestellt, was einmal aus dem Hip-Hop hervorgehen würde. Dabei ging es mir nicht darum, Hip-Hop mit den Maßstäben des Bebop zu messen, sondern eine kritische Frage aufzuwerfen, mit der beide Genre konfrontiert sind, nämlich der nach künstlerischem Wachsen oder Reifen. Hip-Hop-Künstler:innen stellen authentisches Schwarzsein oft durch die Überhöhung immerwährender Adoleszenz dar, und das gilt auch für die Vermarktung des Genres: Um authentisch zu sein, dürfen Schwarze angeblich nie erwachsen werden. Schwarze Menschen als Zeichen von Authentizität in immerwährender Adoleszenz zu halten, ist die Rückkehr zu jener Bevormundung, gegen die viele Schwarze Revolutionär:innen protestiert haben und an deren Beseitigung sie weiterhin arbeiten.

Auch wenn die USA das Zentrum von Hip-Hop-Musik sind, sollten wir bedenken, dass sie global ist. Die Art und Weise, wie eine problematische Musikindustrie das verpackt, was sie für authentisches Schwarzsein hält, betrifft folglich schwarze Menschen auf der ganzen Welt. Zu dieser Verpackung gehört auch ihre Geschichte. Was viele Fans des Genres oft ausblenden, ist dessen multinationale Entstehungsgeschichte. Hip-Hop wurde von englisch- und spanischsprachigen Menschen aus der Karibik zusammen mit einer Vielzahl anderer schwarzer Jugendlicher in der New Yorker Bronx ins Leben gerufen. Viele von ihnen hatten einen jamaikanischen Hintergrund, manche einen puerto-ricanischen, und die Bandbreite der anderen reichte von Personen aus Barbados und Trinidad in der Karibik bis zu Afroamerikaner:innen, die ihre Kindheit zwischen New

York und, während des Sommers, dem Süden der USA oder in der Karibik bei den Verwandten verbrachten. Mit anderen Worten: Hip-Hop hat sich seit seinen Anfängen stark verändert. Die stereotypischen Darstellungen schwarzer Authentizität, mit denen er vermarktet wird, sind ein Indiz für seinen Verfall. In dieser Hinsicht folgte der Hip-Hop einer klassischen Bewegung von lebhaftem Aufstieg zu ersten Merkmalen seines Niedergangs.

Nietzsche skizzierte die Dialektik der ästhetischen Produktion, die mit erschreckender Genauigkeit die Entwicklung eines Großteils zeitgenössischer Musik abbildet.[14] Er argumentierte, dass die Musik in der Phase der schöpferischen Entwicklung aus dem Chor (der Gemeinschaft) hervorgeht und mit der verkörperten Bejahung des Lebens im Tanz verbunden ist. Sie geht dann in die Selbstversunkenheit (des Individuums) über, indem sie das Ego und das Zurückweichen des Chors porträtiert. Und schließlich mündet sie in der Suche nach Handlungsmacht durch den Körper (Körperlichkeit), oft mit dem Schwerpunkt auf Gender, Geschlecht und sexueller Lust.

Der antike athenische Ausdruck dieser Bewegung wurde von den Dichtern Aischylos, Sophokles und Euripides veranschaulicht – man denke an *Die Orestie*, *Antigone* und *Die Bakchen*. Aischylos ist der älteste der drei, Euripides der jüngste. *Die Orestie* ist eine Trilogie, deren erster Teil die tragische Geschichte des Helden Agamemnon erzählt, der von seiner Frau Klytämnestra und ihrem Geliebten Aegisthos ermordet wird; der zweite Teil, *Die Choephoren*, handelt von Agamemnons Tochter Elektra und seinem Sohn Orestes, die ihre Mutter und deren Geliebten umbringen; im dritten Teil, *Die Eumeniden*, geht es um den Prozess gegen Orestes. In allen drei Werken sind der Chor und die Musik von zentraler Bedeutung. Der antike athenische Philosoph Sokrates und der deutsche, im neunzehnten Jahrhundert wirkende Philosoph G. W. F. Hegel liebten die Tragödien des Sophokles, insbesondere die *Antigone*, die den Konflikt zwischen Antigone (der Tochter des ehemaligen Königs Ödipus) und ihrem Onkel mütterlicherseits, König Kreon, in den Mittelpunkt stellt. Der Tod von Ödipus führte zu einem Bürgerkrieg, in dem Antigones Brüder Eteokles und Polynikes auf gegnerischen Seiten im Kampf starben. Eteokles erhielt ein rituelles Begräbnis, während Polynikes, der sich Kreon widersetzte, den Geiern zum Fraß überlassen wurde. Mehrfach begräbt Antigone Polynikes, was zu ihrem Prozess und schließlich zu ihrem Todesurteil führt. Der Chor spielt hier eine geringere Rolle als in den aischyleischen Stücken, und die Hauptfiguren sind in einen Konflikt zwischen den Verpflichtungen gegenüber den Göttern und dem Staat verwickelt. Nietzsche sah in *Antigone* den Beginn des Niedergangs der klassischen griechischen Gesellschaft. Darauf folgten die euripideischen Stücke, in denen das Schicksal der Frauen im Mittelpunkt steht. In *Die Bakchen* zum Beispiel besucht der androgyne Gott Dionysos – der Gott des Dramas, des Weins und der Frauen – den jungen König Pentheus und bringt ihn dazu, sich als Frau zu verkleiden, um die Anhängerinnen des Gottes zu Dionysos zu unterwandern, die sich in rituellen Orgien verlieren. Pentheus' Schwindel wird aufgedeckt, und er wird von den Frauen, zu denen auch seine Mutter Agave gehört, in Stücke gerissen. Die Kritiker zu Nietzsches Zeit rühmten die Sophokles-Dramen als höchsten künstlerischen Ausdruck des sogenannten attischen Griechenlands, das auch durch die Blüte der Philosophie geprägt war. Den Übergang von Tanz und Chor zu Monolog und philosophischer

Reflexion und schließlich zu frauenzentrierten Themen deutete Nietzsche als Niedergang.

Mit Blick zurück auf die Gegenwart zeigt die Entwicklung bestimmter populärer Musikformen wie Rock'n'Roll, Reggae und Hip-Hop eine Entwicklung von der Tanzmusik über ein Stadium des kritischen und oft selbstreferentiellen Protests bis hin zur Entfesselung libidinöser Kräfte in stark sexualisierten und oft frauenfeindlichen Texten. Letzteres ist paradox, weil es Kritiker:innen gibt, die dies, da Frauen zentriert werden, als emanzipatorisch und befreiend interpretieren.

Die Parallelen zur Geschichte der populären Musik sind frappierend. Der frühe Rap entstand aus der Stimme des Chors zu einer Musik, die dem Tanz gewidmet war. Diese frühe Periode, als die Sugarhill Gang mit »Rapper's Delight« (1979) einem breiteren Publikum Rap bekannt machte, brachte die Menschen auf die Tanzfläche. Die nächste Phase konzentrierte sich stärker auf die Erfahrung des einzelnen Rappers, dessen Lieblingswörter »ich«, »mich« und »mein« waren. Man denke hier an KRS-Ones »My Philosophy« (1988). Ich glaube nicht, dass KRS-One etwas dagegen hätte, diese Phase als eine sokratische / sophokleische zu beschreiben, da er sich selbst als Philosoph bezeichnet. Aus dieser Zeit stammt auch eine vorausschauende Sozialkritik. Die nächste Phase brachte den Aufstieg von Rapperinnen wie Salt-N-Pepa, die für ihre äußerst sexuellen Texte bekannt waren, neben männlichen Interpreten, die davon besessen waren, Frauen als »Schlampen« und »Nutten« zu bezeichnen.

Das vielleicht beste Beispiel für die misogyne Wende ist die Gruppe 2 Live Crew. Neue Stile setzten sich durch, aber der Zyklus von Tanz zu Protest zu sexueller Herabwürdigung und Träumerei kehrte wieder. Musiker:innen wie Missy Elliott, TLC und Outkast zum Beispiel brachten das Publikum mit Witz und Pep wieder auf die Beine. Da es bei der Musik um viel mehr geht, als die Leute auf die Tanzfläche oder ins Bett zu bringen, folgten *Plantation Lullabies* (1993) und *Bitter* (1999) von Meshell Ndegeocello, *Black on Both Sides* (1999) von Mos Def (Yasiin Bey) und in Frankreich *Paradisiaque* (1997) und *Cinquième As* (2001) des senegalesischen Rappers MC Solaar (Claude M'Barali). In jüngerer Zeit ist das Werk von Kendrick Lamar zu nennen, der das hochgelobte *To Pimp a Butterfly* (2015) und das mit dem Pulitzer-Preis ausgezeichnete *Damn* (2017) herausgebracht hat. Doch die Tradition wird fortgesetzt, denn auf Lamars Errungenschaften folgt Cardi Bs »WAP« (2020), eine Kollaboration mit Megan Thee Stallion, die, obwohl sie aus weiblicher Sicht geschrieben ist, ebenfalls die Formel von Frauen und Sex als dialektische Antwort auf männliche politische Reflexion erfüllt.

Nietzsche behauptete außerdem, dass die Kunst niemals auf unfruchtbarem Boden gedeiht. Das bedeutet, dass sie nie frei von materiellen wirtschaftlichen und politischen Kräften ist. Zeitgenössische Musik, zu der nicht nur Rock'n'Roll, Reggae und Hip-Hop gehören, ist in einer Welt entstanden, die zwangsläufig von Kapitalismus, Kolonialismus und Rassismus geprägt ist, die jede Anstrengung der Kunst, nicht in ihre Fänge zu geraten, vereiteln. Nietzsches Konservatismus mag ihn für diese Überlegungen unempfänglich machen, aber sein Argument, Musik spiegele das Wachstum und den Verfall einer Gesellschaft wider, lässt diese materielle Beobachtung zutreffend erscheinen.

Der Abstieg in die »Niggerisierung« als Zeichen der Authentizität ist nur eine Strömung, die sich leider sehr gut an ein überwiegend weißes Publikum verkaufen lässt. Je dekadenter, desto besser. Man könnte nun einwenden, dass auch Jazzkonzerte häufig ein mehrheitlich weißes Publikum anziehen. Allerdings wird diesem Publikum nicht die Selbstherabsetzung der Darsteller:innen auf der Bühne vorgeführt. »Nigger«, »Nigga« und »Nigguh« gehören weder zum Vokabular des Jazz, noch sind sie vereinbar mit seiner Jazz-Identität, deren Interpret:innen ihn auch als »afroamerikanische klassische Musik« bezeichnen. Auffälligerweise wurden solche Schimpfwörter in frühen Rap-Aufnahmen nur selten verwendet.

Wo selbst Politik zur Ware werden kann, findet auch das vermeintlich revolutionäre Potenzial dieser Art von Selbstverleugnung sein Publikum und seinen Markt. Diejenigen, die den tapferen Kampf gegen die rassistische Selbstverachtung geführt haben, sind darauf aufmerksam geworden. Einige, wie der Philosoph und Dichter Richard Jones, sprechen aus Frustration und Liebe einen Weckruf aus:

In 1959 it was niggrah please*
Git yo' lazy black ass offa de bus
And then soon enuf it waz
Neegrow please for da
Econonomic gains and boogie-woogie bougie shit
And den kneegrow pleas
For *merci beaucoup* and
Hippity hoppity down

---

* [Anm. d. Üb.] Die in diesem Gedicht eingesetzten Wortspiele und sprachlichen Kulturen lassen sich im Deutschen nicht ohne Gefahr der Persiflage oder Verletzung wiedergeben. Deshalb sehen wir von einer Übersetzung ab.]

> The bunny trail to
> Niggaz pleezee and wheezee
> Negro-ese easy peasee
> And shit for the Nigaratti
> Makes a nigger wanna go
> Crazy/home/back to Afrika/
> To da crib/fuck hisself/
> Loop-de-loop/eat chitlins/
> Go-go!!! Chuck Brown
> Go fist-bump and drag-a-leg
> *Niggah pa-leeze*!!![15]

Man könnte einwenden, dass es sich bei diesem kritischen Vergleich um eine Behauptung der sogenannten »Politik der Respektabilität« handelt.[16] Dies ist eine Haltung, die von bürgerlichen schwarzen Kreisen vertreten wird, die mit ihrem Klassenbewusstsein und ihren Werten die arme schwarze Bevölkerung ausblenden, die sie als ungehobelt betrachten. Es gibt jedoch einen Unterschied zwischen Respektabilität und Respekt. Respektabilität führt zuweilen zu einer erzwungenen Ruhe, obwohl die politischen Bedingungen es erforderlich machen, die anti-schwarze Gesellschaft um des Respekts willen herauszufordern. Der Kampf gegen eine ungerechte Gesellschaft kann viele Formen annehmen, wie wir in Kapitel 10 gesehen haben, wo wir Richard Wrights Darstellung der fünf Typen von Bigger Thomas – Menschen, die das anti-schwarze rassistische System herausfordern – erörterten. Das Schicksal der meisten Bigger Thomasse läuft darauf hinaus, dass sie entweder ihre schwarzen Mitmenschen terrorisieren oder von der Polizei getötet werden. Der fünfte Typ jedoch konzentriert sich auf die Ablehnung jedes Systems, in dem die einzigen Rollen vorsehen, entweder andere zu erobern oder selbst erobert zu werden. Das ist der Typ mit revolutionärer Bedeutung. Der Kampf von Bigger 5 ist nicht auf Selbsterniedrigung aufgebaut. Deshalb sind Sojourner Truth, Ida B. Wells-Barnett, Ella Josephine Baker, Claudia Jones, Amílcar Cabral, Frantz Fanon, El-Hajj Malik El-Shabazz (Malcolm X) und Steve Bantu Biko – allesamt mutige Freiheitskämpfer:innen, die sich dem Kampf gegen grausame und ungerechte Systeme verschrieben – historische Beispiele für Bigger 5.

Um das Offensichtliche zu sagen: Nicht alle ästhetischen Werke sind von politischer Weitsicht und revolutionärem Geist geprägt, das heißt von einem reifen Verständnis für radikalen sozialen Wandel. Einige sind reaktionär. Manche propagieren die Rückkehr zu einer vermeintlich authentischen Vergangenheit. Andere rufen dazu auf, alles niederzubrennen, was keine Zukunft für irgendjemanden zulässt. Manche sind so sehr mit sich selbst beschäftigt, dass für andere kein Platz bleibt, um kreative Beiträge zum Wachstum ihrer Kunstform zu leisten. Die politische Frage für Hip-Hop ist also, ob Reife dort geboten wird, wo es um Befreiung geht. Ständig als Gegenästhetik zu leben – das heißt, lediglich gegen die weiße Gesellschaft zu sein –, ist ein Leben in Abhängigkeit, da die Weißen die Bedingungen vorgeben, gegen die es zu reagieren gilt, was nichts anderes als Pessimismus und, schlimmer noch, Verzweiflung zur Folge hat.

Das soll nicht heißen, dass reife und politisch nuancierte Beiträge im Hip-Hop unmöglich sind – siehe die bereits erwähnte Liste von Meshell Ndegeocello, Mos Def und MC Solaar, zu der wir die Gruppe The Roots hinzufügen könnten, insbesondere ihr Album *Things Fall Apart* (1999), dessen Titel eine Hommage an den gleichnamigen, 1958 erschienenen Roman des großen nigerianischen Igbo-Schriftsteller Chinua Achebe ist, das meistgelesene Buch der afrikanischen Literatur. Man könnte auch den Aktivisten, Musiker und Filmemacher Boots Riley nennen, der zunächst mit der politisch-kritischen Gruppe The Coup bekannt wurde. In seinem 2018 gedrehten Film *Sorry to Bother You* bringt Riley viele der Themen und Einwände auf den Punkt, die Hip-Hop zum Ort des idealen Aufeinandertreffens von Politik und Kunst machen.

Die Schwierigkeit, zu reifen, besteht darin, dass eine Transformation Hoffnung auf Wachstum erfordert. *Sorry to Bother You* befasst sich mit dem Kampf, im klaustrophobischen Kontext des heutigen Kapitalismus zu reifen. Erinnern wir uns daran, dass der Mythos, der sich vom griechischen Wort *muthos* ableitet (was »berichtet« oder »mit dem Mund erzählt« bedeutet), das hervorbringt, was erzählt werden muss, nämlich nicht nur Geschichten, sondern auch die dazugehörigen Rituale der Wiederholung. Das Wiedererzählen bringt die Bedeutung hinter der Bedeutung zum Vorschein. Deshalb sind wir oft in der Lage, eine vertraute Geschichte in einer auf den ersten Blick neuen Geschichte wiederzuerkennen und die Wahrheit zu enthüllen, die in ihrer Erzählung wirkt. Es gibt also eine Wahrheit in der Fiktion, wenn fiktive Geschichten die Überlieferungen offenbaren, die wir immer wieder erzählen.

Ein Mythos, der in *Sorry to Bother You* nacherzählt wird, ist Carlo Collodis Roman *Die Abenteuer des Pinocchio* (1883), der den meisten wohl eher durch die Disney-Verfilmung mit dem Titel *Pinocchio* (1940) bekannt sein dürfte.[17] Eines der Abenteuer der Holzpuppe Pinocchio auf seinem Weg, ein »richtiger Junge« zu werden, ist hier besonders relevant. In Collodis Roman begeben sich Pinocchio und seine Freund:innen in Gefahr, als sie sich in das Land der Spielereien begeben, das im Disney-Film »Pleasure Island« genannt wird. In beiden Versionen werden die Kinder mit dem Versprechen von absolutem Vergnügen oder Freiheit ohne Verantwortung dorthin gelockt. Die ahnungslosen Kinder – im Roman sind es Jungen und Mädchen, in der Disney-Version jedoch nur Jungen – verwandeln sich aber in Esel und werden dann in die Versklavung verkauft.

Die *Metamorphosen* des nordafrikanischen Römers Lucius Apuleius aus dem zweiten Jahrhundert, die vor allem unter dem von Augustinus bevorzugten Titel *Der goldene Esel* bekannt sind, behandeln ähnliche Themen der Verwandlung: Der Protagonist Lucius wird in einen Esel verwandelt, versklavt und durchlebt dann eine Reihe von Missgeschicken.[18] (Der Name Lucius bedeutet übrigens Licht, Klarheit – wie in luzid – und Mann des Lichts, was auch weißer Mann bedeutet). Apuleius' Roman basiert auf dem früheren, heute verlorenen griechischen Werk *Loúkios è ónos* (Loukios oder der Esel). *Ónos* bedeutet nicht nur Esel, sondern auch Last, Bürde. Die griechische Version basiert vermutlich auf einer älteren Geschichte, die wahrscheinlich aus dem alten Ägypten stammt, wo Esel zuerst domestiziert wurden.[19]

Ob Boots Riley nun bewusst war, dass er eine Episode aus der Pinocchio-Geschichte oder aus *Der goldene Esel* nacherzählt, oder nicht – die Parallelen in seinem Film sind unbestreitbar: Auch in *Sorry to Bother You* geht es um Verwandlung, um die Ausbeutung von Arbeitskraft und Versklavung.

Riley streut mit nur allzu offensichtlichen Metaphern, Metonymien und Wortspielen zahlreiche Hinweise ein. Da kommt das ruchlose Unternehmen WorryFree vor, das einen teuflischen Pakt für ein sorgenfreies Leben anbietet. Dann gibt es unseren Protagonisten Cassius Green (was nach »cash green«, barem Dollargrün, klingt) und den schurkischen Steve Lift (wahrscheinlich Steve Jobs), wobei der Name Lift hier für Beschäftigung ohne Lohn steht.[*] Außerdem sind da noch Squeeze, der Gewerkschafter, und Cassius' Künstlerfreundin Detroit, die für die Stadt steht, in der Riley aufwuchs – ein Ort, der von neoliberaler Wirtschaftspolitik ruiniert wurde, aber durch Aktivismus, Kunst und urbane Landwirtschaft ein Comeback erlebt. »Mr. ___« ist ein erstklassiger Telefonvertreter mit einem Auge, ein Zyklop. Das sehende Auge entpuppt sich als sein rechtes und damit als Gegenpol zur radikalen Gruppe »Left Eye«, die die WorryFree-Werbung beschädigt. Außerdem kommen Diana De-Bauchery, Langston (Langston Hughes, der große Bluespoet)[20] und Coke (was sich sowohl auf Coca-Cola als auch Kokain bezieht) vor. Auch die Phrase »stick to the script« (halt dich ans Drehbuch/den Ablauf) wird häufig wiederholt, es ist das Callcenter-Motto, mit dem sozialer Konsum und Unterwerfung kommuniziert wird. Und natürlich sollte man vor allem den Titel beachten: »Entschuldigen Sie die Störung« ist nicht nur ein lästiger Callcenter-Slogan, sondern auch ein Verweis auf die politische Realität derjenigen, die es – mit Stanley Kubricks Worten – vorziehen, mit weit geschlossenen Augen zu leben.[**]

Der Titel ist außerdem eine metafilmische Selbstreferenz auf das, was der Film mit seinen Zuschauer:innen macht.

---

[*] [Anm. d. Üb.] »lift« steht im Englischen auch für Diebstahl.
[**] [Anm. d. Üb.] *Eyes Wide Shut* ist ein auf Schnitzlers *Traumnovelle* basierender Film von 1999, der letzte von Regisseur Stanley Kubrick.

Er durchbricht die vierte Wand und spricht direkt zum Publikum.

Der Film beginnt damit, dass sich das Garagentor, hinter dem Cassius lebt, unerwartet öffnet und seine morgendliche Zweisamkeit mit Detroit unterbricht; er endet damit, dass die Tür ihm ins Gesicht schlägt, als er versucht, die Welt auszusperren. Was sich zwischen der offenen und der geschlossenen Tür abspielt, ist ein Prozess, der mit Cassius' Suche nach einem Arbeitsplatz beginnt, und zwar zunächst durch Täuschungsversuche. Cassius bringt zu einem Vorstellungsgespräch im Callcenter eine große falsche Trophäe mit und erhält die Stelle, obwohl seine Lügen – wie durch Pinocchios lange Nase – aufgedeckt wurden. Zunächst scheint dies ein Glücksfall zu sein, aber man sollte schließlich immer aufpassen, was man sich wünscht. Die nächste Stufe der Verwandlung tritt ein, als Cassius die Tür zum Erfolg öffnet, indem er seine »weiße Stimme« einsetzt. Es folgen Fragen des Klassenkampfes, dessen rassifizierte und genderspezifische Elemente immer deutlicher werden, je mehr sich die Telefonverkäufer:innen organisieren. Cassius' Verwandlung setzt sich fort, als seine weiße Stimme in schwarzer Haut zu seiner Beförderung zum »Power Caller« und schließlich zu seiner Entdeckung führt, dass die Arbeitenden in Arbeitspferde – halb Mensch, halb Pferd – verwandelt werden, die »Equisapiens«, Pferdemenschen, genannt werden.

Diese Stelle erinnert an eine entscheidende Auffassung des Marxismus, in der es um gesellschaftliche Transformation geht. Der Marxismus steht einer aufgewerteten Transformation um ihrer selbst willen kritisch gegenüber. Einige Arten von Transformationen könnten zu einer Radikalisierung von Versklavung führen. Eine Revolution erfordert, auf Widersprüche zu reagieren, indem man die Verhältnisse ändert, die sie aufrechterhalten.

Steve Lift bietet Cassius die Möglichkeit, der »Martin Luther King, Jr.« der Pferdemenschen zu werden. Er meint damit nicht den historischen politischen Kämpfer Martin Luther King, Jr., der etwas mehr als ein halbes Jahrhundert zuvor in Memphis ermordet wurde, als er mit seiner Poor People's Campaign für die Rechte der Arbeiter:innen kämpfte. Er meint den King, der als moralisierender, pazifistischer Träumer karikiert und in Erinnerung gehalten wird.

Trotz Lifts Bemühungen ähnelt der Anführer, zu dem Cassius wird, eher dem Dr. King, der sich mit den revolutionären Kämpfern Frantz Fanon, El-Hajj Malik El-Shabazz (Malcolm X) und dem Boxer Muhammad Ali (zuvor Cassius Clay) – also Bigger 5 – wahlverwandt fühlt. Muhammad Ali ist hier besonders relevant, da sein »Sklavenname« einen weißen Abolitionisten ehrt. Auch sein Leben war eines der Verwandlung: Als Kämpfer änderte beziehungsweise entdeckte er seine Religion neu, indem er zum Islam konvertierte und mit arabischen Namen bedacht wurde, die so viel bedeuten wie »lobenswert«, »der Höchste« oder »des Lobes des Höchsten würdig«.[21]

Obwohl Cassius Green sich zunächst für »woke« hält, als er der Gewerkschaft der Telefonverkäufer:innen beitritt, geht er naiverweise davon aus, mit bescheidenen Veränderungen in seine Community zurückkehren zu können. Als er gegen Ende des Films versucht, das Garagentor zur Welt zu schließen, schlägt es ihm ins Gesicht und enthüllt die revolutionäre Gemeinschaft, zu der er – ob er will oder nicht – nun tatsächlich gehört: die Equisapiens. Seine geschwollene Pferdemenschennase offenbart die Unaufrichtigkeit, die Lüge, mit der er lebte, nämlich die Erwartung, dass die Betrügereien ihn nicht verändern würden.

Das Bestreben des Kapitalismus, *alles* zu verschlingen, macht den Menschen zu einer unerfreulichen Störung. Das Streben nach Profitmaximierung erfordert, alles zu beseitigen, was dieses Ziel einschränken könnte – und dazu gehört eben auch der Mensch. Die Idealvorstellung träumt davon, Arbeiter:innen durch Roboter zu ersetzen. Das Wort »Roboter« kommt übrigens vom tschechischen *robota*, was »Frondienst« oder »Sklaverei« bedeutet, was auch insofern bemerkenswert ist, als die Tschechen ein slawisches Volk sind – und das Wort »Sklave« von »Slawe« kommt.

Die Konvergenz von Klasse sowie genderspezifischer und rassifizierter Zuordnung treibt mit den versklavten Equisapiens einen grausamen Scherz. Sie sind alle männlich und haben große, schlaffe Penisse. Es handelt sich um Penisse, aber nicht um Phallusse; psychoanalytisch ausgedrückt, fehlt den Equisapiens die Macht. Ihre Penisse sind also weder aufgerichtet noch, in Anspielung auf ihren perversen Schöpfer Lift, erhoben oder aufrecht.

Die Figuren Langston, Squeeze und Detroit tragen ebenfalls provokante Nuancen bei. Wie bereits erwähnt, steht Langston für Langston Hughes, den afroamerikanischen Bluespoeten der Harlem Renaissance. Hughes war Teil der radikalen Linken und unterstützte öffentlich die Kommunistische Partei der USA, obwohl er laut seinen Biograf:innen kein offizielles Mitglied war. Hughes' literarische Leistungen verschafften ihm Zugang zu weißer Vermarktung, der er sich durch sein politisches Engagement allerdings verwehrte. Er gehörte zu einer Gruppe linksgerichteter Dichter:innen wie dem Jamaikaner Claude McKay, dem Kubaner Nicolás Cristóbal Guillén Batista und dem

Haitianer Jacques Roumain, um nur drei zu nennen. Im Film fungiert Langston als Virgil zu Cassius' Dante, der den Protagonisten durch die Vorhölle und die vielen Ebenen der Hölle führt, um zu sehen, was er braucht, um von seinen Ängsten und seinem Hass befreit zu werden und einen Ausweg zu finden.[22] Langston gelingt es stets, durch und über den bloßen Schein hinaus zu sehen. Ein entscheidender Hinweis darauf, wer er ist, wird deutlich, als er mit seinen Kameraden etwas in einer Bar trinkt und vom Barkeeper verlangt, »das gute Zeug« aus einer Flasche zu servieren, die in einer anderen Flasche versteckt ist.

Squeeze ist ein koreanisch-amerikanischer Gewerkschaftsaktivist. Dem Kulturtheoretiker und Literaturkritiker Brian Locke zufolge neigen US-amerikanische Filme dazu, asiatische Amerikaner:innen, insbesondere aber männliche asiatische Amerikaner, als sicherheitsgefährdend darzustellen, wobei dann ein Zusammenschluss von Schwarzen und Weißen die amerikanische Nation retten könnte.[23]

Squeeze bricht mit diesem und weiteren Hollywood-Stereotypen über asiatisch-amerikanische Männer. Er ist ein mutiger Anführer, dessen Sprache nicht durch vermeintliche Fremdheit geprägt ist. Darüber hinaus ist er nicht nur ein sexuelles, sondern auch ein begehrenswertes Individuum. Seine Arbeit setzt sich über die Grenzen von Klasse und Rassifizierungen hinweg. Der geplante Pakt einer kapitalistischen Verbindung zwischen Steve Lift und Cassius Green, bei dem die gewerkschaftliche Organisierung und die Revolution der Pferdemenschen als Bedrohung angesehen werden, wird durch die Alternativen vereitelt, die durch Squeezes gewerkschaftliche Bemühungen über die Grenzen von Klasse, Gender und Rassifizierung hinweg bereits in

Gang gesetzt wurden. Kurz gesagt, im Film werden weiße sowie Arbeiter:innen of Color getäuscht, die die Kapitalist:innen auf ihrer Seite vermuten.

Squeeze übt nicht nur Druck auf die Bosse aus, sondern ist auch ein Liebhaber.* Die Beziehung zwischen Squeeze und Detroit ist kompliziert. Der Einfluss Koreas und Japans auf die US-Automobilindustrie war in Detroit seit den 1970er-Jahren wahrscheinlich stärker zu spüren als in jeder anderen amerikanischen Stadt. Die Affäre von Detroit und Squeeze steht für die südkoreanischen und japanischen Autofabriken und -händler in den Vereinigten Staaten.

Detroit ist eine Performance-Künstlerin. Zu ihren Projekten gehört die Arbeit als »menschlicher Wegweiser«, eine Werbeschilder tragende Person. Als Mitglied der militanten Gruppe Left Eye verunstaltet sie WorryFree-Werbung, und zu ihren künstlerischen Darbietungen gehört es, in einem Bikini aus schwarzen Lederhandschuhen Zeilen aus dem von Berry Gordy produzierten Film *Last Dragon* (1985) – ebenfalls eine afro-asiatische Fusion – zu rezitieren, während das Publikum sie mit alten Handys, Patronenhülsen und mit Lammblut gefüllten Ballons bewirft. In Anbetracht der Tatsache, dass Gordy ein Mogul war, der das in Detroit ansässige Label Motown Records gründete und leitete, stellt sich die Frage, was Menschen wie er für materiellen Reichtum opfern würden. Betrachten wir die nihilistischen Implikationen ihrer Praxis, dürfte die Antwort der heutigen Plutokrat:innen, Oligarch:innen und Kleptokrat:innen lauten: die Realität, die Wahrheit und letztlich die Zukunft. Obwohl es sich bei *Sorry to Bother You* um einen von Klasse

---

* [Anm. d. Üb.] Das Verb »to squeeze« bedeutet drücken, auspressen; das Substantiv »squeeze« auch Macker, Liebhaber.

und Rassifizierung geprägten Hip-Hop-Film handelt, der Genres wie Komödie, Science-Fiction und Horror miteinander verbindet, ist er auch ein Blues-Film. Das ist wenig überraschend, da die Wurzeln des Hip-Hop bis zur Blues-Musik zurückgehen und mit sozialkritischen Kommentaren gemischt werden, die auf die Tradition afrikanischer Griots zurückreicht. Unterschwellig handelt der Film vom Kampf um Menschlichkeit angesichts von Erniedrigung oder, hier spezifisch, von Animalisierung. Das Element des Rassismus wird damit in den Vordergrund gerückt.

Rassismus ist eine Form der Entwürdigung, die darauf abzielt, bestimmte Menschen von den Rechten und Privilegien des Erwachsenenlebens auszuschließen, wie beispielsweise von der Würde des Selbstwertgefühls, und die sie gleichzeitig dafür verantwortlich macht, keinen Zugang zu diesen Rechten zu haben. Deshalb werden Menschen, die zum Gegenstand von Rassismus werden, wie ewige Kinder behandelt, wie Menschen, die unter der Vormundschaft einer vermeintlich erwachsenen »Rasse« stehen. Beim Streik der Müllarbeiter in Memphis 1968 erklärten die Streikposten auf ihren Schildern: I AM A MAN (Ich bin ein Mann). Schwarze Nationalistinnen benutzten in früheren globalen Freiheitskämpfen denselben Slogan, allerdings mit der geschlechtsspezifischen Abwandlung.[24] Ihre Schilder zitierten den Titel der berühmten Rede, die die Abolitionistin und Predigerin Sojourner Truth 1851 auf der Frauenrechtskonferenz in Akron, Ohio, hielt: »Ain't I a Woman?« (Bin ich denn keine Frau?).

Betrachten wir den Blues mit Blick auf die Lebensumstände von versklavten Menschen, die täglich ethische Entscheidungen trafen und sich dessen bewusst waren, aber darunter litten, als Eigentum eingestuft zu werden. Nahezu jede Bluesdarbietung und jeder Text eines Blueslieds veranschaulicht diesen Widerspruch. Wie lässt sich Verantwortung übernehmen, wenn die Anerkennung der eigenen Verantwortung zurückgewiesen oder unterbunden wird? Denkt man an die politische Verantwortung, bei der man die Last der Regierenden mitträgt, auch wenn man deren Regieren ablehnt, macht ein solcher Umstand *alle* Handlungen versklavter Menschen zu politischer Verantwortung, während er ihnen widersprüchlicherweise zugleich politisches Leben verweigert. Diese Dimension der Versklavung sowie der damit einhergehende Rassismus kennzeichnen den andauernden Kampf um die volle Staatsbürger:innenschaft, selbst nachdem die Versklavung ihr offizielles, wenn auch nicht tatsächliches Ende gefunden hatte.[25]

Wir sehen hier den grundlegenden Unterschied zwischen der Erscheinung und dem tatsächlichen Sein von Dingen. Dabei ist dieser Unterschied nicht immer so deutlich. Sowohl durch seine Form als auch durch seine Inhalte weist der Blues auf diese Unklarheit hin. Im Blues gibt es Wiederholungen, aber jede Wiederaufnahme eines Themas hat ihre eigene Bedeutung. Etwas wird wiederholt, ohne das Gleiche zu sein.[26] Die Offenbarung findet in der Bluesmusik gewöhnlich kurz vor der Auflösung statt (oft bei der Dominante, also der V. Stufe). Dieser Moment ist oftmals ein ironischer, denn er verweist auf die Rolle des Musikers oder der Musikerin in einem bestimmten Element der beschriebenen Situation: nämlich der Bekräftigung erwachsener Sensibilität. An dieser Stelle werfen Bluesmusikerinnen oder Protestierende, nachdem sie die Bedingungen des Leidens umrissen und durchlebt haben, die Frage nach Handlungsmacht und Verantwortung auf. Ich nenne das »erwachsene Sensibilität«, weil es auf ein zentrales Moment in der Entwicklung hinweist, das alle Eltern ihrem Kind, das nun einmal erwachsen werden muss, irgendwann offenbaren: Das Leben ist selten gerecht, trotzdem muss man improvisieren und sich durchschlagen.

Die Improvisation ist eins der zentralen Merkmale von Schwarzer Musik. Ein übersehenes Element der Improvisation besteht darin, dass sie nicht willkürlich ist. Wer improvisiert, trägt die Verantwortung für jedes kreative Riff. Sie ist also ein Spiel, das den Geist der Ernsthaftigkeit herausfordert. Das ist paradox, denn reifes Spiel bedeutet Offenheit für weiteren Wachstum. Im Jazz schaffen Melodie, Harmonie und Rhythmus eine Bühne für das, was mit gesprochenen Worten nicht mehr ausgedrückt werden kann. Er ruft stets dazu auf, dem scheinbar Unsagbaren einen Sinn zu geben.

Im Hinblick auf die Ungerechtigkeit, die sich im Laufe eines jeden schwarzen Lebens in einer anti-schwarzen Gesellschaft zu Unrecht auftürmt, gibt es viel, womit man sich auseinandersetzen muss. Laut über diese Ungerechtigkeit zu klagen, ist nicht nur eine Offenbarung von Unrecht, sondern auch ein Anerkennen, Unrecht am eigenen Körper erlitten zu haben. Wenn man dies in Form von Wehklagen oder Seufzen tut, bedeutet das, den Wert des eigenen Ichs zu beteuern, denn wenn man nicht wertvoll ist, warum sollte es dann jemanden interessieren, was einem widerfahren ist?

Der Blues extrahiert so aus dem Innenleben der Betroffenen den Wert des Widerstands und damit auch der Würde und der Selbstliebe.

Die schwarze, jüdische und queere Aktivistin Alicia Garza, die gemeinsam mit Patrisse Cullors und Opal Tometi den Hashtag #BlackLivesMatter ins Leben gerufen und am 13. Juli 2013 getwittert hat, um auf den Freispruch von George Zimmerman zu reagieren, bei dessen Tat es sich eindeutig mindestens um Totschlag, wenn nicht sogar um Mord mit bedingtem Vorsatz, an Trayvon Martin handelte, verstand diesen Satz als »eine Liebeserklärung an unsere Leute«.[27] Ihr Tweet fünf Minuten später lautete: »Schwarze Menschen. Ich liebe euch. Ich liebe uns. Unsere Leben zählen.«[28] Liebesbotschaften von schwarzen Menschen, die zu Schwarzen Menschen werden, sind in Momenten des Blues oder des Trübsinns wie eine Flaschenpost von Menschen, die auf Inseln gestrandet und von einem gefühllosen Meer aus Zeit umgeben sind. Diese Flaschenpost wird als Musik, als Poesie und in anderen Ausdrucksformen angespült, die von Reden bis hin zu verschiedenen Künsten reichen und aus dem Blues heraussprudeln, der sich mit anderen Elementen vermischt. Der Klassiker »Afro Blue« (1959) des afrokubanischen Perkussionisten Ramón »Mongo« Santamaría Rodríguez, der mit dem Text von Oscar Brown, Jr., in Abbey Lincolns »Abbey Is Blue« (1959) aufgenommen wurde, nahm das Angebot von Garza, Cullors und Tometi vorweg, in dem er vor allen von den »Nuancen der Lust« im »Kakaoton« sang, von jener Schönheit der Nacht, die im anhaltenden Kampf und in der Bejahung des Lebens »afro blue« ist.

12

GESCHÄTZT WERDEN

Sein ganzes Leben lang rang Frederick Douglass mit dem Sinn seiner Erfahrungen, die er in drei Büchern festhielt.[29] Als das erste erschien, befand sich Douglass auf der Flucht. Was er verbrochen hatte? Er hatte das »Eigentum« seines Versklavers »gestohlen« – sich selbst.

Dass dieses »Eigentum« in der Lage war, sich selbst zu stehlen, deutet auf eine rechtliche Verantwortung ohne politisches Leben hin. Douglass' erstes Buch war durch das US-Urheberrechtsgesetz geschützt, er selbst jedoch nicht; sein Buch hatte kurioserweise mehr Rechte als er selbst. Die Details, die er in dem Buch enthüllte, setzten ihn der Gefahr aus, nach Maryland ausgeliefert und erneut von der Familie Auld versklavt zu werden. Douglass fand Zuflucht in England und Irland, wo seine Unterstützer:innen ein Abkommen mit Hugh Auld über seine Freilassung im Jahr 1846 aushandelten. Rechtlich »frei« kehrte er in die Vereinigten Staaten zurück, wo er sein Leben zunächst dem Kampf gegen die legalisierte Versklavung widmete, was zu seiner Beteiligung am amerikanischen Bürgerkrieg führte, und anschließend dem Kampf gegen ihre strukturelle Wiedereinführung in den Vereinigten Staaten und im Ausland, unter anderem in der Karibik, wo er von 1889 bis 1891 Botschafter in Haiti war. Gegen die Versklavung zu kämpfen, bedeutete für Douglass auch, *für* die Freiheit zu kämpfen. Das schloss auch die Rechte der Frauen ein, für die er sich bereits seit dem Frauenrechtskongress von Seneca Falls im Jahr 1848 einsetzte. Sein Engagement ließ nie nach.

Douglass wurde als Frederick Augustus Washington Bailey in Talbot County, Maryland, geboren. Dort wurde er von seiner Mutter Harriet Bailey getrennt und zusammen mit anderen versklavten Kindern in die Obhut von Betsy Bailey, seiner versklavten betagten Großmutter, gegeben. Im ersten Buch berichtet er, vielleicht um die Grausamkeit der Versklavung zu unterstreichen, seine Mutter Harriet nur wenige Male gesehen und keine emotionale Bindung zu ihr entwickelt zu haben. Diese weitverbreitete Behauptung vom Mangel an emotionaler Bindung zwischen Kindern und ihren Müttern hat sich leider auch in zeitgenössischen Erzählungen über die väterliche Vernachlässigung in schwarzen Familien gehalten. Ich muss diejenigen, die dieses falsche Bild übernehmen, oft daran erinnern, dass es von Menschen entwickelt wurde, die schwarze Menschen für krankhaft veranlagt halten, und in bürgerlichen Gesellschaften, die Familien nur dann als normal ansehen, wenn sie von Männern geführt werden.[30] Aber mehr noch, das Narrativ der traumatisierten verlassenen schwarzen Familie, das sich von der Zeit der Versklavung bis in die Gegenwart durchzieht, übersieht die Tatsache, dass neben Vätern auch Mütter weiterverkauft wurden – vor diesem Hintergrund entstanden Spirituals wie »Sometimes I Feel Like a Motherless Child«, das aus den 1870er-Jahren stammt. Außerdem gilt es zu bedenken, dass abwesende oder unbekannte Väter, wie der von Douglass, oft weiße Versklaver waren.[31]

In seinem letzten Bericht verzichtet Douglass darauf, von der emotionalen Distanz zu seiner Mutter zu erzählen. Als er von seiner Großmutter verschleppt und zum Arbeiten in das Haus des ehemaligen Gouverneurs von Maryland, Lieutenant Edward Lloyd, gebracht wurde, lernte er im Alter von sieben Jahren die ganze Brutalität der Versklavung kennen. Seine Mutter Harriet arbeitete auf den Feldern einer zwölf Meilen entfernten Plantage. Am Abend ging sie diese Strecke zu Fuß, um Zeit mit ihm zu verbringen, und brach ein oder zwei Stunden vor Sonnenaufgang wieder auf, um auf die Felder zurückzukehren. Sie brachte ihm das wenige Essen mit, das sie hatte, denn der kleine Frederick musste sich mit dem Hund des Versklavers um die Essensreste streiten. Das letzte Mal, als sie ihn sah, rettete sie ihn vor den Misshandlungen der grausamen, ebenfalls versklavten Köchin. Kurz darauf verstarb Harriet.

Wie jeder psychologisch geschulte Mensch bestätigen würde, können Kinder die Abwesenheit ihrer Eltern nicht verstehen. Selbst wenn ein Elternteil versklavt ist, reagiert das Kind auf den als Verlassenwerden empfundenen Verlust, indem es dem Elternteil die Schuld gibt; ebenso führen selbst nachvollziehbare Umstände wie Armut, Krieg und andere Ursachen der Trennung nicht immer dazu, dass Kinder dem abwesenden Elternteil verzeihen. Die Tatsache, dass Douglass' Mutter Entbehrungen auf sich nahm, um ihn zu sehen – der nächtliche Fußmarsch durch das ländliche Maryland war ein gefährliches Unterfangen –, führte in den späteren Jahren ihres Sohnes zu folgenden Überlegungen:

> Meine Mutter war zwölf Meilen gelaufen, um mich zu sehen, und sie musste die gleiche Strecke noch einmal zurücklegen, bevor die Sonne aufging. Ich kann mich nicht erinnern, sie jemals wiedergesehen zu haben. Ihr

> Tod setzte dem wenigen Kontakt, der zwischen uns bestand, ein Ende und damit, so glaube ich, auch einem Leben voller Erschöpfung und tiefer Traurigkeit. Ich habe immer darüber getrauert, meine Mutter so wenig gekannt und nur wenige ihrer Worte in meinem Gedächtnis bewahrt zu haben. Inzwischen habe ich erfahren, dass sie die einzige unter den Schwarzen in Tuckahoe war, die lesen konnte. Wie sie dieses Wissen erworben hat, weiß ich nicht, denn Tuckahoe war der am wenigsten wahrscheinliche Ort auf der Welt, an dem sie eine Möglichkeit zum Lernen finden konnte. Ich kann ihr daher mit Stolz und Zuneigung eine aufrichtige Liebe zum Wissen zuschreiben. Dass eine Feldsklavin in irgendeinem Sklavenstaat lesen lernt, ist bemerkenswert, aber die Leistungen meiner Mutter waren in Anbetracht dieses Ortes und der Umstände außergewöhnlich. Ich bin deshalb froh, meine Liebe zur Literatur nicht meiner vermuteten angelsächsischen Abstammung väterlicherseits, sondern dem angeborenen Genie meiner schwarzen, wehrlosen und unkultivierten Mutter zuzuschreiben – einer Frau, die einer Gruppe angehörte, deren geistige Begabung noch immer herabgewürdigt und verachtet wird.[32]

Die Welt, in der Frederick als Kind lebte, war eine Welt, in der er nur als Eigentum wertgeschätzt wurde. Wertvoll zu sein bedeutete, dem Herrn oder der Person, an die der Herr ihn verpachtete, von Nutzen zu sein. Er war eine Sache mit Marktwert; seine Meinung spielte keine Rolle. Seine Wünsche, seine Sehnsüchte, seine Träume waren nicht wertvoll. Für versklavte Frauen und Männer galt dies ebenso für ihre Körper; wie viele Zeitdokumente belegen, dienten die Körper der Versklavten denjenigen, die sie besaßen oder mieteten, zur sexuellen Befriedigung und zu anderen Formen des körperlichen Vergnügens. Harriet Bailey brachte durch ihre Bemühungen etwas Ermächtigendes in das Bewusstsein des jungen Frederick – die *Liebe*. Soweit er wusste, hatte er schon als Kind nur einen Wert als Ware. Die Liebe jedoch bietet eine andere Art von Wert. Sie ist ein Urteil über die Existenz jenseits des Seins. Sie besagt, dass die Existenz ohne geliebte Menschen unermesslich weniger wert ist.

Durch ihre außergewöhnlichen Anstrengungen, Zeit mit Frederick zu verbringen, zeigte Harriet, dass sie ihn liebte. Sie sagte ihm damit: »Frederick, du bist wertvoll. Dein Leben ist wichtig.« Die Liebe bot Douglass einen kurzen Einblick in eine Möglichkeit jenseits der schwarzen und versklavten Melancholie. Liebe ist ein Gefühl, das uns bestätigt, wohin und zu wem wir *gehören*.

Aber wenn dieses Verständnis des eigenen Wertes alles gewesen wäre, was Douglass durch Harriets Bemühungen gelernt hätte, dann wäre etwas Wesentliches verloren gegangen. Das Wissen, dass er wertvoll war, hätte ihn gegenüber seinen Mitversklavten überheblich machen können; es hätte ihn auch zu einem unausstehlichen freien Mann werden lassen können. Er hätte Stolz und ein Gefühl der Überlegenheit gegenüber den immer noch versklavten und vielen ungeliebten freien Männern und Frauen hegen können. Aber hätte er auch Würde besessen?

Die Regeln in der Welt des jungen Frederick waren klar: Nur Versklaver verliehen Wert, was war also die Liebe einer versklavten Frau wert? Hätte Frederick Harriets Liebe zurückgewiesen, hätte er auch den Wert seiner eigenen Liebe untergraben. Es reichte also nicht aus, von Harriet geliebt zu werden. Frederick musste diese Liebe auch wertschätzen.

Der Funke der Liebe und die Flamme, die aus der Wertschätzung dieser Liebe erwuchs, nährten einen revolutionären Geist. Frederick lernte lesen und schreiben, kämpfte gegen den »Sklavenbrecher«* Reverend Covey, floh schließlich aus Maryland und stürzte sich trotz der Freiheiten, die ihm der Schatten seines neuen Namens gewährte, in den Kampf für die Abschaffung der Versklavung sowie den anschließenden, lebenslangen politischen Kampf für die lebendige Praxis der Freiheit.

Douglass' Geschichte ist die einer Reise vom versklavten über das schwarze bis hin zum Schwarzen Bewusstsein. Die Botschaft ist klar: Die Bewegung zum Schwarzen Bewusstsein erfordert, dass man es zu schätzen weiß, von den Verdammten dieser Erde geschätzt zu werden.

Rufen wir uns in Erinnerung, dass politische Verantwortung in die Zukunft blickt und gleichzeitig aus den Herausforderungen der Vergangenheit lernt. Die Entscheidung, sich für die Verdammten dieser Erde in den Kampf zu stürzen, kann nur als absurd bezeichnet werden. Die Geschichte scheint sich selten auf die Seite der Unterdrückten zu schlagen. Da es keine Gewissheit über einen positiven Ausgang gibt, ist ein bekennendes Engagement die einzige Handlungsgrundlage gegen Unterdrückung. Befreiungskämpfe sind daher mehr als politische Verantwortung; sie verkörpern politisches Engagement.

Politisches Engagement widersetzt sich den üblichen Handlungsmodellen. Nehmen wir das Handeln aus Liebe als Beispiel. Ein verbreitetes Konzept der Liebe besagt, dass

---

* [Anm. d. Üb.] »Sklavenbrechern« kam die Aufgabe zu, widerständige Sklav:innen durch besondere Brutalität zu brechen und gefügig zu machen.

ein geliebter Mensch als Erweiterung des Selbst betrachtet wird. Der geliebte Mensch ähnelt einem selbst, und somit ist alle Liebe ein Ausdruck der Selbstliebe. Doch jeder Mensch, der mit Liebe vertraut ist, erkennt hier den Irrtum – die meisten Menschen mit der Fähigkeit zu lieben sind durchaus in der Lage, diejenigen zu lieben, die ihnen nicht ähnlich sind, so wie wir auch die Fähigkeit haben, diejenigen, die uns am ähnlichsten sind, am stärksten zu hassen. Die französische Philosophin Simone Weil denkt folgendermaßen über die Liebe nach:

> Liebende und Befreundete haben zwei Sehnsüchte. Die eine ist, so sehr zu lieben, dass eine Person in die andere eindringt, um ein einziges Wesen zu bilden. Die andere Sehnsucht ist, so sehr zu lieben, dass ihre Vereinigung keine Schwächung erleiden würde, selbst wenn die halbe Erdkugel zwischen ihnen stünde. [...] Diese unmöglichen Wünsche sind als Zeichen unserer Bestimmung in uns, und es ist gut für uns, wenn wir nicht hoffen, sie zu erfüllen.[33]

Weil geht zunächst auf die Folgen der Assimilation ein, die nicht nur ein Kernelement eines vorherrschenden Konzepts von Liebe, sondern auch der Ethik und Moral bildet. Ihre zweite Überlegung geht von der Distanz und Trennung aus, die ein »unmögliches Begehren« erzeugen. Die Unmöglichkeit ist hier rhetorisch, denn wie das Beispiel so schön zeigt, geschieht das angeblich Unmögliche tatsächlich, und zwar so regelmäßig, dass es uns wohlvertraut ist. Die Liebe beruht nicht nur auf Ähnlichkeit, sondern ist auch über Unterschiede hinweg möglich. Manche Menschen behaupten, das Göttliche zu lieben, einschließlich des Absoluten oder

G'tt – und was könnte sich stärker von uns unterscheiden oder unerreichbarer für uns sein? In ähnlicher Weise ist die politische Liebe ein Ausdruck unserer Fähigkeit, das zu lieben, was jenseits unseres Selbst liegt.

Diese Beobachtung ist eine revolutionäre Einsicht von Freiheitskämpfenden aller Zeiten: Aus Engagement zu handeln, widersetzt sich der Nachahmung und setzt die Erwartung voraus, dass die nachfolgenden Generationen das Geschenk erhalten werden, nicht so sein zu müssen wie die, die ihnen vorausgegangen sind.

Viele, die sich politisch nach rechts wenden, tun dies, um einem Bedürfnis nach unmittelbarer Ordnung und Sicherheit nachzukommen. Sie blicken nicht in die Zukunft, sondern in die Gegenwart und die Vergangenheit. Die Zukunft, die keine Wiederholung der Vergangenheit ist, ist für sie eine Quelle von Angst und Schrecken. Für einige bedeutet eine Zukunft, die Neues mit sich bringt, eine Welt ohne sie. Da niemand ewig lebt, ist eine Zukunft ohne sie unvermeidlich, und ebenjene Aussicht ist neben der Realität der größte Feind aller narzisstischen Menschen. Diejenigen, die sich der Linken zuwenden, blicken zwar freudig in die Zukunft, tun dies zuweilen aber ebenfalls mit narzisstischen Erwartungen; sie erwarten, dass es *ihre* Zukunft ist. Andere hingegen verstehen, dass ein Beitrag zur Zukunft die Überwindung des Selbst oder zumindest der Bindung an das Selbst erfordert. Loszulassen ist ein Geschenk der Freiheit an die nachfolgenden Generationen, damit sie nicht zu Wiederholungen von uns werden.

»Reformen und Revolutionen«, schreibt James Boggs, »werden durch die unlogischen Handlungen von Menschen geschaffen. Nur sehr wenige logisch denkende Menschen führen jemals Reformen durch, und niemals machen sie eine Revolution. Rechte sind etwas, das man macht und nimmt.«[34] Harriet Bailey dachte nicht darüber nach, was sie von Frederick bekommen könnte. Sie dachte darüber nach, was zu tun war. Sie konnte nicht wissen, was aus der Generation ihres Sohnes werden würde, und Frederick erkannte, dass er nicht wissen konnte, was aus den nachfolgenden Generationen werden würde. Auch wir müssen handeln, ohne das Ergebnis zu kennen, wenn wir uns damit auseinandersetzen, die Bedingungen für diejenigen zu schaffen, die auf uns folgen werden. Wir müssen uns zu unseren Verpflichtungen bekennen oder sie ablehnen. Wenn wir nicht wiederholen, was wir aus der Vergangenheit zu überwinden versuchen, wie könnte die Zukunft, zu der wir beitragen, etwas anderes als revolutionär sein?

Kehren wir zurück zu *Get Out*, Jordan Peeles Allegorie auf das Versäumnis, den eigenen Vorfahren zuzuhören und etwas über die Fallen zu erfahren, in denen sie gefangen waren. Im Film geht es ebenso sehr um das Zuhören wie um das, was man sieht, denn das Leitmotiv der Bilder ist das eindringliche »Sikiliza Kwa Wahenga« (»Hör auf deine Vorfahren«).

Die Ahnen haben gelitten; hört auf ihre Warnung. Schließlich flüstern sie: »Lauf!«

Ja, mach, dass du davonkommst.

Als Fotograf arbeitet Chris, der Protagonist des Films, mit seinen Augen, aber seine Schwachstelle ist, dass er nicht zuhört. Ein blindes Mitglied der unheilvollen Sekte macht seine Absichten deutlich, indem es sagt: »Ich will deine Augen, Mann. Ich will die Dinger, mit denen du siehst.«

Es gibt eine Art zu hören, ohne zuzuhören. Chris muss lernen, worauf er nicht hören sollte, oder wie er seine Ohren von dem abschirmt, was die Realität unterdrückt. Er muss zuhören. »Der versunkene Bereich«, in den er hineingeworfen wird und in dem er erstarrt, ist aufgeschichtetes Trauma. Chris erkennt nicht, dass er in einer weiteren Phase eines Kampfes lebt, den Ahnen wie Paul Bogle, Ottobah Cugoano, Frederick Douglass, Harriet Jacobs, Solomon Northup, Toussaint Louverture, Tula Rigaud, Sojourner Truth, Harriet Tubman und zahllose andere durchlitten haben, deren Namen im Speicher des historischen Gedächtnisses nicht länger aufbewahrt werden. Der Schlüssel zu seinem versunkenen Bereich ist das Wiederaufkommen des Unfalltods seiner Mutter, das ausgelöst wird, als seine Freundin Rose ein Reh mit ihrem Auto überfährt. In Roses Elternhaus, das offensichtlich »das Herrenhaus« aus den Sklavereigeschichten ist, erkennt sich Chris in dem über dem Kamin aufgehängten Geweih.

Andre, ein junger schwarzer Mann, der zu Beginn des Films entführt wird, liefert die titelgebende Aufforderung. Durch den Lichtblitz von Chris' Smartphone kurzzeitig aus dem Griff des weißen Bewusstseins befreit, warnt er ihn schnell: »Mach, dass du davonkommst!«

Die uns vorausgegangenen Ahnen stellen uns Wissen zur Verfügung. Sie vermitteln Geschichte. Dass die Stimme am Anfang Kiswahili spricht, weist auf Afrika hin, wobei Kiswahili eine kreolisierte Sprache aus dem ostafrikanischen Kingozi mit arabischen, persischen und verschiedenen anderen afrikanischen Einflüssen ist. Dass es einen arabischen und persischen Handel mit versklavten Afrikaner:innen gab, rückt die afroamerikanische Geschichte von Kreolisierung durch Versklavung in den Vordergrund. Und doch spricht der Basilekt, die oft unterdrückte afrikanische Stimme. Diese Stimme kommt gewissermaßen davon. Wohin geht man, wenn man davonkommt?

Die Freiheit ist eine immerwährende, nie abgeschlossene Reise. Das ständige »Davonkommen« ist ein Paradoxon. Kommt man »als schwarzer Mensch« davon, oder entkommt man der Umklammerung einer Welt, die von einer bestimmten Konstruktion des Schwarzseins abhängig ist? Ersteres würde, wie wir gesehen haben, eine andere Art von Schwarz erfordern als die, die von weißer Handlungsmacht und schwarzer Passivität ausgeht. Dieses Schwarz wäre jedoch etwas radikal anderes und möglicherweise unerkennbar für jene, die in der Vorstellung von Schwarzsein als etwas Negativem gefangen sind – es wäre eine erlösende historische Entwicklung.

Kann man alleine entkommen? Nicht, wenn man in einer menschlichen Welt lebt. In *Get Out* ist die Figur Rod Williams trotz ihrer oberflächlichen Rolle als komische Figur viel mehr, als sie zu sein scheint. Rod arbeitet für die TSA, die US-amerikanische Transportsicherheitsbehörde. Seine Aufgabe ist es, die Migration zu überwachen. Er ist der mythische Torwächter: Er verwaltet Übertretungen, Zugänge. Wenn er zur Polizei geht, um Chris und andere Schwarze vor den Weißen zu retten, die illegal in ihre Körper einwandern, erledigt er schlicht seine Arbeit. Doch die Übersiedlung eines Bewusstseins in das eines anderen bleibt für das Gesetz unsichtbar.

Rods Bedeutung wird durch die beiden Endszenen von *Get Out* verkompliziert. In der offiziellen, veröffentlichten Version taucht Rod auf und rettet Chris aus dem Gemetzel seines Todeskampfs. »Rod«, wie im englischen Wort für Blitzableiter, spielt auf die Wortbedeutung eines Verbindungsstücks an. Auch er ist ein Mittler, er vermittelt Übergänge. Wenn er mit Chris vom Haus der Armitages wegfährt, ähnelt er mythischen Leitfiguren wie dem Gott

Aker im Kmt / alten Ägypten, Virgil in Dantes *Inferno* und sogar Glinda, der guten Hexe des Nordens in *The Wizard of Oz* (1939). Die Ähnlichkeiten zwischen *Get Out* und *Der Zauberer von Oz* reichen von der schwarz-weißen Anfangsszene über den Wechsel zu Technicolor bis hin zur bevorstehenden Reise. Rod bringt Chris zwar nach Hause, aber sie fahren in einer dunklen Nacht in Farbe weg, nicht in Schwarz-Weiß. Beim ursprünglichen Ende sind es weiße Polizisten, nicht Rod, die nach Chris' blutigem Kampf mit der Familie Armitage auftauchen. Die Szene wechselt für fünf Sekunden in Schwarz. Dann sehen wir, wie Rod eine Glaskabine betritt. Er blickt nach unten, als wolle er sich auf ein Gebet vorbereiten. In einer benachbarten Kabine befindet sich eine schwarze Frau, die sich scheinbar fröhlich mit dem Gefangenen unterhält, den sie besucht. Chris erscheint hinter der gläsernen Trennwand und steht Rod gegenüber. Er trägt einen orangefarbenen Gefängnisoverall und darunter ein weißes T-Shirt. Rod bietet an, seine detektivischen Fähigkeiten einzusetzen, um Chris zu entlasten, aber Chris rät ihm davon ab. Mit wenig Emotion sagt er: »Rod. Mir geht's gut. Ich habe sie aufgehalten. Ich habe sie aufgehalten.« Als Chris in Handschellen durch einen weißen Flur weggeht, begleitet von einem weißen Wachmann, ertönt »Sikiliza Kwa Wahenga«, und hinter ihm gleiten weiße Gitterstäbe zu.

»Chris«, das sollten wir nicht vergessen, bedeutet Retter. Wen rettet Chris? In der veröffentlichten Fassung rettet Chris sich selbst und indirekt auch die anderen möglichen Opfer – Schwarze, die von der Sekte entführt werden hätten können. Es war nicht nur die Reaktion des Publikums auf das düstere Originalende, die zur Änderung führte. Peele wollte die Tropen des Horrorgenres unterlaufen, in denen der Tod schwarzer Charaktere vorherbestimmt zu sein scheint. Im Horror-Meisterwerk *Night of the Living Dead* von 1968 wurde Ben, der heldenhafte schwarze Protagonist, erschossen und auf einen Haufen brennender Leichen geworfen, nachdem er die ganze Nacht hindurch Zombies abgewehrt hatte. Durch das veröffentlichte Ende von *Get Out* rettete Chris vielleicht auch die schwarzen »Wirte«, deren weiße Parasiten bei der Unterdrückung ihres Bewusstseins nun nicht mehr auf die Hilfe der Hypnotiseurin Missy Armitage zählen können.

»Ich habe sie aufgehalten.« Chris' abschließende Worte im Original-Ende machen ihn zu einem Messias. Rod wird hier zu jemandem, der die Wahrheit kennt, aber nicht länger ein Führer ist. Im alternativen Ende ist Chris als derjenige, der die Wahrheit kennt und nach Gleichgewicht, Atem, Gerechtigkeit, Leben und Ordnung sucht, die antike afrikanische Göttin MΛat. Im Mythos können sich hinter den männlichen und weiblichen Unterscheidungen unterschwellige Bedeutungen verbergen. Eine der vielen Aufgaben von MΛat ist es, die Seelen der Verstorbenen zu wiegen, um ihre Eignung für das Paradies im Jenseits festzustellen. Ihr positives Urteil ermöglicht es den Verstorbenen, zu atmen und somit zu leben. In der Beichtstruktur des letzten Treffens von Chris und Rod ist Chris bereits ein lebender Toter, der Rod wie im ganzen Film über die Wahrheit sagt. Doch seine letzte Reise führt ihn nicht ins Paradies.

Chris' Worte »Mir geht es gut« bedeuten, dass er seine Aufgabe erfüllt hat. Er kann durchatmen. Dies ist ein weiteres typisches mythisches Element: Die Person, die andere herausholt, kann selbst nicht entkommen. Denken Sie an die biblische Geschichte von Moshe oder Moses. Im vierten Buch Mose 20:13 ruft Moses: »Höret, ihr Ungehorsamen, werden wir euch wohl Wasser hervorbringen können aus diesem Felsen?« Dass er hiermit seinen Bruder Aaron und sich selbst meinte, stellte einen Affront gegen G'tt dar. Beide bezahlten dafür mit dem Verbot, das Gelobte Land zu betreten.

Viele Gruppen und Einzelpersonen haben sich selbst als Götter inszeniert. Ihr Bestreben, ewig zu sein, führte unweigerlich zu Tragödien, Torheiten und im Laufe der Zeit zu ihrer Unbedeutsamkeit. Diejenigen, die alles haben wollen, verlieren letztendlich trotz ihrer gehorteten Macht gegenüber denjenigen, die wenig oder vielleicht gar nichts wollen.

Der brasilianische Film *Cidade de Deus* (*City of God*) von Fernando Meirelles und Kátia Lund aus dem Jahr 2002 belegt diese Tatsache einmal mehr. In einer mythischen Nacherzählung über historische Gangster in Rio de Janeiro im letzten Viertel des zwanzigsten Jahrhunderts beginnt der Film mit einem Huhn, das Zeuge davon zu sein scheint, wie seine Artgenossen in Vorbereitung auf ein Festmahl abgeschlachtet werden. Während die toten Hühner gerupft und zerstückelt werden, befreit sich das beobachtende Huhn von der Leine an seinem Bein und rennt los. Von einer Bande junger Männer wird es über steile Treppen und durch die Straßen verfolgt. Während diese es aus einer Richtung verfolgen, tauchen aus einer anderen Richtung weitere Schlächter, Polizisten, auf, sodass sich der Protagonist Rocket (im Original Buscapé) – ein schwarzer Bewohner der titelgebenden Favela – und das Huhn schließlich in der Mitte gegenüberstehen.

Eine Rakete ist ein Projektil, das große Höhen erreichen kann. Am Ende des Films ist Rocket ein Zeitungsfotograf geworden. Doch in Wahrheit sind Rocket und das Huhn ein und dasselbe – beide haben die Flucht ergriffen und sind mitten in der Gefahr gelandet.

Der Film erzählt die Geschichte, die zu dem Moment führt, in dem sich der Junge und das Huhn zwischen Banden von Möchtegern-Schlächtern gegenüberstehen. In der Favela-Hierarchie steigt der skrupellose Bandenführer Li'l Zé über eine lange Leiter von Morden auf. Als Kind wird er »Li'l Dice« (kleiner Würfel) genannt, ein Name, der zu einem Jungen passt, dessen Leben ein mörderisches Glücksspiel ist. Um seine Männlichkeit zu beweisen, metzelt er während eines Raubüberfalls brutal das Personal und die Gäste eines Motels nieder, bei dem die älteren Gangster darauf bestanden hatten, keine Menschen zu töten. In seinen Zwanzigern wird Li'l Dice von einem Candomblé-Priester zu »Li'l Zé« umbenannt. Der Name, eine portugiesische Version von José (was begnadet oder begünstigt von Gott oder den Göttern bedeutet), verweist auch auf »Zeus«. Wenn die Favela die Stadt Gottes ist, dann ist es *seine* Stadt, und dieser Gott will alles kontrollieren. Er verachtet alles, was außerhalb seiner Reichweite liegt. Seine einzige sexuelle Erfahrung ist ein Übergriff – er vergewaltigt die Freundin von Knockout Ned, einem Mann, den die Frauen begehren. Als Li'l Zé – lächerlicherweise also »kleiner Auserwählter« oder »kleiner Zeus«; nur kleine Männer stellen sich selbst als Götter oder Begünstigte der Götter vor – ist seine Domäne eigentlich ein kleiner und marginalisierter Teil von Rio. Aber seine Taten machen ihn zum symbolischen Vater einer neuen Generation von Killern, den »Zwergen« – Kindern, die die Straßen ohne Gnade terrorisieren. Um zur ersten Szene des Films zurückzukehren: Auf der einen Seite von Rocket und dem Huhn stehen Li'l Zé und seine Bande von Wichten, auf der anderen Seite die Polizei – auch sie sind eine Bande, die Quelle für Waffen und Drogen in der Favela sowie der ganzen Stadt.

In dem darauf folgenden Tumult trifft Li'l Zé auf die Wichte – seine Nachkommen, die, wie er zu spät erkennt, nach seinem wahren Ebenbild geschaffen wurden. Sie ermorden ihn, und Rocket fotografiert seine Leiche in der Gosse. Rocket hatte auch die Polizei bei einem ihrer illegalen Geschäfte fotografiert. Immer noch auf der Flucht, gibt Rocket den Zeitungen das Foto von Li'l Zés Leiche anstatt desjenigen, das die Polizisten und das System entlarvt und zweifellos sein Leben in Gefahr gebracht hätte.

City of God ist ein außergewöhnlich schöner Film, selbst dann, wenn er extreme Grausamkeiten zeigt. Wie Chris in *Get Out* ist Rocket Fotograf – und auch er versucht, rauszukommen. Sogar die Themen der Fotografien beider Figuren sind ähnlich: Sie behandeln die Abgründe des rassifizierten urbanen Lebens in anti-schwarzen Gesellschaften, also das, was die Wohlhabenden und Weißen zu übersehen lernen. Das ursprüngliche Ende von *Get Out* ist das, was Rocket bevorgestanden hätte, wenn er die Polizei entlarvt hätte. Aber er beschließt, weder Gott noch Opfer zu sein. Wie das Huhn flieht er, ohne frei zu sein.

Die Verwandlung als Merkmal und Ziel der Bewegung vom schwarzen zum Schwarzen Bewusstsein stößt in *City of God* an ihre Grenzen. Li'l Dice ändert seinen Namen und bleibt doch derselbe. Schon mit seinen ersten Mordtaten bringt er sich selbst um, eine Strafe, die seine Schützlinge, die Wichte, vollstrecken. Und Rocket bleibt, wie wir sehen, weiterhin auf der Flucht.

Chris und Rocket hätten sich vielleicht von Harriet Bailey, Frederick Douglass, Harriet Jacobs, Harriet Tubman, Sojourner Truth und vielen anderen inspirieren lassen können. Die Ahnen bilden eine Gemeinschaft; ihnen zuzuhören, bestätigt ihren Wert und ermöglicht den Zuhörenden, ihr Gelerntes zu schätzen. Dieses geschätzte Wissen wiederum macht nur in einer Welt Sinn, in der man durch die Wertschätzung der Ahnen, zu denen man eines Tages gehören wird, über das eigene Selbst hinaus zu schätzen vermag. Niemand kann allein frei sein.

Um Schwarzes Bewusstsein voranzubringen, muss man der sozialen Welt, der Gemeinschaft über die Zeit hinweg durch Engagement die Macht des Möglichen anbieten. Der einzige Weg, die Feinde dieser Bewegung zu bekämpfen, besteht darin, produktive und lebensbejahende Institutionen der Ermächtigung aufzubauen. Was sind diese Institutionen anderes als die Bedingungen für Zugehörigkeit, also einem Zuhause? Was wird damit beschworen, wenn nicht die Früchte der Freiheit und des Respekts für die nachfolgenden Generationen heranzuzüchten?

1952 bat Fanon seinen Körper, aus ihm einen Mann zu machen, der stets hinterfragt. Bis 1961 hatte er gelernt, dass es für Gemeinschaften wichtiger ist, zu kämpfen und neue Konzepte und Institutionen zu schaffen, um das Leben derer zu verbessern, die noch nicht geboren sind. Und diese Herausforderung haben auch wir geerbt – nicht nur diejenigen unter uns, die in Zeiten konvergierender Pandemien auf die Straße gegangen sind, sondern wir alle, in Zeiten, in denen es immer unmöglicher wird, zu atmen. Auf unserem Weg wollen wir bedenken:

> *O, wie anders könnte unsere Reise sein*
> *Wessen Leben ist auch ein Wagnis,*
> *Wessen Hingabe ist ohne Vorbild?*
> *– Gedicht des Autors*

DANKSAGUNG

Dieses Buch wurde unter schwierigen Umständen geschrieben. Ich danke der liebevollen Gemeinschaft meiner Familie und meiner Freund:innen, die sich die Zeit genommen haben, die Entwürfe durchzulesen und mir während des Arbeitsprozesses Rückmeldungen zu geben. Dazu gehören auch mehrere meiner derzeitigen und ehemaligen Studierenden: Stephon Alexander, Phil Barron, Derefe Kimarley Chevannes, Gregory Doukas, Douglas Ficek, Matthew B. Holmes, Josué López, Dana Miranda, Tom Meagher, Stephanie Mercado-Irizarry, Michael Monahan, Steve Nuñez, Darian Spearman, Sandra Stephens und Taylor Tate.

Zu meinen Kolleg:innen und lieben Freund:innen, allesamt scharfsinnige Leser:innen, gehören Alexandra Bernstein-Naples, John Carney, Drucilla Cornell, Sayan Dey, Sukhdeep Ghuman, Oscar Guardiola-Rivera, Patricia Huntington, Richard Jones, Samantha Sulaiman Kostmayer, Rozena Maart, Mary Malley, Mabogo More, Nancy Naples, Marilyn Nissim-Sabat, Wandia Njoya, Michael Paradiso-Michau, Gina Rourke, Gary Schwartz, Rosemere Ferreira da Silva, Jaspal Kaur Singh, Jason Stanley und Sherry Zane.

Ich danke Richard Jones und Chandramohan Sathyanathan für die Erlaubnis, Verse aus ihren Gedichten zu zitieren, und James Davis für die Erlaubnis, aus seinem Artikel zu zitieren.

Meine Schwiegermutter Jean Comaroff und mein Schwiegervater John Comaroff haben sich viel Zeit genommen, um den Text sorgfältig zu lesen und sehr hilfreiches Feedback zu geben. Das Gleiche gilt für meine Cousine Claudia Gastrow. Meine Kinder Mathieu, Jennifer, Sula und Elijah haben ihre Meinung zu einigen Kapiteln beigetragen. Meine Frau, Jane Anna Gordon, las frühe Entwürfe durch, wofür ich ihr sehr dankbar bin, denn sie ist auch meine wichtigste Gesprächspartnerin und die Person, die dafür sorgt, dass ich jeden Morgen, wenn ich die Augen öffne, glücklich darüber bin, am Leben zu sein.

Darüber hinaus danke ich Eric Chinski dafür, dass er das Projekt vorgeschlagen hat, sowie Deborah Ghim, Julia Ringo, M. P. Klier und Eric für ihre wertvollen editorischen Empfehlungen; und Josephine Greywoode für ein anregendes Gespräch über das Buch bei einem Mittagessen in London.

Und schließlich danke ich den Vorfahr:innen, denen dieses Buch gewidmet ist. Ihr Geist scheint durch viele dieser Seiten, selbst dort, wo sie nicht erwähnt werden. Die Liebe, die sie der Welt schenkten, setzt sich in der Liebe fort, die sie in das Leben vieler Menschen gebracht haben.

ANMERKUNGEN

Einleitung: Um Atem ringen & Teil I: Gefesselt

1   Siehe beispielsweise: Julian Borger, »Maga v BLM: How Police Handled the Capitol Mob and George Floyd Activists – in Pictures«, *The Guardian*, 7. Januar 2021, https://www.theguardian.com/us-news/2021/jan/06/capitol-mob-police-trump-george-floyd-protests-photos (abgerufen am 21. Februar 2021).

2   Siehe Jane Anna Gordon, *Statelessness and Contemporary Enslavement* (New York: Routledge, 2020).

3   W.E.B. Du Bois, *The Souls of Black Folk: Essays and Sketches* (Chicago: A. C. McClurg, 1903; *Die Seelen der Schwarzen*, übersetzt von Jürgen und Barbara Meyer-Wendt, Freiburg: orange press, 2003), hier eigene Übersetzung.

4   Frantz Fanon, *Peau noire, masques blancs* (Paris: Éditions du Seuil, 1952, S. 183; *Schwarze Haut, weiße Masken*, übersetzt von Eva Moldenhauer, Frankfurt am Main: Syndikat, 1980), hier eigene Übersetzung.

5   Alfredo Saad Filho und Fernanda Feil, »COVID-19 in Brazil: How Jair Bolsonaro Created a Calamity«, *The Conversation*, 23. April 2021, https://theconversation.com/covid-19-in-brazil-how-jair-bolsonaro-created-a-calamity-159066 (abgerufen am 1. Mai 2021).

6   Chacour Koop, »›THANK YOU GOD‹: Darnella Frazier, Who Filmed George Floyd's Death, Reacts to Verdict«, *Miami Herald*, 20. April 2021, https://www.miamiherald.com/news/nation-world/national/article250821594.html (abgerufen am 1. Mai 2021).

7   Das soll nicht heißen, dass es in der Antike keine Organisationen zur Aufrechterhaltung von Ordnung gab, sei es durch den Einsatz militärischer Truppen oder durch Clan-Räte und Formen von »Ver-

wandtschaftspolizei«, bei der sich die Mitglieder einer Gemeinschaft selbst überwachen. In einigen Gesellschaften, wie etwa im antiken Athen, wurden Sklav:innen dazu eingesetzt, Waren auf Märkten zu bewachen. Siehe Bruce L. Berg, *Policing in Modern Society* (Oxford: Butterworth-Heinemann, 1999). Für eine kritische Auseinandersetzung mit der tatsächlichen Arbeit der heutigen Polizei und ihrer zunehmenden Überholtheit, siehe Alex S. Vitale, *The End of Policing* (London: Verso, 2017), und Geo Maher, *A World Without Police: How Strong Communities Make Cops Obsolete* (London: Verso, 2021).

8 Frantz Fanon, *L'an V de la révolution algérienne* (Paris: Maspero, 1959, S. 174; *Aspekte der algerischen Revolution*, übersetzt von Peter-Anton von Arnim, Frankfurt am Main: Suhrkamp, 1969), hier eigene Übersetzung.

9 Aus Sojourner Truth, »Ain't I a Woman?«, 1851 gehaltene Rede auf der Women's Convention in Akron, Ohio. Wurde vielfach publiziert und lässt sich unter anderem hier finden: https://www.feminist.com/resources/artspeech/genwom/sojour.html (abgerufen am 21. Februar 2021).

10 Die Mayo Clinic ist das führende Krankenhaus der Vereinigten Staaten. Ihr gemeinnütziges medizinisches Forschungszentrum erarbeitet Erkenntnisse und Kriterien, die für die Diagnose von Krankheiten auf der ganzen Welt verwendet werden. Die hier wiedergegebene Beschreibung des bösartigen Narzissmus stammt von ihrer Website: »Disease Conditions: Narcissistic Personality Disorder«, *Mayoclinic.org*: https://www.mayoclinic.org/diseases-conditions/narcissistic-personality-disorder/symptoms-causes/syc-20366662 (abgerufen am 21. Februar 2021).

11 Es liegt umfangreiche Literatur über diesen Irrglauben vor. Siehe die aktuelle Studie der New York University, »Children Associate White, but Not Black, Men with ›Brilliant‹ Stereotype, New Study Finds«, *ScienceDaily*, 10. Oktober 2019, https://www.sciencedaily.com/releases/2019/10/191010075418.htm (abgerufen am 21. Februar 2021).

12 Frantz Fanon, *Peau noire, masques blancs* 1952, S. 96; (*Schwarze Haut, weiße Masken*, 87).

13 Fanon, *Peau noire, masques blancs*, S. 117 (*Schwarze Haut, weiße Masken*, S. 104). Hier stellt sich die Frage nach Familien mit schwarzen

und weißen Mitgliedern, deren Kinder sich der weißen Welt nicht entziehen können, allein schon weil ein Elternteil weiß ist. Fanon hat nicht von derlei gemischten Familien gesprochen. Denn schließlich gibt es in der Vorstellungswelt rassistischer Gesellschaften so etwas wie eine normale gemischte Familie nicht. Abgesehen von solchen Vorurteilen kommt noch eine weitere Überlegung hinzu. Da es in gemischten Familien bereits intime Kontakte und ständige Gespräche gibt, könnte eine Studie über ausgereifte Neurosen oder die triumphale Überwindung sozialer Widrigkeiten ihre Geschichte sein. Und natürlich gibt es noch eine weitere Überlegung. Nicht alle gemischten Familien sind gleich. Auch wenn dies auf der Hand liegt, empfiehlt sich hierzu die Lektüre von Lori L. Tharps, *Same Family, Different Colors: Confronting Colorism in America's Diverse Families* (Boston: Beacon Press, 2016).

14 Diese hier alle aufzulisten, würde das ganze Buch füllen. Die Website »Race and Ethnicity« der *New York Times* ist eine ausgezeichnete Quelle: https://www.nytimes.com/topic/subject/race-and-ethnicity (abgerufen am 21. Februar 2021).

15 Ta-Nehisi Coates, *Between the World and Me* (New York: Random House, 2015; *Zwischen mir und der Welt*, übersetzt von Miriam Mandelkow, Berlin: Hanser, 2016); und Ibram X. Kendi, *How to Be an Antiracist* (New York: One World, 2019; *Anti-rassistisch Handeln*, übersetzt von Christiane Bernhardt, München: btb, 2022).

16 Zu den klassischen Diskussionen über dieses Verständnis von verkörpertem Bewusstsein gehören Jean-Paul Sartre, *L'Être et le néant* (Paris: Éditions Gallimard, 1943; *Das Sein und das Nichts*, übersetzt von Hans Schöneberg und Traugott König, Reinbek: rororo, 1951) und Maurice Merleau-Ponty, *Phénoménologie de la perception* (Paris: Gallimard, 1945; *Phänomenologie der Wahrnehmung*, übersetzt von Rudolf Boehm, Berlin: de Gruyter, 1966). Für eine Analyse im Zusammenhang mit anti-schwarzem Rassismus, siehe Lewis R. Gordon, *Bad Faith and Antiblack Racism* (Atlantic Highlands, NJ: Humanities International Press, 1995). Siehe auch Susan Schneider, *Artificial You: AI and the Future of Your Mind* (Princeton, NJ: Princeton University Press, 2019), für ähnliche Schlussfolgerungen und ihre Auswirkungen auf die zeitgenössische Forschung über künstliche Intelligenz (KI).

17 »Lewis Black on Broadway Talking About How America Isn't #1«, *DailyMotion*, https://www.dailymotion.com/video/x2n0t0t (abgerufen am 1. Mai 2021).
18 Ich empfehle die Lektüre der Tagebücher von Christoph Kolumbus, *The Four Voyages of Christopher Columbus*, übersetzt von J. M. Cohen (London: Penguin Classics, 1992); Bartolomé de las Casas, *Kurzgefaßter Bericht von der Verwüstung der Westindischen Länder*, übersetzt von D. W. Andreä, herausgegeben von Michael Sievernich (Frankfurt a. M.: Insel Taschenbuch, 2006); C. L. R. James, *The Black Jacobins: Toussaint L'Ouverture and the San Domingo Revolution* (London: Secker & Warburg, 1938; *Die schwarzen Jakobiner. Toussaint Louverture und die Haitianische Revolution*, durchgesehene und ergänzte Übersetzung von J. S. Theodor, herausgegeben von Çigdem Inan und Philipp Dorestal, Berlin: b_books und Karl Dietz Verlag, 2021; Hilary McD. Beckles, *Britain's Black Debt: Reparations for Caribbean Slavery and Native Genocide* (Kingston, Jamaica: University of the West Indies Press, 2013); Robert Hughes, *The Fatal Shore: The Epic History of Australia's Founding* (New York: Vintage, 1986); Adam Hochschild, *King Leopold's Ghost: A Story of Greed, Terror, and Heroism in Colonial Africa* (Boston: Houghton Mifflin, 1999; *Schatten über dem Kongo. Die Geschichte eines der großen, fast vergessenen Menschheitsverbrechen*, übersetzt von Ulrich Enderwitz, Monika Noll und Rolf Schubert, Stuttgart: Klett-Cotta, 2000); Julius S. Scott, *The Common Wind: Afro-American Currents in the Age of the Haitian Revolution* (London: Verso, 2018); und Lamonte Aidoo, *Slavery Unseen: Sex, Power, and Violence in Brazilian History* (Durham, NC: Duke University Press, 2019), aus einer langen und leicht zugänglichen Liste von Quellen.
19 Diese Beobachtung, dass ein Geist ein Bewusstsein ergreift, wirft ein philosophisches Problem auf. Wir gehen vom Bewusstsein zum Geist über, da die beiden nicht identisch sind. Man kann sich der Dinge bewusst sein, ohne einen Geist zu haben. Letzterer ist eine bestimmte Art von Bewusstsein. Es ist ein Bewusstsein, das in der Lage ist, sich selbst als bewusst wahrzunehmen, und das über ein Reservoir an Ressourcen verfügt, mit denen es Erfahrungen sinnvoll gestalten kann. Es sieht nicht nur. Es sieht auch, dass es sieht. Der »versunkene

Bereich« ist ein Ort, an dem ein bewusster Geist unter der Kontrolle eines anderen bewussten Geistes steht, aber als kontrollierter Geist ist der Geist des ersteren gefangen. Die Formulierung, zu sehen, dass man sieht, geht zurück auf Søren Kierkegaard, *Leben und Walten der Liebe. Einige christliche Erwägungen in Form von Reden*, übersetzt von Albert Dorner, Leipzig: Richter Verlag, 1847, S. 5.

20 Frantz Fanon, *Peau noire, masques blancs*, zu Beginn des sechsten Kapitels.

21 Siehe Sartres *Das Sein und das Nichts* (übersetzt von Justus Streller, Reinbek: rororo, 1989, S. 713). Wenn ich mich auf die absolute Gottheit des Monotheismus beziehe, verwende ich die jüdische Konvention, den Vokal wegzulassen, um die Verwechslung mit einem Eigennamen zu vermeiden.

22 Es ist kein Zufall, dass die Tierkunde ein spezifisch weißes Fachgebiet ist, in das Schwarze neuerdings einsteigen, indem sie auf die Diskussion reagieren, in der der Tierdiskurs mit den Black Studies verknüpft wird. Für ein Zusammentreffen von Tierforschung und Black Studies, siehe Bénédicte Boisseron, *Afro-Dog: Blackness and the Animal Question* (New York: Columbia University Press, 2018).

23 Alex Hannaford, »The Tiger Next Door: America's Backyard Big Cats«, *The Observer* (London), 10. November 2019, https://www.theguardian.com/global/2019/nov/10/the-tiger-next-door-americas-backyard-big-cats (abgerufen am 21. Februar 2021). Siehe auch Sharon Guynup, »Captive Tigers in the U.S. Outnumber Those in the Wild«, *National Geographic*, 14. November 2019, https://www.nationalgeographic.com/animals/2019/11/tigers-in-the-united-states-outnumber-those-in-the-wild-feature/ (abgerufen am 21. Februar 2021); und Worldwildlife.org, »More Tigers in American Backyards Than in the Wild«, 19. Juli 2014, https://www.worldwildlife.org/stories/more-tigers-in-american-backyards-than-in-the-wild (abgerufen am 21. Februar 2021).

24 Siehe Stacey Venzel, »Whatever Happened to Michael Jackson's Animals at Neverland Ranch?«, *Wide Open Pets* (Mai 2020), https://www.wideopenpets.com/whatever-happened-michael-jacksons-animals-neverland (abgerufen am 12. August 2020); und für eine Untersuchung zum Thema Rassifizierung und Haustiere, einschließlich der

Ansichten über schwarze Menschen, die Pitbull-Terrier besitzen, siehe Boisseron, *Afro-Dog*.

25 Akilah Johnson, »That Was No Typo: The Median Net Worth of Black Bostonians Really Is $ 8«, *The Boston Globe*, 11. Dezember 2017, https://www.bostonglobe.com/metro/2017/12/11/that-was-typo-the-median-net-worth-black-bostonians-really/ze5kxC1jJelx24M3pugFFN/story.html (abgerufen am 21. Februar 2021).

26 Shawn D. Rochester, *The Black Tax: The Cost of Being Black in America* (Southbury, CT: Good Steward Publishing, 2017). Siehe in diesem Zusammenhang auch Mehrsa Baradaran, *The Color of Money: Black Banks and the Racial Wealth Gap* (Cambridge, MA: Harvard University Press, 2017); und William A. Darity, Jr., und A. Kirsten Mullen, *From Here to Equality: Reparations for Black Americans in the Twenty-First Century* (Chapel Hill: University of North Carolina Press, 2020). Über die Vereinigten Staaten hinaus, siehe Hilary McD. Beckles, *Britain's Black Debt: Reparations for Caribbean Slavery and Native Genocide* (Kingston, Jamaica: University of the West Indies Press, 2013).

27 Die Maßnahmen des *Blanqueamiento* sind allgemein bekannt und werden in weiten Teilen Lateinamerikas fortgesetzt. Zur Geschichte und kritischen Diskussion, siehe Tanya Katerí Hernández, *Racial Subordination in Latin America: The Role of the State, Customary Law, and the New Civil Rights Response* (Cambridge, UK: Cambridge University Press, 2014); und Johanna Ferreira, »How Latin America's Obsession with Whitening Is Hurting Us«, *Hiplatina*, 5. Juni 2020, https://hiplatina.com/latin-americas-obsession-with-whiteness/ (abgerufen am 1. Juni 2021).

28 Man muss bedenken, dass Manis Ideen eine Verschmelzung von christlichen und früheren persischen oder arischen Mythen waren. Diese Gruppen scheinen überall, wo sie sich niederließen, Mythologien von Hierarchien geschaffen zu haben, so auch im Indus-Tal. Eine kurze Erörterung ihres historischen und sprachlichen Wirkens findet sich in John Fiske, »Who Are the Aryans?«, *The Atlantic*, Februar 1881, https://www.theatlantic.com/magazine/archive/1881/02/who-are-the-aryans/521367 (abgerufen am 21. Februar 2021).

29 James P. Comer und Alvin F. Poussaint, *Black Child Care* (New York: Simon & Schuster, 1975).

30 James P. Comer und Alvin F. Poussaint, *Raising Black Children: Two Leading Psychiatrists Confront the Educational, Social and Emotional Problems Facing Black Children* (New York: Plume, 1992).

31 Alison Gopnik, *The Gardener and the Carpenter: What the New Science of Child Development Tells Us About the Relationship Between Parents and Children* (New York: Farrar, Straus and Giroux, 2016).

32 Siehe beispielsweise Noel A. Cazenave, *Killing African Americans: Police and Vigilante Violence as a Racial Control Mechanism* (New York: Routledge, 2018); Alex S. Vitale, *The End of Policing* (London: Verso, 2017); und Geo Maher, *A World Without Police: How Strong Communities Make Cops Obsolete* (London: Verso, 2021).

33 Lesen Sie Du Bois' Ausführungen darüber, warum er sich der Entwicklung soziologischer Studien über amerikanische Schwarze zuwandte in W. E. B. Du Bois, *The Autobiography of W. E. B. Du Bois: A Soliloquy on Viewing My Life from the Last Decade of Its First Century* (New York: International Publishers, 1961; *Mein Weg, meine Welt*, übersetzt von Erich Salewski, Berlin: Dietz, 1965.)

34 Eine ausgezeichnete Geschichte dieses Prozesses von der Antike bis ins zwanzigste Jahrhundert findet sich in Joseph E. Harris, *Africans and Their History* (Nairobi, Kenia: Mentor, 1972).

35 Zur historischen Veranschaulichung empfiehlt sich beispielsweise Walter Rodney, *How Europe Underdeveloped Africa* (Washington, DC: Howard University Press, 1982; *Afrika – Die Geschichte einer Unterentwicklung*, übersetzt von Gisela Walther, Berlin: Wagenbach, 1973).

36 Siehe Fanons berühmten Vortrag »Racism and Culture«, den er in Paris 1956 beim First Congress of Black Writers and Artists hielt, publiziert als Frantz Fanon, *Pour la révolution africaine: Écrits politiques* (Paris: François Maspero, 1964; *Für eine afrikanische Revolution. Politische Schriften*, übersetzt von Einar Schlereth, Frankfurt am Main: März, 1972).

37 Siehe beispielsweise Ruth Bogin, »»Liberty Further Extended«: A 1776 Antislavery Manuscript by Lemuel Haynes«, *William and Mary Quarterly* 40, no. 1 (Januar 1983): S. 85–105; und Benjamin Banneker, »To Thomas Jefferson from Benjamin Banneker, August 19, 1791«, National Archives, Founders Online, https://founders.archives.gov/documents/Jefferson/01-22-02-0049 (abgerufen am 21. Februar 2021).

38 Catherine E. Walsh, »The Decolonial For: Resurgences, Shifts, and Movements«, in: Walter D. Mignolo und Catherine E. Walsh, *On Decoloniality: Concepts, Analytics, Praxis* (Durham, NC: Duke University Press, 2018), S. 21. Weitere Erörterungen dieser Themen aus der ganzen Welt finden Sie unter Sayan Dey (Hg.), *Different Spaces, Different Voices: A Rendezvous with Decoloniality* (Mumbai, India: BecomeShakespeare.com, 2018).

39 Siehe beispielsweise Viola Cordova, *How It Is: The Native American Philosophy of V. F. Cordova*, herausgegeben von Kathleen Dean Moore, Kurt Peters, Ted Jojola und Amber Lacy (Tucson: University of Arizona Press, 2007); und Vine Deloria, Jr., *Custer Died for Your Sins: An Indian Manifesto* (Norman: University of Oklahoma Press, 1988 [1969]).

40 Ein Augenzeugenbericht findet sich bei Bartolomé de las Casas, *A Short Account of the Destruction of the Indies*, mit einem Vorwort von Anthony Pagden und übersetzt von Nigel Griffin (New York: Penguin Classics, 1999). Für eine kritische Auseinandersetzung mit diesem »ich«, siehe C. L. R. James, *The Black Jacobins: Toussaint L'Ouverture and the San Domingo Revolution* (New York: Vintage, 1989); Hilary McD. Beckles, *Britain's Black Debt: Reparations for Caribbean Slavery and Native Genocide* (Kingston, Jamaica: University of the West Indies Press, 2013); und Enrique Dussel, »Anti-Cartesian Meditations: On the Origins of the Philosophical Anti-Discourse of Modernity«, *Human Architecture* 11, no. 1 (Herbst 2013): S. 25–29.

41 Tanya Katerí Hernández, *Racial Subordination in Latin America: The Role of the State, Customary Law, and the New Civil Rights Response* (Cambridge, UK: Cambridge University Press, 2014), S. 47–72.

42 Für eine Darstellung und sogar Befürwortung dieser Position – in Bezug auf die Frau als »Subjekt« – siehe Judith Butler, *Gender Trouble: Feminism and the Subversion of Identity* (New York: Routledge, 1990; *Das Unbehagen der Geschlechter*, übersetzt von Kathrina Menke, Frankfurt am Main: Suhrkamp, 1991). Das Argument stützt sich vor allem auf Michel Foucaults Diskussion über Subjekte und Unterwerfung in *Surveiller et punir: Naissance de la prison* (Paris: Gallimard, 1975; *Überwachen und Strafen: Die Geburt des Gefängnisses*, übersetzt von Walter Seitter, Frankfurt am Main: Suhrkamp, 1976).

43 Ausführliche Diskussionen über Unaufrichtigkeit finden sich in Lewis R. Gordon, *Bad Faith and Antiblack Racism* (Atlantic Highlands, NJ: Humanities International Press, 1995), und *Existentia Africana: Understanding Africana Existential Thought* (New York: Routledge, 2000).

44 Heinrich Cornelius Agrippa von Nettesheim, *De occulta philosophia. Drei Bücher über Magie* (übersetzt von Friedrich Barth, 1855, Nördlingen: Franz Greno, 1987 [1531]).

45 Siehe beispielsweise Simone de Beauvoir, *Pour une morale de l'ambiguïté* (Paris: Gallimard, 1947) und Jean-Paul Sartre, *L'Être et le néant* (Paris: Éditions Gallimard, 1943; *Das Sein und das Nichts*, übersetzt von Hans Schöneberg und Traugott König, Reinbek: rororo, 1951).

46 Jean-Paul Sartre, *L'imaginaire: Psychologie phénoménologique de l'imagination* (Paris: Gallimard, 1940; *Das Imaginäre. Phänomenologische Psychologie der Einbildungskraft*, übersetzt von Hans Schöneberg, Reinbek: Rowohlt, 1971).

47 Für aktuelle Studien, siehe Lamonte Aidoo, *Slavery Unseen: Sex, Power, and Violence in Brazilian History* (Durham, NC: Duke University Press, 2019); und Jane Dailey, *White Fright: The Sexual Panic at the Heart of America's Racist History* (New York: Basic Books, 2020).

48 Siehe Beauvoir, *Pour une morale de l'ambiguïté*.

49 Dena Neusner, *Simply Seder: A Passover Haggadah and Family Seder Planner* (Millburn, NJ: Behrman House, 2011).

50 Simone de Beauvoir, *Le Deuxième Sexe* (Paris: Gallimard, 1949; *Das andere Geschlecht. Sitte und Sexus der Frau*, übersetzt von Eva Rechel-Mertens und Fritz Montfort, Hambug: Rowohlt, 1951).

51 Butler, *Gender Trouble* (*Das Unbehagen der Geschlechter*).

52 Friedrich Nietzsche, *Die fröhliche Wissenschaft* (Chemnitz: Verlag Ernst Schmeitzner, 1882) und *Zur Genealogie der Moral* (Leipzig: C. G. Naumann, 1887).

53 Simone Weil, *La pesanteur et la grâce* (Paris: Plon, 1947; *Schwerkraft und Gnade*, übersetzt von Friedhelm Kemp, München: Kösel, 1952).

54 Keiji Nishitani, *Shūkyō to wa Nanika* (Tokyo: Sōbunsha, 1961; *Was ist Religion?*, übersetzt von Dora Fischer-Barnicol, Frankfurt a. M.: Insel Verlag, 1982).

55 Thomas Meagher, »Creolization and Maturity: A Philosophical Sketch«, *Contemporary Political Theory* 17, no. 3 (August 2018): S. 382–86.
56 Henri Bergson, *Le rire. Essai sur la signification du comique* (Paris: Alcan, 1900; *Das Lachen. Ein Essai über die Bedeutung des Komischen*, übersetzt von Roswitha Plancherel-Walter, Zürich: Arche, 1972), eigene Übersetzung.
57 Henri Bergson, *Das Lachen*, S. 26, Hervorhebung im Original.
58 Henri Bergson, *Das Lachen*, S. 29.
59 Henri Bergson, *Das Lachen*, S. 30, eigene Übersetzung, Hervorhebung im Original.
60 Siehe hierzu Lucy Collins, »Fashion and Personal Identity« (Philosophy Department dissertation, Temple University, 2011).

Teil II: Rassifizierung und Rassismus

1 Death Penalty Information Center, abgerufen am 8. April 2018 (Seite wird täglich aktualisiert), https://deathpenaltyinfo.org/race-and-death-penalty (abgerufen am 21. Februar 2021).
2 Dies ist inzwischen allgemein bekannt. Für Informationen zu den USA, siehe den Bericht des Centers for Disease Control and Prevention »Health Equity Considerations and Racial and Ethnic Minority Groups«, https://www.cdc.gov/coronavirus/2019-ncov/community / health-equity/race-ethnicity.html (abgerufen am 1. Juni 2021); und APM Research Lab Staff, »The Color of Coronavirus: COVID-19 Deaths by Race and Ethnicity in the U.S.«, 10. Juni 2020, https://www.apmresearchlab.org/covid/deaths-by-race (abgerufen am 21. Februar 2021). Für Großbritannien siehe Mélissa Godin, »Black and Asian People Are 2 to 3 Times More Likely to Die of COVID-19, U.K. Study Finds«, *Time*, 6. Mai 2020, https://time.com/5832807/coronavirus-race-analysis-uk/ (abgerufen am 21. Februar 2021); und Robert Booth und Caelainn Barr, »Black People Four Times More Likely to Die from COVID-19,ONSFinds«, *The Guardian*, 7. Mai 2020, https://www.theguardian.com/world/2020/may/07/black-people-four-times-more-likely-to-die-from-covid-19-ons-finds (abgerufen am 21. Februar 2021). Und für Brasilien siehe Kia Lilly Caldwell und Edna Maria de Araújo, »COVID-19 Is Deadlier for Black Brazilians, a Legacy of

Structural Racism That Dates Back to Slavery«, *The Conversation*, 10. Juni 2020, https://theconversation.com/covid-19-is-deadlier-for-black-brazilians-a-legacy-of-structural-racism-that-dates-back-to-slavery-139430 (abgerufen am 21. Februar 2021). Die Daten aus Ländern mit einer langen Geschichte des Rassismus sind so zahlreich, dass diese Fußnote, wie zu vermuten, das gesamte Kapitel in den Schatten stellen würde.

3 Siehe V. F. Cordova, *How It Is: The Native American Philosophy of V. F. Cordova*, Kathleen Dean Moore, Kurt Peters, Ted Jojola und Amber Lacy, Hrsg. (Tucson: University of Arizona Press, 2007); Vine Deloria, Jr., *Custer Died for Your Sins: An Indian Manifesto* (Norman: University of Oklahoma Press, 1988 [1969]) und *The Metaphysics of Modern Existence* (Golden, CO: Fulcrum, 2012 [1979]); und Glen Sean Coulthard, *Red Skin, White Masks: Rejecting the Colonial Politics of Recognition* (Minneapolis: University of Minnesota Press, 2014). Für einen geschichtlichen Überblick über die bewaffnete Diplomatic als Mittel der Invasion, siehe Suzan Shown-Harjo, Hrsg., *Nation to Nation: Treaties Between the United States and American Indian Nations* (Washington, DC: Museum of the American Indian in association with Smithsonian Books, 2014).

4 Siehe Sebastián de Covarrubias' *Tesoro de la lengua castellana o española* [Schatzkammer der kastilischen oder spanischen Sprache], 1611 in Madrid veröffentlicht. Eine ausgezeichnete Erörterung findet sich in David Nirenberg, »Race and the Middle Ages: The Case of Spain and Its Jews«, in: *Rereading the Black Legend: The Discourses of Religious and Racial Difference in the Renaissance Empires*, Margaret R. Greer, Walter D. Mignolo und Maureen Quilligan, Hrsg. (Chicago: University of Chicago Press, 2007), S. 71–87.

5 Zur Forschung über die Maur:innen, siehe z. B. Ivan Van Sertima, Hrsg., *Golden Age of the Moor* (New Brunswick, NJ: Transaction Publishers, 1992).

6 Stanford Joines, *The Eighth Flag: Cannibals. Conquistadors. Buccaneers. Pirates. The Untold Story of the Caribbean and the Mystery of St. Croix's Pirate Legacy, 1493–1750* (Selbstverlag, Amazon.com, 2018), S. 11.

7 Joines, *The Eighth Flag*, S. 11–12.

8 Für einen kurzen Überblick über die Geschichte von Semitismus und

Antisemitismus, siehe Mustafa Selim Yılmaz, »Bir Terimin Arkeolojisi: Antisemitizmin Teolojik ve Politik Tarihi / The Archaeology of a Concept: The Theological and Political History of Antisemitism«, *Cumhuriyet İlahiyat Dergisi / Cumhuriyet Theology Journal* 21, no. 2 (Dezember 2017): S. 1181–216. Siehe auch Lewis R. Gordon, Ramón Grosfoguel und Eric Mielants (Hrsg.), »Historicizing Anti-Semitism«, Sonderausgabe, *Human Architecture: Journal of the Sociology of Self-Knowledge* 7, Nr. 2 (Frühjahr 2009).

9 Siehe zum Beispiel Falguni A. Sheth, *Toward a Political Philosophy of Race* (Albany: State University of New York Press, 2009).

10 Enrique Dussel, »Anti-Cartesian Meditations: On the Origins of the Philosophical Anti-Discourse of Modernity«, *Human Architecture* 11, no. 1 (Herbst 2013): S. 21-24.

11 Jane Anna Gordon, *Creolizing Political Theory: Reading Rousseau Through Fanon* (New York: Fordham University Press, 2014).

12 Lucius Annaeus Seneca, »De Superstitione«. Das Original überlebt nur in Fragmenten und Zitaten in Schriften wie Saint Augustine, *The City of God*, übersetzt von Marcus Dods (New York: Modern Library, 1950), S. 204.

13 Catherine Nixey, *Heiliger Zorn* (DVA, 2017), S. 15.

14 Catherine Nixey, *Heiliger Zorn* (DVA, 2017), S. 22.

15 In Lewis R. Gordon, *What Fanon Said: A Philosophical Introduction to His Life and Thought* gehe ich auf diesen Aspekt von Fanons Denken ein (New York: Fordham University Press; London: Hurst; Johannesburg: Wits University Press, 2015).

16 W. E. B. Du Bois, *Die Seelen der Schwarzen* (Orange Press, Freiburg 2003 [1903], übersetzt von Jürgen und Barbara Meyer-Wendt) bzw. W. E. B. Du Bois, *The Souls of Black Folk: Essays and Sketches* (Chicago: A. C. McClurg, 1903), *Black Reconstruction in America, 1860–1880* (New York: Harcourt, Brace, 1938 [1935]), und *The World and Africa* (New York: International Publishers, 1979 [1947]). Zur weiteren Auseinandersetzung siehe Lewis R. Gordon, »An Africana Philosophical Reading of Du Bois's Political Thought«. In: *A Political Companion to W. E. B. Du Bois*, Nick Bromell, Hrsg., (Lexington: University of Kentucky Press, 2018), S. 57–81. Siehe auch die sorgfältige Studie von Terrence Johnson, *Tragic Soul-Life: W. E. B. Du Bois and the Moral*

Crisis Facing American Democracy (New York: Oxford University Press, 2011).

17 Sterling Stuckey, »Twilight of Our Past: Reflections on the Origins of Black History«, in: *Amistad : Writings on Black History and Culture*, J. A. Williams und C. F. Harris, Hrsg., (New York: Vintage, 1971), S. 291.

18 Deloria, *Custer Died for Your Sins*, S. 81.

19 Lewis R. Gordon, *Disciplinary Decadence: Living Thought in Trying Times* (New York: Routledge, 2006).

20 Siehe Du Bois, »The Study of the Negro Problems« und *The Souls of Black Folk*; und mein Kapitel »What Does It Mean to Be a Problem?«, in: *Existentia Africana: Understanding Africana Existential Thought* (New York: Routledge, 2000), zusätzlich zu *Disciplinary Decadence.*

21 Eine Genealogie dieser Denkrichtung führt zu Anna Julia Cooper, *A Voice from the South* (Xenia, OH: Aldine Printing House, 1892); Angela Y. Davis, *Women, Race, and Class* (New York: Vintage, 1983); Hortense J. Spillers, *Black, White, and in Color: Essays on American Literature and Culture* (Chicago: University of Chicago Press, 2003); und Kimberlé Crenshaw, »Mapping the Margins: Intersectionality, Identity Politics, and Violence Against Women of Color«, *Stanford Law Review* 43 (Juli 1991): S. 1241–99. Natürlich gibt es viele andere, die genannt werden könnten. Siehe auch Evelyn M. Simien und Ange-Marie Hancock, »Intersectionality Research«, *Political Research Quarterly* 64, no. 1 (März 2011): S. 185–243.

22 Zusätzlich zu Crenshaw, »Mapping the Margins«, siehe Bim Adewunmis Interview mit Crenshaw, »Kimberlé Crenshaw on Intersectionality: ›I Wanted to Come Up with an Everyday Metaphor That Anyone Could Use‹«, *New Statesman*, 2. April 2014, http://www.newstatesman.com/lifestyle/2014/04/kimberl-crenshaw-intersectionality-i-wanted-come-everyday-metaphor-anyone-could (abgerufen am 21. Februar 2021).

23 Siehe auch Noel A. Cazenave, *Killing African Americans: Police and Vigilante Violence as a Racial Control Mechanism* (New York: Routledge, 2018); Alex S. Vitale, *The End of Policing* (London: Verso, 2017); und Geo Maher, *A World Without Police: How Strong Communities Make Cops Obsolete* (London: Verso, 2021). Siehe auch Matthew Clair,

Privilege and Punishment: How Race and Class Matter in Criminal Court (Princeton, NJ: Princeton University Press, 2020); und für eine globale Perspektive, Jean Comaroff und John L. Comaroff, *The Truth About Crime: Sovereignty, Knowledge, Social Order* (Chicago: University of Chicago Press, 2016).

24 Ich stelle diesen Ansatz vor in Lewis R. Gordon, *Her Majesty's Other Children: Sketches of Racism from a Neocolonial Age* (Lanham, MD: Rowman and Littlefield, 1997), im Kapitel »Sex, Race, and Matrices of Desire«.

25 Sri Aurobindo, *The Future Evolution of Man: The Divine Life upon Earth* (TwinLakes, WI: Lotus Press, 1963).

26 Die Literatur diesbezüglich ist sehr umfangreich, aber allgemein Interessierte könnten die folgenden wissenschaftlichen Zusammenfassungen zurate ziehen: Greta Jochem, »Neanderthal Genes Help Shape How Many Modern Humans Look«, NPR, 5. Oktober 2017, https://www.npr.org/sections/health-shots/2017/10/05/555592707/neanderthal-genes-help-shape-how-many-modern-humans-look (abgerufen am 21. Februar 2021); und Matthew Warren, »Biggest Denisovan Fossil Yet Spills Ancient Human's Secrets«, *Nature*, 1. Mai 2019, https://www.nature.com/articles/d41586-019-01395-0 (abgerufen am 21. Februar 2021). Für diejenigen, die sich in die Fachliteratur vertiefen möchten, siehe zum Beispiel Kwang Hyun Ko, »Hominin Interbreeding and the Evolution of Human Variation«, *Journal of Biological Research-Thessaloniki 23* (Dezember 2016): S. 17, https://www.ncbi.nlm.nih.gov/pmc/articles/PMC4947341/ (abgerufen am 21. Februar 2021); und Michael Dannemann und Janet Kelso, »The Contribution of Neanderthals to Phenotypic Variation in Modern Humans«, *The American Journal of Human Genetics* 101, no. 4 (5. Oktober 2017): S. 578–89, https://www.cell.com/ajhg/fulltext/S0002-9297(17)30379-8 (abgerufen am 21. Februar 2021).

27 Siehe z. B. Megan Gannon, »How Smart Were Neanderthals?«, *Live Science*, 23. März 2019, https://www.livescience.com/65003-how-smart-were-neanderthals.html (abgerufen am 21. Februar 2021); Sarah Kaplan, »Humans Didn't Outsmart the Neanderthals. We Just Outlasted Them«, *The Washington Post*, 1. November 2017, https://www.washingtonpost.com /news/speaking-of-science/wp/2017/11/01

/humans-didnt-outsmart-the-neanderthals-we-just-outlasted-them (abgerufen am 21. Februar 2021); »Neanderthals Were Too Smart for Their Own Good«, *The Telegraph*, 18. November 2011, https://www.telegraph.co.uk/news/science/science-news/8898321/Neanderthals-were-too-smart-for-their-own-good.html (abgerufen am 12. August 2020); und Joe Alper, »Rethinking Neanderthals«, *Smithsonian Magazine*, Juni 2003, https://www.smithsonianmag.com/science-nature/rethinking-neanderthals-83341003/ (abgerufen am 21. Februar 2021). Und für diejenigen, die etwas Substanzielleres lesen möchten, siehe Clive Finlayson, *The Smart Neanderthal: Cave Art, Bird Catching, and the Cognitive Revolution* (Oxford: Oxford University Press, 2019. https://www.nbcnews.com/pop-culture/celebrity/liam-neeson-says-he-sought-black-man-kill-after-friend-n966676 (abgerufen am 21. Februar 2021).

28 Für eine knappe Zusammenfassung siehe Karl Gruber, »Europeans Did Not Inherit Pale Skins from Neanderthals«, *New Scientist*, 26. September 2012, https://www.newscientist.com/article/dn22308-europeans-did-not-inherit-pale-skins-from-neanderthals/ (abgerufen am 21. Februar 2021). Für eine aktuelle, detaillierte wissenschaftliche Darstellung siehe Dannemann und Kelso, »The Contribution of Neanderthals to Phenotypic Variation in Modern Humans«.

29 Sharon R. Browning, Brian L. Browning, Ying Zhou, Serena Tucci und M. Akey, »Analysis of Human Sequence Data Reveals Two Pulses of Archaic Denisovan Admixture«, *Cell* 173, no. 1 (2018): S. 53–61.

30 Siehe Gruber, »Europeans Did Not Inherit Pale Skins from Neanderthals«, und zur Ermittlung spezifischer Gene, die mit Mutationen für Farbvariationen verbunden sind, siehe University of Pennsylvania, »Genes Responsible for Diversity of Human Skin Colors Identified«, *Science Daily*, 12. Oktober 2017, https://www.sciencedaily.com/releases/2017/10/171012143324.htm (abgerufen am 21. Februar 2021). Siehe auch Olivia Godhill, »How Europeans Became Tall and Fair-Skinned 8,500 Years Ago«, *Quartz*, 28. November 2015, https://qz.com/561034/how-europeans-became-tall-and-fair-skinned-8500-years-ago/ (abgerufen am 21. Februar 2021).

31 Danny Vendramini, *Them and Us: How Neanderthal Predation Created Modern Humans* (Armidale, NSW, Australien: Kardoorair Press,

2009). Für wissenschaftliche Kritik, siehe Adam Benton, »Them and Us: Predatory Neanderthals Hunted Humans?«, *Filthy Monkey Men*, 25. Mai 2015, https://www.filthymonkeymen.com/2015/05/25/them-and-us-predatory-neanderthals-hunted-humans/ (abgerufen am 21. Februar 2021).

32 Danny Vendramini, »Neanderthal: Profile of a Super Predator«, *YouTube*, 4. Dezember 2010, https://www.youtube.com/watch?v=mZbmywzGAVs (abgerufen am 21. Februar 2021).

33 Catherine Shoard, »Liam Neeson: After a Friend Was Raped, I Wanted to Kill a Black Man«, *The Guardian*, 4. Februar 2019, https://www.theguardian.com/film/2019/feb/04/liam-neeson-after-a-friend-was-raped-i-wanted-to-kill-a-black-man (abgerufen am 21. Februar 2021); Elisha Fieldstadt, »Liam Neeson Says He Wanted to Kill a Black Man After a Friend Close to Him Was Raped«, NBC *News*, 4. Februar 2019, https://www.nbcnews.com/pop-culture/celebrity/liam-neeson-says-he-sought-black-man-kill-after-friend-n966676 (abgerufen am 21. Februar 2021).

34 In der afrikanischen Diaspora und in vielen durchmischten Communitys ist dieses Phänomen ein alter Hut. Es wird gewöhnlich als »Colorism« bezeichnet, da die meisten empirischen Beispiele im Kontext einer übergreifenden weißen, rassifizierenden Machtstruktur existieren. Siehe z. B. Lori L. Tharps, *Same Family, Different Colors: Confronting Colorism in America's Diverse Families* (Boston: Beacon Press, 2016); siehe auch Suzanne Oboler und Anani Dzidzienyo, Hrsg., *Neither Enemies nor Friends: Latinos, Blacks, Afro-Latinos* (New York: Palgrave Macmillan, 2005).

35 Siehe Robert E. Washington, »Brown Racism and the Formation of a World System of Racial Stratification«, *International Journal of Politics, Culture, and Society* 4, Nr. 2 (Winter 1990): S. 209–27. Siehe auch Joanne L. Rondilla und Paul Spickard, *Is Lighter Better? Skin-Tone Discrimination Among Asian Americans* (Lanham, MD: Rowman and Littlefield, 2007); und Nikki Khanna, Hrsg., *Whiter: Asian American Women on Skin Color and Colorism* (New York: NYU Press, 2020).

36 V. T. Rajshekar, *Dalit: The Black Untouchables of India*, 3. Aufl. (Atlanta, GA: Clarity Press, 2009), S. 37. Siehe auch Chandramohan S., *Love After Babel and Other Poems* (Ottawa, Kanada: Daraja Press, 2020);

und Manoj Kumar Panda, *One Thousand Days in a Refrigerator: Stories*, übersetzt von Snehaprava Das (New Delhi: Speaking Tiger, 2016).

37 William Loren Katz, *Black Indians: A Hidden Heritage* (New York: Atheneum, 1986).

38 Osagie K. Obasogie, *Blinded by Sight: Seeing Race Through the Eyes of the Blind* (Palo Alto, CA: Stanford University Press, 2013).

39 Mark Hubbe, »Walter Neves and the Pursuit of the First South Americans«, *PaleoAmerica* 1, Nr. 2 (2015): S. 131–33. Für diejenigen, die Neves' Werk selber konsultieren möchten, siehe Walter A. Neves und Hector Pucciarelli, »The Zhoukoudian Upper Cave Skull 101 as Seen from the Americas«, *Journal of Human Evolution* 34, no. 2 (Februar 1998): S. 219–22; und Walter A. Neves, Joseph F. Powell und Erik G. Ozolins, »Modern Human Origins as Seen from the Peripheries«, *Journal of Human Evolution* 37, Nr. 1 (Juli 1999): S. 29–33.

40 Siehe z. B. Augustinus, *Vom Gottesstaat*, (dtv, 1997); Gottfried Wilhelm Leibniz, *Die Theodizee* (Edition Holziger, 2017); Kwame Gyekye, *An Essay on African Philosophical Thought: The Akan Conceptual Scheme*, rev. ed. (Philadelphia: Temple University Press, 1987); John Hick, *Evil and the God of Love*, überarbeitete Aufl. (New York: Harper and Row, 1978); William R. Jones, *Is God a White Racist: A Preamble to Black Theology*, 2. Aufl. (Boston: Beacon Press, 1997); Sherman A. Jackson, *Islam and the Problem of Black Suffering* (New York: Oxford University Press, 2009); und Anthony B. Pinn, *Why, Lord? Suffering and Evil in Black Theology* (New York: Continuum, 1999). Siehe auch Lewis R. Gordon, *An Introduction to Africana Philosophy* (Cambridge, UK: Cambridge University Press, 2008), und *Freedom, Justice, and Decolonization* (New York: Routledge, 2021).

41 Gyekye legt in *An Essay on African Philosophical Thought* eine ausgezeichnete Kritik zu diesen und anderen Argumentationslinien dar. Siehe auch Hick's *Evil and the God of Love*. Ich diskutiere diese Aspekte unter anderem in *Freedom, Justice, and Decolonization* und, zusammen mit Jane Anna Gordon, *Of Divine Warning: Reading Disaster in the Modern Age* (New York: Routledge, 2009).

42 In Südafrika und den Vereinigten Staaten ist der Konstitutionalismus zu einer Form der Götzenverehrung geworden, durch den die Tatsache, dass diese Verfassungen das Leben der Verdammten die-

ser Erde nicht beschützen, gerne ignoriert wird. Ich erörterte dieses Problem in *Freedom, Justice, and Decolonization*; siehe auch Rozena Maart, »Philosophy Born of Massacres. Marikana, the Theatre of Cruelty: The Killing of the ›Kaffir‹«, *Acta Academica* 46, no. 4 (2014): S. 1–28.

43 Eine ausführliche Erörterung von Kants Missgeschicken bei der Erforschung von »Rasse« sowie deren Effekt auf seine Konzeption der Ethik findet sich in J. Reid Miller, *Stain Removal: Ethics and Race* (New York: Oxford University Press, 2016).

44 Dies ist seit Jahrzehnten bekannt, wird aber verhältnismäßig klein gehalten. Eine aktuelle Zusammenfassung findet sich in Sarah Spain, »Africa Is Most Genetically Diverse Continent, DNA Study Shows«, *BioNews*, 10. Mai 2019, https://www.bionews.org.uk/page_91054 (abgerufen am 21. Februar 2021). Sie hätte natürlich »genetically diverse continent of human beings« titeln müssen. Wer Fachliteratur über diese Vielfalt konsultieren möchten, siehe L. B. Jorde, W. S. Watkins, M. J. Bamshad, M. E. Dixon, C. E. Ricker, M. T. Seielstad und M. A. Batzer, »The Distribution of Human Genetic Diversity: A Comparison of Mitochondrial, Autosomal, and Y-Chromosome Data«, *American Journal of Human Genetics* 66, no. 3 (März 2000): S. 979–88, https://www.sciencedirect.com/science/article/pii/S0002929707640245 (abgerufen am 21. Februar 2021).

45 Eine Zusammenstellung der betreffenden Literatur von Bernier bis Galton findet sich in Robert Bernasconi und Tommy L. Lott, Hrsg., *The Idea of Race* (Indianapolis, IN: Hackett Publishers, 2000).

46 Peggy McIntosh, »White Privilege and Male Privilege: A Personal Account of Coming to See Correspondences Through Work in Women's Studies«, *Working Paper* 189, Wellesley, MA: Wellesley College, Center for Research on Women, 1988.

47 Ben Montgomery, »FBI Closes Book on Claude Neal's Lynching Without Naming Killers«, *Tampa Bay Times*, 3. August 2014, https://www.tampabay.com/features/humaninterest/fbi-closes-book-on-claude-neals-lynching-without-naming-killers/2191344 (abgerufen am 21. Februar 2021). Dies war leider nicht ungewöhnlich. Siehe Anne P. Rice, Hrsg., *Witnessing Lynching: American Writers Respond* (New Brunswick, NJ: Rutgers University Press, 2003).

48 Die Literatur hierzu ist umfangreich. Eine aktuelle Zusammenfassung findet sich in Maurício Brum, »How Belgium Cut Off Hands and Arms, and Killed over 15 Million in Africa«, *Gazeta do Povo/Wise Up News*, 2. Juli 2019, https://www.gazetadopovo.com.br/wiseup-news/how-belgium-cut-off-hands-and-arms-and-killed-over-15-million-in-africa/. Sowie in Adam Hochschilds *King Leopold's Ghost: A Story of Greed, Terror, and Heroism in Colonial Africa* (Boston: Houghton Mifflin, 1999) und Walter Rodneys Klassiker *How Europe Underdeveloped Africa* (Washington, DC: Howard University Press, 1982).

49 Auch die Literatur hierzu ist umfangreich. Für eine prägnante Auseinandersetzung, siehe Norimitsu Onishi und Melissa Eddy, »A Forgotten Genocide: What Germany Did in Namibia, and What It's Saying Now«, *The New York Times*, 28. Mai 2021, aktualisiert am 29. Mai 2021, https://www.nytimes.com/2021/05/28/world/europe/germany-namibia-genocide.html.

50 Adolf Hitler, *Mein Kampf* (München: Franz Eher Nachfolger, 1925). Es gibt viele kritische Auseinandersetzungen mit Hitlers Logik. Für eine neuere Analyse, siehe Jason Stanley, *How Fascism Works: The Politics of Us and Them* (New York: Random House, 2018).

51 W. E. B. Du Bois erörtert dieses Phänomen in »Of the Sons of Master and Man«, Kapitel 9 in: *The Souls of Black Folk: Essays and Sketches* (Chicago: A. C. McClurg, 1903). Siehe auch Ida B. Wells, *The Light of Truth: Writings of an Anti-Lynching Crusader*, Mia Bay und Henry Louis Gates, Jr., Hrsg. (New York: Penguin Classics, 2014). Zu den zeitgenössischen Autor:innen gehören unter anderem Michelle Alexander, Noel A. Cazenave, William Darity, Jr., Angela Y. Davis, Roxanne Dunbar-Ortiz, A. Kirsten Mullen und Alex S. Vitale.

52 Siehe Cherryl Walker, Hrsg., *Women and Gender in Southern Africa to 1945* (Claremont, Südafrika: David Philip Publishers, 1990). Siehe auch Jonathan Hyslop, »White Working-Class Women and the Invention of Apartheid: ›Purified‹ Afrikaner Nationalist Agitation for Legislation Against ›Mixed‹ Marriages, 1934–9«, *The Journal of African History* 36, no. 1 (1995): S. 57–81.

53 Frantz Fanon, *Peau noire, masques blancs*, Einleitung und Kapitel 7.

54 Für weitere Informationen siehe Rogers Brubaker, *Trans: Gender and*

Race in an Age of Unsettled Identities (Princeton, NJ: Princeton University Press, 2016).

55 Nkiru Uwechia Nzegwu, *Family Matters: Feminist Concepts in African Philosophy of Culture* (Albany: State University of New York Press, 2006); und Oyèrónkẹ́ Oyěwùmí, *The Invention of Women* (Minneapolis: University of Minnesota Press, 1997), und *What Gender Is Motherhood? Changing Yorùbá Ideals of Power, Procreation, and Identity in the Age of Modernity* (New York: Palgrave, 2015).

56 Simone de Beauvoirs *Das andere Geschlecht* ist die klassische Darstellung dieses Arguments.

57 Rebecca Tuvel, »In Defense of Transracialism«, *Hypatia* 32, no. 2 (2017): S. 263–78. Siehe auch Rebecca Tuvel, »Changing Identities: Are Race and Gender Analogous?«, *Black Issues in Philosophy*, 6. Juli 2021, https://blog.apaonline.org/2021/07/06/changing-identities-are-race-and-gender-analogous/.

58 Die Reaktionen sind zu zahlreich, um sie hier aufzulisten. Interessierte verweise ich auf das Sondersymposium zur Kontroverse mit kritischen Aufsätzen und einer Erwiderung in *Philosophy Today* 62, Nr. 1 (Januar 2018), wo Rebecca Tuvels Reartikulation ihrer Position in »Racial Transitions and Controversial Positions« zu finden ist: »Reply to Taylor, Gordon, Sealey, Hom, and Botts«, S. 73–88, und das bereits erwähnte »Changing Identities: Are Race and Gender Analogous?«.

59 Eine Zusammenfassung dieser Argumente und ihrer Befürworter:innen findet sich in Paul C. Taylor, *Race: A Philosophical Introduction*, 2. Ausgabe (Cambridge, UK: Polity, 2013).

60 Eine klassische Studie zu diesem Argument findet sich in Peter L. Berger und Thomas Luckmann, *The Social Construction of Reality* (New York: Random House, 1966).

61 Eine ausführliche Darstellung und die Geschichte der zum Christentum konvertierten Jüdinnen und Juden und Muslim:innen – »Conversos« und »Moriscos« genannt – im mittelalterlichen Iberien findet sich in: Geraldine Heng, *The Invention of Race in the European Middle Ages* (Cambridge, UK: Cambridge University Press, 2018); und Lisa Vollendorf, *The Lives of Women: A New History of Inquisitional Spain* (Nashville, TN: Vanderbilt University Press, 2005).

62 Siehe Angelina Chapin, »Of Course White Women Voted for

Trump Again«, *The Cut*, 17. November 2020, https://www.thecut.com/2020/11/many-white-women-still-voted-for-trump-in-2020.html (abgerufen am 21. Februar 2021). Schlimmer noch, ihre Stimmenanzahl für Trump stieg, während die Zahl der weißen männlichen Stimmen sank; siehe Ruth Igielnik, Scott Keeter und Hannah Hartig, »Behind Biden's 2020 Victory: An Examination of the 2020 Electorate, Based on Validated Voters«, Pew Research Center, 30. Juni 2021, https://www.pewresearch.org/politics/2021/06/30/behind-bidens-2020-victory.

63 Schwarze in den USA, die sich als »feste Republikaner:innen« identifizierten, machten 2016 nur 2 Prozent der schwarzen Wähler:innenschaft aus. Siehe »Black Party Affiliation«, *BlackDemographics.com*, https://blackdemographics.com/culture/black-politics (abgerufen am 21. Februar 2021).

64 Zur Vertiefung, zusätzlich zu Brubakers *Trans*, siehe auch Judith Halberstram, *Female Masculinity* (Durham, NC: Duke University Press, 1998). Siehe auch Judith Butler, *Das Unbehagen der Geschlechter* (Suhrkamp, 1991); und Lewis R. Gordon, *Bad Faith and Antiblack Racism* (Atlantic Highlands, NJ: Humanities International Press, 1995), und *Her Majesty's Other Children: Sketches of Racism from a Neocolonial Age* (Lanham, MD: Rowman and Littlefield, 1997).

65 Für einen historischen Überblick, siehe C. Riley Snorton, *Black on Both Sides: A Racial History of Trans Identity*, 3. Aufl. (Minneapolis: University of Minnesota Press, 2017).

66 Natürlich gibt es auch weiß aussehende Schwarze, die sich als Schwarze identifizieren. Dafür gibt es viele Beispiele, aber eine der jüngsten populären Geschichten findet sich in Khushbu Shah, »They Look White but Say They're Black: A Tiny Town in Ohio Wrestles with Race«, *The Guardian*, 25. Juli 2019, https://www.theguardian.com/us-news/2019/jul/25/race-east-jackson-ohio-appalachia-white-black (abgerufen am 21. Februar 2021).

67 Studien des Pew Research Centers haben herausgefunden, dass Weiße am seltensten außerhalb ihrer Gruppe heiraten. Siehe die Daten auf der Webseite »Intermarriage«, https://www.pewresearch.org/topics/intermarriage (abgerufen am 21. Februar 2021). Für weiterführende Diskussionen und Daten siehe zum Beispiel Gretchen Livingston

und Anna Brown, »Intermarriage in the U.S. 50 Years After *Loving v. Virginia*«, Pew Research Center: Social and Demographic Trends, 18. Mai 2017, http://www.pewsocialtrends.org/2017/05/18/intermarriage-in-the-u-s-50-years-after-loving-v-virginia/ (abgerufen am 21. Februar 2021). Die Ehe ist natürlich nicht mit einer Partner:innenschaft gleichzusetzen, und natürlich stellt sich die Frage nach außerehelichen Kindern.

68 Siehe zum Beispiel Anténor Firmin, *The Equality of the Human Races: A Nineteenth Century Haitian Scholar's Response to European Racialism*, Asselin Charles (Übers.), (New York: Garland Publishers, 2000 [1885]); Frantz Fanon, *Peau noire, masques blancs* (Paris: Éditions du Seuil, 1952); Angela Y. Davis, *Women, Race, and Class* (New York: Vintage, 1983); Hilary McD. Beckles, *Natural Rebels: A Social History of Enslaved Women in Barbados* (New Brunswick, NJ: Rutgers University Press, 1989); Lamonte Aidoo, *Slavery Unseen: Sex, Power, and Violence in Brazilian History* (Durham, NC: Duke University Press, 2019); Jane Dailey, *White Fright: The Sexual Panic at the Heart of America's Racist History* (New York: Basic Books, 2020); Jane Ward, »The White Supremacist Origins of Modern Marriage Advice«, *The Conversation*, 27. August 2020, https://theconversation.com/the-white-supremacist-origins-of-modern-marriage-advice-144782; und Rebecca Stevens, »White Men and the Sexual Fetishization of Black Women«, *Illumination*, 9. September 2020, https://medium.com/illumination-curated/white-men-and-the-sexual-fetishization-of-black-women-ca046b8d1da8.

69 Cara Rose DeFabio, »If You're Black, DNA Ancestry Results Can Reveal an Awkward Truth«, *Splinter*, 29. September 2016, https://splinternews.com/if-you-re-black-dna-ancestry-results-can-reveal-an-awk-1793862284 (abgerufen am 21. Februar 2022). Für die entsprechende Studie siehe Katarzyna Bryc, Eric Y. Durand, J. Michael Macpherson, David Reich und Joanna L. Mountain, »The Genetic Ancestry of African Americans, Latinos, and European Americans Across the United States«, *The American Journal of Human Genetics* 96, 8. Dezember 2014, http://www.cell.com/ajhg/fulltext/S0002-9297(14)00476-5 (abgerufen am 21. Februar 2021). Für demografische und genomische Informationen über den Anteil Schwarzer

mit europäischer Abstammung im Vergleich zu Weißen schwarzer Abstammung siehe Lizzie Wade, »Genetic Study Reveals Surprising Ancestry of Many Americans«, *Science*, 18. Dezember 2014, https://www.sciencemag.org/news/2014/12/genetic-study-reveals-surprising-ancestry-many-americans (abgerufen am 12. August 2020); und »How African Is Black America«, BlackDemographics.com, https://blackdemographics.com/geography/african-american-dna/ (abgerufen am 21. Februar 2021).

70 Vine Deloria, Jr., *Custer Died for Your Sins: An Indian Manifesto* (Norman: University of Oklahoma Press, 1988 [1969]), S. 2–3.

71 Eine ausführliche Darstellung dessen findet sich in Jane Anna Gordon, *Creolizing Political Theory: Reading Rousseau Through Fanon* (New York: Fordham University Press, 2014); und Michael J. Monahan, *The Creolizing Subject: Race, Reason, and the Politics of Purity* (New York: Fordham University Press, 2011).

72 Ich beziehe mich hier auf den Leitgedanken eines einflussreichen Textes von Alain Badiou, *Das Sein und das Ereignis* (Diaphanes, 2006).

73 Siehe Sara Ahmed, *Queer Phenomenology: Orientations, Objects, Others* (Durham, NC: Duke University Press, 2006); und David Ross Fryer, *Thinking Queerly: Race, Sex, Gender, and the Ethics of Identity* (New York: Routledge, 2008).

74 Siehe Meg-John Barker und Alex Iantaffi, *Life Isn't Binary: On Being Both, Beyond, and In-Between* (London: Jessica Kingsley Publishers, 2019).

Teil III: Politische Realitäten

1 Wer daran zweifelt, siehe Ryan Sit, »Trump Thinks Only Black People Are on Welfare, but Really, White Americans Receive Most Benefits«, Newsweek, 12. Januar 2018, http://www.newsweek.com/donald-trump-welfare-black-white-780252 (abgerufen am 12. August 2020); und Tracy Jan, »The Biggest Beneficiaries of the Government Safety Net: Working-Class Whites«, *The Washington Post*, 16. Februar 2017, https://www.washingtonpost.com/news/wonk/wp/2017/02/16/the-biggest-beneficiaries-of-the-government-safety-net-working-class-whites/?utmterm=.bc219d2e03a1 (abgerufen am 21. Februar

2021). Siehe auch William A. Darity, Jr., und A. Kirsten Mullen, *From Here to Equality: Reparations for Black Americans in the Twenty-First Century* (Chapel Hill: University of North Carolina Press, 2020).

2 Für eine Diskussion über das Wiederauftauchen dieser Argumente sowie wissenschaftliche Nachweise ihrer Fehler, siehe Stephen Jay Gould, *The Mismeasure of Man* (New York: W. W. Norton, 1996); und Angela Saini, *Superior: The Return of Race Science* (Noida: Harper Collins Publishers India, 2019). Siehe auch Lewis R. Gordon, *Bad Faith and Antiblack Racism* (Atlantic Highlands, NJ: Humanities International Press, 1995).

3 Siehe W. E. B. Du Bois, *The Souls of Black Folk: Essays and Sketches* (Chicago: A. C. McClurg, 1903); und Angela Y. Davis, *Mein Herz wollte Freiheit. Eine Autobiographie* (Müchen: Hanser, 1975), *Are Prisons Obsolete?* (New York: Seven Stories Press, 2003) und *Abolition Democracy: Beyond Empire, Prisons, and Torture* (New York: Seven Stories Press, 2005). Siehe auch Michelle Alexander, *The New Jim Crow: Masseninhaftierung und Rassismus in den USA* (München: Verlag Antje Kunstmann, 2016); Angela J. Davis, *Arbitrary Justice: The Power of the American Prosecutor* (New York: Oxford University Press, 2009), und, als Herausgeberin, *Policing the Black Man: Arrest, Prosecution, and Imprisonment* (New York: Pantheon Books, 2017); Marie Gottschalk, *Caught: The Prison State and the Lockdown of American Politics* (Princeton, NJ: Princeton University Press, 2015); Ibram X. Kendi, *Gebrandmarkt: Die wahre Geschichte des Rassismus in Amerika* (München: C. H. Beck, 2017); Khalil Gibran Muhammad, *The Condemnation of Blackness: Race, Crime, and the Making of Modern Urban America* (Cambridge, MA: Harvard University Press, 2011); und Michael Tillotson, *Invisible Jim Crow: Contemporary Ideological Threats to the Internal Security of African Americans* (Trenton, NJ: Africa World Press, 2011).

4 Siehe Frank R. Baumgartner, Derek A. Epp und Kelsey Shoub, *Suspect Citizen: What 20 Million Traffic Stops Tell Us About Policing and Race* (Cambridge, UK: Cambridge University Press, 2018).

5 Nathalie Etoke, *Melancholia Africana: The Indispensable Overcoming of the Black Condition,* übersetzt von Bill Hamlett (London: Rowman and Littlefield International, 2019).

6 Vine Deloria, Jr., *Custer Died for Your Sins: An Indian Manifesto* (Norman: University of Oklahoma Press, 1988 [1969]), 215.

7 Russell Thornton, *American Indian Holocaust and Survival: A Population History Since 1492* (Normal: University of Oklahoma Press, 1990).

8 Duane Brayboy, »Two Spirits, One Heart, Five Genders«, *Indian Country Today*, 7. September 2017, https://indiancountrytoday.com / archive/two-spirits-one-heart-five-genders (abgerufen am 21. Februar 2021).

9 Siehe zum Beispiel *Family Matters: Feminist Concepts in African Philosophy of Culture* (Albany: State University of New York Press, 2006) der Igbo-Philosophin und Kunsthistorikerin Nkiru Uwechia Nzegwu; und *The Invention of Women* (Minneapolis: University of Minnesota Press, 1997) und *What Gender Is Motherhood? Changing Yorùbá Ideals of Power, Procreation, and Identity in the Age of Modernity* (New York: Palgrave, 2015) der Yorùbá-Soziologin Oyèrónkẹ́ Oyěwùmí.

10 Christine de Pizan, *Das Buch von der Stadt der Frauen* (übersetzt von Margarete Zimmermann, München: Deutscher Taschenbuch Verlag, 1990 [1405]) und *Der Schatz der Stadt der Frauen: weibliche Lebensklugheit in der Welt des Spätmittelalters; ein Quellentext,* (übersetzt von Claudia Probst, Freiburg im Breisgau / Basel / Wien: Herder, 1996 [1405]); Anna Julia Cooper, *A Voice from the South* (Xenia, OH: Aldine Printing House, 1892); He-Yin Zhen, »On the Question of Women's Liberation«, »On the Revenge of Women« und »The Feminist Manifesto«, in: *The Birth of Chinese Feminism: Essential Texts in Transnational Theory*, Lydia H. Liu, Rebecca E. Karl und Dorothy Ko (Hrsg.), (New York: Columbia University Press, 2013, S. 53–186).

11 Janet L. Borgerson, *Caring and the Power in Female Leadership: A Philosophical Approach* (Newcastle upon Tyne: Cambridge Scholars Press, 2018).

12 Jaspal Kaur Singh, *Violence and Resistance in Sikh Gendered Identity* (Milton Park, UK: Routledge, 2020).

13 Carol Gilligan, *In a Different Voice: Psychological Theory and Women's Development* (Cambridge, MA: Harvard University Press, 1982); Michelle Walker,« »Silence and Reason: Woman's Voice in Philosophy«, *Australasian Journal of Philosophy* 71, no. 4: S. 400–424; Kathryn

Lasky, *A Voice of Her Own: The Story of Phillis Wheatley, Slave Poet* (Somerville, MA: Candlewick, 2005); Melissa Silverstein, Hrsg., *In Her Voice: Women Directors Talk Directing* (Women and Hollywood, 2013); Miki Raver, *Listen to Her Voice: Women in the Hebrew Bible* (Vancouver: Chronicle Books, 2005); Judy Yung, *Unbound Voices* (Berkeley: University of California Press, 1999); Emily Honig und Gail Hershatter, Hrsg., *Personal Voices: Chinese Women in the 1980s* (Palo Alto, CA: Stanford University Press, 1988); Xinran, *The Good Women of China: Hidden Voices* (New York: Anchor Books, 2003).

14 Siehe Cheryl R. Rodriguez, Dzodzi Tsikata und Akosua Adomako Ampofo, Hrsg., *Transatlantic Feminisms: Women and Gender Studies in Africa and the Diaspora* (Lanham, MD: Lexington Books, 2015).

15 Jacob Grimm und Wilhelm Grimm, *Kinder- und Hausmärchen. Gesammelt durch die Brüder Grimm* (München: Winkler, 1977). In der Originalversion von 1812 war die Königin Schneewittchens leibliche Mutter, aber das war zu viel für das Publikum, sodass sie als Stiefmutter umgeschrieben wurde.

16 Chandramohan Sathyanathan, »On the Slave Bible«, hier aufgenommen mit Genehmigung des Dichters.

17 Deloria, *Custer Died for Your Sins*, S. 8.

18 Coulthard konzentrierte sich auf Fanons *Schwarze Haut, weiße Masken*. Zu Patrick Wolfes Schriften siehe »Settler Colonialism and the Elimination of the Native«, *Journal of Genocide Research* 8, no. 4 (2006): S. 387–409, und *Traces of History: Elementary Structures of Race* (London: Verso, 2016). Siehe auch Sandy Grande, Hrsg., *Red Pedagogy: Native American Social and Political Thought* (Lanham: Rowman and Littlefield, 2004).

19 Robert Hughes, *The Fatal Shore: The Epic of Australia's Founding* (New York: Vintage, 1986).

20 Genauer gesagt, »das Todesprojekt«. Siehe Julia Suárez-Krabbe, *Race, Rights and Rebels: Alternatives to Human Rights and Development from the Global South* (London: Rowman and Littlefield International, 2014), passim, siehe aber das erste Kapitel, »Bad Faith and the Death Project«, wo sie es als eine Reihe von Einstellungen und die systematische Organisation einer Welt definiert, die sich der Auslöschung anderer Lebensformen widmet.

21 Zusätzlich zu Delorias Analyse in *Custer Died for Your Sins*, siehe Du Bois, *Black Reconstruction in America, 1860–1880*; und Oliver Cromwell Cox, *Race: A Study in Social Dynamics* (New York: Monthly Review Press, 2000), die zum fünfzigsten Jahrestag kommentierte Ausgabe seines Klassikers Caste, Class, and Race.

22 Chandramohan Sathyanathan, unveröffentlichte Originalfassung von »My Language«, hier zitiert mit Genehmigung des Autors.

23 Das frühere Argument stammt aus Frantz Fanon, *Peau noire, masques blancs* und das spätere aus *L'an V de la révolution algérienne*.

24 Fanon, *Peau noire, masques blancs*, Kapitel 6.

25 Fanon, *Peau noire, masques blancs*, letzter Satz des Textes.

26 Für eine ausführliche Darstellung dieses Arguments siehe Lewis R. Gordon, *What Fanon Said* (New York: Fordham University Press, 2015). Siehe auch Lewis R. Gordon, »Decolonizing Frankenstein«, in: *The Common Reader: A Journal of the Essay*, Nr. 10 (Herbst 2018): S. 37–47, wo ich ein ähnliches Argument vorbringe, indem ich Mary Shelleys berühmten Roman mit Fanons Gedanken in Verbindung bringe.

27 Siehe Frantz Fanon, *Les damnés de la terre* (Paris: Éditions Gallimard, 1991 [1961]; Die Verdammten dieser Erde, übersetzt von Traugott König, Frankfurt a. M.: Suhrkamp, 2021 [1981]).

28 Steve Chapman, »Why Do Whites Oppose the NFL Protest?«, *Chicago Tribune*, 6. September 2017, https://www.chicagotribune.com/columns/steve-chapman/ct-perspec-whites-nfl-anthem-protests-20170927-story.html (abgerufen am 21. Februar 2021).

29 Dieser Gedanke stammt von Jane Anna Gordon, die in ihrem Artikel »The Gift of Double Consciousness: Some Obstacles to Grasping the Contributions of the Colonized« auf den Gedanken von W. E. B. Du Bois und Paget Henry zum potenzierten zweiten Gesicht aufbaut, in: *Postcolonialism and Political Theory*, Nalini Persram (Hrsg.), (Lanham, MD: Lexington Books, 2007), S. 143–61. Sie erweitert dieses Konzept in ihrer Theorie der Kreolisierung in *Creolizing Political Theory*.

30 Weitere Analysen dieser Unterdrückungserfahrung entwickele ich in Texten wie *Bad Faith and Antiblack Racism*, *Existentia Africana* und *Disciplinary Decadence*. Für Kommentare und kreative Ausarbeitun-

gen, siehe danielle davis, Hrsg., *Black Existentialism: Essays on the Transformative Thought of Lewis R. Gordon* (London: Rowman and Littlefield International, 2019).

31 James Davis III, »Law, Prison, and Double-Double Consciousness: A Phenomenological View of the Black Prisoner's Experience«, *Yale Law Journal* 128 (2018–2019), https://www.yalelawjournal.org/forum/double-double-consciousness (abgerufen am 21. February 2021).

32 Steve Bantu Biko, *I Write What I Like: Selected Writings* (Chicago: University of Chicago Press, 2002 [1978]).

33 Siehe beispielsweise Temma Kaplan, *Democracy: A World History* (Oxford: Oxford University Press, 2015).

34 Frantz Fanon, *Les damnés de la terre* und Benjamin R. Barber, *Cool Cities: Urban Sovereignty and the Fix for Global Warming* (New Haven, CT: Yale University Press, 2017).

35 Derefe Kimarley Chevannes erörtert diese Themen in »Creolizing Political Speech: Toward Black Existential Articulations«, *Review of Education, Pedagogy, and Cultural Studies* 40, no. 1 (2018): S. 5–15, und »The Philosophical Project of Political Speech«, Black Issues in Philosophy (blog), American Philosophical Association, 21. August 2018, https://blog.apaonline.org/2018/08/21/black-issues-in-philosophy-the-philosophical-project-of-political-speech/ (abgerufen am 21. Februar 2021).

36 Siehe zum Beispiel Joel Mendelson, »Disney World Is Anything but Magical for Its Employees«, Jobs with Justice, 5. Dezember 2017, https://www.jwj.org/disney-world-is-anything-but-magical-for-its-employees (abgerufen am 21. Februar 2021); und Henry A. Giroux und Grace Pollock, *The Mouse That Roared: Disney and the Loss of Innocence*, 2. Aufl. (Lanham, MD: Rowman and Littlefield, 2010).

37 Dieser Vorfall ist inzwischen berüchtigt und weltweit bekannt. Siehe Katie Rogers, »Protestors Dispersed with Tear Gas So Trump Could Pose at Church«, *The New York Times*, 1. Juni 2020, https://www.nytimes.com/2020/06/01/us/politics/trump-st-johns-church-bible.html (abgerufen am 21. Februar 2021).

38 Associated Press, »Report: Feds Considered Using ›Heat Ray‹ on DC Protesters«, *The Washington Post*, 16. September 2020, https://www.washingtonpost.com/world/national-security/report-feds-conside-

red-using-heat-ray-on-dc-protesters/2020/09/16/74bc499a-f892-11ea-85f7-5941188a98cdstory.html (abgerufen am 21. Februar 2021). Siehe auch Tim Elfrink, »Safety and Ethics Worries Sidelined a ›Heat Ray‹ for Years. The Feds Asked About Using It on Protesters«, *The Washington Post*, 17. September 2020, https://www.washingtonpost.com/nation/2020/09/17/heat-ray-protesters-trump-dc/ (abgerufen am 21. Februar 2021).

39 Siehe Adriaan de Buck und Alan H. Gardiner, Hrsg., *The Ancient Egyptian Coffin Texts, c. 2181 b.c.e.-2055 b.c.e.*, University of Chicago Oriental Institute Publications, Bd. 67 (Chicago: University of Chicago Press, 1951).

40 Sigmund Freud, *Das Unbehagen in der Kultur*, in: *Gesammelte Werke* Bd. XIV (Frankfurt a. M.: Fischer Taschenbuch Verlag, 1999 [1930]), S. 451.

41 Corey D. B. Walker, »Is America Possible?: Protest, Pandemic, and Planetary Possibility«, Black Issues in Philosophy (blog), American Philosophical Association, 7. Juli 2020, https://blog.apaonline.org/2020/07/07/is-america-possible-protest-pandemic-and-planetary-possibility/ (abgerufen am 21. Februar 2021).

42 Die Dokumentation dieses Phänomens ist vielfältig, siehe zum Beispiel L. A. Kauffman, »We Are Living Through a Golden Age of Protest«, The Guardian, 6. Mai 2018, https://www.theguardian.com/commentisfree/2018/may/06/protest-trump-direct-action-activism (abgerufen am 21. Februar 2021). Das Jahr 2020 machte diesen Artikel sogar prophetisch.

43 »Zielsetzung« ist eine Formulierung Marilyn Nissim-Sabats in ihrem Aufsatz »A Phenomenological and Psychodynamic Reflection on Freedom and Oppression Following the Guiding Thread of Lewis R. Gordon's Existential Phenomenology of Oppression«, in: danielle davis, Hrsg., *Black Existentialism* (London: Rowman and Littlefield International, 2019), S. 149–66.

44 Siehe Greg A. Graham, *Democratic Political Tragedy in the Postcolony: The Tragedy of Postcoloniality in Michael Manley's Jamaica and Nelson Mandela's South Africa* (New York: Routledge, 2017).

45 James Boggs, *The American Revolution: Pages from a Negro Worker's Notebook* (New York: Monthly Review Press, 2009 [1963], S. 90).

46 Karl Jaspers, *Die Schuldfrage* (München: Piper Verlag, 1965 [1947]). Der Untertitel lautet »Von der politischen Haftung Deutschlands«.
47 Karl Jaspers, *The Question of German Guilt*, übersetzt von E. B. Ashton (New York: Fordham University Press, 2000 [1947]).
48 Siehe beispielsweise J. Q. Whitman, *Hitlers amerikanisches Vorbild – Wie die USA die Rassengesetze der Nationalsozialisten inspirierten* (München: C. H. Beck Verlag, 2018; Princeton University Press, 2017). Madison Grants *The Passing of the Great Race: or, The Racial Basis of European History* (New York: Scribner's Sons, 1916) war besonders einflussreich für die nationalsozialistische Eugenik.
49 Iris Marion Young, »Responsibility and Global Labor Justice«, *Journal of Political Philosophy* 12, no. 4 (2004): S. 365–88.
50 Young, »Responsibility and Global Labor Justice«, S. 377.
51 Iris Marion Young, *Responsibility for Justice* (New York: Oxford University Press, 2011), S. 180–81.
52 Frederick Douglass, *My Bondage and My Freedom* (New York: Penguin Classics, 2003 [1855]), und *The Life and Times of Frederick Douglass* (Radford, VA: Wilder Publications, 2008 [1881]).
53 Für einige dieser Berichte siehe C. L. R. James, *The Black Jacobins: Toussaint L'Ouverture and the San Domingo Revolution* (New York: Vintage, 1989); Angela Y. Davis, *Women, Race, and Class* (New York: Vintage, 1983); Hilary McD. Beckles, *Natural Rebels: A Social History of Enslaved Women in Barbados* (New Brunswick, NJ: Rutgers University Press, 1989); Hilary McD. Beckles, *Britain's Black Debt: Reparations for Caribbean Slavery and Native Genocide* (Kingston, Jamaica: University of the West Indies Press, 2013); Lamonte Aidoo, *Slavery Unseen: Sex, Power, and Violence in Brazilian History* (Durham, NC: Duke University Press, 2019); und Herbert G. Gutman, *The Black Family in Slavery and Freedom: 1750–1925* (New York: Pantheon Books, 1976).
54 José Ortega y Gasset, *Der Aufstand der Massen* (München: DVA, 2012 [1929])
55 Angela Y. Davis, »Unfinished Lecture on Liberation-II«, in: *Angela Davis: A Primary Reader*, Joy Ann James, Hrsg. (Oxford: Blackwell Publishers, 1998), S. 53–60.
56 Für eine genauere Erläuterung dieses »Bedürfnisses« nach Unaufrichtigkeit, siehe Lewis R. Gordon, »Exoticism«, Kapitel 16 in *Bad Faith*

    and Antiblack Racism (Atlantic Highlands, NJ: Humanities International Press, 1995), S. 117–23.
57 James Boggs, »Liberalism, Marxism, and Black Political Power«, in: *Pages from a Black Radical's Notebook: A James Boggs Reader*, Stephen M. Ward, Hrsg. (Detroit: Wayne State University Press, 2011), S. 159. Die Kritik bezieht sich auf Louis Lomax, *The Negro Revolt* (New York: Harper and Brothers, 1962).
58 Für die Skeptischen siehe z. B. World Bank, »Poverty«, https://www.worldbank.org/en/topic/poverty/overview (abgerufen am 21. Februar 2021); Tanvi Masra, »The Working Class That Wasn't«, CityLab, 11. Dezember 2017, https://www.citylab.com/equity/2017/12/who-is-working-class-in-3-infographics/547559/ (abgerufen am 21. Februar 2021); Tamara Draut, »Understanding the Working Class«, Dēmos, 16. April 2018, https://www.demos.org/research/understanding-working-class#Who-Calls-Themselves-Working-Class? (abgerufen am 21. Februar 2021).
59 Boggs, »Liberalism, Marxism, and Black Political Power«, S. 160.
60 Diese Verschwörungsbehauptungen, wonach mächtige jüdische Personen schwarze und andere People of Color kontrollieren, um die weiße »Rasse« oder zumindest die weiße Macht zu zerstören, sind weltweit verbreitet. Es gibt viele Quellen, aber für kritische Erörterungen siehe Andrew F. Wilson, »#whitegenocide, the Alt-right and Conspiracy Theory: How Secrecy and Suspicion Contributed to the Mainstreaming of Hate«, *Secrecy and Society* 1, no. 2 (2018), insbesondere S. 15 und 25. Siehe auch den Bericht der Anti-Defamation League »White Supremacists' Anti-Semitic and Anti-Immigrant Sentiments Often Intersect«, 27. Oktober 2018, https://www.adl.org/blog/white-supremacists-anti-semitic-and-anti-immigrant-sentiments-often-intersect (abgerufen am 21. Februar 2021).
61 Siehe zum Beispiel Melanie Kaye/Kantrowitz, *The Color of Jews: Racial Politics and Radical Diasporism*, annotierte Ausgabe (Bloomington: Indiana University Press, 2007). Siehe auch Lewis R. Gordon, »Rarely Kosher: Studying Jews of Color in North America«, *American Jewish History* 100, no. 1 (2016): S. 105–16.
62 Siehe Shaye J. D. Cohen, *The Beginning of Jewishness: Boundaries, Varieties, Uncertainties* (Berkeley: University of California Press,

1999); Charles Finch III, *Echoes of the Old Darkland: Themes from the African Eden* (Decatur, GA: Khenti, 1991); und Sigmund Freud, *Der Mann Moses und die monotheistische Religion* (Stuttgart: Reclam 2010 [1939]).

63 Kwasi Wiredu, *Cultural Universals and Particulars* (Bloomington: Indiana University Press, 1996).

64 Drucilla Cornell, *Defending Ideals: War, Democracy, and Political Struggle* (New York: Routledge, 2004).

65 Chris Lebron, »›Black Panther‹ Is Not the Movie We Deserve«, *Boston Review*, 17. Februar 2018, http://bostonreview.net/race/christopher-lebron-black-panther (abgerufen am 21. Februar 2021).

66 Sudip Sen, »The Panther and the Monkey Chant«, *African Identities* 16, no. 3(2018): S. 231–33.

67 Siehe Mikhail Lyubansky, »The Racial Politics of Black Panther«, *Psychology Today*, 20. Februar 2018, https://www.psychologytoday.com/us/blog/between-the-lines/201802/the-racial-politics-black-panther (abgerufen am 21. Februar 2021); und Sen, »The Panther and the Monkey Chant«.

68 Nkiru Uwechia Nzegwu, *His Majesty Nnaemeka Alfred Ugochukwu Achebe: A Ten-Year Milestone* (Endicott, NY: Africa Resource Press, 2013).

69 Timothy Obiezu, »Group of Chibok Schoolgirls Reportedly Escape Boko Haram Captors«, 29. Januar 2021, https://www.voanews.com/africa/group-chibok-schoolgirls-reportedly-escape-boko-haram-captors (abgerufen am 21. Februar 2021).

70 Dieses Phänomen ist unter Forschenden, die sich mit der Geschichte der Kolonialisierung Afrikas befassen, wohlbekannt. Siehe z. B. Walter Rodney, *How Europe Underdeveloped Africa* (Washington, DC: Howard University Press, 1982), insbesondere S. 355, 409, 424. Siehe auch Nkiru Uwechia Nzegwu, *Family Matters: Feminist Concepts in African Philosophy of Culture* (Albany: State University of New York Press, 2006), S. 68, 72–75, 80–85; und Moses A. Awinsong, »The Colonial and Post-Colonial Transformation of African Chieftaincy: A Historiography«, *Historia* 26 (2017): S. 121–28.

71 Siehe Asfa-Wossen Asserate, *Der letzte Kaiser von Afrika: Triumph und Tragik des Haile Selassie* (Berlin: Ullstein, 2016); und, natürlich,

vom Kaiser selbst, Haile Selassie, *My Life and Ethiopia's Progress: The Autobiography of Emperor Haile Selassie I*, 2 Bde. (Chicago: Frontlines Publishers, 1997–1999).

72 Frantz Fanon, *Alienation and Freedom*, übersetzt von Steven Corcoran (London: Bloomsbury Academic, 2018), S. 283.

73 Frantz Fanon, *Les damnés de la terre* S. 253; Die Verdammten dieser Erde.

74 Lyubansky, »The Racial Politics of Black Panther.«

75 Die Frage, was wir von Afrika lernen sollten, wird seit Langem von schwarzen Intellektuellen wie W. E. B. Du Bois, Anténor Firmin und Cheikh-Anta Diop sowie von Intellektuellen europäischer jüdischer Abstammung wie Franz Boas bis hin zu Jean Comaroff und John Comaroff diskutiert. Für einen Überblick siehe z. B. Lewis R. Gordon, *Freedom, Justice, and Decolonization* (New York: Routledge, 2021); und Jean Comaroff und John L. Comaroff, *Theory from the South: Or, How Euro-America Is Evolving Toward Africa* (New York: Routledge, 2012).

76 Mira Jacobs, »Infinity War Director Confirms Shuri Is the Smartest MCU Character«, 14. August 2018, https://www.cbr.com/infinity-war-director-confirms-shuri-smartest-mcu-character/ (abgerufen am 21. Februar 2021).

77 Richard Wright, *Sohn dieses Landes* (Zürich: Kein und Aber, 2018 [1904]). Für Diskussionen, die diese Themen vertiefen, siehe Jane Anna Gordon und Cyrus Ernesto Zirakzadeh, Hrsg., *The Politics of Richard Wright: Perspectives on Resistance* (Lexington: University Press of Kentucky, 2019).

78 Frantz Fanon, *Peau noire, masques blancs* S. 117.

79 César Ross, »The Role of Africa in the Foreign Policy of China«, in: *Geopolitics and Decolonization: Perspectives from the Global South*, Fernanda Frizzo Bragato und Lewis R. Gordon, Hrsg. (London: Rowman and Littlefield International, 2018), S. 227–41.

80 V. T. Rajshekar, *Dalit: The Black Untouchables of India*, 3. Aufl. (Atlanta, GA: Clarity Press, 2009), S. 43.

Teil IV: Schwarz und (nieder-)geschlagen

1 Amiri Baraka, *Blues People: Negro Music in White America* (New York: William and Morrow, 1963; *Blues People: Schwarze und ihre Musik im weißen Amerika*, übersetzt von einem Studierendenkollektiv, Darmstadt: Joseph Melzer Verlag, 1969).
2 Ralph Ellison, *Invisible Man* (New York: Vintage, 1990 [1952]; *Der unsichtbare Mann*, übersetzt von Georg Goyert, überarbeitet von Hans-Christian Oeser, Berlin: Aufbau Verlag, 2019 [1954]).
3 Frantz Fanon, *Les damnés de la terre*.
4 Debra Devi, »Why Is the Blues Called ›the Blues‹?«, *Huffington Post Arts and Culture*, 4. Januar 2013, http://www.huffingtonpost.com/debra-devi/blues-music-history_b_2399330.html (abgerufen am 21. Februar 2021).
5 Catherine E. McKinley, *Indigo: In Search of the Color That Seduced the World* (New York: Bloomsbury, 2011).
6 Frantz Fanon, »Racism and Culture«, in: *Pour la revolution africaine: Écrits politiques* (Paris: François Maspero, 1964; *Für eine afrikanische Revolution: Politische Schriften*, übersetzt von Einar Schlereth, Berlin: März, 2022, S. 55), eigene Übersetzung.
7 Ebd., S. 58–59, eigene Übersetzung.
8 Søren Kierkegaard, *Enten – Eller* (Universitetsboghandler C. A. Reitzel, 1843; *Entweder – Oder*, übersetzt von Heinrich Fauteck, München: Deutscher Taschenbuchverlag, 2005 [1975], 27).
9 Ralph Ellison, *Shadow and Act* (New York: Vintage, 1964), S. 78–79.
10 Frantz Fanon, *Les damnés de la terre*, S. 291; *Die Verdammten dieser Erde*, S. 205, eigene Übersetzung).
11 Stephon Alexander, *The Jazz of Physics: The Secret Link Between Music and the Structure of the Universe* (New York: Basic Books, 2016). Siehe auch Robin D. G. Kelleys Analyse einer der Größen des Bebop: *Thelonious Monk: The Life and Times of an American Original* (New York: Free Press, 2010).
12 Mabogo Percy More, »Philosophy and Jazz«, das siebte Kapitel in *Looking Through Philosophy in Black: Memoirs* (London: Rowman and Littlefield International, 2018), S. 135–58.
13 Lewis R. Gordon, »The Problem of Maturity in Hip Hop«, *Review*

of Education, Pedagogy, and Cultural Studies 27, no. 4 (Oktober–Dezember 2005): S. 367–89. In den späten 1990er-Jahren hatte ich bereits über die postmodernen Elemente von Hip-Hop geschrieben: »Sketches of Jazz«, im dreizehnten Kapitel von *Her Majesty's Other Children*. Siehe auch Devon Johnson, *Black Nihilism and Antiblack Racism* (Lanham, MD: Rowman and Littlefield, 2021), S. 152–91.

14 Friedrich Nietzsche, *Die Geburt der Tragödie aus dem Geiste der Musik* (Leipzig: E. W. Fritzsch, 1872).

15 Richard A. Jones, *A Hill in Lunenburg: New Poems* (Frederick, MD: American Star Books, 2014), S. 27.

16 Siehe beispielsweise Evelyn Brooks Higginbotham, *Righteous Discontent: The Women's Movement in the Black Baptist Church, 1880–1920* (Cambridge, MA: Harvard University Press, 1994).

17 Carlo Collodi, *Le Avventure Di Pinocchio* (Firenze: Paggi, 1883; *Die Abenteuer des Pinocchio*, übersetzt von Paula Goldschmidt, Hamburg: Dressler Verlag, 2001).

18 Lucius Apuleius, *Der goldene Esel* (übersetzt von August Rode, Wiesbaden: Marix-Verlag, 2009).

19 Siehe K. Kris Hirst, »The Domestication History of Donkeys (Equus Asinus)«, *ThoughtCo.*, 30. Mai 2019, https://www.thoughtco.com/the-domestication-history-of-donkeys-170660 (abgerufen am 21. Februar 2021).

20 Hierbei handelte es sich zunächst um eine Spekulation meinerseits, aber Danny Glover, der Schauspieler, der diese Figur spielt, hat mir in einem Gespräch im African American History Museum in Detroit bestätigt, dass die Figur tatsächlich eine Anspielung auf den afroamerikanischen Dichter Langston Hughes ist.

21 Siehe Lewis R. Gordon, »Continues to Rise: Muhammad Ali (1942–2016)«, *Viewpoint Magazine*, 7. Juni 2016, https://viewpointmag.com/2016/06/07/continues-to-rise-muhammad-ali-1942-2016 (abgerufen am 21. Februar 2021).

22 Siehe Dante Alighieri, *La Divina Commedia* (Mantua: Foligno, 1472; *Die göttliche Komödie*, übersetzt von Hartmut Köhler, Stuttgart: Reclam, 2011–2014).

23 Brian Locke, *Racial Stigma on the Hollywood Screen* (New York: Palgrave, 2009).

24 Keisha Blain, *Set the World on Fire: Black Nationalist Women and the Global Struggle for Freedom* (Philadelphia: University of Pennsylvania Press, 2018).

25 Siehe Jane Anna Gordon, *Statelessness and Contemporary Enslavement* (New York: Routledge, 2020); und Douglass A. Blackmon, *Slavery by Another Name: The Re-Enslavement of Black Americans from the Civil War to World War* II (New York: Anchor, 2009 [2008]).

26 Rowan Ricardo Phillips, *When Blackness Rhymes with Blackness* (Urbana, IL: Dalkey Archive Press, 2010).

27 Alicia Garza im Interview mit L. A. Kauffman, »A Love Note to Our Folks: Alicia Garza on the Organizing of #BlackLivesMatter«, *n+1*, 15. Januar 2015, https://nplusonemag.com/online-only/online-only/a-love-note-to-our-folks (abgerufen am 21. Februar 2021). Siehe auch die folgenden Memoiren über die Bewegung: Alicia Garza, *The Purpose of Power: How We Come Together When We Fall Apart* (New York: One World, 2020); und Patrisse Khan-Cullors und Asha Bandele, *When They Call You a Terrorist: A Black Lives Matter Memoir* (New York: St. Martin's Griffin, 2018).

28 Garza, *The Purpose of Power*, S. 111.

29 Siehe Frederick Douglass, *Narrative of the Life of Frederick Douglass, an American Slave* (Boston: Anti-Slavery Office, 1845; *Mein Leben als amerikanischer Sklave*, übersetzt von Hans-Christian Oeser, Ditzingen: Reclam, 2022), *My Bondage and My Freedom* (New York: Miller, Orton, and Mulligan, 1855; *Ein Stern weist nach Norden: Lebenserinnerungen*, übersetzt von Hans Herrfurth, Berlin: Rütten & Loening, 1965), und *The Life and Times of Frederick Douglass* (Radford, VA: Wilder Publications, 2008 [1881]).

30 Die Literatur hierzu ist umfangreich, aber das berüchtigtste Werk ist: Daniel Patrick Moynihan, *The Negro Family in America: A Case for National Action* (Washington, D.C.: Government Printing Office, 1965). Die Reaktionen darauf waren zahlreich. Zu den treffendsten und historisch fundiertesten gehört Herbert G. Gutman, *The Black Family in Slavery and Freedom: 1750–1925* (New York: Pantheon Books, 1976); und eine klassische theoretische Kritik findet sich in Hortense J. Spillers, »Mama's Baby, Papa's Maybe: An American Grammar Book«, ursprünglich 1987 veröffentlicht und in ihrer Sammlung

Black, White, and in Color: Essays on American Literature and Culture (Chicago: University of Chicago Press, 2003), S. 203–29, enthalten.

31 Ich habe dieses Phänomen der weißen und oft vernachlässigten Vaterschaft bereits im fünften und siebten Kapitel erörtert. Umfassende Studien über Nordamerika, die Karibik und Mittelamerika sowie Südamerika finden sich in Jane Dailey, *White Fright: The Sexual Panic at the Heart of America's Racist History* (New York: Basic Books, 2020); Hilary McD. Beckles, *Natural Rebels: A Social History of Enslaved Women in Barbados* (New Brunswick, NJ: Rutgers University Press, 1989); Tanya Katerí Hernández, *Racial Subordination in Latin America: The Role of the State, Customary Law, and the New Civil Rights Response* (Cambridge, UK: Cambridge University Press, 2014); und Lamonte Aidoo, *Slavery Unseen: Sex, Power, and Violence in Brazilian History* (Durham, NC: Duke University Press, 2019).

32 Douglass, *The Life and Times of Frederick Douglass*, S. 16.

33 Simone Weil, »The Love of God and Affliction«, in: *The Simone Weil Reader*, herausgegeben von George A. Panichas (Kingston, RI: Moyer Bell, 1985; *Das Unglück und die Gottesliebe*, übersetzt von Friedhelm Kemp, München: Kösel-Verlag, 1953), eigene Übersetzung.

34 James Boggs, *The American Revolution: Pages from a Negro Worker's Notebook* (New York: Monthly Review Press, 2009 [1963]), S. 12.

Aufsässige Leben, schöne Experimente

Im frühen 20. Jahrhundert erprobten junge afroamerikanische Frauen in großstädtischen Slums neue, subversive Formen der Liebe und der Solidarität außerhalb von Konvention und Gesetz: nichteheliche Partnerschaften und flüchtige Ehen, queere Identitäten und alleinerziehende Mutterschaft. Ihre Lebensentwürfe waren revolutionär, doch sie selbst sind vergessen. In ihrem bahnbrechenden, berührend schönen Buch erweitert Saidiya Hartman unsere Vorstellung von Geschichtsschreibung radikal. Sie belebt das historische Archiv mit literarischer Imagination und rekonstruiert die experimentellen Welten und rebellischen Begehren dieser Vorreiterinnen.

Saidiya Hartman
Aufsässige Leben, schöne Experimente
Von rebellischen schwarzen Mädchen, schwierigen Frauen und radikalen Queers

Aus dem Amerikanischen von Anna Jäger
Hardcover mit Schutzumschlag
Auch als E-Book erhältlich
www.ullstein.de

claassen